Inhaltsverzeichnis

Die Serienmörder Südamerikas

In den letzten Jahrzehnten erreichten uns immer wieder Berichte und Legenden über berüchtigte Drogenbarone dieses Erdteils, wie etwa Pablo Escobar, auf deren Konto teils Hunderte oder Tausende von Menschenleben gehen. Ebenso bekannt ist die Gefährlichkeit vieler südamerikanischer Städte wie beispielsweise Caracas, Bogotá, São Paulo und Rio de Janeiro, wo eine extreme Kriminalität in den Armenvierteln vorherrscht.

Neben diesen für Südamerika fast schon spezifischen Szenarien der Kriminalität gab und gibt es aber auch die Serienmörder, wie wir sie auch in Nordamerika, Europa, ja praktisch allen Kontinenten antreffen. Hierüber werde ich in diesem Buch berichten. Die Kapitel sind in alphabetischer Reihenfolge nach den Namen der Länder des Kontinents.

Ein Serienmörder (auch als Serienkiller bezeichnet) ist eine Person, die zwei oder mehr Menschen ermordet, wobei die Morde über einen längeren Zeitraum hinweg stattfinden. Die psychologische Befriedigung des Serienmörders ist die Motivation für die Morde, und bei vielen Serienmorden kommt es zu verschiedenen Zeitpunkten während des Mordprozesses zu sexuellem Kontakt mit den Opfern. Das Federal Bureau of Investigation (FBI) gibt an, dass die Motive von Serienmördern Wut, Nervenkitzel, finanzielle Vorteile und Aufmerksamkeitssuche sein können und die Morde als solche ausgeführt werden können. Die Opfer haben in der Regel Gemeinsamkeiten wie das demografische Profil, das Aussehen, das Geschlecht oder die Rasse. Obwohl ein Serienmörder eine eigene Klassifizierung ist, die sich von der eines Massenmörders, Amokläufers oder Auftragsmörders unterscheidet, gibt es Überschneidungen zwischen ihnen.

Etymologie und Definition

Der englische Begriff und das Konzept des Serienmörders werden allgemein dem ehemaligen Federal Bureau of Investigation Special Agent Robert Ressler zugeschrieben, der den Begriff „Serienmord" 1974 in einem Vortrag am Police Staff College in Bramshill, Hampshire, England, Vereinigtes Königreich, verwendete. Die Autorin Ann Rule postuliert in ihrem 2004 erschienenen Buch „Kiss Me, Kill Me", dass die englischsprachige Anerkennung für die Prägung des Begriffs dem Los Angeles Police Department Detective Pierce Brooks gebührt, der 1985 das System Violent Criminal Apprehension Program (ViCAP) ins Leben rief.

Der deutsche Begriff und das Konzept wurden vom Kriminologen Ernst Gennat geprägt, der Peter Kürten in seinem Artikel „Die Düsseldorfer Sexualverbrechen" (1930) als Serienmörder bezeichnete.

In seinem Buch „Serial Killers: The Method and Madness of Monsters" (2004) merkt der Strafrechtshistoriker Peter Vronsky an, dass Ressler zwar 1974 den englischen Begriff „serial homicide" im juristischen Sinne geprägt haben könnte, die Begriffe „serial murder" und „serial murderer" jedoch in John Brophys Buch „The Meaning of Murder" (1966) auftauchen.

1. Argentinien

Argentinien ist ein Land in der südlichen Hälfte Südamerikas und erstreckt sich über eine Fläche von 2.780.400 km². Es ist damit nach Brasilien das zweitgrößte Land Südamerikas, das viertgrößte des amerikanischen Kontinents und das achtgrößte der Welt. Es teilt sich den Großteil des südlichen Kegels des Subkontinents mit Chile im Westen und grenzt im Norden an Bolivien und Paraguay, im Nordosten an Brasilien, im Osten an Uruguay und den Südatlantik und im Süden an die Drakestraße.

Argentinien ist ein föderaler Staat, der in dreiundzwanzig Provinzen unterteilt ist. Diese sowie auch die Hauptstadt Buenos Aires haben ihre eigenen Verfassungen, sind aber Teil eines föderalen Systems. Argentinien beansprucht die Souveränität über die Falklandinseln, Südgeorgien und die Südlichen Sandwichinseln, das Südliche Patagonische Eisfeld und einen Teil der Antarktis.

Buenos Aires (CABA, Ciudad Autónoma de Buenos Aires) ist die Hauptstadt Argentiniens. Die Stadt liegt am Westufer des Río de la Plata an der Südostküste Südamerikas. Sie ist weder Teil der Provinz Buenos Aires noch die Hauptstadt der Provinz, sondern ein autonomer Bezirk. Nach jahrzehntelangen politischen Machtkämpfen wurde die Stadt 1880 föderalisiert und aus der gleichnamigen Provinz ausgegliedert. Ihre Grenzen wurden erweitert, und es erfolgte die Eingemeindung der Städte Belgrano und Flores. Beide sind heute Stadtteile. Die Bürger wählten erstmals 1996 einen Regierungschef; zuvor wurde der Bürgermeister direkt vom Präsidenten Argentiniens ernannt. Der Ballungsraum Buenos Aires, zu dem auch mehrere Distrikte der Provinz Buenos Aires gehören, ist mit rund 13,8 Mio. Einwohnern der fünftgrößte Ballungsraum des amerikanischen Kontinents. Es ist auch die zweitgrößte Stadt südlich des Wendekreises des Steinbocks.

Abb. 1 zeigt den Norden Argentiniens und seine Umgebung.

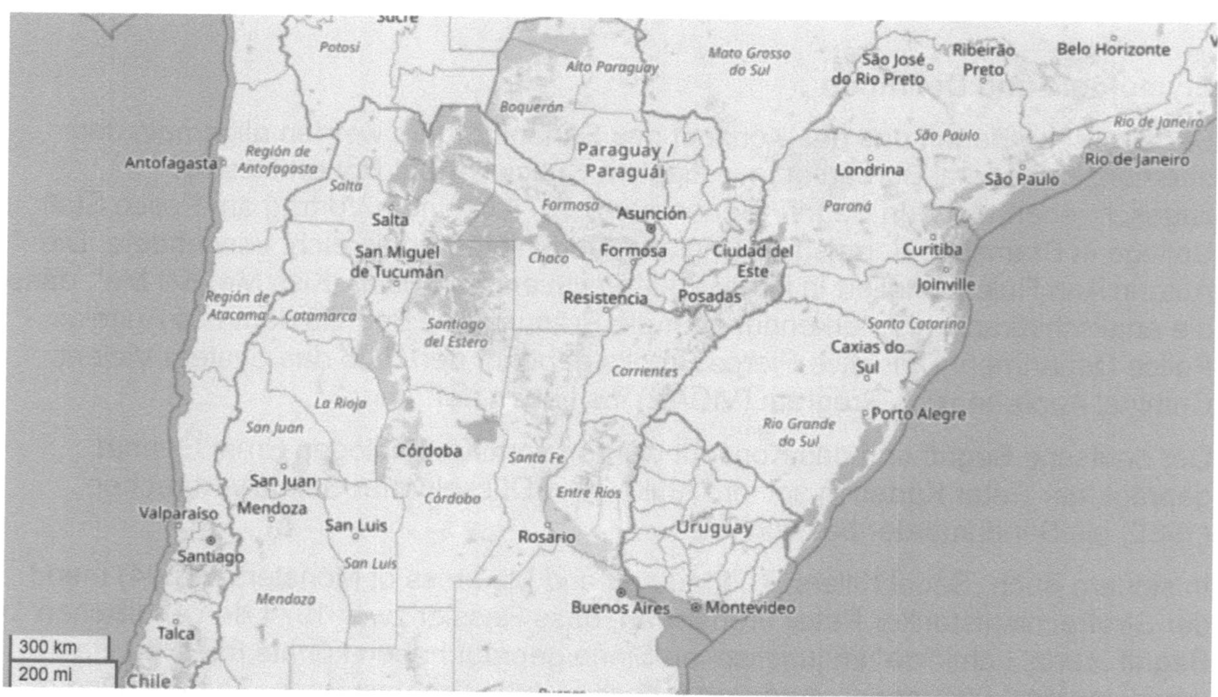

Marcelo Alejandro Antelo

Portrait: Marcelo Alejandro Antelo, bekannt als „San La Muerte Killer", ist ein argentinischer Serienmörder, der zwischen Februar und August 2010 für die Morde an mindestens vier Menschen im Stadtteil Flores in Buenos Aires verantwortlich war [1]. Angeblich beging er die Morde im Namen des heidnischen Heiligen San La Muerte [2] und wurde für seine Verbrechen zu lebenslanger Haft in einem unbekannten Gefängnis in Ezeiza verurteilt [3].

[Ezeiza ist die Hauptstadt des Ezeiza Partido im Großraum Buenos Aires in Argentinien. Die Stadt hatte 2010 eine Bevölkerung von 160.219 Einwohnern. Ezeiza ist eine der am schnellsten wachsenden Städte Argentiniens; die Stadt und ihre Umgebung sind bekannt für die vielen bewachten Wohnanlagen, den Ministro Pistarini International Airport und den Ezeiza Federal Prison Complex. Ezeiza und Umgebung sind relativ wohlhabende Gegenden.]

Geschichte: Marcelo Antelo, oft „Marcelito" genannt, wurde 1988 geboren. Er wuchs in einem instabilen Haushalt auf, so war seine Großmutter Alkoholikerin [4] ebenso wie sein Vater Alberto, der außerdem drogenabhängig war. Seine Mutter schlug ihn häufig und warf ihn schließlich aus dem Haus, weil der junge Antelo auch stark süchtig nach Kokapaste war. Von seinen Eltern verlassen, zog er zu einem Onkel, den er sehr liebte, aber dieser starb bald darauf bei einem Überfall und ließ den kleinen Antelo allein und hilflos zurück.

Im Alter zwischen 17 und 19 Jahren besuchte er wegen seiner Sucht mehrere Rehabilitationszentren, aber alle Aufenthalte waren erfolglos. Mit 20 Jahren wurde er von seiner schwangeren Freundin Brenda aus der Wohnung geworfen, nachdem sie es leid war, dass er sie schlecht behandelte. Isoliert und obdachlos verschlimmerte sich Antelos Drogenabhängigkeit, während er durch den Sozialwohnungskomplex Rivadavia in Flores streunte. Schließlich schloss er sich einer Kirche namens „God in Force Church" an, wo er Gebete sprach und an kultischen Aktivitäten teilnahm, um seine Sucht zu beenden, aber auch dies war wieder erfolglos. Da er häufig mit Drogendealern kämpfte, verlor Antelo schließlich eine seiner Nieren bei einer Schießerei [1].

Verbrechen: Am 21. Februar 2010 schoss Antelo Jorge Díaz bei einem versuchten Raubüberfall in die Beine. Díaz überlebte, und Antelo wurde wegen Raubes und versuchten Mordes verurteilt, aber nur kurze Zeit später wieder freigelassen [5]. Bei seinen folgenden Angriffen schlug er nachts zu, wenn die Sicht schlecht war und er nicht gesehen werden konnte.

Rodrigo Ezcurra war ein 27-jähriger Philosophiestudent, der auch Jura studierte und einmal in einem Gericht arbeitete. Er war drogenabhängig und lebte bei seinem Vater Horacio in Palermo, einem Stadtteil von Buenos Aires. Ezcurra wollte sein Leben nach einer langen Reise durch Mexiko ändern und hatte zwei Monate vor seiner Ermordung eine Therapie zur Behandlung seiner Sucht begonnen [6]. Doch am 11.

April 2010, gegen 2 Uhr morgens, begegnete er in einer Gasse den „Kindergarten Boys", einer Bande minderjähriger Jugendlicher unter der Führung von Antelo. Sie wollten ihn ausrauben, und obwohl er sich fügte, schoss Antelo ihm in die Brust, woraufhin er auf der Stelle starb. Anschließend stahlen die Täter Ezcurras Fahrrad und sein Mobiltelefon. Sie wurden dabei von mehreren Zeugen beobachtet und sogar von einem Zeugen gefilmt [2][4][5], ohne dass sie es bemerkten.

Am 24. Juni 2010 beschloss Antelo, Darío Romero anzugreifen, einen Mann, der früher mit ihm zusammenlebte. Als er durch die Nachbarschaft fuhr, stieß er auf Romero, der auf einem nahe gelegenen Feld Fußball spielen wollte. Antelo rief seinen Namen und schoss ihm sofort mit einer Schrotflinte in die Hand. Romero überlebte, Antelo dagegen wurde verhaftet und wegen schwerer Körperverletzung verurteilt. Auch in diesem Fall wurde er nach einiger Zeit wieder freigelassen [5].

Am 8. August 2010 wollte Antelo sich an Jorge Héctor Mansilla rächen, einem ehemaligen Mitbewohner, der ihn wegen seiner Drogenabhängigkeit der Woohnung verwiesen hatte. Antelo klingelte an der Tür, und als Mansilla öffnete, wurde jener sofort getötet [5]. Einige Stunden später schoss Antelo auf den Mechaniker Mario Jorge Quiero und verletzte ihn, nachdem dieser versucht hatte, Schulden für eine gescheiterte Vereinbarung bezüglich des Autos eines Freundes einzutreiben. Quiero konnte jedoch entkommen, und Antelo gab den Plan auf, ihn zu töten.

Einige Tage später, am 15. August 2010, begegnete Antelo zwei Freunden, Pablo Zaniuk und Marcelo Cabrera. Mit seinen Waffen schoss er Zaniuk ins Gesicht, bevor er Cabrera tötete, indem er insgesamt neunmal auf ihn schoss [5].

Ursprünglich sollte Antelo wegen eines fünften Mordes, dem an einem Mann namens Santos Valeroso Vargas, angeklagt werden, konnte aber in diesem Fall nicht verurteilt werden. Darüber hinaus wurde er verdächtigt, aber nie angeklagt, den Landstreicher Pablo Villa und einen nicht identifizierten jungen Mann, der einfach als „El Diablo" bekannt ist, getötet zu haben. Beide wurden erschossen und ihre Leichen anschließend verbrannt. Es ist möglich, dass Antelo auch andere Morde in der Gegend begangen hat [2].

Gegen Ende August 2010 wurde Antelo von der Polizei gefasst und ins Gefängnis überstellt. Sein Prozess begann am 6. August 2012, und obwohl nur die Familien der Opfer anwesend waren, hatten sich einige Verwandte außerhalb des Gerichtsgebäudes versammelt und eine Menschenmenge gebildet, die eine Verurteilung forderte und Antelo beschimpfte. Sie verteilten sogar Flugblätter, auf denen er als Mörder bezeichnet wurde [3]. Antelo selbst wies jegliche Verantwortung für die Morde von sich und beschuldigte die Polizei, eine 9-mm-Pistole in seinem Haus „versteckt zu haben", um einen Sündenbock für die noch ungelösten Verbrechen zu haben. Die Jury war jedoch nicht überzeugt, da es zahlreiche Beweise gab, die seine Behauptungen widerlegten, darunter ballistische Gutachten und Zeugenaussagen. Der Richter Federico Salvá verurteilte ihn zu lebenslanger Haft, was bei Antelo keine emotionale Reaktion hervorrief.

Roberto José Carmona

Portrait: Roberto José Carmona, auch „Die menschliche Hyäne" genannt, ist ein argentinischer Dieb, Vergewaltiger und Serienmörder. Carmona wurde zunächst wegen Mordes an einem Teenager im Jahr 1986 inhaftiert und tötete anschließend zwei Insassen bei zwei verschiedenen Vorfällen. Der Höhepunkt seiner Mordserie war die Ermordung eines Taxifahrers während eines Fluchtversuchs im Jahr 2022. Er gilt als einer der gefährlichsten Mörder in der Geschichte des Landes und ist nach Robledo Puch derjenige Gefangene Argentiniens mit der längsten Haftstrafe.

Geschichte: Roberto José Carmona wurde 1963 in der Provinz Buenos Aires (siehe Abb. 2) als einziger Sohn eines unbekannten Vaters und einer Frau namens Magdalena Bonet geboren [7].
Da Bonet nicht über die finanziellen Mittel verfügte, um ihren Sohn zu unterstützen, gab sie ihn im Heim Villa Elisa in La Plata ab, wo Carmona nach eigenen Angaben von anderen Kindern und den Behörden misshandelt wurde, die ihn ständig schlugen und ohne Essen zurückließen [7][8]. Anschließend wurde er in ein Kloster gebracht, wo er nach eigenen Angaben ebenfalls körperlicher Misshandlung ausgesetzt war [9].

Abb. 2: Lage der Provinz Buenos Aires in Argentinien (NordNordWest, GrandEscogriffe 2023, https://commons.wikimedia.org/wiki/File:Buenos_Aires_Province_in_Argentina_(%2BFalkland_hatched)-2.svg, NordNordWest, GrandEscogriffe, CC BY-SA 4.0 <>, via Wikimedia Commons

Als er sieben Jahre alt war, nahm ihn seine Mutter wieder bei sich auf, aber da sie den größten Teil des Tages nicht zu Hause war, entwickelte Carmona einen Groll gegen sie. In seiner Jugend begann er, Drogen wie Marihuana und andere Betäubungsmittel zu nehmen, und schon als Zehnjähriger beging er seinen ersten Raubüberfall, als er in ein Polizeiauto einbrach und mit einer 0,45-Zoll-Kaliber-Pistole (z. B. Colt M 1911 mit 11,43 mm) entkam [3][4].

In seiner Jugend wurde Carmona in verschiedene Jugendstrafanstalten verlegt. Als Erwachsener wurde er mehrfach wegen Raubüberfällen inhaftiert und durchlief die Gefängnisse in Olmos, Sierra Chica, San Nicólas, La Plata und Junín [10]. Im Jahr 1982 wurde er wegen schweren Raubes, Freiheitsberaubung und Drogenkonsums zu 10 Jahren Haft verurteilt, aber am 10. Januar 1986 auf Bewährung entlassen [11].

Verbrechen: In der Nacht des 14. Januar 1986 fuhr Carmona mit seinem Ford Taunus durch Villa Carlos Paz, als er drei junge Leute am Straßenrand der Route 20 sah. Es handelte sich um die 16-jährige Gabriela Ceppi und ihre Freunde Guillermo Elena und Alejandro del Campillo, die auf dem Heimweg von einem Tanzclub waren und deren Auto einen platten Reifen hatte. Carmona hielt an und half ihnen, den Reifen zu wechseln, aber nachdem sie fertig waren, richtete er eine Waffe auf sie und stahl ihre Habseligkeiten. Dann zwang er Ceppi in sein Auto und fuhr davon. Nachdem er mehrere Kilometer gefahren war, hielt er an einem Feldweg an und vergewaltigte sie [9].

Er setzte seine Fahrt mit dem Mädchen nach Toledo fort, wo er sie erneut sexuell missbrauchte. Danach zwang Carmona sie aus dem Auto und schoss ihr in den Kopf. Anschließend fuhr er in Richtung Villa María, wo er die Anhalter Norberto Ortiz und Sergio Pieroni auflas. Nachdem er ihnen vorgegaukelt hatte, er sei ein Unteroffizier der Armee, bedrohte er die Anhalter und zwang sie, ihm bei dem bewaffneten Raubüberfall auf zwei Fischer zu helfen, denen sie begegneten [9][10]. Nachdem Ceppis Entführung der Polizei gemeldet worden war, wurde Carmona am 11. Februar 1986 in General Pacheco verhaftet, kurz nachdem er einen Taxifahrer und eine Familie entführt hatte, um sie auszurauben [9]. Er wurde vor Gericht gestellt und schnell verurteilt und erhielt eine lebenslange Haftstrafe wegen Mordes, mehrfachen schweren Raubes und schwerer Entführung [11].

Angriffe und Verbrechen im Gefängnis: Carmona wurde in das San-Martín-Gefängnis in Córdoba verlegt, um dort seine Strafe zu verbüßen. 1988 stach er auf seinen Mithäftling Martín Castro ein, nachdem dieser ihm, wie er sagte, „seine Frau nicht für Sex geliehen hatte". Castro überlebte, aber Stunden später, während er schlief, schüttete Carmona kochendes Wasser über sein Gesicht und entstellte ihn dauerhaft [10][12].

1994 erstach Carmona Héctor Vicente Bolea, den Anführer einer Gruppe von Gefangenen, die versucht hatten, ihn zu lynchen, nachdem Carmona in einen Streit verwickelt worden war. Die genaue Mordwaffe wurde nie gefunden, aber er wurde dennoch verurteilt und zu weiteren 16 Jahren Haft verurteilt [10][12].

Nach diesem Vorfall wurde Carmona in das Regionalgefängnis Chaco verlegt, aber aufgrund seiner gewalttätigen Natur wurde er erneut verlegt – diesmal in ein Hochsicherheitsgefängnis in Resistencia. 1997 tötete er einen weiteren Insassen, Demetrio Pérez Araujo, indem er ihm mit dem angespitzten Ende eines Besenstiels in die Brust stach. Für dieses und andere zuvor begangene Verbrechen wurde er zu einer zweiten lebenslangen Haftstrafe ohne die Möglichkeit einer Bewährung verurteilt.

Inhaftierung: Nach mehreren psychiatrischen Gutachten wurde Carmona 2011 als Psychopath diagnostiziert [13]. In ihren Berichten stellten die Psychiater fest, dass er nicht in der Lage war, sich in das Leid anderer einzufühlen, und dass er aus reinem Vergnügen zu töten versuchte [8][14]. Nach seiner Inhaftierung wegen Mordes an Gabriela Ceppi erhielt Carmona Liebesbriefe von mehreren Frauen und wurde wiederholt von „Geliebten" besucht, von denen er schließlich eine in einer Gefängniszeremonie heiratete [15].

Im Jahr 2014 wurde ihm vorübergehend Hafturlaub gewährt, um seine Partnerin zu besuchen, die in Córdoba lebt [16]. Der Urlaub erlaubte ihm alle vier Monate drei Tage außerhalb des Gefängnisses, da seine Partnerin an Osteoarthritis litt, die sie an der Bewegung hinderte, und außerdem einen querschnittsgelähmten Sohn hatte, der medizinische Hilfe benötigte [10][16].

Im Oktober 2021 nähte sich Carmona im Strafvollzugskomplex II in Sáenz Peña den Mund zu, nachdem die Behörden ihm ein Mobiltelefon verweigert hatten, mit dem er mit seinen Verwandten kommunizieren konnte [15][17].

Flucht und vierter Mord: Am 13. Dezember 2022 gelang Carmona die Flucht aus dem Haus seines Partners, indem er die Tatsache ausnutzte, dass die Polizei und die Nachbarn vom Halbfinale zwischen Argentinien und Kroatien bei der Fußball-WM abgelenkt waren. Eine Chronologie der Ereignisse ergab, dass Carmona um 16:15 Uhr, mitten in der ersten Halbzeit des Spiels, den sechs Gefängniswärtern mitteilte, dass er auf die Toilette müsse [18].

Als er das Haus verließ, hielt er den Taxifahrer Javier Bocalón an und stach ihm fünfmal in den Hals, viermal in die Brust und zweimal in das linke Bein, wodurch er auf der Stelle starb. Anschließend legte er die Leiche auf den Beifahrersitz und fuhr mit dem Auto zu einem unbekannten Zielort. Fünfzehn Minuten später verlor Carmona die Kontrolle über das Fahrzeug und verursachte einen Unfall an der Ecke Santa Ana und Félix Paz.

Nachdem er das Unfallauto verlassen hatte, betrat er einen Supermarkt, griff ein zufällig ausgewähltes Paar an und stahl ihr Fahrzeug [18]. Er fuhr dann etwa 11 Kilometer weit, bis er sich aus unbekannten Gründen entschied, das Auto stehen zu lassen. Carmona ging dann zum Krankenhaus Vélez Sársfield, wo er versuchte, einer Frau und ihrer Mutter ein anderes Auto zu stehlen. Als die Frau sich jedoch wehrte, zog Carmona ein Messer und verletzte ihre Hände [18][19].

Schließlich wurde er um 18:15 Uhr nach einer groß angelegten Fahndung festgenommen. Als er nach dem Grund für seine Flucht gefragt wurde, antwortete Carmona: „Ich weiß es nicht, sie haben mich als den Gewalttätigen hingestellt."

Er wurde dann in das Gefängnis Cruz del Eje gebracht [20]. Carmona erhielt eine dritte lebenslange Haftstrafe für den Mord an Javier Bocalón am 17. Mai 2024 [21].

[Cruz del Eje ist eine Stadt in der Provinz Córdoba in Argentinien. Bei der Volkszählung 2010 hatte sie etwa 30.000 Einwohner. Sie ist die Hauptstadt des gleichnamigen Departements, das etwa 52.000 Einwohner hat.]

Die sechs Gefängniswärter, die ihn bewachen sollten, wurden ebenfalls verhaftet und mussten sich wegen Mittäterschaft verantworten; die Verfahren laufen noch [22].

<u>Diego Casanova</u>

Portrait: Diego Casanova ist ein argentinischer Serienmörder, der zwischen 2004 und 2016 sechs Menschen ermordet hat. Casanova ist als „Der Gefängnismörder" (El Tuerto, El Gordo Picurú) bekannt, da er fünf Insassen ermordete, während er selbst inhaftiert war. Darüber hinaus nahm er an 67 Kämpfen und mehreren Unruhen im Gefängnis teil. Er wurde am 14. Oktober 2004 festgenommen. Er wurde zweimal lebenslänglich verurteilt und verbüßt seine Strafe im Gefängnis von Boulogne-sur-Mer. Experten beschreiben Casanova als extrem gefährlichen Häftling mit psychopathischem Verhalten und als einen der grausamsten Serienmörder in der Geschichte Argentiniens [23][24].

[Maipú ist eine Stadt in der Provinz Mendoza in Argentinien (siehe Abb. 3). Sie ist die Hauptstadt des Departements Maipú. Sie liegt in der Nähe der Provinzhauptstadt Mendoza. Maipú liegt im Zentrum eines wichtigen Weinanbaugebiets und verfügt über ein Weinmuseum. Die Stadt hat 107.000 Einwohner (Zensus 2010). Mendoza liegt im nördlichen Teil der Provinz (siehe Abb. 4), in einer Region mit Ausläufern und Hochebenen, auf der östlichen Seite der Anden. Laut Volkszählung von 2010 hatte Mendoza selbst eine Bevölkerung von 115.041 Einwohnern. Die Bevölkerung der Metropolregion betrug damals dagegen 1.055.679, was den Großraum Mendoza zur viertgrößten Metropolregion des Landes machte. Mendoza liegt 1.000 km westlich von Buenos Aires. Die Ruta Nacional 7, die Hauptverkehrsstraße zwischen Buenos Aires und Santiago, führt durch Mendoza. Die Stadt ist ein häufiger Zwischenstopp für Bergsteiger auf dem Weg zum Aconcagua (dem höchsten Berg der westlichen und südlichen Hemisphäre) und für Abenteuerreisende, die sich für Bergsteigen, Wandern, Reiten, Rafting und andere Sportarten interessieren. Im Winter kommen Skifahrer in die Stadt, um die Anden zu erkunden.]

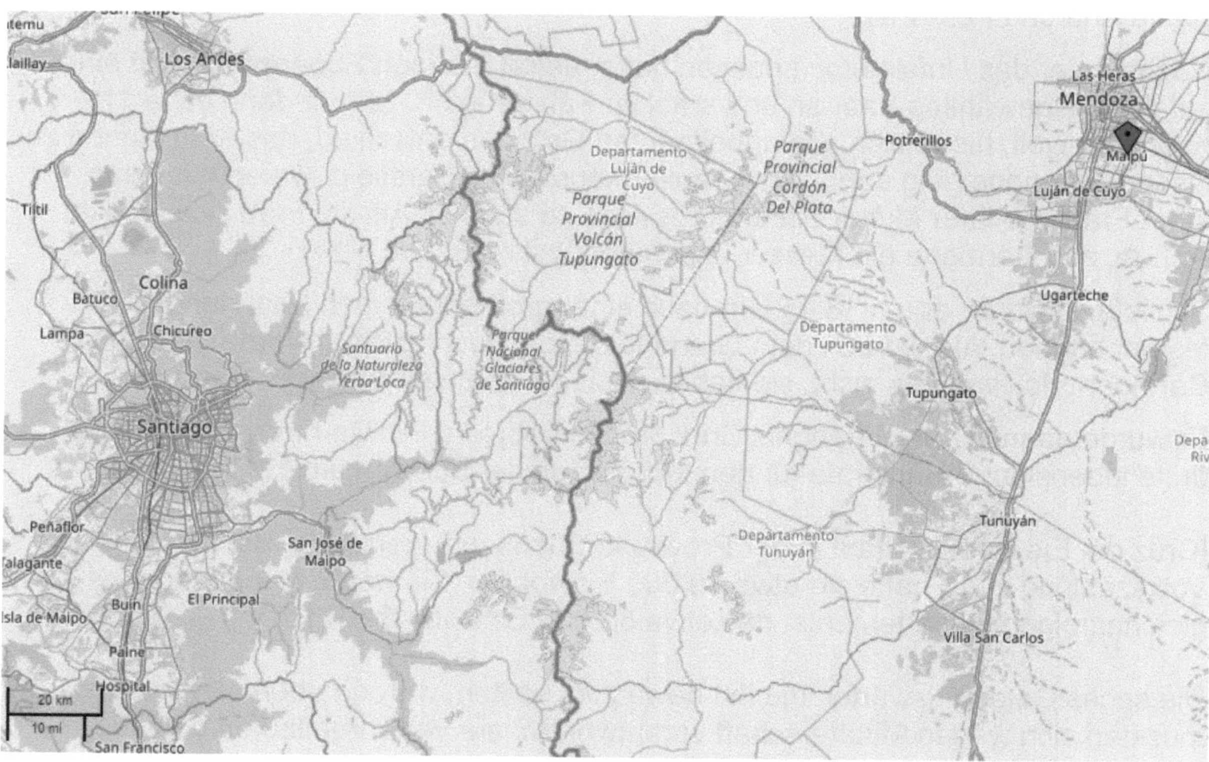

Abb. 3: Die Stadt Mendoza mit ihrem Vorort Maipú auf der argentinischen und Santiago auf der chilenischen Seite der Anden (OpenStreetMap 2024, Lizenz: Open Database)

Geschichte: Diego Casanova wurde 1980 in Maipú, Argentinien, geboren. Casanova begann schon in jungen Jahren, Raubüberfälle zu begehen, und wurde in seiner Nachbarschaft als „Gordo Picurú" bekannt. Im Jahr 2004 wurde er wegen eines Raubüberfalls kurzzeitig verhaftet, aber einige Wochen später wieder freigelassen [25]. Im April 2012 verlor Casanova sein linkes Auge, nachdem ein anderer Häftling es mit einem Messer zerstochen hatte. Dies brachte ihm den Spitznamen „El Tuerto" („Der Einäugige") ein. Casanovas Verhalten hinter Gittern wird von anderen Häftlingen und Gefängnispersonal als entsetzlich angesehen. Experten beschreiben ihn als psychopathisch und unsozial, weshalb er mit einem angstlösenden Medikament behandelt wurde [24].

Abb. 4: Lage der Stadt Mendoza in Argentinien (NordNordWest 2015, https://commons.wikimedia.org/wiki/File:Argentina_location_map.svg, NordNordWest, CC BY-SA 3.0 <https://creativecommons.org/licenses/by-sa/3.0>, via Wikimedia Commons)

Verbrechen: Am 14. Oktober 2004 planten Casanova und ein Komplize, ein Haus in Barrio México, Maipú, auszurauben. Der 67-jährige Hausbesitzer Francisco Quevedo wachte jedoch während des Überfalls auf, sodass Casanova ihn erstach. Nach dem Mord legten Casanova und sein Komplize die Leiche auf eine Couch und legten Quevedo eine Decke auf den Schoß, um keinen Verdacht zu erregen. Ein 12-jähriges Mädchen wurde jedoch Zeugin des Mordes und alarmierte die Polizei. Später am Tag wurde Casanova verhaftet und zu 20 Jahren Gefängnis verurteilt. Anschließend wurde er in das Gefängnis Boulogne-sur-Mer verlegt [23][24].

Diego Ferranti und Gerardo Gómez waren zwei Insassen, die an einem Aufstand in einem anderen Gefängnis beteiligt waren. Die beiden hatten sich bereit erklärt, auszusagen, und wurden zu ihrem eigenen Schutz in das Gefängnis von Boulogne-sur-Mer verlegt. Am 17. Juni 2006, einen Tag nach der Ankunft von Ferrani und Gómez im Gefängnis, erstachen Diego Casanova und drei Komplizen die beiden und wickelten ihre Leichen in Laken ein. Das Motiv für die Morde ist noch immer unbekannt, aber Casanova und seine drei Komplizen wurden anschließend zu lebenslanger Haft verurteilt.

Am 27. November 2006 ermordete Casanova José Manuel Cruz, einen weiteren Häftling. Cruz saß wegen Körperverletzung ein und war zum Zeitpunkt seines Todes seit einem Monat im Gefängnis von Boulogne-sur-Mer inhaftiert. Während Cruz schlief, wickelte Casanova ein Laken um ihn und stach zwanzig Mal auf ihn ein. Anschließend schleifte Casanova die Leiche zur Tür einer Zelle [23][26]. Für den Mord an Cruz wurde Casanova zu weiteren zwölf Jahren Gefängnis verurteilt.

Am 24. April 2010 zettelte Casanova zusammen mit zwei weiteren Insassen einen Gefängnisaufstand an. Einer der Mittäter täuschte einen Anfall vor. Fünf Gefängniswärter öffneten seine Zelle, um zu helfen, aber es war eine List, und vier Insassen nahmen die Wärter als Geiseln [27]. Während des Aufstands tötete Casanova den 35-jährigen Darío Vega González, der wegen sexuellen Missbrauchs inhaftiert war. Nach dem Mord befreiten Casanova und die anderen die Wärter und stellten sich. Casanova gab an, dass er Aufmerksamkeit erregen wollte, um in ein anderes Gefängnis verlegt zu werden. Für den Mord erhielt Casanova eine weitere lebenslange Haftstrafe [23][28].

Andrés Florentino Peñaloza (17) verbüßte eine Haftstrafe wegen Entführung und Mord [25]. Auf eigenen Wunsch wurde er in dieselbe Zelle verlegt wie Casanova. Da Casanova ein gefürchteter Gefangener war, wollte Peñaloza aus Sicherheitsgründen eine Freundschaft mit ihm aufbauen. Ihr Zusammenleben dauerte 45 Tage, bis Casanova Peñaloza am 29. Mai 2016 mit einem Knüppel, einer selbstgebauten Brechstange, zu Tode schlug [29].

Berichten zufolge reagierte Casanova gleichgültig auf den Mord, den er begangen hatte, und sorgte sich mehr darum, ob er an diesem Tag Besuch bekommen würde und dass seine Kleidung durch Peñalozas Blut ruiniert worden war [25]. Seit dem Mord an Peñaloza lebt Casanova in Einzelhaft [24].

Juan Catalino Domínguez

Portrait: Juan Catalino Domínguez (Donato Aguirre, Pedro Montenegro, Pedro Aguirre) war ein argentinischer Rancharbeiter, Außergesetzlicher und Serienmörder, der zwischen mehreren Gefängnisausbrüchen von 1944 bis 1948 acht Menschen tötete, bevor er von der Provinzpolizei von Buenos Aires in einem Schusswechsel erschossen wurde [30]. (Die Kleinstadt Rauch zählt ca. 13.000 Einwohner und liegt inmitten des endlosen Ackerlandes südlich von Buenos Aires, siehe Abb. 5a und 5b.)

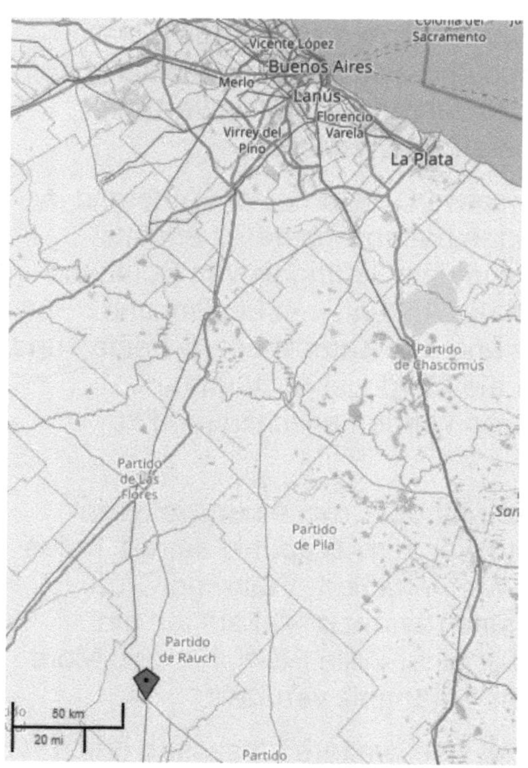

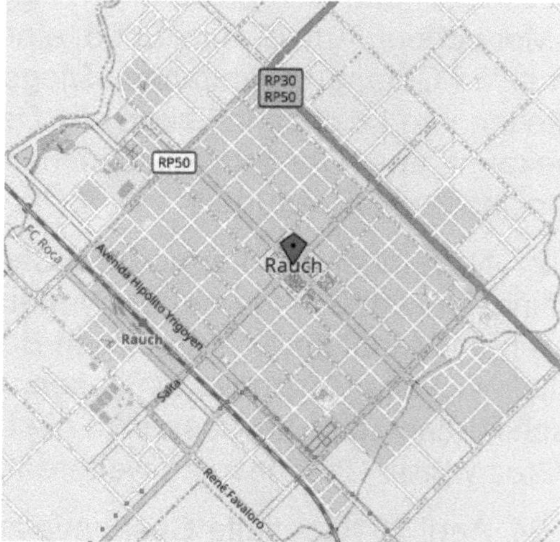

Abb. 5a und 5b: Lage von Rauch im Zentrum der Provinz Buenos Aires, ca. 400 km südlich der Hauptstadt (OpenStreetMap 2024, Lizenz: Open Database)

Geschichte: Juan Catalino Domínguez wurde am 4. Mai 1910 in der Kleinstadt Rauch geboren [30]. Über sein frühes Leben ist wenig bekannt. 1933 begann er, in den ländlichen Gebieten von Ayacucho und Coronel Vidal zu stehlen. Von 1940 bis 1943 war er wegen einer Auseinandersetzung in Mar del Plata, wo er als Chauffeur gearbeitet hatte [31], inhaftiert.

Verbrechen: Ab 1944 arbeitete Domínguez als Hausmeister in einer Luxusresidenz im Stadtteil La Loma de Stella Maris in Mar del Plata und lebte dort mit seiner 18-jährigen Frau Isabel (geb. Criado) und ihrer kleinen Tochter Marta [32]. Trotz ihrer finanziellen Situation erlaubte er einem Freund von ihm, Rafael Luchetti, bei ihnen zu wohnen. Eines Tages jedoch erwischte er seine Frau beim Sex mit ihrem Gast [33]. Als Luchetti dies bemerkte, richtete er eine Waffe auf Domínguez, der sich seinerseits mit Schlägen zu verteidigen versuchte, wobei Lucchetti ihm ins Bein schoss. Während er sich vor Schmerzen krümmte, nahm Luchetti Isabel und Marta in ein Auto und fuhr davon. Der schwer verwundete Domínguez wurde bald gefunden und in ein nahegelegenes Krankenhaus gebracht, wo er einige Zeit damit verbrachte, sich von seinen Wunden zu erholen [31].

Erste Morde: Nach seiner Entlassung aus dem Krankenhaus war Domínguez wild entschlossen, Luchetti zu töten, und ging sogar so weit, sich an das Haus dessen Mutter in der Stadt Dolores heranzupirschen, in der Annahme, dass Luchetti sie irgendwann besuchen käme [31]. Dort lebte er in einem kleinen Schuppen am Rande der Stadt und verdiente seinen Lebensunterhalt mit Gelegenheitsjobs für einen Mann namens Jaime Casanova, während er das Haus zweier Nachbarn, dem der Witwe Gregoria Rosas und ihres Ehemanns Narciso Peñalba [33] besuchte.

Eines Nachts stieß Domínguez auf das Paar und verlangte wütend, dass sie ihm sagten, wo Luchetti sei, da er dachte, dass seine Frau und seine Tochter noch bei ihm waren. Als keiner von ihnen eine zufriedenstellende Antwort gab, zog der wütende Mann ein Messer und begann, beide brutal zu erstechen und zu treten [30]. Immer noch benommen von seiner eigenen Wut schleppte Domínguez die Leichen zu einem nahe gelegenen Heuhaufen, wo er sie versteckte und sofort verschwand [31].

Nachdem die Morde entdeckt worden waren, suchte die Polizei intensiv nach dem Täter, bis sie Domínguez in einem Hotel in Mendoza fand. Er leistete keinen Widerstand, wurde schnell von zwei Wachen festgenommen und für den Transport nach La Plata vorgesehen. Als sie durch die Stadt Pergamino fuhren, gab Domínguez vor, krank zu sein, durfte dann aus dem Auto aussteigen und seine Handschellen abnehmen, um sich zu erleichtern. Nachdem er in ein Maisfeld am Straßenrand gegangen war, zog er seinen Mantel aus und ließ ihn an einigen Pflanzen hängen, sodass die Wachen diesen sehen konnten und so geduldig auf seine Rückkehr warteten. Sie glaubten, er wäre noch vor Ort; jedoch hatte er sich längst entfernt.

Am 20. April 1945 wurde Domínguez in Mar del Plata auf einem Bauernhof in der Rodríguez Peña Straße 1526 ausfindig gemacht, da er erfahren hatte, dass seine Tochter in der Stadt lebte. Er wurde von der Polizei überrascht, die seit Monaten auf ihn gewartet hatte, und eröffnete mit seiner Waffe das Feuer auf sie. Dabei wurde er von Kommissar García am linken Bein getroffen. Domínguez versuchte zu fliehen, brach sich dabei jedoch den Oberschenkel und wurde erneut gefasst [30]. Er wurde ins Krankenhaus gebracht und unter Beobachtung gestellt, aber eines Nachts bat er den Wachmann, ihm die Handschellen abzunehmen, damit er auf die Toilette gehen konnte. Wieder gelang ihm die Flucht, indem er aus dem Badezimmerfenster auf das Dach kletterte und dann in den Garten sprang. Von dort aus ging er auf die Straße, wo er ein Fahrrad stahl, dies trotz einer brandigen Infektion an seiner Wunde

Morde in Azul: Während die Polizei in Rio Negro und der Provinz Neuquén nach ihm fahndete, kehrte Domínguez nach Dolores zurück, wo Luchetti, Isabel und Marta derzeit wohnten [33]. Als er sich an ihnen rächen wollte, flohen Luchetti und Isabel und ließen Marta zurück. Domínguez und seine Tochter wurden von der örtlichen und der Bundespolizei verfolgt, setzten sich daher in andere Regionen des Landes ab und wechselten oft ihren Aufenthaltsort. Sie nahmen diverse Gelegenheitsjobs an und nutzten dabei mehrere Decknamen.

[Río Negro ist eine Provinz Argentiniens im Norden Patagoniens. Die benachbarten Provinzen im Süden sind im Uhrzeigersinn Chubut, Neuquén, Mendoza, La Pampa und Buenos Aires. Im Osten liegt der Atlantische Ozean (siehe Abb. 6b). Die Hauptstadt ist Viedma nahe der Mündung des nach der Provinz benannten Flusses in den Atlantik im äußersten Osten. Die größte Stadt, Bariloche, liegt in den Ausläufern der Anden im äußersten Westen (siehe Abb. 6a). Weitere wichtige Städte sind General Roca und Cipolletti. Río Negro ist eine der sechs Provinzen, aus denen das argentinische Patagonien besteht. Sie wird im Norden durch den Colorado River begrenzt, der sie von der Provinz La Pampa trennt, im Osten durch den Atlantischen Ozean und im Westen durch die Anden und den Limay River (der als natürliche Grenze zur Provinz Neuquén dient). Der 42. südliche Breitengrad markiert gleichzeitig ihre südliche Grenze. Mit einer Fläche von 203.013 km² ist Rio Negro die viertgrößte Provinz Argentiniens.]

Abb. 6a: Bariloche, Patagonien, im äußersten Südwesten der Provinz Rio Negro (Chipppy, https://commons.wikimedia.org/wiki/File:Bariloche-_Argentina2.jpg
Chipppy, CC BY-SA 4.0 <https://creativecommons.org/licenses/by-sa/4.0>, via Wikimedia Commons

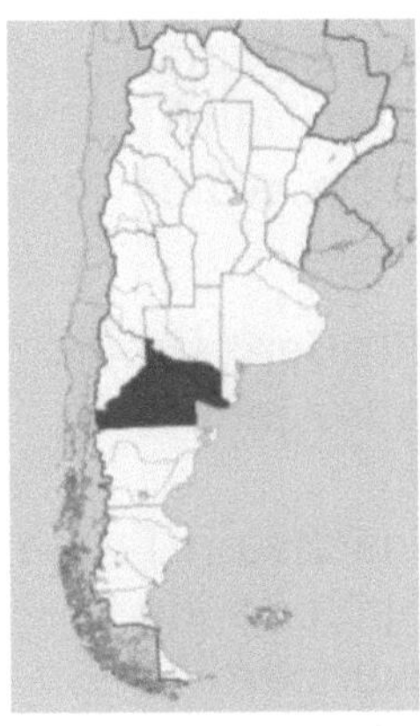

Abb. 6b: Lage der Provinz Rio Negro in Argentinien (NordNordWest, GrandEscogriffe 2023, https://
commons.wikimedia.org/wiki/File:Rio_Negro_in_Argentina_(%2BFalkland_hatched)-2.svg
NordNordWest, GrandEscogriffe, CC BY-SA 4.0 <https://creativecommons.org/licenses/by-sa/4.0>, via
Wikimedia Commons)

[Azul ist die Hauptstadt des Partido (Kreises) Azul und liegt im Zentrum der Provinz
Buenos Aires in Argentinien, 300 km südlich von Buenos Aires (siehe Abb. 7). Laut
Volkszählung von 2001 hatte sie 63.000 Einwohner. Wichtige Wirtschaftszweige sind
die Landwirtschaft und vor allem die Viehzucht für den Export von Fleisch und Leder.
In der Stadt sind über 2.000 Handelsunternehmen registriert, die einen dynamischen
Dienstleistungssektor ausmachen.]

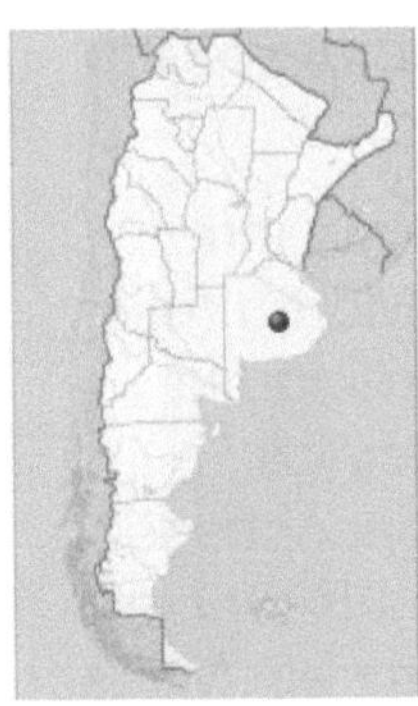

Abb. 7: Lage der Stadt Azul in Argentinien (NordNordWest 2015, https://commons.wikimedia.org/wiki/
File:Argentina_adm_location_map.svg
Karte: NordNordWest, Lizenz: Creative Commons by-sa-3.0 de, CC BY-SA 3.0 DE <https://
creativecommons.org/licenses/by-sa/3.0/de/deed.en>, via Wikimedia Commons)

Schließlich fand sich Domínguez in einer ländlichen Gegend von Azul wieder. Unter
dem Decknamen Donato Aguirre brachte er seine Tochter in der Pension der
Besitzer unter, wobei er erklärte, dass er nicht in der Lage sei, sich allein um sie zu
kümmern. Am 28. Juni 1947 wurde Domínguez vom Farmarbeiter Braulio
Leguizamón auf einem Feld in der Nähe einer Ranch in Cuartel IX beim
Herumlungern entdeckt, worauf er diesen mit einem Knüppel erschlug [31]. Nachdem
er den Körper des Mannes auf einen Hügel geschleppt hatte, versteckte Domínguez
ihn zwischen einem Haufen Säcken und alten Lumpen. In der Zwischenzeit wurde
die Tochter von den Vermietern alarmiert, von der Polizei ausfindig gemacht und
verhört, wodurch ihre wahre Identität schnell festgestellt wurde. Daraufhin wurde sie
sofort in ein Waisenhaus, das Hogar del Buen Pastor, gebracht [30].

Am 8. Juli erfuhr Domínguez, der eine Anstellung als Rancharbeiter in Chillar
gefunden hatte, dass sein Arbeitgeber Guillermo Alberti seine wahre Identität
herausgefunden hatte. Kurz darauf ging er in die Küche, wo er, ohne ein Wort zu

sagen, sowohl Alberti als auch einen anderen Rancharbeiter, Victoriano Serrano, erschoss. Nachdem er Albertis Leiche unter Metallplatten versteckt hatte, band Domínguez Serranos Leiche an ein Pferd und brachte sie zu einer Grube, wo er Serrano vergrub und dass Pferd erschoss [34].

In einer kleinen Hütte, geschützt durch die Dunkelheit der vereisten Straßen, streifte er nachts durch die Stadt und suchte nach seiner Tochter. Als Domínguez jedoch in der Nähe des Instituto de Varones herumlungerte, wurde er von einem Polizeikommissar entdeckt, worauf er sofort aus der Stadt ritt. In den nächsten Tagen streunte er in der Umgebung umher, aber die strenge Überwachung hinderte ihn daran, wieder in die Stadt zurückzukehren. Infolgedessen war er gezwungen, Azul für immer zu verlassen.

Letzte Morde: Domínguez, der sich nun Pedro Montenegro oder Aguirre nannte, beging eine Reihe von Raubüberfällen und Diebstählen in Tandil, Rauch, Dolores, El Tordillo, General Juan Madariaga und Umgebung, bevor er nach Mar del Plata zurückkehrte und sich im Stadtteil La Juanita niederließ. Anschließend zog er nach Colonia Barragán in der Nähe von Estación Cobo, wo er bei seinem Nachbarn Bienvenido Basualdo, einem Landwirt und bekannten Kuhhirten, wohnte [30].

Am 7. März 1948 befand sich Domínguez in der ländlichen Gegend von El Trio im Norden der General Pueyrredón Partido auf der Farm der Familie Mehatz, für die er zuvor als Gärtner gearbeitet hatte. Da die Familie am Wahltag nicht anwesend war, beschlossen er und sein 17-jähriger Komplize Orlando Nelson Rosas (oder Alberto Gómez), ein entflohener Jugendstraftäter, das Haus auszurauben [34].

Unerwartet kehrten die Mehatzes auf die Farm zurück, da einige von ihnen ihre Wahlunterlagen vergessen hatten. Der erste, der das Haus betrat, war Martín (ein leitender Angestellter im Casino Central von Mar del Plata), auf den Domínguez dreimal schoss. Seine Söhne, der 22-jährige Martín Mayo und der 19-jährige Marcelo, versuchten zu fliehen, aber der erstere wurde in den Rücken geschossen, sodass er zu Boden fiel, bevor Domínguez den Rest der Kammer seines Revolvers auf ihn abfeuerte [34]. Da keine Kugeln mehr übrig waren, zog Domínguez ein Messer und schnitt Marcelo die Kehle durch. Da dieser jedoch zu lange brauchte, um zu sterben, gab Rosas ihm einen Schlagstock, mit dem er ihm den Schädel zertrümmerte.

Die beiden luden die Leichen dann in das Auto der Familie und fuhren zum Ort General Juan Madariaga, wo sie die Leichen auf dem Feld des Bauern Ángel Casales ablegten. Anschließend versuchten sie, das Auto zu verstecken, indem sie es im Wald „vergruben", aber sie bedeckten es lediglich mit Feuerholz und Ästen und entfernten sich dann.

Entlarvung und Tod: Nach den Morden ging Domínguez nach La Eudocia, um dort für Juan Carlos Pétersen auf dem Bauernhof zu arbeiten. Als Frau Pétersen jedoch eines Morgens die Nachrichten über die Morde an der Familie Mehatz las, erkannte sie, dass es sich bei dem Landarbeiter tatsächlich um Domínguez handelte, und informierte die Polizei. Bevor sie ihn jedoch verhaften konnten, war er bereits geflohen [34].

Anfang April 1948 ging bei Pedro Cavanna, dem Beauftragten von General Madariaga, eine Beschwerde eines Mannes namens Pedro Jaureguiberry ein, in der es hieß, er sei von einem Mann ausgeraubt worden, der „einen Sulky mit roten

Rädern" fuhr. Entschlossen, den Verbrecher zu fassen, begab sich Cavanna zusammen mit dem Unteroffizier José M. Diuberti und dem Wachmann Raymundo Manrique in den frühen Morgenstunden des 18. April auf das Feld La Espadaña im Ort General Madariaga.

[General Madariaga Partido ist ein Partei an der Atlantikküste der Provinz Buenos Aires in Argentinien. Diese Provinzunterteilung hatte eine Bevölkerung von etwa 18.000 Einwohnern auf einer Fläche von 286,3 km².]

Dort befragten sie den für den Posten verantwortlichen Mann, Enrique Merlo, der behauptete, dass sich niemand anderes in seinem Haus aufhielt. Der Kommissar bemerkte jedoch, dass ein Sulky mit den von Jaureguiberry beschriebenen Merkmalen auf der Rückseite des Hofes geparkt war, was ihn und seine Männer dazu veranlasste, das Grundstück zu durchsuchen. Plötzlich tauchte ein unbekannter Mann auf, ging in Deckung, zog einen Revolver und eröffnete das Feuer auf sie. Die Beamten schossen fast sofort mit ihren Winchester-Gewehren auf ihn, trafen die Person mit vier tödlichen Schüssen [34]. Der Mann wurde dann schnell als Juan Catalino Domínguez identifiziert, der offenbar auf der Farm schlief, bevor er durch die Ankunft der Beamten aufgeschreckt wurde [33].

Nicht lange nach seinem Tod wurde Rosas auf einer nahe gelegenen Ranch gefasst und wegen seiner Beteiligung an den Verbrechen inhaftiert. Nach einer kurzen Haftstrafe wurde er freigelassen und setzte seine kriminelle Karriere fort, bis er selbst irgendwann in den frühen 1960er Jahren getötet wurde [34].
Domínguez' Tochter Marta brachten die Behörden nach La Plata und später in eine Einrichtung in der Stadt Ingeniero Maschwitz nördlich von Buenos Aires, wo sie bis zu ihrem Erwachsenenalter blieb.

Florencio Roque Fernández

Portrait: Florencio Roque Fernández war ein argentinischer Serienmörder, der in den 1950er Jahren in seiner Heimatstadt Monteros in der Provinz Tucumán etwa 15 Frauen ermordete. Im Volksmund war er als „argentinischer Vampir" und „Fenster-Vampir" bekannt, was auf seine Vorgehensweise anspielt. Seine tatsächliche Existenz wird jedoch von einer Reihe argentinischer Quellen als urbane Legende angezweifelt.

[Monteros ist die Hauptstadt des Monteros Department in der Provinz Tucumán in Argentinien (siehe Abb. 8). Sie liegt 58 km südwestlich der Provinzhauptstadt San Miguel de Tucumán auf einer Höhe von 532 m und ist von vier Flüssen umgeben. Bei der Volkszählung 2001 hatte sie 23.771 Einwohner.]

Abb. 8: Lage der Stadt Monteros in Argentinien (NordNordWest 2015, https://commons.wikimedia.org/wiki/File:Argentina_location_map.svg, NordNordWest, CC BY-SA 3.0 <https://creativecommons.org/licenses/by-sa/3.0>, via Wikimedia Commons)

Geschichte: Florencio Roque Fernández (1935–1968) war psychisch krank und litt unter Wahnvorstellungen und Halluzinationen, die ihn fest davon überzeugen ließen, dass er ein Vampir sei (möglicherweise war er schizophren), zusätzlich zu seiner sexuellen Anziehung zu Blut (Renfield-Syndrom). Schon in jungen Jahren begann er, auf der Straße zu leben, weil seine Familie ihn verlassen hatte. Zum Zeitpunkt seiner Verhaftung lebte er in einer Höhle neben der Gemeinde und litt an Photophobie [35] [36] [37] [38].

Verbrechen: Er verfolgte sein Opfer mehrere Tage lang, vergewisserte sich, dass es allein zu Hause war, und nutzte die heißen Sommernächte, in denen die Bewohner ihre Fenster nachts offen ließen, um durch sie in das Haus einzudringen. Während sein Opfer schlief, schlug Roque Fernández es. Er biss ihm in den Hals und schnitt manchmal die Luftröhre und die Halsschlagader durch, was das Gerücht nährte, er tränke das Blut seiner Opfer. Er ließ jenes schließlich verbluten, wenn es nicht bereits gestorben war. Man wusste zu diesem Zeitpunkt, dass er zuvor Camila Monreal aus Mexiko getötet hatte [38].

Verhaftung, Inhaftierung und Tod: Roque Fernández wurde am 14. Februar 1960 im Alter von 25 Jahren verhaftet. Die Presse beschrieb die polizeilichen Ermittlungen als „malerisch", da sie in der Höhle stattfanden, in der er lebte. Er leistete keinen Widerstand, bis die Polizei ihn aus der Höhle ins Sonnenlicht führte. Man erklärte Roque Fernández für geisteskrank und wies ihn in eine psychiatrische Anstalt ein, wo er einige Jahre später eines natürlichen Todes starb [38].

Cayetano Santos Godino

Portrait: Cayetano Santos Godino, auch bekannt als „El Petiso Orejudo" („der großohrige Zwerg"), war ein argentinischer Serienmörder, der im Alter von 16 Jahren Buenos Aires terrorisierte. Zu Beginn des 20. Jahrhunderts war er für den Mord an vier Kindern, den versuchten Mord an weiteren sieben Kindern und sieben Fälle von Brandstiftung verantwortlich.

Geschichte: Santos Godino (31. Oktober 1896 – 15. November 1944) wurde in Buenos Aires, Argentinien, als einer von acht Jungen geboren. Sein Vater und seine Mutter, Fiore Godino und Lucia Ruffo, waren Italiener, die in der Hoffnung auf ein besseres Leben in Argentinien an Land gingen, aber sie waren gewalttätige

Alkoholiker. Sein Vater hatte sich vor seiner Geburt mit Syphilis infiziert, was bei Cayetano in der Kindheit zu schweren gesundheitlichen Problemen führte [39][40]. Schon als Kind tötete Santos Godino Katzen und Vögel und spielte gerne mit Feuer. Sein gewalttätiges Verhalten und sein mangelndes Interesse an Bildung führten dazu, dass er von Schule zu Schule wechselte.

Im Jahr 1904, als er sieben Jahre alt war, schlug Santos Godino den zweijährigen Miguel de Paoli und warf ihn in einen Graben. Ein Beamter in der Nähe sah dies und brachte die Kinder zur Polizeistation, wo ihre Mütter sie einige Stunden später abholten [39].

Verbrechen: Im darauffolgenden Jahr, 1905, schlug Santos Godino Ana Neri, ein Kind aus seiner Nachbarschaft, mit einem Stein. Ein Polizist griff ein, aber man entließ Santos Godino aufgrund seines jungen Alters aus dem Gefängnis [39].

1906 tötete Santos Godino die dreijährige Maria Rosa Face. Es war sein erster Mord, aber er blieb unbemerkt und wurde erst Jahre später entdeckt, als er selbst der Polizei ein Geständnis ablegte. Er sagte, dass er 1906 ein etwa drei Jahre altes Mädchen in die Einöde an der Avenida Rio de Janeiro gebracht habe, wo er versuchte, sie zu erwürgen. Anschließend begrub er sie lebendig in einem Graben, den er mit Dosen bedeckte. Als die Behörden von diesem Verbrechen erfuhren, begaben sie sich zum Tatort, stellten jedoch fest, dass dort ein zweistöckiges Haus gebaut worden war. Am 29. März 1906 wurde jedoch bei der 10. Polizeistation eine Vermisstenanzeige für ein dreijähriges Mädchen namens Maria Rosa Face eingereicht. Das vermisste Mädchen wurde nie gefunden.

Als Santos Godino zehn Jahre alt war, hatten seine Eltern genug von seiner zwanghaften Masturbation und seiner Respektlosigkeit. Da sein Vater nicht wusste, was er tun sollte, zeigte er ihn bei der Polizei an, was für ihn eine zweimonatige Gefängnisstrafe zur Folge hatte.

Am 17. Januar 1912 setzte Santos Godino ein Lagerhaus in der Avenida Corrientes in Brand. Als er verhaftet wurde, sagte er der Polizei: „Ich sehe gerne Feuerwehrleute bei der Arbeit. Es ist schön zu sehen, wie sie ins Feuer fallen" [39]. Am 26. Januar 1912 wurde Arturo Laurona (13) tot in einem verlassenen Haus aufgefunden.

Eineinhalb Monate später, am 7. März 1912, setzte Santos Godino das Kleid von Reyna Vainicoff (5) in Brand, die sich nicht davon erholte und einige Tage später starb.

Ende September 1912 legte er Feuer an einem Bahnhof. Das Feuer konnte ohne größeren Schaden gelöscht werden. Am 8. November 1912 versuchte er, den achtjährigen Roberto Russo zu ersticken. Er wurde verhaftet und wegen versuchten Mordes angeklagt, aber bis zum Prozess auf freien Fuß gesetzt. Am 16. November 1912 griff er die dreijährige Carmen Ghittoni an, die leichte Verletzungen erlitt, bevor ein Polizeibeamter eingriff, und Santos Godino floh [40][41]. Am 20. November 1912 griff er die zweijährige Carolina Neolener an, die um Hilfe schrie und von einem Nachbarn gerettet wurde. Später in diesem Monat setzte er zwei große Schuppen in Brand, die jedoch schnell gelöscht werden konnten.

Am 3. Dezember 1912 sah Santos Godino den dreijährigen Jesualdo Giordano vor seinem Haus spielen und bot ihm an, ihm Süßigkeiten zu kaufen, um ihn zu überreden, mit ihm zu kommen. Nachdem er ihm einige Süßigkeiten gegeben und weitere angeboten hatte, brachte er Giordano zu einem Landhaus. Als sie drinnen waren, warf er ihn zu Boden und versuchte erfolglos, ihn mit seinem Gürtel zu erwürgen. Dann zerschnitt er seinen Gürtel und fesselte ihm Hände und Beine. Er begann, ihn zu schlagen und überlegte, ihm den Kopf einzuschlagen. Er verließ das Haus, um nach einem Nagel zu suchen, und sah Giordanos Vater, dem er sagte, er wisse nicht, wo der Junge sei. Dann kehrte er mit dem Nagel ins Haus zurück. Er hämmerte ihn in Giordanos Schädel und versteckte die Leiche. Der Vater fand den Jungen Minuten später. Um 20:00 Uhr ging Cayetano zur Totenwache und berührte den Schädel an der Stelle, an der er den Nagel eingeschlagen hatte. Am 4. Dezember 1912 um 5:30 Uhr wurde er von der Polizei verhaftet und gestand seine Verbrechen.

Inhaftierung: Am 4. Januar 1913 wurde er in eine Besserungsanstalt eingewiesen, wo er später versuchte, einige der dortigen Insassen zu töten. Da ihn medizinische Gutachten für unzurechnungsfähig erklärten, stellte der Richter das Verfahren ein und ordnete an, dass er in der Besserungsanstalt bleiben solle. Am 12. November 1915 wurde ein Berufungsverfahren genehmigt, das seine Verlegung ins Gefängnis am 20. November 1915 anordnete.

Am 28. März 1923 verlegte man Santos Godino in das Gefängnis von Ushuaia. 1933 verbrachte er einige Zeit im Krankenhaus, nachdem er von Mithäftlingen verprügelt worden war, weil er zwei ihrer Hauskatzen getötet hatte. Ab 1935 war er ständig krank und erhielt keinen Besuch, bis er am 15. November 1944 unter mysteriösen Umständen starb. Es wurde jedoch viel darüber spekuliert, dass sein Tod auf innere Blutungen zurückzuführen war, die durch einen Magendurchbruch verursacht wurden. Als das Gefängnis abgerissen wurde und die Behörden die Überreste der toten Insassen ausgruben, fehlten seine Knochen. Bis heute fand man seine sterblichen Überreste nicht.

[Ushuaia ist die Hauptstadt der Provinz Feuerland, Antarktis und Südatlantikinseln in Argentinien. Mit einer Bevölkerung von 82.615 Einwohnern und einer Lage unterhalb des 54. südlichen Breitengrads beansprucht Ushuaia den Titel der südlichsten Stadt der Welt (siehe Abb. 9). Ushuaia liegt in einer weiten Bucht an der Südküste der Isla Grande de Tierra del Fuego und wird im Norden durch die Martial-Bergkette und im Süden durch den Beagle-Kanal begrenzt. Es ist die einzige Kommune im Departamento Ushuaia, das eine Fläche von 9.390 km² hat. Sie wurde am 12. Oktober 1884 von Augusto Lasserre gegründet und liegt an den Ufern des Beagle-Kanals, umgeben von der Bergkette des Martial-Gletschers in der Bucht von Ushuaia. Neben seiner Funktion als Verwaltungszentrum ist es ein Hafen für Leichtindustrie und ein touristisches Zentrum. Ushuaia liegt etwa 1.100 km von der antarktischen Halbinsel entfernt und ist eine von fünf international anerkannten Antarktis-Gateway-Städten weltweit.]

Abb. 9: Lage von Ushuaia in Argentinien (NordNordWest 2015, https://commons.wikimedia.org/wiki/
File:Argentina_adm_location_map.svg
Karte: NordNordWest, Lizenz: Creative Commons by-sa-3.0 de, CC BY-SA 3.0 DE <https://
creativecommons.org/licenses/by-sa/3.0/de/deed.en>, via Wikimedia Commons)

Cayetano Domingo Grossi

Portrait und Geschichte: Cayetano Domingo Grossi (1854 Bonifati, Italien – 6. April 1900 Buenos Aires, Argentinien) war der erste bekannte Serienmörder in der Geschichte Argentiniens. Er ermordete fünf seiner eigenen neugeborenen Kinder, die zwischen 1896 und 1898 aus der Vergewaltigung seiner beiden Stieftöchter hervorgingen [42]. Aus diesem Grund wurde er zum Tode verurteilt und am 6. April 1900 durch ein Erschießungskommando hingerichtet [43][44].

Am 29. Mai 1896 wurde in einer Abfallentsorgungsanlage ein Beutel mit dem Arm eines Babys gefunden. Der Fund wurde der Polizeistation 12 gemeldet, wo der Polizeichef eine Inspektion des Ortes anordnete. Die Polizei ließ den Ort überwachen und fand im Müll einen zertrümmerten Schädel, Beine und den anderen Arm. Es wurde festgestellt, dass alle Teile von derselben Leiche stammten. Die Autopsie ergab, dass das Baby an einem Schädelbruch gestorben war, aber die Untersuchung ergab keine Hinweise darauf, wer das Opfer oder der Mörder war, sodass das Verbrechen ungelöst blieb.

Verbrechen: Zwei Jahre später, am 5. Mai 1898, wurde die Leiche eines Neugeborenen mit einem zertrümmerten Schädel im fortgeschrittenen Stadium der Verwesung gefunden. An seinen Armen und seinem Hals waren Verbrennungen ersten und zweiten Grades zu sehen. Laut gerichtsmedizinischer Untersuchung starb das Baby nicht an den Verbrennungen, sondern an einer schweren Kompression des vorderen Teils des Halses.

Während der Untersuchung bemerkte jemand, dass der Körper in Jutefolie eingewickelt zu sein schien, die häufig bei Reparaturen verwendet wird. Es wurde festgestellt, dass ein Auto den Müll und die menschlichen Überreste eingesammelt hatte. Bei der Befragung eines Mannes namens Carretero gestand dieser, dass er die Überreste gesehen hatte, aber aus Angst, als beteiligt angesehen zu werden, beschlossen hatte, der Polizei nichts zu sagen.

Bei der gründlichen Untersuchung der gesammelten Gegenstände stellten die Ermittler fest, dass die Tasche zahlreiche Flicken aufwies und an den Gitterstäben merklich abgenutzt war, als wäre sie von einem Hausierer benutzt worden, der Körbe mit Riemen trug, und dass sich in seinen Taschen Reste von Zigaretten und Anissamen befanden, was die Behörden zu der Annahme veranlasste, dass der Täter entweder Spanier oder Kalabrier war, da diese die Gewohnheit hatten, Anissamen bei sich zu tragen. Die anderen Kleidungsstücke zeigten aufgrund ihrer Qualität und ihres Zustands, dass ihr Besitzer arm war.

Daher begann die Polizei, den Müllwagen zu überwachen und die Suche auf Menschen mit geringen Ressourcen auszurichten; sie konnten am 9. Mai 1898 feststellen, dass es in der Calle Artes 1438 (heute: Carlos Pellegrini) des Stadtteils Retiro von Buenos Aires eine Familie lebte, die sich morgens immer in einem bestimmten Zimmer anzog und von Nachbarn dabei gesehen wurde. Die besagte Familie bestand aus einer Frau namens Rose Ponce de Nicola, ihrem Ehemann Cayetano Domingo Grossi (von Beruf Fuhrmann), den beiden älteren Töchtern von Rose, Clara und Catalina, und drei jüngeren Kindern.

Die Polizei erfuhr durch Zeugenaussagen von Nachbarn, dass Grossi eine intime Beziehung zu seinen Stieftöchtern hatte. Es wurde auch festgestellt, dass Clara kurz zuvor schwanger gewesen war, und einige Tage später war sie in einem normalen Zustand, ohne zu wissen, was mit ihrem Baby passiert war.

Weitere Entwicklung: Einen Tag später, am 10. Mai 1898, ordnete eine Polizeikommission eine Inspektion des von der Familie bewohnten Zimmers an, bei der eine Dose mit der in Lumpen gewickelten Leiche eines Säuglings gefunden wurde, was den Verdacht bestätigte. Grossi erklärte, dass der Sack in einer Mülltonne gefunden wurde, die seinem Sohn Carlos gehörte, und dass er das Baby auf Claras Wunsch getötet hatte. Er sagte auch, dass das andere Baby tot geboren worden sei.

In dieser Nacht erklärten Rosa und ihre Tochter Clara, dass Letztere zwei Kinder mit Grossi hatte. Dieser stritt zunächst ab, Sex mit seinen Stieftöchtern gehabt zu haben, und gab ihren Freunden die Schuld für ihre Schwangerschaften. Einige Tage später gestand er schließlich, das erste gefundene Baby im Jahr 1896 ermordet zu haben; gleichzeitig gestand er, mehrere weitere Babys verbrannt zu haben, ohne jedoch davon auszugehen, dass sie gestorben waren [45]. In späteren Verhören gab Grossi zu, ein Kind mit Catalina und vier mit Clara zu haben, wobei er drei davon erwürgte und die restlichen zwei von seinen Stieftöchtern verbrannt wurden. Rosa, Clara und Catalina akzeptierten die fünf Verbrechen, gaben aber Grossi die Schuld am Tod der Neugeborenen.

Die Polizei wurde auf die merkwürdige Unterwürfigkeit der Frauen gegenüber dem Verbrecher aufmerksam, die dazu geführt hatte, dass sie so lange geschwiegen hatten. Es wurde behauptet, dass Grossi einmal versucht habe, eine von Rosas jüngeren Töchtern zu vergewaltigen, die Schwestern dies jedoch verhindert hätten. Schließlich wurde festgestellt, dass Grossi selbst bei den Geburten half und die Babys dann ins Feuer warf, was von den Frauen bezeugt wurde [46].

Todesurteil und Hinrichtung: Grossis Frau Rosa und ihre Töchter Clara und Catalina [47] wurden als „Verschleierer" der Morde angesehen und zu jeweils drei Jahren Gefängnis und zur Übernahme der Gerichtskosten verurteilt. Letztendlich wurde Catalinas Strafe auf zwei Jahre Gefängnis reduziert. Nachdem die Verantwortlichkeit des Angeklagten festgestellt worden war, wurde Grossi als Täter der Morde für schuldig befunden und von Richter Ernesto Madero zum Tode verurteilt.

Am Tag seiner Hinrichtung, dem 6. April 1900 um 5 Uhr morgens, betraten Grossis Kinder die Gefängniskapelle, das erste davon war sein 19-jähriger Sohn. Obwohl er seinen Vater seit über einem Jahr nicht mehr gesehen hatte, zeigte er bei diesem letzten Besuch keine Emotionen. Der jüngste Sohn, Lorenzo (6), wollte sich seinem Vater nicht nähern und scheute seine Zärtlichkeiten. Teresita, seine Tochter, weinte, als sie ihn sah, und weigerte sich gleichfalls, ihn zu umarmen. Die Oberleutnants Rosa Burgos und Calisto García sowie Hauptmann Manuel Medrano waren für Grossis Hinrichtung verantwortlich. Zu diesem Zweck wurden jenem die Augen verbunden, und man legte ihn mit gefesselten Händen und Füßen auf die Bank. Das Urteil vollstreckte am 6. April 1900 um 8 Uhr morgens iein Erschießungskommando. Nach der ersten Salve näherte sich Leutnant Emilio Lascano dem Körper und gab ihm einen Gnadenschuss [48]. Grossi ist der erste Serienmörder in der Geschichte Argentiniens, obwohl es ein weit verbreitetes Missverständnis gibt, dass Cayetano Santos Godino dieser ist.

<u>Francisco Antonio Laureana</u>

Portrait und Geschichte: Francisco Antonio Laureana (1954 Corrientes – 27. Februar 1975 San Isidro, Argentinien) war ein junger Mann, der von der Polizei in Buenos Aires getötet wurde, weil diese ihn für einen Vergewaltiger und Serienmörder namens „Der Satyr von San Isidro" hielt. Er vergewaltigte sechs Monate lang -von 1974 bis 1975- Frauen, von denen er 13 ermordete. Die meisten seiner Opfer tötete er mittwochs und donnerstags gegen 18:00 Uhr.

[Corrientes ist die Hauptstadt der Provinz Corrientes in Argentinien und liegt am Ostufer des Paraná-Flusses, etwa 1.000 km von Buenos Aires und 300 km von Posadas entfernt an der Nationalstraße 12 (siehe Abb. 10a). Laut der Volkszählung von 2010 hat die Stadt 346.334 Einwohner. Gegenüber der Stadt liegt ihre Partnerstadt Resistencia in Chaco. Corrientes hat eine Mischung aus kolonialer und moderner Architektur (siehe Abb. 10b), mehrere Kirchen und eine Reihe von Lapacho-, Ceibo-, Jacaranda- und Orangenbäumen. Hier findet auch eine der größten Karneval- und Chamamé-Feiern des Landes statt. Die General-Belgrano-Brücke liegt im argentinischen Küstenstreifen in der Nähe der argentinisch-paraguayischen Grenze und führt über den Paraná-Fluss, der als natürliche Grenze zur benachbarten Provinz Chaco dient. Auf der anderen Seite der Brücke liegt Resistencia, die Hauptstadt von Chaco. Im Westen und flussaufwärts des Paraná, zwischen Paraguay und Argentinien, befindet sich der Yaciretá-Staudamm, einer der größten Wasserkraft-Stromerzeuger der Welt.]

Abb. 10a: Lage der Stadt Corrientes in Argentinien (NordNordWest 2015, https://commons.wikimedia.org/wiki/File:Argentina_location_map.svg , NordNordWest, CC BY-SA 3.0 <https://creativecommons.org/licenses/by-sa/3.0>, via Wikimedia Commons)

Abb. 10b: Die Stadt Corrientes mit der General Belgrano-Brücke im Hintergrund (Juajua 2011, https://commons.wikimedia.org/wiki/File:Panor%C3%A1mica_Ciudad_de_Corrientes.jpg Juajua, CC BY-SA 4.0 <https://creativecommons.org/licenses/by-sa/4.0>, via Wikimedia Commons)

[San Isidro ist eine Stadt im Großraum Buenos Aires. Sie liegt 27,9 km von der autonomen Stadt Buenos Aires entfernt. Sie gilt als das wohlhabendste Viertel der Provinz. Im Jahr 2007 feierte San Isidro sein 300-jähriges Bestehen mit diversen Festen, die im Hippodrom und an anderen Orten stattfanden. Die Siedlung wurde erstmals 1784 als Alcaldía de la Hermandad eingemeindet und erhielt 1850 von der Provinz den Status einer Gemeinde. Das Zentrum von San Isidro ist ein historisches Viertel mit gepflasterten Straßen und alten einstöckigen Häusern. Im Herzen der Plaza Mitre befindet sich die neugotische Kathedrale von San Isidro, die 1898 erbaut wurde. Auf dem abschüssigen Platz, auf dem sich das kürzlich eröffnete Rugby Museum befindet, findet eine Antiquitäten- und Handwerksmesse statt. Der Platz führt hinunter zum Río de la Plata, wo der Flussuferpark bei Mate-Trinkern und Touristen beliebt ist. Die Stadt ist auch als „Nationalhauptstadt des Rugby" bekannt, da hier viele wichtige Spieler des Landes ihre Laufbahn begannen oder dort noch spielen. Bekannt ist das Derby-Spiel der Rugby Union zwischen CASI (Club Atlético de San Isidro) und SIC (San Isidro Club).

San Isidro wird von zwei Bahnlinien bedient, der Mitre Line und dem Tren de la Costa (Zug der Küste). Der Bahnhof des Letzteren ist ein historisches Gebäude aus dem

Jahr 1891, das im Stil britischer Bahnhöfe gestaltet ist. Die Anlage beherbergt auch eine Einkaufspassage, einen Kinokomplex und Restaurants. Der Bahnhof liegt nur 200 m von der Kathedrale des Ortes entfernt.

Viele große Häuser umgeben das historische Zentrum und säumen das Flussufer. Das älteste ist das Haus von General Pueyrredón, das 1790 von Juan Martín de Pueyrredón erbaut und von seinem Sohn Prilidiano Pueyrredón erweitert wurde. Das Haus mit seinem alten riesigen Algarrobo-Baum, unter dem Pueyrredón und San Martín über die Unabhängigkeit diskutierten, ist ein nationales historisches Denkmal und beherbergt das historische Museum der Stadt San Isidro. Das Haus der Schriftstellerin Victoria Ocampo, die Villa Ocampo, ist im Besitz der Unesco und für die Öffentlichkeit zugänglich.]

Verbrechen: Die Polizei rekonstruierte die Ereignisse auf der Grundlage dessen, was sie für eine Mordserie hielt, und des psychologischen Profils des Mörders. Francisco Laureana (22) hatte ein Praktikum an einer katholischen Schule in der Stadt Corrientes im Norden Argentiniens absolviert. Die Polizei behauptete, Laureana sei aus Corrientes geflohen, weil er eine Nonne vergewaltigt und an der Treppe der Schule erhängt habe [49]. Im Juli 1974 zog er in die Stadt San Isidro (im Norden des Großraums Buenos Aires), wo er als Kunsthandwerker arbeitete und Reifen, Armbänder und Halsketten verkaufte. Er heiratete eine Frau, die drei Kinder hatte. Bevor er zur Arbeit ging, sagte er zu seiner Frau: „Lass die Kinder nicht nach draußen, weil es viele gefährliche Leute dort gibt."

Fast jeden Mittwoch und Donnerstag verschwand gegen 18 Uhr eine Frau oder ein Mädchen in der Stadt. Ihre Leichen wurden kurz darauf auf Brachflächen gefunden, mit Anzeichen dafür, dass sie brutal vergewaltigt und getötet worden waren. Einige Opfer wurden erwürgt, andere mit einem Revolver vom Kaliber 0,32 (8 mm) erschossen. Die Opfer waren hauptsächlich Frauen, die sich in nahe gelegenen Villen sonnten oder an Bushaltestellen warteten. Der „Satyr" stahl seinen Opfern immer etwas, wie Ringe, Armbänder, Ketten usw., die er als Trophäen in einem Schuhschrank zu Hause aufbewahrte. Manchmal kehrte er Wochen später an den Tatort zurück, um die Erfahrung noch einmal zu erleben.

Aufgrund der wiederholten Modus Operandi glaubte der Polizeibeamte und Forensikexperte Osvaldo Raffo, dass die Morde das Werk einer einzelnen Person sein könnten [50]. Nach einem seiner Morde sah ein Zeuge den Täter auf dem Dach eines Hauses fliehen, aber der Zeuge wurde beschossen, blieb aber unverletzt und half bei der Erstellung eines Phantombildes des Verdächtigen, das in der Stadt in Umlauf gebracht wurde [51].

Tod: Am Donnerstag, dem 27. Februar 1975, sah ein achtjähriges Mädchen Francisco Laureana und dachte, er sehe aus wie der Serienmörder. Nachdem sie ihrer Mutter davon erzählt hatte, gab die Frau vor, ihren Ehemann anzurufen, benachrichtigte aber stattdessen die Polizei. Laureana ging lächelnd an ihnen vorbei und ging weiter. Die Polizei spürte ihn ein paar Blocks weiter auf, und da er der auf dem Phantombild abgebildeten Person ähnlich sah, näherten sie sich dem Verdächtigen und baten ihn, sie zu einem Verhör zu begleiten. Laut Polizeibericht nahm Laureana dann eine Waffe aus seiner Umhängetasche und begann, auf die Beamten zu schießen. Bei der dann folgenden Schießerei wurde er in die Schulter getroffen. Der schwer verletzte Laureana floh und versteckte sich vor der Polizei in einem Hühnerstall in der Nähe eines Anwesens. Ein Hund „markierte" jedoch

Laureanas Versteck für seinen Besitzer, was die Polizei dazu veranlasste, sich dem Hühnerstall zu nähern und Laureana mit Kugeln zu durchsieben.

Die Behörden bedauerten, ihn getötet zu haben, da sie ihn zu seinen Motiven für die Morde verhören wollten. Als seine Frau informiert wurde, sagte sie: „... das muss ein Fehler sein. Mein Mann kann all das nicht getan haben. Er war ein guter Vater, ein guter Ehemann und ein Handwerker, der seine Arbeit liebte" [52] [53] [54] [55].

Da Laureana ein Fetischist war, konnten viele seiner Verbrechen aufgeklärt werden, als die Polizei den Stiefel fand, in dem die Gegenstände der Opfer zusammen mit Schusswaffen versteckt waren.

Der Fall von Francisco Antonio Laureana, einem der Mörder in der Geschichte Argentiniens mit den höchsten Opferzahlen, blieb aufgrund des komplexen politischen Klimas während der Regierungszeit von Isabel Perón relativ unbemerkt. Während der Zeit Isabel Peróns kam es zu einer offenen Konfrontation mit der Guerillagruppe Montoneros, zur Operation Independence und schließlich zum Militärputsch von 1976.

Yiya Murano

Portrait und Geschichte: María de las Mercedes Bernardina Bolla Aponte de Murano (20. Mai 1930 Corrientes – 26. April 2014) [56], besser bekannt als Yiya Murano und auch als „Die Giftmörderin von Monserrat" bezeichnet, war eine argentinische Serienmörderin und Betrügerin. Sie wurde wegen dreifachen Mordes mit Zyanid verurteilt, die Tatzeit lag zwischen Februar und März 1979. Sie verbüßte 16 Jahre im Gefängnis, bevor sie aufgrund ihres fortgeschrittenen Alters in ein Altersheim gebracht wurde, um dort den Rest ihrer Strafe abzusitzen.

Verbrechen: Am 10. Februar 1979 starb plötzlich Nilda Gamba, eine Nachbarin von Murano. Am 19. Februar starb Muranos Freundin Leila Chicha Formisano de Ayala auf die gleiche Weise. Murano schuldete beiden Frauen Geld, und beide Leichen wiesen Anzeichen einer Zyanidvergiftung auf [57].

Am 24. März 1979 stürzte Muranos Cousine Carmen Zulema del Giorgio de Venturini auf der Treppe eines Gebäudes in der Avenida Hipólito Yrigoyen, an der Plaza de Mayo, wo sie lebte, und später auch starb. Zulemas Tod wurde zunächst auf einen Herzstillstand zurückgeführt. Zulemas Tochter stellte fest, dass ein Schuldschein im Wert von AR$ 20 Mio. in den Sachen ihrer Mutter fehlte. Der Pförtner des Gebäudes gab an, dass Murano mit einem geheimnisvollen Paket (das später als Petit-Four-Gebäck identifiziert wurde) zu Besuch kam und beiläufig nach einer Kopie der Schlüssel für Zulemas Wohnung fragte: „Ich brauche ihr Notizbuch, um ihre Verwandten zu warnen" [58]. Murano betrat die Wohnung ihrer Cousine und verließ sie schnell wieder, mit Papieren und einem Glas in der Hand. Sie beschwerte sich lautstark: „Mein Gott, das ist schon der dritte Freund, der in kurzer Zeit stirbt!" Bei der Autopsie entdeckten die Ärzte Zyanid in Zulemas Körper. Die Ermittler fanden das Gift in dem vom Pförtner erwähnten Glas und in den Petit Fours.

Verhaftung: Am 27. April 1979 verhaftete die Polizei Murano in ihrem Haus in der Mexico Street. 1980 wurde sie bewusstlos im Gefängnis aufgefunden, in dem sie festgehalten wurde. Später wurde Murano operiert und eine ihrer Lungen entfernt.

Murano wurde 1985 verurteilt, zufällig zur gleichen Zeit als der, in der der Prozess gegen die Juntas stattfand. Sie bestand auf ihrer Unschuld und sagte: „Ich habe nie jemanden zum Essen eingeladen."

Murano wurde nach 16 Jahren aus dem Gefängnis entlassen. Es wurde bekannt, dass sie den Richtern, die sie entlassen hatten, als Zeichen ihrer Wertschätzung eine Schachtel Pralinen schickte [59].

Die argentinische Schriftstellerin Marisa Grinstein nahm Murano in ihr Buch ‚Mujeres Asesinas' (Killer Women) auf. Im Jahr 2006 wurde in einer Folge der Canal 13 Fernsehserie mit dem gleichen Namen eine Nachstellung von Muranos Verbrechen gezeigt. Am Ende der Folge erschien die echte Yiya Murano und beteuerte ihre Unschuld, wobei sie Beweise anführte. In der zweiten Staffel von Mujeres Asesinas, der mexikanischen Adaption der Serie, wurde eine auf Murano basierende Folge mit dem Titel „Tita Garza, Betrügerin" mit Patricia Reyes Spindola in der Hauptrolle ausgestrahlt.

<u>Javier Hernán Pino</u>

Portrait: Javier Hernán Pino (geboren 1990 in der Provinz Entre Ríos) ist ein argentinischer Serienmörder. Aliasname: „Der neue Robledo Puch". Zwischen Februar und Oktober 2015 freundete er sich mit fünf Menschen an und täuschte sie, sodass sie ihm vertrauten, bevor er ihnen mit einer schallgedämpften Pistole in den Kopf schoss und sie ihrer Habseligkeiten beraubte [60]. Die Morde ereigneten sich in Buenos Aires, Salta und Santa Fé. Er wurde am 21. Oktober 2015 festgenommen. Für seine Verbrechen wurde er in drei Fällen zu lebenslanger Haft verurteilt, die er nun im 1933 in Dienst gestellten Coronda-Gefängnis in Coronda, Provinz Santa Fé, verbüßt [61].

[Entre Ríos ist eine zentrale Provinz Argentiniens in der Region Mesopotamien. Sie grenzt im Süden an die Provinz Buenos Aires, im Norden an Corrientes, im Westen an Santa Fe und im Osten an Uruguay (siehe Abb. 11). Die Hauptstadt ist Paraná (400.000 Einwohner), die am Paraná-Fluss gegenüber der Stadt Santa Fé liegt.

Zusammen mit Córdoba und Santa Fé ist die Provinz seit 1999 Teil des Wirtschaftsraumes Región Centro. Die Wirtschaft von Entre Ríos ist die sechstgrößte Argentiniens. Die Wirtschaftsleistung wurde 2006 auf US$ 7,71 Mrd. geschätzt, was US$ 6.710 pro Kopf und damit einer relativ einer armen Region mit nur 75 % des Pro-Kopf-Einkommens des Landesdurchschnitts entspricht. Im Jahr 2013 wurde die Wirtschaftsleistung auf AR$ 63,8 Mrd. geschätzt; dies sind aktuell nur etwa € 60 Mio. und kaufkraftbereinigt ca. € 8.000 pro Kopf. Insgesamt näherte sich die wirtschaftliche Leistung der Region in den letzten Jahren an den Durchschnitt des Landes an. Die Wirtschaft der Región Centro war lange Zeit stärker landwirtschaftlich geprägt als der Durchschnitt Argentiniens und machte etwa 15 % der Produktion aus. Zu den landwirtschaftlichen Erzeugnissen von Entre Rios gehören Reis (60 % der nationalen Produktion), Sojabohnen, Weizen, Mais und Zitrusfrüchte, bei denen die Provinz der zweitgrößte Produzent ist. 16 % der Produktion werden hauptsächlich nach Europa exportiert. Die Viehzucht konzentriert sich auf Rinder (4,5 Mio. Stück) und in abnehmendem Maße auf Schafe auf einer Fläche von 60.000 km². Die Milchindustrie, die sich derzeit in der Expansionsphase befindet, produziert jährlich fast 250.000 t Milchprodukte.]

Abb. 11: Lage der Provinz Entre Ríos in Argentinien (NordNordWest, GrandEscogriffe 2023, https://commons.wikimedia.org/wiki/File:Entre_Rios_in_Argentina_(%2BFalkland_hatched)-2.svg NordNordWest, GrandEscogriffe, CC BY-SA 4.0 <https://creativecommons.org/licenses/by-sa/4.0>, via Wikimedia Commons)

[Die Provinz Santa Fé ist eine Provinz Argentiniens und liegt im mittleren Osten des Landes. Die Nachbarprovinzen sind im Uhrzeigersinn von Norden aus Chaco (durch den 28. südlichen Breitengrad geteilt), Corrientes, Entre Ríos, Buenos Aires, Córdoba und Santiago del Estero. Zusammen mit Córdoba und Entre Ríos ist die Provinz Teil der wirtschaftspolitischen Vereinigung, die als Region Centro bekannt ist (siehe Abb. 12). Die wichtigsten Städte der Provinz Santa Fé sind Rosario (1.193.605 Einwohner), die Hauptstadt Santa Fé (369.000), Rafaela (100.000), Reconquista (99.000), Villa Gobernador Gálvez (74.000), Venado Tuerto (69.000) und Santo Tomé (58.000).]

Abb. 12: Lage der Provinz Santa Fé in Argentinien (NordNordWest, GrandEscogriffe 2023, https://commons.wikimedia.org/wiki/File:Santa_Fe_in_Argentina_(%2BFalkland_hatched)-2.svg NordNordWest, GrandEscogriffe, CC BY-SA 4.0 <https://creativecommons.org/licenses/by-sa/4.0>, via Wikimedia Commons)

Verbrechen: Pinos Modus Operandi bestand darin, sich mit einem geeigneten Opfer anzufreunden. Indem er dessen Vertrauen gewann, nutzte er dessen nachlassende Wachsamkeit aus, um es anzugreifen und ihm mit seiner schallgedämpften 9-mm-Taurus-Pistole im Hinrichtungsstil in den Kopf zu schießen. Der erste Mordopfer war der 40-jährige chinesische Kaufmann Ni Qi Fu in Buenos Aires. Er wurde insgesamt acht Mal in den Kopf, den Bauch und den linken Arm geschossen und starb am 16. Februar 2015 an seinen Verletzungen [61].

In den folgenden zwei Monaten freundete sich Pino mit der 38-jährigen Masseurin Claudia Sosa an, der er bei ihrem Umzug nach Buenos Aires half. Am 8. April 2015 wurde er in ihre Wohnung in der Calle Tucumán 1545 eingeladen, wo er ihr in den Hals schoss und Sosa auf der Stelle tötete. Danach stahl er einen Computer, ein Mobiltelefon und 1.900 Pesos, bevor er die Gegend verließ [61].

Pino sollte vor seiner Festnahme noch zweimal zuschlagen: am 13. Juli 2005, als er den 28-jährigen Tankstellenmitarbeiter Ariel Fernando Ríos in El Galpón ermordete, und am 16. Oktober, als er die Geschwister Agustina (28) und Javier Ponisio (25) in Rosario tötete.

Verhaftung, Prozess und Inhaftierung: Wenige Tage nach der Ermordung der Geschwister Ponisio wurde Pino in Frías, Santiago del Estero, verhaftet. Die Ermittler hatten drei der Morde (Ríos und die Ponisios) miteinander in Verbindung gebracht, und Pino wurde zunächst für diese drei Morde verurteilt und erhielt zwei lebenslange Haftstrafen [62]. Etwa vier Jahre später verglich die Polizei von Buenos Aires mithilfe des automatischen ballistischen Identifizierungssystems (SAIB) die weggeworfenen Patronenhülsen mit denen im ganzen Land, was sich als Übereinstimmung mit denen herausstellte, die bei den Morden in El Galpón und Rosario verwendet wurden. Pino wurde zusätzlich wegen Mordes an Fu und Sosa angeklagt, wobei im letzteren Fall zusätzliche Beweise auftauchten, da sich herausstellte, dass die DNA-Spuren auf einer Tasse Kaffee stammten, aus der Pino getrunken hatte. Er wurde vor den Gerichten von Buenos Aires unter Anwesenheit von vier Staatsanwälten aus den drei Städten, in denen die Verbrechen begangen wurden, vor Gericht gestellt. In den Medien wurden aufgrund der ähnlichen Umstände ihrer Verbrechen Vergleiche mit dem berüchtigten argentinischen Serienmörder Robledo Puch gezogen. Er wurde der beiden Morde für schuldig befunden und erhielt eine dritte lebenslange Haftstrafe.

Pino verbüßt derzeit seine Strafe im Coronda-Gefängnis in der Provinz Santa Fé [61].

Carlos Eduardo Robledo Puch

Portrait: Carlos Eduardo Robledo Puch [geboren am 19. Januar 1952 in Buenos Aires (siehe Abb. 13)], auch bekannt als „Der Todesengel" und „Der schwarze Engel", ist ein argentinischer Serienmörder. Er wurde wegen mindestens elf Morden (einschließlich der Tötung eines Komplizen), eines versuchten Mordes, siebzehn Raubüberfällen, Beteiligung an einer Vergewaltigung und einer versuchten Vergewaltigung, eines Falls von sexuellem Missbrauch, zwei Entführungen und zwei Diebstählen verurteilt. Die Zeitspanne seiner Verbrechen lag innerhalb eines Jahres, von 1971 bis 1972, er wurde am 4. Februar 1972 festgenommen. Man verurteilte ihn zu lebenslanger Haft sowie Isolationshaft unbestimmter Dauer. Die meisten Straftaten ereigneten sich im nördlichen Teil des Großraums Buenos Aires (siehe Abb. 13) [65].

Abb. 13: Photomontage von Buenos Aires (Bleff 2020,
https://commons.wikimedia.org/wiki/File:Montaje_de_la_Ciudad_de_Buenos_Aires.png
Bleff, CC BY-SA 3.0 <https://creativecommons.org/licenses/by-sa/3.0>, via Wikimedia Commons)

Geschichte: Robledo Puch wurde am 19. Januar 1952 als Sohn von Víctor Robledo
Puch, einem ehemaligen Techniker bei General Motors, und Josefa Aída Habendak,
einer Hausfrau, die kurz nach dem Zweiten Weltkrieg aus Deutschland
ausgewandert war, geboren. Seine Familie stammte von Dionisio Puch ab, einem
Soldaten, der Gouverneur der Provinz Salta war, und Martín Miguel de Güemes,
einem Militärführer, der die Nation während des Unabhängigkeitskrieges verteidigte
[65].

Robledo Puch ist mütterlicherseits deutscher Abstammung [66]. 1956, als Robledo
Puch vier Jahre alt war, zogen seine Eltern mit der Familie in die Calle Borges in
Olivos, Provinz Buenos Aires, wo sie eine Wohnung im ersten Stock über einem
Eisenwarenladen mieteten. Robledo Puch stammte aus einer hart arbeitenden
Mittelstandsfamilie und war bekannt dafür, schüchtern und ruhig zu sein, genau wie
seine Mutter, die sich sehr um ihn kümmerte. Robledo Puch ist ein Fußballfan von
River Plate [67] und lernte in seiner Jugend Klavierspielen sowie Deutsch.

Er hatte schwierige Schuljahre, in denen er normalerweise Gegenstände von seinen
Klassenkameraden stahl. 1967 wurde Robledo Puch dabei erwischt, wie er Geld aus
dem Sekretariat stahl, worauf man ihn der Schule verwies [64]. Er war in der Schule
Opfer von Mobbing, hatte des Weiteren ein schwieriges Verhältnis zu seinem Vater.

Nach seiner Verhaftung wegen der von ihm begangenen Serienmorde starb seine Großmutter plötzlich, und seine Mutter unternahm einen Selbstmordversuch. Sein Vater beschuldigte Robledo Puch, an diesen Vorfällen schuld zu sein, was Erster ihm nie verzieh [68]. Kurz nach seiner Festnahme drohte Robledo Puch seinem Vater in einem Brief, ihn an dem Tag zu töten, an dem er freikäme [68]. Sein Vater ließ sich schließlich von seiner Mutter scheiden und wurde aufgrund der Ächtung, die er wegen der Taten seines Sohnes erfuhr, aus seiner Anstellung bei General Motors entlassen.

Im Dezember 1968 hatte Robledo Puch seinen ersten Gesetzeskonflikt, als er in die Werkstatt eines Mannes eindrang, der mit Fahrrädern arbeitete. Er stahl dort ein Motorrad. Nachdem er wegen dieses Raubes verhaftet worden war, gestand er mehr als 14 Diebstähle. Er wurde in eine Besserungsanstalt eingewiesen, wo er auf Anordnung eines Jugendrichters 20 Tage verbrachte [69]. Gegen Ende 1969 oder Anfang 1970 machte Robledo Puch Bekanntschaft mit Jorge Antonio Ibáñez, der bei vielen später verübten Raubüberfällen und Morden sein Komplize wurde. Anfang 1971 begingen die beiden mindestens vier Raubüberfälle, bei denen sie Millionen Pesos erbeuteten und für sich selbst in Luxusgüter investierten. Im Januar 1971 wurden sie wegen eines dieser Verbrechen verhaftet und wegen schwerer Straftaten angeklagt [69]. Robledo Puch wurde kurz darauf freigelassen, musste sich aber vor Gericht verantworten. Robledo Puch und Ibáñez, der ebenfalls gegen Kaution freigelassen worden war, flohen mit dem Zug nach Mar del Plata (siehe Abb. 14) [69].

Abb. 14: Mar del Plata (Marianogemin 2016, https://commons.wikimedia.org/wiki/File:La_ciudad_y_la_costa.jpg, Marianogemin, CC BY-SA 4.0 <https://creativecommons.org/licenses/by-sa/4.0>, via Wikimedia Commons)

Verbrechen: Robledo Puchs erster dokumentierter Mord ereignete sich am 3. Mai 1971, als er und Ibáñez gegen Mitternacht eine Autowerkstatt in Vicente López im Norden des Großraums Buenos Aires betraten [70]. Robledo Puch erschoss den Besitzer des Geschäfts sofort. Anschließend verletzte er dessen Frau schwer und verging sich an ihr, aber sie überlebte den Angriff zusammen mit ihrer zehn Monate alten Tochter [71]. Bevor er mit AR$ 400.000 (Argentinische Pesos) in bar floh, schoss Robledo Puch auf die Wiege des Säuglings, verfehlte diesen jedoch [70].

Robledo Puch und Ibáñez töteten nur wenige Tage später, am 14. Mai 1971, erneut, als sie in einen Nachtclub in Olivos einbrachen. Dort stahlen er und Ibáñez mehr als AR$ 2 Mio. in bar aus dem Lagerraum. Bevor sie flüchteten, sah Robledo Puch eine

offene Tür zu einem kleinen Raum. Als er hineinschaute, fand er die zwei
Wachmänner schlafend vor. Er eröffnete sofort das Feuer und tötete beide.

Zehn Tage später, am 24. Mai 1971, betraten Robledo Puch und Ibáñez einen
Supermarkt in Vicente López. Dort erschoss Robledo Puch den 61-jährigen
Wachmann. Anschließend stahl er mehr als fünf Millionen Pesos und trank mit
Ibáñez am Tatort eine ganze Flasche Whisky, um ihren Erfolg zu feiern [72].

Am 13. Juni 1971 entführten Robledo Puch und Ibáñez ein 16-jähriges Mädchen von
einer Autobahn in Buenos Aires. Das Mädchen, das der Straßenprostitution
nachging, zwangen sie mit vorgehaltener Waffe, in ihr Auto einzusteigen. Nachdem
sie in eine abgelegene Gegend gefahren waren, verging sich Ibáñez an dem
Mädchen und befahl ihr dann, aus dem Auto auszusteigen. Robledo Puch forderte
das Mädchen auf, weiterzugehen, ohne sich umzusehen, und schoss fünfmal auf sie,
wobei sie starb. Es ist unklar, ob Robledo Puch sich auch an dem sexuellen Übergriff
beteiligte; angesichts des von ihm an ihr begangenen Mordes tritt diese Frage aber
in den Hintergrund [64][70].

Robledo Puch ermordete am 24. Juni 1971 einen weiteren Menschen, als er
zusammen mit Ibáñez eine 22-jährige Frau entführte, die gerade das Haus ihres
Freundes in der Nähe des Ortes verlassen hatte, an dem das 16-jährige Mädchen
ermordet worden war. Er und Ibáñez fuhren die Frau in ein anderes abgelegenes
Gebiet, wo Ibáñez versuchte, sie zu vergewaltigen. Es ist auch hier unklar, ob
Robledo Puch an diesem sexuellen Übergriff beteiligt war. Ibáñez befahl der Frau
dann, aus dem Auto auszusteigen, und Robledo Puch folgte ihr, schoss ihr mehrmals
in den Rücken und tötete sie [70][71].

Am 5. August 1971 starb Robledo Puchs Komplize Ibáñez bei einem ungeklärten
Autounfall, den Erster verursachte. Später kamen Gerüchte auf, Robledo Puch habe
Ibáñez getötet und den Unfall als Alibi für den Mord an Ibáñez inszeniert. Daraufhin
suchte Robledo Puch einen anderen Komplizen und lernte schließlich Héctor
Somoza kennen. Ihr erstes gemeinsames Verbrechen begingen sie am 15.
November 1971, als sie einen Supermarkt im Norden des Großraums Buenos Aires
betraten. Robledo Puch und Somoza nahmen nichts mit, denn der 50-jährige
Wachmann überraschte beide. Robledo Puch tötete ihn durch mehrere Schüsse [70]
[71][72]. Zwei Tage später, am 17. November 1971, brachen sie in ein Autohaus ein und
stahlen AR$ 90.000 in bar. Bevor sie flüchteten, erschoss Robledo Puch den
schlafenden Wachmann, der unvorsichtigerweise seine Sorgen hinsichtlich des
Todes anderer Wachmänner in der Gegend geäußert hatte.

Zu diesem Zeitpunkt begann die Polizei, Serienmorde zu vermuten [70]. Ein weiterer
Mord ereignete sich am 25. November 1971, als er zusammen mit Somoza in eine
Dodge-Vertretung einbrach. Beide stahlen die Summe von AR$ 1,5 Mio in bar. Bevor
sie flüchteten, brachten Robledo Puch und Somoza den Wachmann in den zweiten
Stock der Vertretung und feuerten dreimal auf ihn, wodurch der Mann getötet
wurde[70][71][72].

Seine letzten Morde beging Robledo Puch am 3. Februar 1972, als er zusammen mit
Somoza in ein Eisenwarengeschäft in Tigre, Buenos Aires, einbrach. Im Geschäft traf
Puch auf den Wachmann und sperrte ihn mit vorgehaltener Waffe in einen kleinen
Raum. Minuten später kehrte Robledo Puch zurück, öffnete die Tür und tötete den
Mann mit zwei Schüssen. Nachdem der Wachmann ermordet worden war,
versuchten Puch und Somoza, den Tresor zu öffnen. In einem verwirrenden Vorfall
packte Somoza Robledo Puch, was jener als Versuch interpretierte, ihn zu töten.

Robledo Puch nahm daraufhin seine Pistole und erschoss Somoza [72]. Robledo Puch versuchte, Somozas Leiche unkenntlich zu machen, indem er dessen Gesicht und Hände mit einem Lötbrenner verbrannte. Er floh dann mit etwas Bargeld, vergaß jedoch, dass Somoza seinen (Robledo Puchs) Personalausweis in der Hosentasche hatte, was schließlich zur Verhaftung des Mörders führen sollte [72][70][71][64]. Robledo Puch wurde am 4. Februar 1972 verhaftet. Daraufhin befragte die Polizei seine Familie, die angab, dass Somoza in letzter Zeit bei Robledo Puch gewesen sei. Jener war gerade 20 Jahre alt geworden [73].

Prozess: Robledo Puchs Prozess begann mehr als acht Jahre nach seiner Verhaftung am 4. August 1980, wo er sich 36 Anklagepunkten stellen musste, darunter elf wegen schweren Mordes. Robledo Puch machte seinen ersten Komplizen Ibáñez für viele der Verbrechen verantwortlich und verhielt sich vor Gericht trotzig, wo er den gesamten Prozess als „Farce" bezeichnete [74]. Der Prozess dauerte vier Monate, in denen 92 Zeugen Robledo Puch der Begehung der Verbrechen beschuldigten. Vor und während des Prozesses stellte der forensische Psychiater Osvaldo Raffo fest, dass er ein Psychopath war, der eine Gefahr für die Gesellschaft darstellte. Robledo Puch, der sich während der Untersuchungen über 25 Mal mit Raffo traf, beschuldigte Raffo später, gelogen zu haben und auf seine Kosten Ruhm zu erlangen [64].

Am 27. November 1980 endete der Prozess mit einem einstimmigen Urteil der drei vorsitzenden Richter. Robledo Puch wurde zu lebenslanger Haft mit der Nebenstrafe „Isolationshaft unbestimmter Dauert" verurteilt; die nach argentinischem Recht höchstmögliche Strafe [75][64][76]. Nach Verkündung des Urteils richtete Robledo Puch seine letzten Worte an das Gericht: „Dies war ein römischer Zirkus. Ich wurde im Voraus beurteilt und verurteilt" [77].

Robledo Puch (siehe Abb. 15) stritt später seine Beteiligung an den Morden ab, derer er beschuldigt wurde, und behauptete, er sei gefoltert und zu einem Geständnis gezwungen worden. Er stritt keinen der Diebstähle ab, derer er beschuldigt wurde. Die einzige Überlebende (Augenzeugin), die aus gesundheitlichen Gründen nicht vor Gericht erschien oder aussagte, gab an, dass der Mann, der sie vergewaltigt und erschossen hatte, langes Haar hatte, was auf Ibáñez hindeutete. Robledo Puch hatte kurzes lockiges Haar.

Bewährungsanträge und Inhaftierung:

Abb. 15: Robledo Puch im Gefängnis, 1973 (Gente 1973, Public Domain)

Am 7. Juli 1973 entkam Robledo Puch kurzzeitig aus dem Gefängnis, wurde jedoch drei Tage später in der Innenstadt von Buenos Aires wieder gefasst. Seine Mutter, die in den Medien erschien, um ihren Sohn zu verteidigen und zu leugnen, dass er die Morde begangen hatte, wurde von einem wütenden Reporter mit der Frage konfrontiert, ob sie an die Unschuld ihres Sohnes glaube. Seine Mutter antwortete, dass sie wisse, dass ihr Sohn „einige Dinge getan habe [...], aber nicht alle" [78].

Im Juli 2000 wäre Robledo Puch für eine Bewährung in Frage gekommen, aber er reichte keinen Antrag ein [79]. Drei Jahre später verlegte man ihn kurzzeitig in eine psychiatrische Klinik, wo man ihn untersuchte, nachdem er sich als Batman verkleidet und die Werkstatt des Gefängnisses in Olavarría, in dem er seine Strafe verbüßte, in Brand gesetzt hatte. Nachdem er für zurechnungsfähig befunden worden war, brachte man ihn ins Gefängnis zurück und verlegte ihn 2007 in ein anderes Gefängnis in Azul, Provinz Buenos Aires [80].

Am 27. Mai 2008 stellte Robledo Puch einen Antrag auf Bewährung. Der zuständige Richter lehnte den Antrag ab, da er diesen weiterhin als Gefahr für die Gesellschaft ansah [81].

Im November 2013 beantragte Robledo Puch eine Überprüfung seiner Strafe oder, falls dies nicht möglich sei, seine Hinrichtung durch die Giftspritze, obwohl die Todesstrafe in Argentinien nicht legal war und auch noch ist. Der Oberste Gerichtshof lehnte sowohl den Antrag auf Überprüfung als auch den Antrag auf Hinrichtung ab [82].

Am 27. März 2015 wies der Oberste Gerichtshof eine von Robledo Puch gegen die oben genannte Gerichtsentscheidung eingelegte Berufung zurück, mit der ihm die Bewährung verweigert wurde [83].

Im Mai 2019 brachte man Robledo Puch aus dem Gefängnis in ein Krankenhaus, nachdem er Anzeichen einer Vergiftung im Zusammenhang mit Nebenwirkungen eines Medikaments zur Behandlung von Depressionen gezeigt hatte [80].

Im März 2023 bestritt Robledo Puch während eines Interviews mit América 24 seine Verbrechen und gab anderen die Schuld dafür. Er sagte, dass er im Gefängnis „ständig leide" und dass er „euthanasiert" werden wolle [85]. Robledo Puch hatte schon in der Vergangenheit immer wieder seine Hinrichtung gefordert (obwohl die Todesstrafe in Argentinien keine gesetzliche Strafe ist), unter anderem im Jahr 2013, als er darum bat, per Giftspritze hingerichtet zu werden, falls sein Antrag auf Bewährung abgelehnt würde [86].

Im Juni 2023 lehnte Richter Oscar Roberto Quintana vom Gericht für Garantien und Berufungen seinen Antrag auf Bewährung erneut ab und begründete dies damit, dass Robledo Puch unter „inkonsistenten Emotionen [...] die sich auf unberechenbare Weise äußern könnten" leide, und fügte hinzu, dass er zudem „paranoide Reflexionen" habe [87]. Der Richter lehnte des Weiteren die Verlegung in ein Pflegeheim ab und sagte, dass Robledo Puch eine psychiatrische Behandlung ablehne und seit 1992 nicht mehr gearbeitet habe [88].

Im Jahr 2024 hat Robledo Puch über 51 Jahre im Gefängnis verbracht und ist damit der am längsten inhaftierte Gefangene Südamerikas [79].

<u>Unbekannt – Der Verrückte der Landstraße</u>

„Der Verrückte der Landstraße" ("El loco de la Ruta") ist der Spitzname eines mutmaßlichen Serienmörders, der von 1996 bis 1999 im Raum Mar del Plata aktiv war. Den Anschuldigungen zufolge soll ein einzelner Mörder für die Morde und das Verschwinden von mindestens 14 Prostituierten verantwortlich sein, von denen einige später vergewaltigt und verstümmelt in der Nähe von Autobahnen gefunden wurden, manchmal mit Worten auf ihren Körpern. Seit dem Aufkommen dieser Theorie wurden mehrere Verdächtige vorgeschlagen und angeklagt, darunter eine Gruppe korrupter Polizeibeamter, aber keiner wurde verurteilt. Bis heute wurde keiner der Morde endgültig aufgeklärt [89].

Verbrechen: Am 29. November 1995 wurde die Leiche der 35-jährigen María Esther Amaro am Rand der Ruta Provincial 55 gefunden. Sie war erwürgt worden, und das Wort puta (Schlampe) war mit einem scharfen Gegenstand, vermutlich einem Messer, auf ihren Rücken geschrieben worden [90].

Am 1. Dezember 1996 wurde die nackte Leiche der 26-jährigen Adriana Jaqueline Fernández, einer Kunsthandwerkerin und Prostituierten aus Uruguay, unter einer Brücke entlang der Nationalstraße (Ruta Nacional) 226 gefunden [90]. Sie war erwürgt worden. Der Verdacht fiel zunächst auf ihren Ex-Freund, der zuvor wegen Mordes verurteilt worden war, aber es gab nicht genügend Beweise, um ihn anzuklagen [89].

Am 21. Januar 1997 fand die Polizei einen Torso und zwei Arme an der Ruta Provincial 88, konnte die anderen Überreste jedoch nicht finden. Die Leichenteile wurden als die der 26-jährigen Viviana Guadalupe Espinosa Spíndola identifiziert, einer Prostituierten aus der Gegend, die kurz zuvor verschwunden war [90]. Am 13. Mai 1997 wurde auch die Leiche einer anderen Prostituierten, der 27-jährigen Mariela Elizabeth Giménez, entlang derselben Landstraße gefunden. Wie bei Espinosa waren ihr die Arme abgetrennt worden und sie hatte Schnittwunden am Gesäß, aber es wurde festgestellt, dass sie manuell erwürgt worden war. Stunden nach der Entdeckung wurde am Tatort ein Blumenstrauß gefunden, der später als Werk eines Tatortfotografen identifiziert wurde, der sein Beileid bekundet hatte [91].

Der letzte bestätigte Mord, der dem „Madman" zugeschrieben wurde, ereignete sich am 20. Oktober 1998. An diesem Tag wurden die Beine der 25-jährigen María del Carmen Leguizamón an der Ruta Provincial 88 in der Nähe von Barrio Las Heras gefunden. Der Rest ihres Körpers wurde nie gefunden.

Darüber hinaus verschwanden zwischen dem 21. Juli 1997 und 1999 insgesamt neun weitere Prostituierte: Ana María Nores, Patricia Angélica Prieto, Silvana Paola Caraballo, Claudia Jacqueline Romero, Verónica Andrea Chávez, Mirta Bordón, Sandra Villanueva, Mercedes Almaraz und Fernanda Varón [92]. Obwohl sie nie gefunden wurden, wird ihr Verschwinden auch dem „Madman" zugeschrieben [91].

Ermittlungen: Als Reaktion auf die Verbrechen kündigte das Ministerium für Justiz und Sicherheit eine Belohnung von AR$ 30.000 für jeden an, der Informationen liefern konnte, die zur Verhaftung des Mörders führten [93]. Diese wurde später auf AR$ 500.000 erhöht [94][95].

1997 richtete die Polizei von Buenos Aires eine „Abteilung für Serienmorde" ein und bat das FBI und die französische Nationalpolizei um Rat, da jene schon Erfahrung mit derartigen Untersuchungen hatten [91].

Die ersten Hinweise ergaben sich aus der Befragung von Zeugen, die die Opfer zuletzt gesehen hatten. Einigen von ihnen zufolge hatten sie einen burgunderroten Ford Galaxy gesehen, der zum Zeitpunkt der Verbrechen durch die Gegend fuhr, und in mindestens zwei Fällen (denen von Amaro und Nores) hatten sie gesehen, wie die Opfer in das Fahrzeug einstiegen. Die Zeugen beschrieben den Mann als etwa 45 Jahre alt, stämmig, mit schütterem Haar und einigen verbliebenen blonden Haaren.

Am 26. Juni 1997 beschlagnahmte die Polizei das Auto von José Luis Andújar, dem Besitzer einer Diskothek an der Ruta Provincial 88. Nach dreitägiger Untersuchung seines Wagens wurden Blutspuren und schwarze Haare auf dem Teppich gefunden. Genetische Tests ergaben, dass sie menschlichen Ursprungs waren, aber in keinem Zusammenhang mit den Todesfällen und dem Verschwinden standen [96].

Am Tag von Chávez' Verschwinden wurde die 25-Jährige zuletzt bei der Arbeit als Garderobenfrau in einem Tanzclub in Mar de Plata gesehen [97]. Tage später wurde in ihrer Wohnung ein Tagebuch mit den Namen und Telefonnummern ihrer Stammkunden gefunden. Darunter befanden sich die Namen von Polizeibeamten und Politikern, darunter der des Staatsanwalts Marcelo García Berro [98]. Daraufhin ordnete Richter Pedro Hooft an, alle registrierten Telefonnummern abzufangen und alle Anrufe aus dem Bordell Salta 1337 zu untersuchen, in dem mindestens drei der zwölf Opfer arbeiteten [99].

Am 9. August 1997 ordnete Hooft die Verhaftung von zehn Polizeibeamten und vier Zivilisten an, die offiziell des Verschwindens von Nores, Chávez und Caraballo beschuldigt wurden [100][101]. Es wurde auch wegen Beteiligung an den anderen Fällen gegen sie ermittelt, aber es kam nie zu einem Prozess, da es an Beweisen mangelte. Die Gruppe wurde angeblich von Leutnant Alberto Adrián Iturburu angeführt und von Berro beschützt. Laut der Fallakte war die Bande dafür zuständig, Prostituierte zu erpressen, indem sie gezwungen wurden, 100 Pesos zu zahlen, um „beschützt" zu werden und ihrem Gewerbe weiter nachgehen zu dürfen [102][103]. Theoretisch wurden diejenigen, die nicht zahlten oder aus dem Geschäft aussteigen wollten, getötet [104].

Trotz größter Bemühungen der Ermittler konnte die Bande nie mit den drei Vermisstenfällen oder den anderen Todesfällen in Verbindung gebracht werden und wurde 2004 freigesprochen. Bis heute sind alle Morde und Vermisstenfälle im Zusammenhang mit diesem Fall ungelöst [105].

<u>Bekannte Verdächtige</u>

Die „Polizeimafia" unter der Führung von Alberto Adrián Iturburu: wegen des Verschwindens von Nores, Chávez und Caraballo vor Gericht gestellt, aber freigesprochen. Trotzdem bleiben sie die am meisten genannten Verdächtigen, und viele glauben, dass der „Verrückte der Route" eine Erfindung von Berro war, um ihre Verbrechen zu vertuschen [98].

<u>Héctor Julián Barroso</u>: Ein Lebensmittelhändler, der wegen Mordes an zwei Prostituierten in den Jahren 2003 und 2004 zu 30 Jahren Haft verurteilt wurde. Nach Angaben der Ermittler begingen Barroso und sein Komplize Juan Carlos Sánchez Gazpio in den 1990er Jahren eine Reihe von Raubüberfällen, Vergewaltigungen und Morden. Es wird vermutet, dass sie bis zu 14 Frauen getötet haben könnten, darunter einige der Opfer des „Verrückten". Dies konnte jedoch nie eindeutig bewiesen werden [106].

<u>Guillermo Moreno</u>: Schweinezüchter und Partner von Amaro zum Zeitpunkt ihres Verschwindens. Er wurde 2003 wegen Mordes an ihr angeklagt, aber in allen Anklagepunkten für nicht schuldig befunden und freigesprochen. Trotzdem glauben einige Menschen immer noch, dass er der Verrückte war [107].

<u>Margarita Di Tullio „Pepita la Pistolera"</u>: Diebin, Drogenhändlerin und Zuhälterin, der zwei Bordelle in der Provinz Buenos Aires gehörten. Sie ist vor allem dafür bekannt,

dass sie 1985 drei Männer tötete, die versuchten, sie zu vergewaltigen, was als
gerechtfertigter Mord angesehen wurde. Einige glauben, dass es sich bei dem Täter
um den Verrückten handeln könnte, da fünf der Opfer zuvor für sie gearbeitet hatten,
aber die vorherrschende Meinung war, dass sie von der Polizei hereingelegt wurde
[108].

José Luis Andújar: Der Besitzer der Diskothek „Jardín Boliviano", gelegen an der
Ruta Nacional 88, in der mehrere der Opfer gefunden wurden oder verschwanden.
Die Polizei beschlagnahmte sein Auto, einen burgunderroten Ford Galaxy, da es der
Beschreibung des mutmaßlichen Fahrzeugs des Mörders entsprach. Ebenso
beschuldigten ihn mehrere Prostituierte, der Verrückte zu sein, weil er angeblich dem
Verdächtigen ähnelte. Er wurde inzwischen als Verdächtiger freigesprochen und
beteuert weiterhin seine Unschuld.

Celso Arrastía: Ein Serienmörder, der 1988 wegen Mordes an zwei Prostituierten zu
25 Jahren Haft verurteilt wurde, aber für insgesamt fünf Morde verantwortlich
gemacht wird. Einige Leute vermuteten ihn aufgrund der Ähnlichkeit der Verbrechen
als Täter, aber er wurde als Verdächtiger freigesprochen [89].

2. Bolivien

Bolivien, offiziell der Plurinationale Staat Bolivien, ist ein Binnenstaat in Zentral-
Südamerika. Er grenzt im Norden und Osten an Brasilien, im Südosten an Paraguay,
im Süden an Argentinien, im Südwesten an Chile und im Westen an Peru (siehe Abb.
16). Sitz der Regierung und Verwaltungshauptstadt ist La Paz, wo sich die Exekutive,
Legislative und Wahlbehörden befinden, während Sucre die verfassungsmäßige
Hauptstadt und Sitz der Judikative ist. Die größte Stadt und das wichtigste
Industriezentrum ist Santa Cruz de la Sierra, das in den Llanos Orientales (östliches
tropisches Tiefland) liegt, einer überwiegend flachen Region im Osten des Landes
mit einer vielfältigen Kultur, die nicht andinisch ist.

Der souveräne Staat Bolivien ist ein verfassungsrechtlich einheitlicher Staat, der in
neun Departements unterteilt ist. Die Geografie des Landes variiert je nach
Höhenlage, von den schneebedeckten Gipfeln der Anden im Westen bis zum
östlichen Tiefland im Amazonasbecken. Ein Drittel des Landes liegt innerhalb der
Anden. Mit einer Fläche von 1.098.581 km^2 ist Bolivien nach Brasilien, Argentinien,
Peru und Kolumbien das fünftgrößte Land Südamerikas und neben Paraguay eines
von zwei Binnenländern Amerikas. Es ist von der Fläche her Land Nummer 27 der
Welt, das größte Binnenland der südlichen Hemisphäre und das siebtgrößte
Binnenland der Erde nach Kasachstan, der Mongolei, dem Tschad, Niger, Mali und
Äthiopien.

Die Bevölkerung des Landes, die heute auf 12 Millionen geschätzt wird, ist
multiethnisch und umfasst Amerindianer, Mestizen, Europäer, Asiaten, Afrikaner und
einige andere Mischungen. Spanisch ist die offizielle und vorherrschende Sprache,
obwohl auch 36 indigene Sprachen offiziellen Status haben, von denen die am
häufigsten gesprochenen Guaraní, Aymara und Quechua sind.

Während der spanischen Kolonialzeit ab dem 16. Jahrhundert wurde Bolivien von
der Real Audiencia von Charcas verwaltet. Spanien baute sein Imperium zum großen
Teil auf dem Silber auf, das aus Boliviens Minen gewonnen wurde. Nach dem ersten
Aufruf zur Unabhängigkeit im Jahr 1809 folgten sechzehn Jahre des Kampfes, bevor

die Republik Bolivien gegründet wurde, die nach Simón Bolívar benannt wurde. Im Laufe des 19. Jahrhunderts und zu Beginn des 20. Jahrhunderts verlor Bolivien die Kontrolle über mehrere Randgebiete an Nachbarländer, wie z. B. das Gebiet Acre an Brasilien, und im Pazifikkrieg (1879) eroberte Chile die Pazifikküstenregion des Landes.

Bolivien erlebte eine Reihe von Militär- und Zivilregierungen, bis Hugo Banzer 1971 einen von der CIA unterstützten Staatsstreich anführte und die sozialistische Regierung von Juan José Torres durch eine Militärdiktatur ersetzte. Das Regime von Banzer ging hart gegen linke und sozialistische Oppositionsparteien und andere vermeintliche Formen des Dissens vor, was zur Folterung und Ermordung unzähliger bolivianischer Bürger führte. Banzer wurde 1978 gestürzt und kehrte zwanzig Jahre später als demokratisch gewählter Präsident Boliviens (1997–2001) zurück. Unter der Präsidentschaft von Evo Morales von 2006 bis 2019 erlebte das Land ein beträchtliches Wirtschaftswachstum und politische Stabilität, wurde aber auch weithin des demokratischen Rückschritts beschuldigt.

Das moderne Bolivien ist nach wie vor ein Entwicklungsland und das ärmste Land Südamerikas, obwohl es die Armutsquote gesenkt hat und heute eine der am schnellsten wachsenden Volkswirtschaften des Kontinents aufweist. Zu den wichtigsten Wirtschaftszweigen des Landes gehören Landwirtschaft, Forstwirtschaft, Fischerei, Bergbau und Güter wie Textilien und Bekleidung, raffinierte Metalle und raffiniertes Erdöl. In Bolivien gibt es viele Minen, in denen Zinn, Silber, Lithium und Kupfer abgebaut werden. Das Land ist auch für die Produktion von Kokapflanzen und raffiniertem Kokain bekannt.

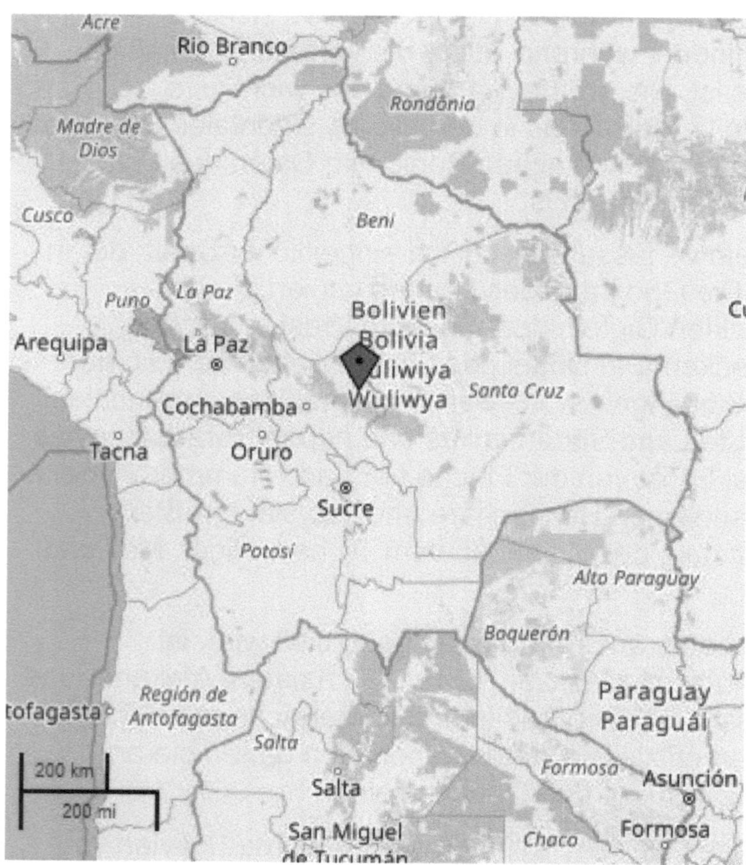

Abb. 16: Bolivien (OpenStreetMap 2024, Lizenz: Open Database)

<u>Ramiro Artieda</u>

Portrait: Ramiro Artieda (4. September 1889 – 3. Juli 1939), auch bekannt als Alberto González, war ein bolivianischer Serienmörder. Die Verbrechen ereigneten sich zwischen den 1920er Jahren und 1939, es gab 8 Opfer. Er wurde am 9. Mai 1939 festgenommen und am 3. Juli 1939 in Cochabamba, Bolivien, von einem Erschießungskommando hingerichtet (111).

Geschichte und Verbrechen: Das erste Opfer Artiedas war sein Bruder Luis. Er tötete ihn in den frühen 1920er Jahren, als er der alleinige Erbe des Vermögens und des Eigentums seiner Familie wurde und seiner Verlobten einen höheren Lebensstandard bieten konnte [109]. Obwohl er verdächtigt wurde, konnte ihm zunächst nichts nachgewiesen werden. Seine Verlobte verließ ihn deswegen. Artieda wanderte daraufhin in die Vereinigten Staaten aus und wurde Schauspieler. Ende des Jahrzehnts kehrte er nach Bolivien zurück (siehe Abb. 16) und tötete bis Ende 1938 sieben junge Frauen in Cochabamba, Oruro und La Paz. Alle Opfer waren zum Zeitpunkt ihres Todes 18 Jahre alt und ähnelten seiner ehemaligen Verlobten [110]. Er lockte sie an, lauerte ihnen auf und erwürgte sie. Er wechselte häufig den Beruf und arbeitete einmal als Hochschulprofessor, einmal als Handelsvertreter und sogar als Mönch.

Nachdem eine junge Frau am 9. Mai 1939 entkommen war, wurde Artieda in seinem Haus in Cochabamba verhaftet, das er unter dem Namen Alberto González gemietet hatte. Er legte ein achtseitiges Geständnis ab, wurde in allen Fällen für schuldig befunden, zum Tode verurteilt und am 3. Juli 1939 im Hof des Gefängnisses von Cochabamba von einem Erschießungskommando hingerichtet.

<u>Richard Choque Flores</u>

Portrait: Richard Choque Flores (geboren am 9. November 1988) ist ein bolivianischer Serienmörder und Vergewaltiger, der 2021 mindestens zwei Frauen getötet hat, kurz nachdem er aus einer früheren Verurteilung entlassen worden war. Für die letztgenannten Verbrechen wurde er zu 30 Jahren Haft verurteilt [112].

Die Schwere seiner Verbrechen, die Anschuldigungen, dass er mehr als 77 Frauen vergewaltigt und möglicherweise weitere ermordet hat, und die Tatsache, dass er nach seiner Bewährung seine Brutalität noch gesteigert hat, führten zu einer breiten Diskussion über die Behandlung von Gewalttätern im Land [113][114].

Verbrechen: Choque Flores' Verbrechen erlangten in Bolivien traurige Berühmtheit, nachdem bekannt wurde, dass er aufgrund von Unregelmäßigkeiten in der Justiz aus dem Gefängnis entlassen wurde, obwohl er noch eine Strafe wegen Mordes an einer jungen Frau im Jahr 2013 absitzen musste. Am 24. Dezember 2019 ordnete Richter Rafael Alcón an, dass er für 18 Monate unter Hausarrest gestellt werden sollte, obwohl er eine 30-jährige Haftstrafe verbüßen sollte und mehr als 17 Beschwerden gegen ihn vorlagen. Als Begründung für die Freilassung wurde eine angeblich unheilbare Krankheit genannt [115].

Choque Flores soll gegen Zahlung eines Bestechungsgeldes von Bs$ 3.500 (10.000 Bolivianos entsprechen aktuell ca. 1.300 €) aus dem Gefängnis entlassen worden sein, nachdem er das Angebot eines Anwalts abgelehnt hatte, der für die gleiche Leistung Bs$ 10.000 verlangt hatte [116].

Kurz nach Ende seiner Bewährungsstrafe richtete er ein gefälschtes Konto auf Facebook unter dem Namen „Haide Mitzi Flores Alarcón" ein und veröffentlichte darüber Anzeigen in den sozialen Medien, in denen er verkündete, dass er eine Haushaltshilfe suche, die ihm im Gegenzug eine hohe Summe Geldes zukommen lassen würde [117]. Berichten zufolge meldeten sich mehr als 77 Frauen auf seine Anzeigen, von denen die meisten arm waren oder familiäre Probleme hatten.

Choque Flores kontaktierte die Opfer und bat sie entweder um sexuelle Dienste oder um die Zustellung eines Pakets, woraufhin er sie aufforderte, einen Ort seiner Wahl aufzusuchen. Dort gab er sich als Polizist aus und beschuldigte sie des Drogenhandels. Er zwang das Opfer dann, das Verbrechen in Videoaufnahmen zu „gestehen", und erpresste im Gegenzug Geld oder Sex, um sie nicht der Polizei zu übergeben.

Verhaftung: Nach mehrmonatigen Ermittlungen wurden die Leichen zweier junger Frauen gefunden, die im Mai und August 2021 verschwunden waren. Eine von ihnen war in der Nähe eines Hauses in El Alto begraben worden, wo Choque Flores mit seiner Schwester und seiner Mutter lebte [118]. Am 2. Februar 2021 wurden die skelettierten Überreste des zweiten Opfers auf einem anderen Grundstück der Familie gefunden, das sich später als derselbe Ort herausstellte, an dem Choque Flores Blanca Rubí Limachi begraben hatte, die Frau, deren Ermordung er 2013 verurteilt worden war. Außerdem wurden die sterblichen Überreste von Choques Flores Cousin ersten Grades, Fidel Lecón, der seit dem 19. Mai 2011 vermisst wurde, sowie ein weiteres Grab, das angeblich für ein zukünftiges Opfer gedacht war, entdeckt.

Aufgebracht über die behörlicherseits nachlässige Behandlung des Falls versuchte eine Gruppe von Nachbarn, das Haus des Mörders niederzubrennen. Da die Polizei das Grundstück nicht versiegelte, stahlen mehrere Personen aus Wut oder auf der Suche nach Hinweisen auf vermisste Angehörige potenzielle Beweise in Form von Kleidung und Schmuck [119]. Mütter vermisster Frauen kamen ebenfalls zum Haus in der Hoffnung, einen Hinweis auf das Schicksal ihrer Töchter zu finden, und durchsuchten verbrannte Kleidung und andere verbrannte Gegenstände [120].

Bestätigte Opfer: Fidel Lecón Choque Lecón, der 18-jährige Cousin ersten Grades von Choque Flores, verschwand am 19. Mai 2011 auf mysteriöse Weise. Zu diesem Zeitpunkt hatte Richard ihm versprochen, ihm gegen die Zahlung von Bs$ 5.000 zu helfen, in die Militärschule für Unteroffiziere in Cochabamba aufgenommen zu werden. Selbst nachdem er verschwunden war, behauptete Choque Flores gegenüber Fidels Mutter weiterhin, dass er noch am Leben sei, und bat ihn um finanzielle Unterstützung, um die Militärkarriere ihres Sohnes voranzutreiben. Schließlich begann Lecóns Mutter zu vermuten, dass Fidel getötet worden war, und reichte eine Beschwerde gegen Choque Flores ein, die jedoch mangels Beweisen abgewiesen wurde [121]. Als Fidels Leiche gefunden wurde, ergab eine Autopsie, dass er vergiftet und post mortem enthauptet worden war. Choque Flores verurteilte man wegen dieses Mordes später zu 30 Jahren Gefängnis [122][123].

Das erste Opfer, dessen Tod Choque Flores definitiv nachgewiesen werden konnte, war Blanca Rubí Limachi, die am 20. November 2013 verschwand. Acht Tage später wurde ihre Leiche unter dem Haus von Choques Familie begraben aufgefunden. Berichten zufolge hatte er sie über Facebook unter dem Namen „Mauricio Terán" kontaktiert und ihr versprochen, ihr bei der Aufnahme in die Militärakademie zu helfen. Stattdessen entführte, folterte, vergewaltigte und tötete Choque Flores sie jedoch.

Am Tag nach Limachis Verschwinden kontaktierte Choque Flores ihre Mutter über ihr Mobiltelefon und verlangte Bs$ 20.000 Lösegeld für die sichere Rückkehr ihrer Tochter. Da die Frau nicht über den erforderlichen Betrag verfügte, wandte sie sich an die Spezialeinheit zur Verbrechensbekämpfung (Fuerza Especial de Lucha Contra el Crimen, FELCC), die sie anwies, den Forderungen des Entführers nachzukommen. Nachdem sie das Geld in einer Kiste am gewünschten Ort deponiert hatten, folgten die Ermittler Choque Flores zu seinem Haus, nachdem er es abgeholt hatte, und verhafteten ihn und einen Komplizen.

Die 17-jährige Lucy Maya Ramírez Zambrana verschwand am 17. Mai 2021, und nachdem ihre Leiche entdeckt worden war, wurde festgestellt, dass sie an einem stumpfen Schädeltrauma gestorben war [124]. Einige Zeit nach ihrem Verschwinden kontaktierte Choque Flores ihre Familie und verlangte Bs$ 70.000 für ihre Freilassung. Ramírez Zambranas Mutter erhielt daraufhin ein Foto mit zerstückelten Leichen, gefolgt von einer Drohbotschaft, in der sie davor gewarnt wurde, die Polizei zu kontaktieren, da ihre Tochter sonst dasselbe Schicksal ereilen würde [125].

Am 27. August 2021 verschwand die 15-jährige Iris Maylin Villca Choque unter ähnlichen Umständen. Wie das vorherige Opfer kontaktierte Choque die Familie und forderte Bs$ 50.000 als Lösegeld. Laut Angaben ihrer Familienmitglieder schickte er ihnen Fotos von Villca, die noch am Leben und gefesselt auf einem Bett lag [126]. Im Jahr 2021 wurden sowohl Choque Flores als auch sein Komplize, José Luis Casilla Machaca, für schuldig befunden und zu 30 Jahren Haft ohne Bewährung verurteilt.

Vermutliche Opfer: Bei der Durchsuchung von Choque Flores' Haus fand die Tochter eines Kochs namens José Luis Mamani García, der seit einiger Zeit vermisst wurde, im Haus die Mütze und die Schürze ihres Vaters. Obwohl nicht eindeutig bewiesen ist, dass Choque Flores mit seinem Verschwinden oder seinem möglichen Tod in Verbindung steht, gaben die Behörden bekannt, dass die beiden sich kannten und dass der letzte auf Mamanis Handy registrierte Anruf aus Choques Flores Haus kam. Es ist nicht auszuschließen, dass es noch weitere Opfer gibt, da jener bekanntermaßen häufig in die Städte Cochabamba und Santa Cruz de la Sierra gereist war.

Beurteilung, Verurteilung und Inhaftierung: Nach einer psychiatrischen Beurteilung von Choque Flores gab Jhonny Aguilera, Generalkommandant der bolivianischen Polizei, bekannt, dass bei Choque Flores eine antisoziale Persönlichkeitsstörung mit psychopathischen Neigungen diagnostiziert wurde, von denen die Aggressivität und der Mangel an Reue am auffälligsten waren [127]. Nach seiner Verhaftung klagte man Choque Flores wegen Menschenhandels, Zuhälterei, Produktion von Pornografie, Erpressung, illegalem Waffenbesitz und zweifachem Mord an [128]. Er wurde in allen Anklagepunkten für schuldig befunden und zu 30 Jahren Haft ohne Bewährung, der in Bolivien zur Zeit höchsten Strafe, verurteilt, woraufhin er in das Chonchocoro-Gefängnis überführt wurde. Sein Entlassungstermin ist der 26. Januar 2052 [129].

Reaktionen: Am 31. Januar 2022 fand in mehreren Städten Boliviens ein Frauenmarsch gegen männliche Gewalt und Korruption im Justizsystem statt. Im Departamento La Paz begann der Marsch an Choque Flores' Haus und endete am regionalen Departementsgericht, wo Puppen, die Mörder, Vergewaltiger und korrupte Richter darstellten, an den Türen aufgehängt wurden [130]. Marina Mamani, Ramirez' Tante, hielt während des Marsches eine Rede, in der sie erklärte, dass „dies alles nie passiert wäre, wenn die [Richter] ihn nicht hätten gehen lassen" [131].

An dem Marsch nahmen zahlreiche Frauen der ethnischen Gruppe Aymara teil, sowohl vom Land als auch aus der Stadt, die dagegen protestierten, dass die Armen Bestechungsgelder zahlen müssen, um Gerechtigkeit zu erfahren, und dass mindestens 135 wegen Vergewaltigung und Mordes verurteilte Gewaltverbrecher ihre Strafe nicht verbüßen [132][133]. Als Folge der Proteste wurde eine Justizkommission gebildet, um Richter und Staatsanwälte zu untersuchen, die Angeklagte, die solcher Verbrechen beschuldigt oder verurteilt wurden, begünstigt hatten [134].

Am 8. März 2022, während des Marsches zum Gedenken an den Internationalen Frauentag, prangerten Dutzende von Frauen und Aktivisten die Korruption im Zusammenhang mit dem Fall Choque Flores an. Die anschließende mediale Berichterstattung deckte ein weitreichendes Korruptionsnetzwerk auf, an dem unter Anderem Richter, Anwälte, Ärzte, Sozialarbeiter beteiligt waren [135]. Am schockierendsten war wohl die Tatsache, dass Choque Flores „stellvertretender Staatsanwalt" bereits eine Gefängnisstrafe in San Pedro verbüßt hatte und daher wegen der Schwere seines Verbrechens für diese Position nie in Frage gekommen wäre [136]. Im Rahmen seiner Position war er Mitglied des Gefängnisvorstands, durfte das Gelände unbeaufsichtigt verlassen und erpresste Mithäftlinge. Wegen dieser Anschuldigung, die von der Aktivistin María Galindo ans Licht gebracht wurden, entließ man den Gefängnisdirektor [137]. Es gab auch Forderungen nach einer chemischen Kastration und der Wiedereinführung der Todesstrafe.

Erick Morón, Senator für Creemos, forderte eine Änderung des Strafgesetzbuches, um die chemische Kastration durchführbar zu machen [138]. In ähnlicher Weise forderte der Kongressabgeordnete Héctor Arce, ein Mitglied der Bewegung für Sozialismus, die Wiedereinführung der Todesstrafe für Choque Flores und andere, die ähnliche Verbrechen begehen [139]. Ebenso schlug die Vereinigung der Frauen Bartolina Sisa Zwangsarbeit für diejenigen vor, die sich des Mordes und der Vergewaltigung schuldig gemacht haben, sowie längere Haftstrafen, einschließlich der Legalisierung der lebenslangen Freiheitsstrafe, da die Höchststrafe in Bolivien 30 Jahre beträgt [140].

Armando Normand

Portrait: Armando Normand (1880–?) war ein Plantagenbesitzer peruanischer und bolivianischer Abstammung, der eine zentrale Rolle bei der Verübung des Putumayo-Völkermordes durch die Peruvian Amazon Company spielte [141][142][143]. Sechs Jahre lang beging Normand im Putumayo unzählige Misshandlungen an der indigenen Bevölkerung [144].

Normand arbeitete zwischen 1904 und Oktober 1910 für das Unternehmen, das Kautschuk mit illegaler Sklavenarbeit förderte [145][146]. In diesen Jahren führte er eine Schreckensherrschaft gegen die lokale indigene Bevölkerung. Laut dem britischen

Generalkonsul Roger Casement, der 1910 die Verbrechen im Putumayo-Becken untersuchte, beging Normand in dieser Zeit „unzählige Morde und Folterungen" [147]. Zu den Verbrechen, die Normand zur Last gelegt wurden, gehören Brandopfer, das Einschlagen der Schädel von Kindern [148][149][150] und die Zerstückelung deren Körper [151][152][147].

Berichte und Beweise für Normands Verbrechen wurden erstmals 1907 von Benjamin Saldaña Rocca [151], 1910 von Roger Casement [153] und 1915 von Richter Carlos A. Valcarcel dokumentiert. Am 29. Juni 1911 erließ Richter Rómulo Paredes einen Haftbefehl gegen Normand, zusammen mit 214 weiteren Männern, die bei der Agentur der Peruvian Amazon Company in La Chorrer beschäftigt waren. Normand wurde 1912 verhaftet, aber nicht vor Gericht gestellt, und floh 1915 aus dem Gefängnis [153][142].

Geschichte: Armando Normand wurde um 1880 in Cochabamba, Bolivien, geboren [153]. Man geht davon aus, dass er die ersten zwanzig Jahre seines Lebens in und um Cochabamba verbrachte [142]. Die wenigen Informationen über Normands frühes Leben stammen aus einem Interview, das Peter MacQueen 1913 mit ihm führte. In diesem Interview sagte Normand:

„... Unsere Familie war eine der ersten in der Provinz Cochabamba, und ich hatte hervorragende Möglichkeiten, mir eine Ausbildung zu sichern. Nach meinem Abschluss am Seminario in meiner Heimatstadt studierte ich zwei Jahre lang Jura, brach das Studium jedoch ab und ging nach Argentinien. Ich besuchte die National School of Commerce in Buenos Ayres und schloss diese Einrichtung als Wirtschaftsprüfer ab. Insgesamt blieb ich etwa zweieinhalb Jahre in Buenos Ayres. 1903 ging ich nach London und studierte einige Monate an der Pitman School am Russell Square, um meine Kenntnisse in Buchhaltung und modernen Geschäftspraktiken zu verbessern ..."

Roger Casement sagte, er habe Normands Schulzeugnisse gesehen, darunter eines von der London School of Bookkeepers aus dem Jahr 1904, das Normand als Buchhalter qualifizierte [152] [153].

Karriere: Während seines Aufenthalts in London freundete sich Normand mit dem bolivianischen Minister Avelino Aramayo an und lernte durch diese Verbindung einflussreiche Personen aus Peru und Bolivien kennen. 1904 verließ Normand London und reiste mit einem Empfehlungsschreiben an Carlos Larrañaga [154], den Regionalleiter von Suárez Hermanos, einem berühmten Kautschukunternehmen in Bolivien, nach Pará in Brasilien [155][157]. Da es in der Firma keine offenen Stellen gab, riet Larrañaga Normand, nach Manaus zu reisen, und Larrañaga schrieb auch Empfehlungsschreiben für Normand an Julio César Arana, den Eigentümer der Firma J. C. Arana and Hermanos [142][157]. Aranas Firma stellte Normand ein und beauftragte ihn als Dolmetscher mit der Anwerbung von Arbeitskräften in Barbados [157][158]. Bei dieser Mission gelang es, etwa fünfunddreißig Barbadier für die Arbeit am Igaraparana-Fluss, einem Nebenfluss des Putumayo-Flusses, unter Vertrag zu nehmen [159].

Im November 1904 kam Normand mit dem ersten Kontingent barbadischer Männer in La Chorrera an und wurde mit diesen Männern beauftragt, eine Siedlung in der Nähe des Caquetá-Flusses zu errichten und „Handelsbeziehungen" mit den Angehörigen des Stammes der Andoque aufzunehmen [160][163]. Die Gruppe führte ein Kolumbianer namens Ramón Sanchez an. Die Männer errichteten eine Station, die als Matanzas bekannt wurde, und begannen bald mit Sklavenraubzügen und dem, was Roger Casement als „Strafexpeditionen" bezeichnete, mit Waffen, um die Eingeborenen zu jagen, und zwangen sie, Kautschuk zu sammeln [165][166][167]. Im Jahr 1905 wurde Normand zum Co-Manager der Matanzas-Station (siehe Abb. 17) ernannt, nachdem Sanchez wegen körperlicher Misshandlung der Männer aus Barbados entlassen worden war. 1906 avancierte Normand zu Matanzas' Hauptgeschäftsführer [166][167].

Abb. 17: Die Kautschukstation Matanzas, Foto von Roger Casement. Es wurde berichtet, dass die von Armando Normand gehaltenen Hunde oft die Gliedmaßen von Menschen zu fressen bekamen (Public Domain)

1907 wurden Normand und sein Arbeitgeber Arana von Benjamin Saldaña Rocca, einem Journalisten aus Iquitos, angezeigt, der entschlossen war, sie für ihre Verbrechen zur Verantwortung zu ziehen. Saldaña verwendete Aussagen und Berichte aus erster Hand von ehemaligen Arbeitern der Kautschukstationen und veröffentlichte sie in La Felpa und La Sancion, zwei kleinen Zeitungen aus Iquitos. Drei Jahre vor Casements Untersuchung waren Normands Verbrechen in Peru allgemein bekannt [164].

Verbrechen: Normand ließ die Eingeborenen unter seiner Kontrolle verhungern, indem er ihnen keine Nahrung gab und ihnen kaum bis gar keine Zeit ließ, Nahrung anzubauen. Gelegentlich nutzte Normand den Hungertod als Mittel der Todesstrafe. Gegen Ende 1904 oder Anfang 1905 wurde Augustus Walcott von Normand und Ramon Sanchez körperlich misshandelt. Normand ließ Walcott „sehr lange an den auf dem Rücken zusammengebundenen Armen aufhängen und mit Schwertern oder Macheten schlagen". Clifford Quintin wurde ebenfalls zweimal von Normand misshandelt. Die Narben dieser Geißelung wurden Roger Casement 1910 gezeigt. Ein anderer Barbadier namens Percy oder James Francis wurde ebenfalls auf Sanchez' Befehl hin gefesselt und mit Schwertern ausgepeitscht (siehe Abb. 18), allerdings gibt es nur sehr wenige Informationen über diesen Vorfall.

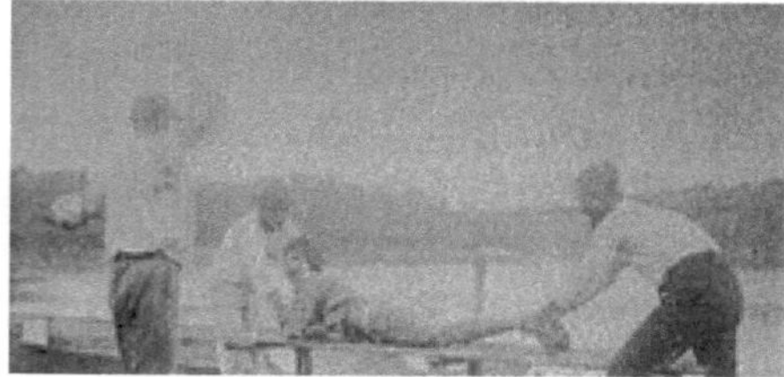

Abb. 18: Auspeitschung eines indigenen Putumayo, ausgeführt von Angestellten von Julio César Arana (Public Domain)

Normand ermordete die Häuptlinge Jemajegaina, Chemeje, Cadanecoja und Jiticupa, weil sie ihre Leute nicht zur Arbeit im Kautschukwald mitnahmen. Die Leichen dieser Häuptlinge, mit Ausnahme von Chemejes, wurden verbrannt. Er ermordete aus demselben Grund auch die Häuptlinge Toocue und Pichijup. Ein Zeuge sah, wie Normand den Sohn des Häuptlings Napa und zehn weitere Eingeborene tötete, weil sie versuchten zu fliehen. Hardenburg berichtet von Fällen, in denen Männer und Frauen mit Kerosin übergossen wurden, bevor sie verbrannt wurden.

Verhaftung und Verschwinden: Armando Normand wurde am 14. Februar 1911 offiziell aus der Peruvian Amazon Company entlassen, zusammen mit zehn weiteren Mitarbeitern, die in die Begehung von Gräueltaten gegen die indigene Bevölkerung verwickelt waren [168][169]. Der Präfekt von Iquitos sandte ein Telegramm an den peruanischen Außenminister, in dem er mitteilte, dass diese Gruppe von Männern nach Brasilien geflohen sei. Am 29. Juni 1911 wurden 215 Haftbefehle gegen Mitarbeiter der Agentur La Chorrera erlassen, darunter auch gegen Normand. Man erließ ebenso Haftbefehle gegen drei Gruppen von Mitarbeitern der peruanischen Amazonas-Gesellschaft.

Normand reiste später nach Buenos Aires und dann nach Antofagasta, wo er Berichten zufolge zwei Jahre lang Panamahüte verkaufte. Ende 1912 kehrte er in seine Heimatstadt Cochabamba zurück, wobei er weiterhin seinen Geburtsnamen verwendete. Eine Zeit lang handelte er mit Pferden aus Chile. Als er von Roger Casements Bericht erfuhr, schrieb Armando einen Brief an Beamte in Lima, in dem er die Anschuldigungen widerlegte. Kurz darauf erhielt er einen Haftbefehl und einen Auslieferungsantrag an Peru, und die Behörden schickten ihn in das Gefängnis Guadeloupe in Lima. 1913, während er auf seinen Prozess wartete, nahm Normand an einem Interview mit Peter Macqueen teil, in dem er sein bisheriges Leben ausführlich schilderte. 1915 wurde berichtet, dass Normand mit anderen von Aranas Handlangern nach Brasilien geflohen war. Danach gibt es keine historischen Spuren von Armando Normand [167][168].

3. **Brasilien**

Brasilien, offiziell die Föderative Republik Brasilien, ist das größte und östlichste Land in Südamerika und Lateinamerika. Es ist das fünftgrößte Land der Welt nach Fläche und das siebtgrößte nach Bevölkerungszahl. Die Hauptstadt ist Brasília, und die bevölkerungsreichste Stadt ist São Paulo mit ca. 25 Mio. Einwohnern in der Agglomeration. Brasilien ist eine Föderation, die aus 26 Bundesstaaten und einem Bundesdistrikt besteht. Es ist das einzige Land in Amerika, in dem Portugiesisch eine offizielle Sprache ist. Aufgrund der über hundertjährigen Einwanderung aus aller Welt gehört Brasilien zu den Nationen mit der größten multikulturellen und ethnischen Vielfalt der Welt.

Brasilien grenzt im Osten an den Atlantischen Ozean und hat eine Küstenlinie von 7.491 km (4.655 mi). Das Land bedeckt etwa die Hälfte der Landfläche Südamerikas und grenzt an alle anderen Länder und Gebiete des Kontinents mit Ausnahme von Ecuador und Chile (siehe Abb. 19).

Das Amazonasbecken Brasiliens umfasst einen riesigen tropischen Regenwald, der Heimat einer vielfältigen Tierwelt ist, eine Vielzahl von Ökosystemen und große natürliche Ressourcen, die zahlreiche geschützte Lebensräume umfassen. Dieses einzigartige ökologische Erbe lässt Brasilien zum Spitzenreiter der 17 megadiversen Länder der Welt werden. Der natürliche Reichtum des Landes ist auch Gegenstand eines erheblichen globalen Interesses, da Umweltzerstörung (durch Prozesse wie Entwaldung) direkte Auswirkungen auf globale Probleme wie Klimawandel und Verlust der biologischen Vielfalt hat.

Das Gebiet des heutigen Brasiliens wurde vor der Landung des Entdeckers Pedro Álvares Cabral im Jahr 1500 von zahlreichen Stammesvölkern bewohnt. Danach wurde es vom Portugiesischen Reich beansprucht und blieb bis 1808 eine portugiesische Kolonie, als sogar die Hauptstadt des Reiches von Lissabon nach Rio de Janeiro verlegt wurde. Im Jahr 1815 wurde die Kolonie mit der Gründung des Vereinigten Königreichs Portugal, Brasilien und der Algarve in den Rang eines Königreichs erhoben. Die Unabhängigkeit wurde 1822 mit der Gründung des Kaiserreichs Brasilien erreicht, einem einheitlichen Staat, der damals unter einer konstitutionellen Monarchie und einem parlamentarischen System regiert wurde. Die Ratifizierung der ersten Verfassung im Jahr 1824 führte zur Bildung einer Zweikammer-Legislative, die heute der Nationalkongress darstellt. Nach einem Militärputsch wurde das Land 1889 zu einer Präsidialrepublik. Im Jahr 1964 entstand eine autoritäre Militärdiktatur, die bis 1985 andauerte. Danach wurde die zivile Regierung wieder eingesetzt. Die aktuelle Verfassung Brasiliens, die 1988 formuliert wurde, definiert das Land als demokratische Bundesrepublik.

Brasilien ist eine regionale und mittlere Macht, die eine aufstrebende Macht und ein wichtiger Nicht-NATO-Verbündeter der Vereinigten Staaten ist. Brasilien wird als Entwicklungsland eingestuft und steht auf Platz 89 des Human Development Index. Es gilt als fortgeschrittene aufstrebende Volkswirtschaft und hat das achtgrößte BIP der Welt, sowohl nominal als auch in Kaufkraftparitäten – das größte in Lateinamerika, aber auch der südlichen Hemisphäre. Von der Weltbank als Land mit mittlerem bis hohem Einkommen und vom IWF als Schwellenland eingestuft, hat Brasilien den größten Wohlstandsanteil und die komplexeste Wirtschaft in Südamerika. Es ist zudem seit 150 Jahren der größte Kaffeeproduzent. Trotz seines wachsenden wirtschaftlichen und globalen Profils ist das Land weiterhin mit einem hohen Maß an Korruption, Kriminalität und sozialer Ungleichheit konfrontiert. Es ist Gründungsmitglied der Vereinten Nationen, der G20, der BRICS, des Mercosur sowie der Organisation Amerikanischer, Iberoamerikanischer und portugiesischsprachigen Länder.

.

Abb. 19: Brasilien (OpenStreetMap 2024, Lizenz: Open Database)

Marcelo Costa de Andrade

Portrait: Marcelo Costa de Andrade (geboren am 2. Januar 1967 in Rio de Janeiro), der „Vampir von Niterói", ist ein brasilianischer Serienmörder, der 1991 14 Jungen in der Nähe von Itaboraí, etwa 30 km von Niterói entfernt, in der Nähe von Rio de Janeiro (siehe Abb. 20), ermordete [169]. Die Zeitspanne der Verbrechen war relativ kurz, sie dauerte von April bis Dezember 1991. Er wurde am 18. Dezember 1991 festgenommen.

Andrade verbrachte einen Teil seiner Kindheit in Rocinha, einer Favela in Rio de Janeiro. Seine Mutter, eine Hausangestellte, wurde von ihrem Ehemann misshandelt. Er wurde für einige Zeit zu seinen Großeltern nach Ceará geschickt, wo er angeblich viel Geld verdient haben soll. Nach einer Weile schickte man ihn nach Rio de Janeiro zurück, wo er vom neuen Gefährten seiner getrennt lebenden Mutter misshandelt wurde. In dieser Zeit wurde er von einem älteren Mann sexuell missbraucht.

Geschichte: Andrade wurde daraufhin in eine Jungenschule aufgenommen, wo er aber keine guten Leistungen erbrachte. Dort schikanierte er einen Schulkameraden, der ihn als geistig behindert bezeichnete. Als er 14 Jahre alt war, wurde er der Schule verwiesen, auch weil die Einrichtung nur Jungen im Alter zwischen 6 und 14 Jahren aufnahm.

Abb. 20: Die Städte Rio de Janeiro und Niterói (OpenStreetMap 2024, Lizenz: Open Database)

Sobald Andrade das Internat verlassen hatte, begann er, sich zu prostituieren. Seinen eigenen Angaben zufolge war er bei den Handlungen immer aktiv, aber einmal zwang ihn ein älterer Mann, passiv zu sein, was ihn sehr störte. Zu dieser Zeit versuchte er, Selbstmord zu begehen. Einige Zeit später wurde er zu FEBEM geschickt, aber Monate später floh er und ging wieder in die Prostitution.

[Die ehemalige FEBEM (Fundação Estadual para o Bem Estar do Menor) war von der Regierung des Bundesstaates São Paulo gegründet worden und sollte Minderjährigen zu einer qualifizierten Schulbildung verhelfen. Heute heißt sie „Fundação Centro de Atendimento Socioeducativo ao Adolescente" (Fundação CASA/SP)].

Im Alter von 16 Jahren zog Andrade zu einem Homosexuellen, Antônio Batista Freire, der ihn unterstützte und ihn sogar in die Universalkirche des Königreichs Gottes einführte. Trotz der Unterstützung seines Freundes prostituierte sich Andrade weiterhin, bis er sich schließlich von Freire trennte und in das Haus seiner Familie zurückkehrte.

Von dort aus gab er die Prostitution auf und begann, einer geregelten Arbeit nachzugehen, um der Familie bei den Rechnungen und im Haushalt zu helfen. Andrade besuchte zu dieser Zeit etwa zehn Jahre lang die Gottesdienste des

Königreichs Gottes und verfolgte zusätzlich die täglichen Fernsehgottesdienste. Seinen eigenen Angaben zufolge hörte er in einer dieser Sekten, dass Kinder, wenn sie sterben, in den Himmel kommen. Nach dieser Logik zu urteilen, tötete er keine Erwachsenen, weil er sie in die Hölle schicken könnte.

Wenn er nicht gerade die Predigten von Bischof Edir Macedo las, blätterte er Pornomagazine durch. Er hörte gern die Lieder von Xuxa und anderen Kinderidolen dieser Zeit. Andrades Mutter sagte sogar, dass er die seltsame Angewohnheit hatte, sich eine Tonbandaufnahme seines weinenden Bruders anzuhören.

Verbrechen: Am 16. Dezember 1991 machte sich der zehnjährige Altair Medeiros de Abreu mit seinem Bruder Ivan auf den Weg zum Haus eines Nachbarn, der ihnen versprochen hatte, ihnen etwas zu essen zu geben. Zu dieser Zeit lebte der Vorpubertierende im verarmten Bezirk Santa Isabel in São Gonçalo, nördlich von Niterói gelegen. Die beiden waren die Kinder von Zélia de Abreu, einer Hausangestellten, die noch fünf weitere Kinder hatte.

Als die beiden Jungen den Hauptbahnhof von Niterói durchquerten, wurden sie von Andrade angesprochen, der ihnen laut Altair etwa viertausend Cruzeiros anbot, wenn sie ihm bei der Durchführung eines katholischen religiösen Rituals helfen würden. Die drei stiegen in einen Bus und verließen ihn einem verlassenen Strand am Rande des Barreto-Viadukts aus. In diesem Moment versuchte Andrade, den älteren Jungen zu küssen, der verängstigt floh, dann aber gefangen genommen und zu Boden geworfen wurde. Betäubt musste er mit ansehen, wie sein Bruder Ivan von Andrade sexuell missbraucht und dann erwürgt wurde. Andrade sagte Altair, sein Bruder schlafe.

Aus Angst begann Altair, alles zu tun, was Andrade wollte, und wurde dann von dem Mörder zu einer Tankstelle gebracht, wo er sich unter den Augen des Tankwarts abwischte. Die beiden schliefen im Dickicht und brachen am nächsten Morgen nach Rio de Janeiro auf. Es heißt, dass Andrade während der Reise anbot, bei Altair zu leben, der sofort zustimmte. In späteren Aussagen sagte Andrade, dass er dem Jungen gegenüber barmherzig wurde, weil er „gut" war, und versprach, bei ihm zu bleiben. Zu dieser Zeit arbeitete Andrade als Verteiler von Flugblättern und musste bei der Arbeit erscheinen, um diese Flugblätter zu erhalten. Sobald er abgelenkt war, nutzte Altair die Gelegenheit und floh vor dem Mörder.

Altair verriet zunächst nicht, dass sein Bruder getötet worden war, und erzählte erst am nächsten Tag den älteren Schwestern von dem Verbrechen. Andrade versuchte nicht, nach Altair zu suchen oder die Leiche seines Bruders zu verstecken, sondern kehrte zum Tatort zurück, um die Position der Leiche zu verändern, bevor sie Stunden später von Polizeibeamten entdeckt wurde. Es heißt, die Hände des Jungen seien in seiner Hose gewesen, was die ursprüngliche These des Ertrinkens widerlegte, und sexueller Missbrauch wurde später von den Behörden bestätigt. Als die Leiche von Ivans Mutter identifiziert wurde, führte Altair die Polizisten zu Andrade, der das Verbrechen sofort gestand und keine Überraschung zeigte.

Geständnisse: Auf der Polizeiwache gestand Andrade, 13 weitere Jungen getötet zu haben, und gab damit eines seiner ersten Verbrechen zu. Seinen Angaben zufolge stieg er im Juni 1991 gerade aus einem Bus, als er den elfjährigen Odair José Muniz dos Santos sah, der auf der Straße um Almosen bettelte. Es gelang ihm, den Jungen davon zu überzeugen, dass er ihn zum Haus einer Tante mitnehmen und etwa 3000 Cruzeiros erhalten würde. Tatsächlich lockte er Odair jedoch auf einen Fußballplatz, wo er versuchte, ihn zu missbrauchen. Als dies nicht gelang, erwürgte er den Jungen.

„Ich habe nicht bemerkt, ob er noch lebte oder schon tot war, als ich ihn vergewaltigte. Ich konnte mich nicht befriedigen und drückte ihm noch einmal die Kehle zu, um sicherzugehen, dass seine Seele in den Himmel kam."

Bald darauf ging Andrade zum Abendessen nach Hause und kehrte später zurück, um den Körper des Jungen zu enthaupten. Er gab an, dies getan zu haben, um sich für das zu rächen, was sie ihm während seiner Zeit im Internat angetan hatten. Sein erster Mord ereignete sich im April 1991, als er von der Arbeit nach Hause kam und einen Jungen sah, der auf der Straße Süßigkeiten verkaufte. Er benutzte dieselbe Geschichte von Geld und religiösen Ritualen und nahm den Jungen mit ins Dickicht. Er versuchte, mit dem Jungen Sex zu haben, aber dieser wehrte sich. Andrade griff ihn mit Steinen an, würgte und vergewaltigte ihn anschließend. Seitdem konnte er nicht mehr aufhören, Morde zu begehen. Bei seinem zweiten Mord, dem am damals elfjährigen Anderson Gomes Goulart, schlug er seinem Opfer mit einem Stein auf den Kopf. Er bewahrte etwas von Goularts Blut in einer Schüssel auf, um später daraus zu trinken [170].

Andrade wurde angeklagt, schließlich für geisteskrank erklärt und in die psychiatrische Klinik Henrique Roxo eingewiesen.

Ibraim de Oliveira und Pedro Henrique de Oliveira

Portrait: Ibraim de Oliveira (1976 – 16. Dezember 1995) und Pedro Henrique de Oliveira (geboren 1974), zusammen bekannt als die nekrophilen Brüder (portugiesisch: Irmãos Necrófilos), waren brasilianische Brüder und Serienmörder, die von 1991 bis 1995 mindestens acht Menschen in der Umgebung von Nova Friburgo, Rio de Janeiro (siehe Abb. 21), töteten, indem sie Sex mit den Leichen ihrer weiblichen Opfer hatten.

Ibraim, der im Mittelpunkt der umfangreichsten Fahndung der Gemeinde stand, wurde von Beamten der BOPE (BOPE: Batalhão de Operações Policiais Especiais (dt. „Bataillon für Spezialeinsätze der Polizei")) getötet, als er versuchte, sich durch Flucht der Verhaftung zu entziehen. Pedro Henrique wurde später gefasst, verurteilt und wegen seiner Beteiligung an den Verbrechen zu 34 Jahren Haft verurteilt.

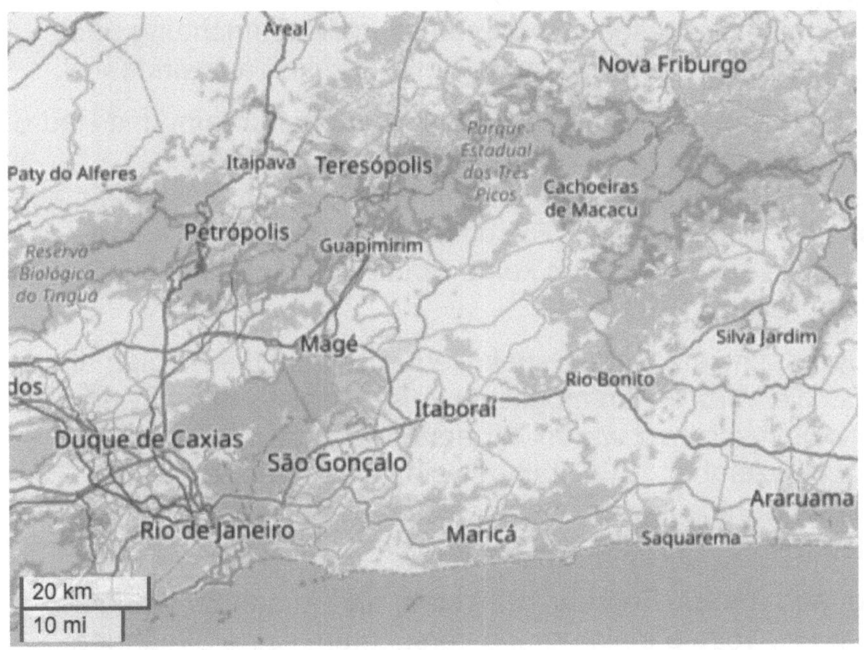

Abb. 21: Lage von Nova Friburgo im Bundesstaat Rio de Janeiro (OpenStreetMap 2024, Lizenz: Open Database)

Geschichte: Die Brüder waren zwei von vier Kindern der Landwirte Brás und Maria Luiza Soares de Oliveira, die in Nova Friburgo lebten. Pedro Henrique (mit seinem zweiten Vornamen genannt), der älteste, wurde 1974 geboren, gefolgt von Ibraim 1976, einem dritten Bruder namens Jaílton, der 1979 geboren wurde, und einer Schwester namens Márcia, die 1980 geboren wurde [171]. Berichten zufolge hat keines der Geschwister jemals lesen oder schreiben gelernt und verbrachte den Großteil seiner Kindheit auf dem Bauernhof [172].

Ihr Vater wurde als gewalttätiger Alkoholiker beschrieben, der seine Kinder schlug, manchmal die Jungen aus dem Haus warf und ihnen sagte, sie sollten im Wald schlafen und für sich selbst sorgen. Aus Mitleid warf ihre Mutter ihnen Essen aus dem Fenster, um sie zu ernähren [171]. In späteren Interviews mit der Presse behauptete ihre Mutter, Ibraim habe sie vergewaltigt, als er noch ein Teenager war, und dass sie später ihre jüngere Schwester vergewaltigt und geschwängert hätten, die später zu einer Abtreibung gezwungen wurde. Angeblich hatten sie auch ein Grab für die junge Márcia ausgehoben und beabsichtigten, sie lebendig zu begraben [172].

Verbrechen: Am 15. Februar 1991 wurde die 21-jährige Eliana Macedo Xavier im Stadtteil Riograndina in Nova Friburgo mit einem Draht erdrosselt, gefolgt von dem ähnlichen Mord an der 11-jährigen Norma Cláudia de Araújo am 11. September. Bei der Autopsie beider Opfer stellten die Gerichtsmediziner fest, dass der Mörder sie nach ihrem Tod sexuell missbraucht hatte [171].

Einige Zeit nach der Ermordung von De Araújo wurde der damals 16-jährige Ibraim verhaftet und gestand, das kleine Mädchen getötet zu haben, was er angeblich selbst getan hatte. Bei der Befragung gab er an, er habe sie getötet, nachdem sie ihm angeblich gesagt hatte, dass sie „keine Schwarzen mag", obwohl De Araújo selbst eine dunkle Hautfarbe hatte [172]. Da Ibraim noch minderjährig war, wurde er in das Instituto Padre Severino, eine Jugendstrafanstalt auf Governador Island, überführt, wo er bis zu seinem 18. Geburtstag bleiben musste. Laut Celso Novaes, einem Oberst, der später an der Fahndung nach den Brüdern De Oliveira beteiligt war, misshandelte man Ibraim während seines Aufenthalts in der Einrichtung und missbrauchte ihn sexuell, was sich negativ auf seine Persönlichkeit auswirkte [171].

Nach der Wiedervereinigung mit seinem ältesten Bruder begannen Ibraim und Pedro Henrique eine Mordserie, die Nova Friburgo in Schock versetzte. Bei ihrer Vorgehensweise nahmen sie mit verschiedenen Waffen Menschen ins Visier, die auf abgelegenen Farmen lebten, wobei sie absichtlich darauf achteten, ihnen keine Verletzungen vom Hals abwärts zuzufügen, um keine Spuren zu hinterlassen. Dazu nahmen sie immer ein Andenken mit [172].

Da alle ihre zukünftigen Opfer schwarz waren, spekulierten sowohl die Medien als auch die Militärpolizei, dass die Verbrechen möglicherweise rassistisch motiviert waren, obwohl die Brüder selbst schwarz waren. Ihr erster aufgezeichneter nicht tödlicher Angriff fand am 12. Dezember 1994 statt, als sie versuchten, eine Frau namens Carmén Augusto dos Santos in São José do Ribeirão zu vergewaltigen, aber sie konnte entkommen [173].

Ihr erster bestätigter Mord fand am 27. Februar 1995 statt, als sie den 30-jährigen João Carlos Maria da Rocha zu Tode steinigten und versuchten, seine 39-jährige Frau Elizete Ferreira de Lima zu töten, die überlebte, indem sie sich in eine nahegelegene Schlucht stürzte und sich tot stellte [173]. Sie wurde schließlich gefunden und in ein nahe gelegenes Krankenhaus gebracht, wo sie behauptete, dass die Mörder ihres Mannes zwei der Brüder De Oliveira sehr ähnlich sahen. Als die wütende Menge dies hörte, stürmte sie das Haus der Familie und zwang die Eltern und die jüngeren Kinder angeblich zur Flucht aus der Stadt und zum Umzug nach Itaboraí [171]. Am 7. März 1995 erstattete ein 66-jähriger Landwirt namens Niltino de Souza Anzeige bei der Polizei und behauptete, er sei von zwei Männern angegriffen worden, die den Brüdern ähnelten [173].

Am 1. April 1995 töteten die Brüder erneut, diesmal erstachen sie ihre 35-jährige Tante Vera Lúcia Damasceno in ihrem Haus in Riograndina [173]. Von diesem Zeitpunkt an versteckten sie sich in den nahe gelegenen Wäldern, um nicht gefasst zu werden, da ihre Ortskenntnis und die Dichte der Bäume es den Behörden unmöglich machten, sie zu lokalisieren und zu fangen. Um zu überleben, überfielen sie örtliche Bauernhöfe und stahlen Lebensmittel und Kleidung. Sie schliefen nachts in Höhlen oder improvisierten Lagern. Wenn sie keine Lebensmittel stehlen konnten, aßen sie Tiere, die sie gefangen hatten, roh und kochten sie nicht, da sie befürchteten, dass der Rauch des Feuers ihre Position verraten könnte [171].

Am 17. Mai 1995 kehrten die Brüder nach Riograndina zurück und brachen in einen örtlichen Bauernhof ein, der von der 56-jährigen Odete de Carvalho Silva bewohnt wurde, die sie mit einer Sichel töteten. Die Leiche wurde von ihrem Ehemann José Lapa entdeckt, der in einem Akt der Verzweiflung in den Wald rannte, um nach den Mördern zu suchen, aber erfolglos blieb [172]. Als Gouverneur von Rio de Janeiro, Marcello Alencar, von diesem neuen Mord erfuhr, genehmigte er die Bildung einer BOPE-Einheit, um bei der Ergreifung der Flüchtigen zu helfen. Da jedoch keiner der Soldaten für das Durchqueren des Dschungels ausgebildet worden war und das Gebiet sehr weitläufig war, hatten sie Schwierigkeiten, die beiden Flüchtigen zu fassen. Infolgedessen bewaffneten sich die in Panik geratenen Einheimischen mit Schusswaffen und Macheten, verboten ihren Kindern, nachts draußen zu spielen, oder verließen das Gebiet sogar ganz. Unter der Führung von Oberst Novaes begann die Truppe, mit einheimischen Jägern und Farmhunden zu kooperieren, um die De Oliveiras aufzuspüren. Daraufhin begannen Ibraim und Henrique, das Blut ihrer Opfer über die Leichen zu verteilen, um die Hunde von der Fährte abzubringen [171].

Am 27. Juli 1995 brachen die Brüder in ein Haus in Bom Jardim ein, wo sie die 67-jährige Íria Moraes Ornelas in der Küche ansprachen und sie im weiteren Verlauf mit ihrem eigenen Rock erhängten [171]. Aufgrund der eskalierenden Situation wurden BOPE-Agenten angewiesen, zwei verschiedene Arten von Patrouillen zu bilden: eine, die aus zwei getarnten Agenten bestand, die im Gebüsch stationiert waren, und eine andere, die aus vier Agenten in Zivilkleidung bestand, die auf den Wegen patrouillierten. Im September versuchte Ibraim allein, in eine Farm einzudringen, die von der 18-jährigen Márcia Cristina de Melo, ihrer Mutter Raquel und ihrer Schwester Andréa bewohnt wurde. Als Márcia bemerkte, dass ein Eindringling versuchte, in die Farm einzudringen, griff sie nach dem Revolver ihres Vaters und schoss auf die Tür, wodurch Ibraim in die Flucht geschlagen wurde [171].

Am 18. November 1995 brachen die Brüder gegen Mittag in ein Bauernhaus in Janela das Andorinhas ein, wo sie die 39-jährige Maria Dorciléia Faltz mit einer Machete töteten und dann ihren 9-jährigen Sohn Adriano Faltz Gomes mit einem Knüppel erschlugen [171]. Zum Zeitpunkt ihres Todes war Maria im siebten Monat schwanger, und ihre Genitalien wurden von den Mördern verstümmelt. Zu diesem Zeitpunkt wurde eine Belohnung von R$ 5.000 für Informationen ausgesetzt, die zur Verhaftung der Brüder führen würden. Die örtliche Polizeidienststelle erhielt viele Hinweise, darunter eine beträchtliche Anzahl von Scherzanrufen, in denen die Anrufer behaupteten, sie hätten die Brüder in der Stadt herumfahren sehen (obwohl keiner von ihnen wusste, wie man Auto fährt) oder sie seien angeblich in Goiás, Paraná und sogar im weit entfernten Paraguay gesichtet worden [171].

Das letzte bestätigte Verbrechen der Brüder fand in den frühen Morgenstunden des 24. November 1995 statt, als sie in eine Farm in Mariana, Sumidouro, eindrangen und dort einbrachen, während die 35-jährige Eigentümerin Vera Lúcia Matias sich noch darin aufhielt. Sie stahlen Lebensmittel, durchtrennten elektrische Leitungen und nahmen Batterien für Taschenlampen mit, wodurch sie unwissentlich eine Gruppe von BOPE-Soldaten alarmierten, die sich in der Nähe aufhielten. In einem verzweifelten Versuch, einer Verhaftung zu entgehen, zerstörten die Brüder das Haus und verletzten dabei etwa 60 Menschen, bevor sie entkommen konnten [171].

Ibraims Tod und Pedros Henriques Kapitulation: Im Dezember 1995 beteiligten sich etwa 700 Personen, darunter BOPE-Agenten, Beamte der Militärpolizei und zivile Freiwillige, an der Fahndung nach den De Oliveiras. Am 16. Dezember entdeckte der 46-jähriger Holzfäller César Araújo Pinto einen Mann, der Ibraim ähnelte, der sich auf der Barro Branco-Farm im Dorf Sítio do Coronel herumtrieb, und meldete dies sofort einem Suchtrupp in der Nähe [174]. Die Beamten stellten Ibraim schnell, der noch versuchte, sie mit einer Machete anzugreifen. Daraufhin feuerte der Hauptmann der Einheit, Fernando Príncipe Martins, sechs Schüsse auf ihn ab, von denen ihn zwei in den Rücken und ins Gesäß trafen. Der verwundete Ibraim flüchtete in die Büsche, erlag aber schließlich seinen Verletzungen [174]. Zum Zeitpunkt seines Todes sollen die an der Suche beteiligten Beamten bemerkt haben, dass sein ganzer Körper rasiert war und er nur rosa Unterwäsche trug [172].
Sein Leichnam wurde zwei Stunden später gefunden, und um Unruhen zu vermeiden, überführte die Polizei seinen Leichnam heimlich nach Itaboraí, wo er einige Tage später auf einem Töpferfeld beerdigt wurde [174]. Aus Angst, dass ihm ein ähnliches Schicksal widerfahren könnte, blieb Henrique noch einige Monate auf der

Flucht und lebte von Einbrüchen auf Farmen und von Feldfrüchten. Am 17. Juni 1996 stellte sich der geschwächte Henrique der Oberstaatsanwältin Elizabeth Carneiro de Lima und beteuerte seine Unschuld [175]. Er wurde bald darauf verhaftet, in acht Fällen des Mordes angeklagt und im Jahr 2000 für schuldig befunden, wofür er zu 34 Jahren Haft verurteilt wurde [176].

Aktueller Status: Trotz der langen Haftstrafe wurde Pedro Henrique de Oliveira irgendwann im Jahr 2015 auf Bewährung entlassen, aber kurz darauf wegen Drogenbesitzes erneut inhaftiert und zu weiteren sieben Jahren Haft im Márica-Gefängnis verurteilt. Während seiner Inhaftierung beteuerte er seine Unschuld, und Besucher beschrieben ihn als zurückgezogen und schüchtern [171]. Im Jahr 2019 reisten Reporter von A Voz de Serra nach Nova Friburgo und befragten die Einheimischen zu ihren Erfahrungen und Meinungen über ihre Brüder und deren Verbrechensserie [177].

In den Medien und in der Kultur: Es wurden zwei Filme produziert, die entweder von den Verbrechen der Brüder inspiriert waren oder auf ihnen basierten: Der erste war der Horror-Thriller Isolados aus dem Jahr 2014 und der zweite der Thriller Macabro aus dem Jahr 2020 [178].

Ronis de Oliveira Bastos

Portrait: Ronis de Oliveira Bastos (1988 – 24. April 2017), bekannt als der „Serienmörder von Itaquaquecetuba", war ein brasilianischer Serienmörder, der von Oktober bis Dezember 2011 zehn Männer in der Stadt Itaquaquecetuba angriff (siehe Abb. 22), von denen acht getötet wurden. Die Verbrechensserie dauerte von Oktober bis Dezember 2011. Er wurde am 5. Dezember 2011 festgenommen.

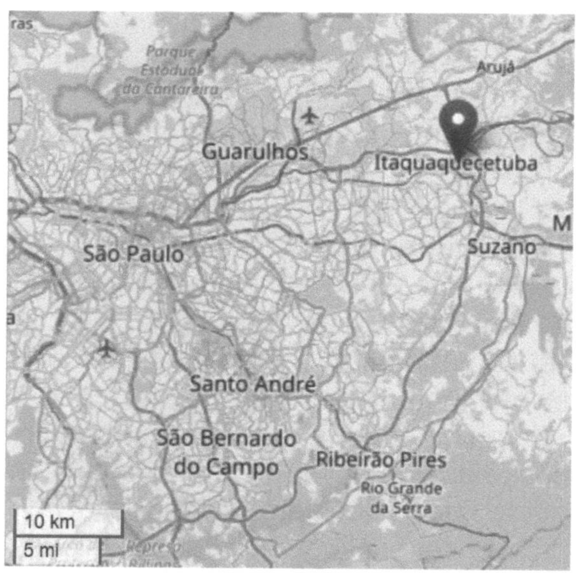

Abb. 22: Lage von Itaquaquecetuba, etwa 50 km östlich von São Paulo (OpenStreetMap 2024, Lizenz: Open Database)

Bevor er vor Gericht gestellt werden konnte, wurde bei De Oliveira eine psychische Erkrankung diagnostiziert und er wurde aufgrund von Unzurechnungsfähigkeit freigesprochen. Danach wurde er in der Taubaté-Einrichtung für Untersuchungshaft und psychiatrische Behandlung interniert. Dort blieb er bis zu seinem Tod im Jahr 2017.

Geschichte: Über das frühe Leben von De Oliveira Bastos ist wenig bekannt. Er wurde 1988 in Itaquaquecetuba geboren und arbeitete zunächst als zugelassener Marktverkäufer. Als Erwachsener spezialisierte er sich auf die Reparatur von Mobiltelefonen [179]. Vor den Morden wurde er als durchschnittlicher junger Mann beschrieben, der nicht vorbestraft war und keine gewalttätigen Tendenzen zeigte. Er lebte zunächst bei seiner Mutter, die schließlich in den Süden des Landes fliehen musste, nachdem ihr Sohn der Morde beschuldigt wurde. Später stellte sich heraus, dass sie wusste, dass er der Täter war, ihn aber nicht bei der Polizei meldete, aus Angst, er würde sich rächen [180].

Verbrechen: Zwischen Oktober und Dezember 2011 wurden im Stadtviertel Jardim Luciana im Großraum São Paulo zehn Männer angegriffen, von denen acht starben. Zeugen beschrieben den Täter als jungen, weißen Mann von kleiner Statur, der auf einem blauen Fahrrad durch die Straßen fuhr und eine Ninja-Kapuze trug [180]. Bei allen Opfern handelte es sich um zufällig ausgewählte Männer im Alter zwischen 20 und 50 Jahren, die meisten von ihnen wurden erschossen (mit Ausnahme des zweiten Opfers, das erstochen wurde), entweder mit einem Revolver oder einer Schrotflinte vom Kaliber 0,38. Nach brasilianischem Recht wurden ihre Namen nicht veröffentlicht, da De Oliveira Bastos später für verhandlungsunfähig erklärt wurde.

Der leitende Ermittler Eduardo Boigues stellte fest, dass der Mörder kaltblütig war und absichtlich zeigen wollte, dass ein Mann für alle Verbrechen verantwortlich war, da er an den Tatorten immer eine unbenutzte Hülse als eine Art „Visitenkarte" zurückließ [180]. Nach der Verhaftung von De Oliveira Bastos wurde bekannt, dass er nach jedem Mord direkt nach Hause gegangen war und sich einmal sogar einem Protestmarsch angeschlossen hatte, deren Teilnehmer die Ergreifung des Serienmörders forderten [181].

Ermittlung und Festnahme: Mit Hilfe von Zeugen wurde ein Phantombild des Täters erstellt und Polizeibeamte wurden in das Viertel Jardim Luciana geschickt. Trotz dieser Maßnahmen kam es am darauffolgenden Wochenende zu drei weiteren Schießereien. Nur zwei Personen, einer davon Jefferson Soares da Silva, überlebten. Nachdem jener sich erholt hatte, identifizierte er den Schützen als den 22-jährigen De Oliveira Bastos [179].

Am 5. Dezember 2011 wurde De Oliveira Bastos auf einem blauen Fahrrad und mit einem Revolver des Kalibers 0,38 in der Hand gesehen, aber als er befragt wurde, behauptete er, er habe ihn zu seinem eigenen Schutz bei sich gehabt [182]. Diese Behauptung wurde nicht geglaubt, und man verhaftete ihn sofort wegen des Besitzes illegaler Waffen. Bei einer anschließenden Durchsuchung seines Hauses wurden Patronenhülsen gefunden, die mit denen an den Tatorten identisch waren, sowie die Ninja-Kapuze und ein Rucksack, in dem De Oliveira Bastos seine Waffen versteckt hatte [180].

Internierung und Tod: Bevor er vor Gericht gestellt werden konnte, wurde De Oliveira Bastos zur psychiatrischen Untersuchung in das São Paulo Instituto de Medicina Social e Criminologia überführt. Dort wurde festgestellt, dass er an schweren psychischen Störungen litt und daher nicht verhandlungsfähig war [183]. Daraufhin sprachen die Richter ihn wegen Unzurechnungsfähigkeit frei und wiesen ihn in die

Taubaté-Einrichtung für Untersuchungshaft und psychiatrische Behandlung ein. Er blieb dort bis zu seinem Tod am 24. April 2017, die genaue Todesursache ist jedoch nicht bekannt [180].

Pedro Costa de Oliveira

Portrait: Pedro Costa de Oliveira, besser bekannt als Pedro Palhaço („Pedro der Clown"), war ein brasilianischer Serienmörder und Vergewaltiger, der von 1922 bis 1952 drei Frauen in Rio Grande do Sul ermordete (siehe Abb. 23). Er wurde zu insgesamt 130 Jahren Haft verurteilt und galt als einer der am längsten inhaftierten Insassen des Bundesstaates, sein genaues Todesjahr ist jedoch nicht bekannt. Am 26. April 1952 wurde er zum letzten Mal festgenommen.

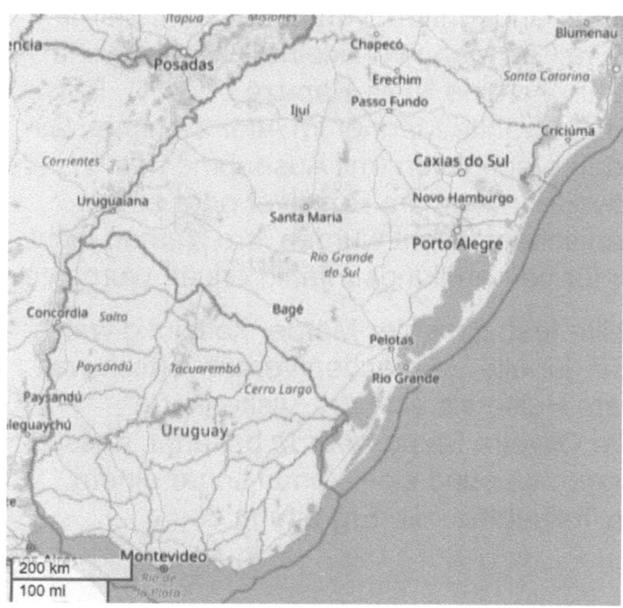

Abb. 23: Der Bundesstaat Rio Grande do Sul mit seiner Hauptstadt Porto Alegre liegt nördlich von Uruguay (OpenStreetMap 2024, Lizenz: Open Database)

Geschichte: Pedro Costa de Oliveira wurde an einem nicht bekannten Datum im Jahr 1896 in der Stadt Camaquã als einziges Kind eines Brasilianers, Florencio Ramos, und einer Mutter aus Paraguay, Maria José de Araujo, geboren [184]. Er verließ sein Elternhaus schon in jungen Jahren, um sich einem reisenden Zirkus anzuschließen, wo er als Clown arbeitete, was ihm den Spitznamen „Pedro der Clown" einbrachte. Anfang der 1920er Jahre verließ er den Zirkus und fand eine Anstellung als Heizergehilfe bei der Eisenbahngesellschaft Rio Grande do Sul, wo er sich in der Stadt Montenegro niederließ [185].

Verbrechen: Am 28. August 1922 ging Costa de Oliveira mit seinem Freund Afonso Pedro Borges in eine örtliche Bar, wo sie sich der Gesellschaft von zwei Teenagern anschlossen – der 16-jährigen Aracy Ferrão und Maria da Glória. Als sie fertig waren, machte er mit Ferrão einen Umweg zurück in die Stadt und betrat sie durch einen kleinen Wald in der Nähe des Bahnhofs. Am nächsten Tag wurde die Leiche des Mädchens in der Nähe gefunden – sie war erwürgt worden, ihr Körper war verstümmelt und ein Stück Holz war in ihre Genitalien eingeführt worden [185].

Costa de Oliveira wurde sofort als Hauptverdächtiger angesehen, da er auffällige Wunden hatte, die von Ferrãos Kratzern stammten, und seine Kleidung Blutflecken aufwies, die er versucht hatte abzuwaschen [186]. Zwei Tage später wurde er verhaftet und des Mordes an Ferrão angeklagt.

Als der Prozess am 19. Januar 1923 endete, wurde Costa de Oliveira in allen Anklagepunkten für schuldig befunden und zu 25 Jahren und 6 Monaten Haft verurteilt, die er in einem Gefängnis in Porto Alegre verbüßen musste [187].

Costa de Oliveira blieb bis zum 13. April 1934 im Gefängnis, als er zu gemeinnütziger Arbeit außerhalb des Gefängnisses verurteilt wurde, um beim Bau der Gravatai-Taqua-Autobahn zu helfen. Dafür wurde ihm ein kleines Haus in Chácara das Bananeiras [187] zur Verfügung gestellt.

Am 18. Oktober 1939 traf Costa de Oliveira auf die 50-jährige Rosalina Augusta Santana, eine seiner alten Bekannten. Nach einem längeren Gespräch einigten sie sich auf Sex und gingen zu einem unbebauten Grundstück in der Rua Veiga im Viertel Partenon [188]. Dort angekommen, erzählte er ihr von seinen sexuellen Fetischen, aber als Santana sich weigerte, seinen Fantasien nachzugeben, wurde er wütend und griff sie an. Während sie ihn heftig kratzte, wurde Santana überwältigt und schließlich erwürgt. Nachdem er sie getötet hatte, hatte Costa de Oliveira Sex mit ihrer Leiche [188].

Als die Leiche gefunden wurde, untersuchten die Ermittler Hautreste, die an den Fingernägeln des Opfers gefunden wurden und die zu Costa de Oliveira zu passen schienen, der verdächtige Kratzer im Gesicht aufwies [189]. Nicht lange danach wurde er verhaftet und gestand die Tat. Daraufhin wurde er zu weiteren 21 Jahren Haft verurteilt und kehrte ins Gefängnis zurück [188].

Psychiatrische Untersuchung und Entlassung: 1946 ordnete das Anthropologische Büro des Gefängnisses an, dass Costa de Oliveira einer psychiatrischen Untersuchung unterzogen werden müsse, um die Ursache seiner Verbrechen zu ermitteln [188]. Nach viermonatiger Beobachtung kamen die Psychiater zu dem Schluss, dass er ein „instinktiver Perverser, Sadist und Nekrophiler" sei, der ein hohes Risiko für seine Mitmenschen darstelle und unter keinen Umständen entlassen werden dürfe. Diese Entscheidung wurde vom Vorstand des Anthropologischen Amtes unterstützt.

Im Jahr 1948 beantragte Costa de Oliveira jedoch eine Bewährung und berief sich dabei auf ein Landesgesetz, das ausdrücklich vorsah, dass Gefangene maximal 30 Jahre ihrer Strafe verbüßen sollten. Seine Berufungen wurden mehrmals bearbeitet und fast immer abgelehnt. Als er jedoch das Bundesgericht erreichte, entschied Richter Dionisio Lima da Silva, seinem Antrag trotz der Proteste von Psychiatern stattzugeben, und am 7. Juni 1950 ließ man Costa de Oliveira frei [188].

Kurz nach seiner Entlassung zog Costa de Oliveira in das Viertel Jardim Floresta in Porto Alegre [190]. In der Nacht zum 13. April 1952, dem Ostersonntag, ging er zusammen mit der 43-jährigen Universina Alves Maria de Almeida, einer örtlichen Verkäuferin, die Kämme und andere kleine Gegenstände feilbot, in mehrere Bars, um zu trinken. Schließlich überredete er sie, mit ihm Sex zu haben, und die beiden vereinbarten, zu ihm nach Hause zu gehen [190].

Als sie dort ankamen, offenbarte Costa de Oliveira erneut seine sexuellen Fetische und wurde prompt abgewiesen. Wütend über die Ablehnung erwürgte er Alves und hatte dann Sex mit ihrer Leiche, bevor er ihren nackten Körper in einen Brunnen warf, den er auf seinem Grundstück hatte.

Ermittlungen und Verhaftung: Am 26. April 1952 ging der Hausverwalter zum Haus, um einige Feldfrüchte zu überprüfen. Er wurde von seiner kleinen Tochter begleitet, die in der Nähe des Brunnens spielte und bemerkte, dass sich etwas auf dem Boden befand [191]. Zunächst wurde angenommen, dass es sich bei der Leiche um Costa de Oliveira handelte, da er seit einigen Tagen vermisst wurde. Nachdem die Leiche jedoch entfernt worden war, wurde festgestellt, dass es die Leiche einer Frau war. Die Polizei führte bald eine Razzia im Haus durch und fand getrocknete Blutflecken auf dem Boden, blutbefleckte Kleidung und Bettwäsche sowie zahlreiche Fotos, auf denen verschiedene Personen bei eindeutigen sexuellen Handlungen abgebildet waren [184]. Es wurde ein Haftbefehl gegen Costa de Oliveira erlassen, und er wurde nur wenige Stunden später gefasst.

Anfangs bezeichnete die Presse das Opfer als „Sueli“, doch vier Tage später wurde ihre wahre Identität bekannt [192]. Es wurde festgestellt, dass Alves auch eine kriminelle Vergangenheit hatte – die Tochter eines brasilianischen Vaters und einer uruguayischen Mutter und Zwillingsschwester lief im Alter von 13 Jahren von zu Hause weg, um mit einem älteren Mann zusammen zu sein [190]. Im Jahr 1924, als sie 24 Jahre alt war, tötete sie ihren zweiten Liebhaber, Pedro de Tal, mit einem Beil und verbüßte eine Gefängnisstrafe, bevor sie 1932 auf Bewährung entlassen wurde [192]. Anschließend ließ sie sich in Porto Alegre nieder, wo sie wegen ihres Alkoholismus berüchtigt war, weshalb ihr Haus von den Einheimischen „The Drunken Castle“ genannt wurde [193].

Inhaftierung und Nachwirkungen: Aufgrund der erdrückenden Beweislast wurde Costa de Oliveira zu 84 Jahren Haft verurteilt [193]. Insgesamt brachte ihm seine drei Morde eine Haftstrafe von insgesamt 130 Jahren ein, was zu dieser Zeit eine der längsten Strafen war. Darüber hinaus galt er als einer der am längsten inhaftierten Insassen im Bundesstaat Rio Grande do Sul, da er seit 1922 wiederholt inhaftiert war [193].

Im Jahr 1957 wurde Costa de Oliveira aufgrund einer Infektion ein Bein amputiert [194]. Danach sind keine Informationen über ihn verfügbar, aber aufgrund des Zeitablaufs wird davon ausgegangen, dass er verstorben ist.

Marcelo de Jesus Silva

Portrait und Verbrechen: Marcelo de Jesus Silva, genannt „Chucky“, war ein brasilianischer Serienmörder [195], der zusammen mit seiner Gruppe mehr als 20 Menschen tötete. Neben Mord wurde er auch des Raubs, des Drogenhandels und der Mitgliedschaft in einer Todesschwadron beschuldigt. Da er nur 1,28 m groß war, erhielt er den Spitznamen „Chucky“ und „Pigmeu“ (Pygmäe) [196].

Laut der Mordkommission (Delegacia de Homicídios) De Jesus Silva mehr als 20 Morde in seiner Kriminalgeschichte, mit einer weiteren Kriminalgeschichte und Aufzeichnungen von Polizeistationen aus Ilhéus und Mata de São João sowie von der Grupo Especial de Repressão dos Crimes de Extermínio (ehemals Gerce) und der Delegacia de Furtos e Roubos. Laut der Mordkommission war De Jesus Silva die rechte Hand des Drogenhändlers João Teixeira Leal, auch bekannt als Jão, einer der erfolgreichsten Drogenhändler in Pirajá [195][197].

Im März 2007 wurde Jãos Todesschwadron, bestehend aus sieben Männern, von Gerce gefangen genommen. Sie begingen einen dreifachen Mord in Alto do Cabrito, Salvador. Die Getöteten waren der 40-jährige Junê Péricles dos Santos Santana, der 26-jährige Igor Leonardo Cruz da Silva und Joílson dos Santos Santana, die alle im Drogenhandel tätig waren. Die drei wurden 2006 auf einer öffentlichen Straße getötet. Das Verbrechen wurde von Verwandten der Opfer beobachtet, die die ersten Hinweise auf die Täter lieferten [195][196].

Tod: De Jesus Silva wurde am 3. Dezember 2010 in Lagoa da Paixão von rivalisierenden Drogenhändlern getötet. Man hatte ihm die Arme abgetrennt und sein Gesicht durch Hiebe mit Holzstöcken entstellt. Seine Leiche hing kopfüber in einem Müllcontainer. Die Polizei vermutete, dass De Jesus Silva getötet wurde, nachdem er in dieser Region Raubüberfälle begangen hatte [195][197][198]. Am 29. Dezember 2011 wurde einer der Männer, Fabio Cebola, die des Mordes an De Jesus Silva beschuldigt wurden, von der Polizei festgenommen [199].

Polizeiberichte über De Jesus Silva: Einmal versteckte sich De Jesus Silva verkleidet in einem öffentlichen Telefon, um einer Verhaftung durch die Polizei zu entgehen [195]. Er feuerte auch eine Maschinenpistole von den Schultern eines größeren Komplizen ab [195][198]. Bei einer Gelegenheit, während einer polizeilichen Ermittlung in einem Morro (Hügel oder Favela) in Salvador, versuchten mehrere Teams, einen Banditen zu fassen. Per Funk verständigten sich die Polizeibeamten über die Operation und die Warnung, dass der Bandit den Morro verlassen habe. De Jesus Silva war der Polizei entkommen. Als die Polizeibeamten darüber diskutierten, ob der Kriminelle entkommen sei, sagte einer der Beamten: „Nur ein Zwerg ist gegangen". Ein anderer Polizist erwiderte: „Der Zwerg war der Mann!", aber De Jesus Silva war bereits entkommen [195][198].

Douglas Baptista

Portrait: Douglas Baptista (geb. 1962), bekannt als „Der São Vicente Maniac" („Maníaco de São Vicente"), ist ein brasilianischer Serienmörder, der von 1992 bis 2003 mindestens acht Kinder im Großraum Baixada Santista ertränkt hat (siehe Abb. 24). Am 18. Dezember 2015 wurde er zum letzten Mal festgenommen. Er wurde wegen mehrerer Verbrechen verhaftet und verurteilt und verbüßt derzeit eine langjährige Haftstrafe.

Verbrechen: Als Opfer wählte Baptista arme Kinder im Alter zwischen fünf und zwölf Jahren [200]. Er freundete sich in der Regel mit den Familienmitgliedern der Kinder an und bot ihnen oft Geschenke an, manchmal bot er ihnen aber auch einfach an, mit ihnen spazieren zu gehen oder einen Angelausflug zu machen [201]. Wenn sie an einem geeigneten Ort ankamen, fesselte Baptista die Opfer, vergewaltigte sie wahrscheinlich (bisher konnte Vergewaltigung nur in einem Fall nachgewiesen werden, da Sperma in der Vagina des Opfers gefunden wurde), ertränkte sie und warf ihre Leichen in ein Gewässer, einen Fluss, Mangroven oder das Meer [200]. Andere Opfer wurden möglicherweise auch erwürgt [202].

Am Weihnachtstag 2003 verschwanden zwei Mädchen aus ihren Häusern in São Vicente. Die Opfer waren Nathaly Jenifer Ribeiro und Najila de Jesus, beide fünf Jahre alt. Ihre Leichen wurden vier Tage später im Fluss Mambu in der Nähe von Itanhaém treibend aufgefunden, mit gefesselten Händen und Füßen. Die Behörden suchten damals intensiv nach dem Täter, konnten aber keinen potenziellen Verdächtigen ausfindig machen.

Ermittlungen und Verhaftung: Baptista wurde 2004 zunächst wegen der Morde verhaftet, aber obwohl er sie gestand, wurde er nicht verurteilt und freigelassen [203]. Einige Zeit später zog Baptista nach Porto Alegre, wo er die nächsten Jahre lebte. Im Jahr 2013 wurde er wegen des Mordes an Fabiana dos Santos verhaftet und zu 18 Jahren Haft im Gefängnis von São Vicente verurteilt, später jedoch auf Bewährung entlassen [204].

Schließlich gelang es den Behörden, Baptista mit den Weihnachtsmorden in Verbindung zu bringen, und Polizeibeamte verhafteten ihn am 8. Dezember 2015 in seinem Haus in Praia Grande. Berichten zufolge versuchte er zu fliehen, nachdem er die Polizeiautos gesehen hatte, wurde jedoch abgefangen und festgenommen.

Nachdem er in Gewahrsam genommen worden war, behauptete Baptista zunächst, er habe nicht gewusst, dass die Polizei nach ihm fahndete, und er sei unschuldig. Schließlich gestand er jedoch und gab zu, sechs weitere Kinder getötet zu haben, darunter seine Stieftochter. Später zeigte er, wo er die Leichen entsorgt hatte [202]. Als er nach einem Motiv gefragt wurde, behauptete Baptista, er habe „Freude daran gehabt, die Opfer kämpfen zu sehen, als sie ertranken", und sei von einer seltsamen Kraft besessen gewesen [201].

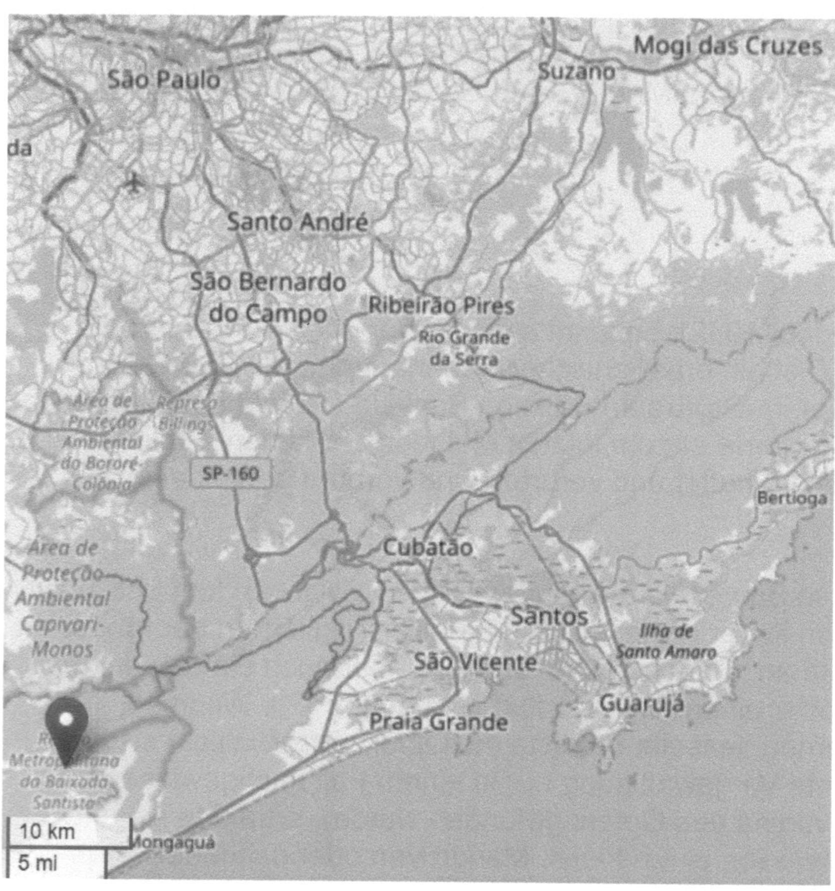

Prozess und Untersuchung: Vor Beginn seines Prozesses wurde Baptista vom
Psychiater Guido Palomba untersucht, der zu dem Schluss kam, dass er abnormal
und „absolut unheilbar" sei. Danach wurde er wegen der Morde an Ribeiro und De
Jesus vor Gericht gestellt und anschließend zügig zu 30 Jahren Haft verurteilt. Zwei
Jahre später, im August 2017, kam noch eine weitere Strafe von 30 Jahren Haft für
den Mord an Priscila Elias Inácio hinzu [201].

Inhaftierung: Derzeit wird Baptista aufgrund der Schwere seiner Verbrechen und der
Befürchtung, dass er von Mithäftlingen getötet werden könnte, von anderen Insassen
isoliert gehalten [201]. Nach der Aufdeckung von Baptistas Verbrechen wurde ein
Gesetzentwurf zur Typisierung von Serienmorden ausgearbeitet. Der Vorschlag sah
vor, dass mindestens drei Verbrechen mit demselben Modus Operandi als
Serienverbrechen eingestuft werden, und schlug eine volle 30-jährige Haftstrafe
ohne die Möglichkeit einer Bewährung vor. Der Vorschlag wurde schließlich ad acta
gelegt.

Bekannte Opfer:
Luana Elias Inácio (9), getötet am 21. März 1996; Leiche in einem Fluss in Praia
Grande gefunden

Priscila Elias Inácio (Luanas Schwester) (8), getötet am 29. Oktober 1997; Leiche in
einer Bucht in São Vicente entdeckt

Vanessa (Baptistas Stieftochter) (12)

Fabiana Silva dos Santos (9), seine Leiche wurde nie gefunden

Sabrina (10) und Leandro (9), Cousins, die auf dem Weg zur Schule entführt wurden

Nathaly Ribeiro (5) und Najila de Jesus (5), im Dezember 2003 getötet; Leichen
wurden am 29. Dezember im Fluss Mambu gefunden; Ribeiro wurde vergewaltigt

In den Medien: Über die Verbrechen von Baptista wurde in der Kriminalserie
Investigação Criminal berichtet.

Luiz Baú

Portrait: Luiz Baú, bekannt als „Das Monster von Erechim", war ein brasilianischer
Serienmörder, der in den 1970er Jahren für fünf Morde in Erechim und Itatiba do Sul
berüchtigt war. Er wurde im Bezirk Sete Lagoas in Itatiba do Sul geboren (siehe Abb.
25). Er war ein Landarbeiter, der hauptsächlich in der Landwirtschaft tätig war, sich
aber auch als Medizinmann ausgab. Nach der Scheidung von seiner Frau, ausgelöst
wegen einer Erkrankung an Mumps und der damit einhergehenden Unfruchtbarkeit,
zog Baú nach Linha Jubaré, wo er bei einer verwitweten Frau mit siebzehn Kindern
lebte. Zu einem dieser Kinder baute er eine enge Beziehung auf. Als er herausfand,
dass der Junge vorhatte, nach Garibaldi zu ziehen, um dort am Priesterseminar zu
studieren, ermordete Baú ihn auf besonders grausame Weise. Er wurde von Ärzten
des Forensisch-Psychiatrischen Instituts Maurício Cardoso als schizophren
diagnostiziert und im Staatsgefängnis von Erechim inhaftiert.

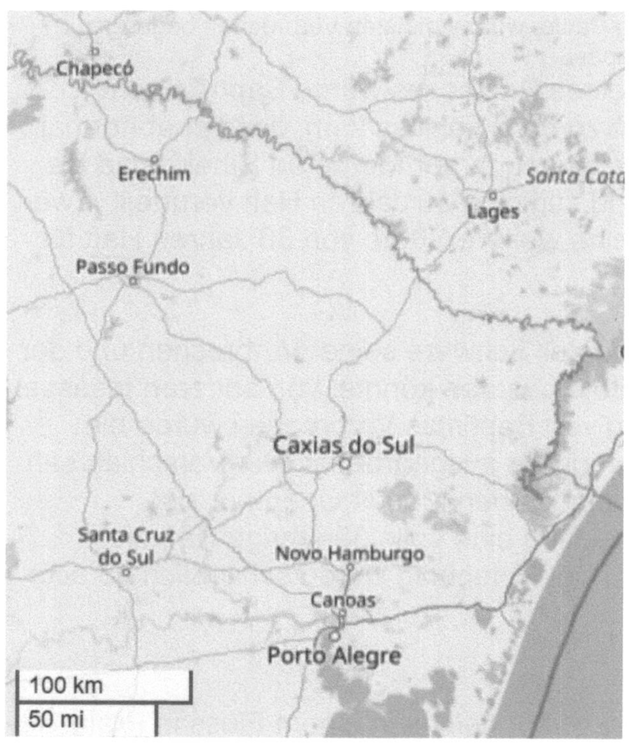

Abb. 25: Erechim und Chapecó im Süden Brasiliens (OpenStreetMap 2024, Lizenz: Open Database)

Baú zeigte sich als vorbildlicher Gefangener und überraschte Polizei und Gefängnispersonal, als er im Januar 1980 ausbrach, eine Tatsache, die aufgrund seines ruhigen Temperaments nicht die Aufmerksamkeit der Medien auf sich zog. Zwischen dem 12. und 16. Februar 1980 beging Baú vier Morde: Er tötete drei Jungen in den Gemeinden Rio Toldo und Rio Tigre sowie einen Farmbesitzer im Bezirk Aeroporto. In allen Fällen bestand seine Modus Operandi darin, die Opfer wiederholt zu erstechen. Die Todesfälle lösten in der gesamten Gemeinde einen Schock aus, die sich daraufhin mobilisierte, um Luiz Baú festzunehmen.

Er wurde schließlich am 21. Februar 1980 auf der BR-153 festgenommen, nachdem er mit dem Polizeichef der Stadt in einen Kampf verwickelt war. Aus Angst, von den Einheimischen gelyncht zu werden, wurde Baú erneut ins IPF (Gefängnis) überführt und blieb dort fünf Monate lang, bis es ihm am 30. Juni erneut gelang, zu fliehen.

Geschichte: Luiz Baú wurde am 21. Juni 1939 als Sohn der Bauern Florindo und Vitória im Bezirk Sete Lagoas, Itatiba do Sul, geboren, wo er bis zu seinem 28. Lebensjahr lebte. Er stammte aus einer armen Familie und zeichnete sich als Arbeiter auf dem Feld durch große körperliche Stärke aus. Er war auch als Medizinmann tätig, der mit Kräutern und Tees Segen spendete [205].

Nach dem Tod seiner Eltern geriet Baú mit seinem Bruder João in Streit, weil dieser den Familienbesitz übernehmen wollte. Schließlich kam es zu einer Schlägerei, bei der João ihn mit einem Hammer schlug und Luiz seinem Bruder mit einer Schrotflinte ins Auge, in den Arm und ins Bein schoss, was ihm für den Rest seines Lebens bleibende Narben hinterließ [205].

Nach diesem Vorfall zog Luiz Baú nach Chapecó in Santa Catarina, wo er auf der Farm seines Onkels Júlio zu arbeiten begann und am 7. Oktober 1967 eine der weiblichen Landarbeiterinnen, Nilde Pinto de Quadros, heiratete [205]. Bis 1972 gibt es keine öffentlichen Informationen über sein Familienleben. In diesem Jahr wurde bekannt, dass die Beziehung des Paares instabil geworden war, da Baú wiederholt wegen Körperverletzung und Diebstahl angeklagt worden war. Es gab Behauptungen, dass Baú sich in dieser Zeit mit Mumps angesteckt hatte und unfruchtbar geworden war, was seine Frau dazu veranlasst hatte, sich von ihm scheiden zu lassen.

Verbrechen: Im Winter 1974 zog Baú nach Linha Jubaré in Itatiba do Sul, wo er in der Familie von Maria Zarpelón, einer Witwe und Mutter von siebzehn Kindern, willkommen geheißen wurde. Sie hatte ihn zur Arbeit eingeladen, da er für seine Fähigkeiten auf dem Feld bekannt war [205]. Durch seine Arbeit in der Heilkunde entwickelte er eine enge Beziehung zu Francisco, dem zwölften Kind des Ehepaares, der an Asthma litt und seit seinem zwölften Lebensjahr behandelt wurde.

Ihre Beziehung wurde sehr eng, was zu Gesprächen zwischen Baú, dem Lehrer, und dem Pfarrer der örtlichen Gemeinde führte, in denen Baú ein Gefühl der Besitzgier gegenüber Francisco zeigte [206]. Nachdem einer der anderen Brüder vom Militär zurückgekehrt war, wuchs der Verdacht, dass Baú und Francisco eine homosexuelle Beziehung führten. Die Familie fragte sich, warum die beiden die meiste Zeit im Wald verbrachten und erst in der Dämmerung zurückkehrten [205]. Aus diesem Grund beschloss die Familie, Francisco auf ein Seminar der katholischen Kirche in Garibaldi zu schicken. Dies verärgerte Baú, der den Lehrer und den Pfarrer für seine Entscheidung verantwortlich machte.

Am 26. Februar 1975 wurde Francisco von seiner Mutter gebeten, etwas Maismehl von einer Mühle in der Nähe seines Hauses zu holen. Er ritt zu Pferd und kam bei Verwandten vorbei. Am selben Tag erzählte Maria Baú von der Entscheidung, Francisco auf das Seminar zu schicken. Daraufhin sagte Baú, dass er das Haus verlassen werde und Francisco etwas Geld von seinem Lohn für seine Freizeit zur Verfügung stellen wolle. Der Junge war jedoch verschwunden, und als die Familie nach Baú suchte, war er nirgends zu finden [205].

Am nächsten Tag kam die Familie am Haus einiger Verwandter vorbei und glaubte, Francisco könnte bei einem Bekannten übernachtet haben [205]. Auf dem Weg dorthin trafen sie Baú, der jedoch behauptete, keine Informationen über den Aufenthaltsort des jungen Mannes zu haben. Der Besitzer eines Lebensmittelgeschäfts berichtete jedoch, dass er Baú am Vortag in Begleitung von Francisco gesehen hatte. Als sie nach Hause zurückkehrten, fand einer der Brüder Franciscos Pferd allein trabend vor, mit Blutflecken auf dem Zaumzeug. Diese Entdeckung mobilisierte die Gemeinde, die sich auf die Suche nach dem jungen Mann machte. [206]

Die Polizeibehörde der Stadt Aratiba führte gemeinsam mit den Bewohnern von Linha Jubaré eine Suche durch und fand schließlich zwei Tage später im Garten der Kapelle eine in Bohnentücher gewickelte Leiche [205]. Sie wurde als diejenige von Francisco identifiziert und wies Anzeichen schwerer körperlicher Misshandlung auf. Während der Autopsie wurde im Bericht Folgendes festgestellt:

„[...] Am 26. Februar 1975, in Linha Jubaré, Gemeinde Aratiba, um 19:00 Uhr, nachdem er liebevoll mit dem Opfer in Kontakt getreten war, [...] im Alter von dreizehn Jahren, aufgrund seiner Homosexualität, entdeckte der Angeklagte, dessen homosexuelle Beziehungen zum Opfer ein Jahr zurückreichten, was den Angeklagten zur passiven Päderastie führte, dass [der Junge] sich darauf vorbereitete, in ein Seminar in Garibaldi zu wechseln. Da er sich mit der bevorstehenden Trennung nicht abfinden wollte, suchte der Angeklagte am oben

genannten Tag das Opfer auf und fand ihn auf dem Rückweg von einer Mühle. Bei dieser Gelegenheit sprach der Angeklagte das Thema der Trennung an und sagte, dass er auch gehen solle, aber dass er seine Ernte dem Opfer überlassen würde. Nach einem kurzen Gespräch gingen sie in den Busch, wo der Angeklagte sich der passiven Päderastie hingab, wie es oft zwischen ihm und dem Opfer geschah. Nach der homosexuellen Praktik fügte der Angeklagte dem Opfer mit einem Taschenmesser tiefe Schnitte am Hals und im linken Leistenbereich zu, was zum Tod des Opfers führte. Danach amputierte er dem Minderjährigen den Penis und schob das Organ mit Hilfe eines Holzstabs in den Anus des Opfers...".

Baú wurde verhaftet, während nach Franciscos Leiche gesucht wurde, und er platzierte die Leiche in der Nähe der Kapelle des Pfarrers, um ihn zu belasten [205]. Die Presse der gesamten Region berichtete über das Verbrechen als eines der barbarischsten, das je begangen wurde. Die Zeitung A Voz da Serra brachte auf der Titelseite ihrer Ausgabe vom 6. März 1975 die Schlagzeile: „Eine Bestie in Itatiba" auf der Titelseite, während andere Medien wie Zero Hora das Verbrechen ebenfalls auf ihren Titelseiten erwähnten [208]. Baú wurde in die forensisch-psychiatrische Klinik Maurício Cardoso in Porto Alegre gebracht, damit Spezialisten für das bevorstehende Strafverfahren seinen Geisteszustand feststellen konnten. Im anschließenden Bericht wurde festgestellt, dass Baú schizophren war, und am 28. Juni 1979 wurde er zu vier Jahren und sieben Monaten Haft verurteilt [209].

Flucht aus dem Staatsgefängnis Erechim: Während seiner Haftzeit verbrachte Baú die meiste Zeit mit der Pflege des Gemüsegartens und unterstützte sogar Häftlinge und Strafverfolgungsbehörden, indem er sie mit Produkten aus dem Garten versorgte [205]. Er galt als äußerst friedlicher Mensch und durfte sich in jedem Teil des Gefängnisses frei bewegen [206].

Obwohl er von den Gefängniswärtern als vorbildlicher Gefangener angesehen wurde, wurde Baú nie von Freunden oder Verwandten besucht, sondern traf sich mit den Angehörigen anderer Gefangener. Bei einem dieser Treffen drohte er der Familie eines anderen Mörders, er würde ihr Haus niederbrennen, was die Gemeinde Linha Jubaré für einige Monate in Alarmbereitschaft versetzte [205]. Dennoch durfte er in einer Strafkolonie im Stadtteil Frinape, etwa zehn Kilometer vom Gefängnis entfernt, arbeiten und dem Farmbesitzer des Gefängnisses im Bezirk Aeroporto, der acht Kilometer vom Gefängnis entfernt lag, helfen [210].

Am 20. Januar 1980 arbeitete Baú auf der Farm, als er mittags verschwand [206]. Selbst nach seiner Flucht wurden keine Strafverfolgungsbehörden mobilisiert, um ihn wieder einzufangen, und nur 23 Tage später berichteten lokale und staatliche Medien, dass der „Psychopath von Erechim" verschwunden war [205]. Während seiner Zeit wurde bestätigt, dass Baú durch mehrere Gemeinden in Erechim, Gaurama, Áurea und Getúlio Vargas gewandert ist. Am 9. Februar wurde er in der Nähe von Povoado Argenta in Erechim gesichtet, mit einem Rucksack auf dem Rücken und auffällig barfuß.

Morde in Erechim: Als Baú um den 12. Februar 1980 die Gemeinde Rio Toldo betrat, beging er seinen zweiten Mord, der auf unheimliche Weise an seinen ersten im Jahr 1975 erinnerte. Jandir Cardoso (12) wollte gegen 16 Uhr für seine Eltern in einem Lagerhaus Kerzen und Streichhölzer kaufen [205]. Als er nicht nach Hause zurückkehrte, begab sich seine Familie zum Lagerhaus und stellte fest, dass der Junge die Artikel gekauft und das Geschäft dann sofort verlassen hatte. Da ihn seitdem niemand mehr gesehen hatte, organisierte die Gemeinde eine Suchaktion, um ihn zu finden [210].

Verhaftung: Am nächsten Tag, um 15 Uhr, wurde Cardosos Leiche von Anwohnern gefunden, die Blut von Mais tropfen sahen. Eine Machete lag im Gras in der Nähe und unter der Machete war die Leiche kopfüber in einem Loch vergraben [205]. Der Autopsiebericht des Hospital de Caridade de Erechim bestätigte, dass Cardosos Analsphinkter gerissen und seine Genitalien vollständig amputiert worden waren.

Nach diesem Vorfall fiel der Verdacht sofort auf Baú, der von der Polizei in Erechim festgenommen werden sollte. Zu diesem Zeitpunkt hatte Baú bereits ein anderes Dorf in Rio Tigre erreicht, wo er zwei weitere Morde begehen sollte [210].

Am 15. Februar 1980 hüteten die achtjährigen Jungen Gelson Ribeiro und Paulo Grando die Kühe ihrer Nachbarn etwa einen Kilometer von ihrem Zuhause entfernt, schafften es aber nicht, rechtzeitig zurückzukehren [206]. Diese Tatsache versetzte die Eltern der Jungen in große Sorge, und sie beschlossen, sich in Begleitung von zwanzig weiteren Familien aus der Gegend auf die Suche nach ihnen zu machen. Die Leichen wurden am nächsten Morgen in der Nähe eines Gebiets gefunden, in dem die Jungen bekanntermaßen das Vieh fütterten [205]. Die im Hospital de Caridade durchgeführten Autopsien bestätigten, dass sie einen ähnlichen Tod erlitten hatten wie Cardoso.

Am nächsten Tag versuchte Baú, einen weiteren Jungen zu töten, als er in Povoado Argenta ankam und sich dem elfjährigen Lindomir Truylia näherte. Er verfolgte den Jungen bis in eine Töpferei, doch dieser fand seinen Vater und konnte unversehrt entkommen. Als dem Jungen ein Foto von Luiz Baú gezeigt wurde, identifizierte er ihn als den Mann, der ihn verfolgt hatte [205].

Am Ende dieses Tages erreichte Baú den Gefängnisbauernhof im Bezirk Aeroporto, wo er mehrere Jahre lang gearbeitet hatte [205]. Aparicio Amâncio Bueno (65) war der Eigentümer des Bauernhofs und lebte dort. Während der Zeit, in der sie zusammen lebten, machte Bueno seine Unzufriedenheit über den Umgang der Wachen mit Baú deutlich, wurde aber nie dafür gerügt. Zeitgenössischen Quellen zufolge begegneten sich die beiden in dieser Nacht, woraufhin Baú ihm mit einem Messer die Kehle durchschnitt [206]. Anschließend stahl er Kleidung, Lebensmittel, eine Schrotflinte mit Kaliber 32, einen Revolver mit Kaliber 22 und Patronen.

Festnahme: Während der 32-tägigen Fahndung, zwischen Cardosos Tod und Baús Festnahme, lebte die Stadt Erechim in Panik und Angst, da die Bürger befürchteten, Baú könnte jeden ermorden, vor allem aber junge Männer [211]. Baú wurde von der Militärbrigade und der Zivilpolizei von Erechim, dem Sekretariat für öffentliche Sicherheit von Rio Grande do Sul, der Zivilpolizei von Passo Fundo und dem Militärischen Feuerwehrkorps gejagt, die ihn rund um die Uhr verfolgten [205]. Damaligen Quellen zufolge soll sich Baú in einer Höhle im Nazzari-Wasserfall versteckt haben, der heute ein Kurort in der Stadt ist, aber damals unbewohnt war. Unstimmige Daten zu Telefonanrufen erschwerten der Polizei die Arbeit, da Baú laut den Delegierten Perücken und verschiedene Verkleidungen trug und angeblich Hilfe von einem Gefängnisbeamten bei seiner Flucht erhielt.

Seine Verhaftung erfolgte am 21. Februar 1980, als er auf der BR-153 aufgegriffen wurde. Die Bevölkerung rief die Militärbrigade, die ein siebenköpfiges Team entsandte, um ihn festzunehmen [210]. In den Berichten der Beamten heißt es, dass sie, nachdem sie Baú ausfindig gemacht hatten, der gerade etwas aß, das er in einem nahe gelegenen Lebensmittelgeschäft gekauft hatte, etwa vierzig Schüsse auf den Flüchtigen abfeuerten, ihn aber nicht trafen. Polizeichef Alcir Bordin schlich sich aus dem Wald an Baú heran und feuerte fünf Schüsse ab, von denen der letzte den Mörder am Hals streifte. Als die Munition seines Revolvers verschossen war, gerieten der Polizist und Baú in einen Handgemenge, bei dem Baú Bordin in den Oberschenkel stach. Dem Polizisten gelang es jedoch, Baú mit einem Kopfschuss niederzustrecken und ihn bewegungsunfähig zu machen. Bei seiner Festnahme wurden zahlreiche Waffen und ein gestohlener Ausweis in Baús Besitz gefunden. Der Personalausweis und der Wahltitel, die Baú bei sich trug, gehörten jemand anderem, wahrscheinlich gestohlen, damit er sich als eine andere Person ausgeben konnte. Über seine Festnahme wurde damals in mehreren Zeitungen berichtet, darunter A Voz da Serra [212], Correio do Povo [213] und Zero Hora [214].

Krankenhausaufenthalt in Porto Alegre und angeblicher Tod: Nach der Verhaftung des Verbrechers befürchtete die Militärbrigade, dass die Einheimischen Baú lynchen würden. A Voz da Serra berichtete in ihrer Ausgabe vom 23. Februar 1980, dass sich etwa 500 Menschen vor dem Hauptquartier der Militärbrigade aufstellten und die Lynchjustiz an dem Mörder forderten [215]. In der Zwischenzeit bestätigte Correio do Povo, dass die Bewohner am selben Tag „Mörder", „verdient es nicht zu leben" und „wir wollen Lynchjustiz" riefen [216].

Baú wurde in die forensisch-psychiatrische Klinik Maurício Cardoso gebracht, wo er unter strenger Bewachung stand [205]. Es gibt keine Berichte über sein Verhalten in der Klinik, aber es wird angenommen, dass er die meiste Zeit damit verbrachte, Fluchtpläne zu schmieden, was ihm nach fünf Monaten auch gelang. Zusammen mit vier anderen Insassen gelang ihm am 30. Juni erneut die Flucht, als das Vorhängeschloss im Innenhof aufbrach [206].

Die vier anderen Insassen wurden wieder eingefangen und in die Anstalt zurückgebracht, aber von Baú hörte man nie wieder etwas [205]. Als er entkam, berichteten die Zeitungen über das Ereignis und schürten damit die Ängste der örtlichen Bevölkerung, sodass die ländlichen Schulen in Porto Alegre geschlossen wurden, bis der Verbrecher wieder eingefangen war [217]. Es wurde behauptet, dass Baú aufgrund der Schwere seiner Verbrechen von Sicherheitskräften in der Nähe des Guaíba-Sees getötet wurde. Andere Theorien besagen, dass er nach Paraná oder in die Nachbarländer Uruguay und Paraguay.

Sein Prozess war für den 26. März 1984 angesetzt, und als es nicht gelang, ihn zu fassen, wurde er in Abwesenheit verurteilt [205]. Das Strafgericht des Bezirks Erechim erließ am 3. April 1985 einen Haftbefehl. Nach geltendem Recht endete die Frist der Verjährung im Jahr 2005, und die Regierung sprach den Familien der Opfer die Summe von R$ 3.900 zu.

<u>José Paz Bezerra</u>

Portrait: José Paz Bezerra, bekannt als „Das Monster von Morumbi" („O Monstro do Morumbi"), ist ein brasilianischer Serienmörder, der für den Mord an mindestens sieben Frauen in São Paulo und Pará von 1970 bis 1971 verurteilt wurde, aber behauptete, insgesamt für 24 Morde verantwortlich zu sein. Er wurde am 12. November 1971 festgenommen. Er wurde zu 100 Jahren Haft verurteilt und in das

São José-Gefängnis in Belém gebracht, wo er 30 Jahre (die Höchststrafe nach damaligem Recht) absaß, bevor er 2001 entlassen wurde [218].

Geschichte: José Paz Bezerra wurde am 12. Dezember 1945 in Alagoa Nova, Brasilien, als Sohn von José Borges Filho und Maria Paz geboren. Sein frühes Leben erwies sich als schwierig, da sein Vater an Lepra litt. Um den Vater musste sich der junge Bezerra kümmern, während seine Mutter sich aufgrund der extremen Armut, in der sie lebten, prostituierte. Nach dem Tod seines Vaters zogen die überlebenden Familienmitglieder in eine Favela in Rio de Janeiro, wo seine Mutter einen neuen Partner fand, Severino, der ihre außereheliche Beziehung tolerierte, aber Bezerra ablehnte, den er häufig schlug. Seine Mutter trennte sich schließlich von ihm, nachdem Severino anfing, andere Männer mitzubringen, mit denen er vor dem Jungen Sex hatte, und zog mit einem anderen Mann, Manuel, zusammen, der nicht gewalttätig war, aber den Jungen trotzdem nicht mochte [219].

Im Alter von 10 Jahren lief Bezerra von zu Hause weg und begann, auf der Straße zu leben, wo er Süßigkeiten am Bahnhof Central do Brasil verkaufte. Schon in jungen Jahren masturbierte er zwanghaft und es wurde sogar behauptet, dass er sich Nägel in den Arm schlug, weil er den Anblick von Blut mochte [219]. In seiner Jugend begann er, kleinere Verbrechen zu begehen, und wurde wiederholt in Justizvollzugsanstalten inhaftiert. Nachdem er achtzehn geworden war, trat Bezerra in die brasilianische Armee ein, desertierte jedoch, nachdem er wegen geringfügigen Diebstahls angeklagt worden war. Danach ist nichts über seine Aktivitäten bekannt, bis er Ende der 1960er Jahre in São Paulo wieder auftauchte [220].

Verbrechen: Am 16. Juli 1970 wurde die 36-jährige Lehrerin Iolanda Pacheco von einem Taxifahrer mit Mantel und Schal aus der Rua Augusta abgeholt. Anstatt sie jedoch an der gewünschten Adresse abzusetzen, verkündete der Fahrer, dass er sie nach Morumbi bringen würde [220]. Bevor er jedoch etwas tun konnte, gelang es Pacheco, die Autotür zu öffnen und aus dem Fahrzeug zu springen, das daraufhin davonraste. Obwohl sie bei der Polizei eine Anzeige erstattete, die ein Phantombild des Mannes anfertigte, wurde dieser Fall erst im Oktober 1970 mit den folgenden Verbrechen in Verbindung gebracht [221].

Drei Tage später wurde die Polizei auf eine Frauenleiche aufmerksam gemacht, die auf einem leeren Grundstück im Viertel Real Parque, nur einen Kilometer vom Palácio dos Bandeirantes entfernt, gefunden wurde. Das Opfer wurde halbnackt aufgefunden, mit ihrem eigenen Büstenhalter geknebelt und mit Nylonstrumpfstücken an Armen und Beinen gefesselt, die auch teilweise um ihren Körper und Hals gewickelt waren, was auf eine Strangulation hindeutete [220]. Ihr Gesicht war ebenfalls mit Blutergüssen übersät, sodass sie kaum wiederzuerkennen war. Bei der forensischen Arbeit vor Ort fanden die Behörden die Leiche einer weiteren Frau in einem ähnlichen Zustand. Später gelang es dem Kriminalinstitut des Bundesstaates São Paulo, die beiden Frauen anhand von Fingerabdrücken zu identifizieren, und es stellte sich heraus, dass es sich bei ihnen um die 23-jährige Nilza Alves Cardoso und die 27-jährige Vanda Pereira da Silva handelte [222].

Im September 1970 tauchten im Großraum São Paulo die Leichen weiterer Opfer auf. Was die Aufmerksamkeit der Behörden auf sich zog, war die Ähnlichkeit aller Verbrechen: Alle Opfer waren nackt, geknebelt, mit Stücken ihrer eigenen Kleidung an Händen und Füßen gefesselt und mit Anzeichen von Strangulation und sexueller

Gewalt (die sich später als post mortem erwiesen) auf Brachflächen entsorgt worden. Die Presse nannte den unbekannten Verbrecher zunächst „Würger von São Paulo" („Estrangulador de São Paulo") und zog Parallelen zum früheren Serienmörder Benedito Moreira de Carvalho.

Im gleichen Monat Juli wurden drei weitere Opfer gefunden [222]: Cleonice Santos Guimarães, eine Arbeiterin (23): Man fand ihren Leichnam am 19. Juli auf einem leeren Grundstück in der Nähe der Via Anchieta in São Bernardo do Campo.

Ana Rosa dos Santos, eine Hausangestellte (47): Sie wurde am 20. Juli auf einem leeren Grundstück in der Nähe der Via Anchieta in São Bernardo do Campo gefunden.

Wilma Négri, eine Telefonistin (35): Passanten entdeckten ihren Leichnam am 25. Juli auf einem leeren Grundstück in Jardim Bonfiglioli in Butantã.

Trotz der Bemühungen der Polizei gab es bis zum 7. Oktober 1970 keine Hinweise auf die Identität des Mörders, als ein Einbruch in einem Herrenhaus in Itaim Bibi gemeldet wurde. Angeblich hatte ein Küchenhelfer Schmuck im Wert von R$ 20.000 gestohlen und war später geflohen [220]. Seine Begleiterin, eine Hausangestellte namens Aparecida da Silva Oliveira, wurde später verhaftet und verhört. In ihren Aussagen behauptete Da Silva Oliveira, dass ihr Begleiter, José Paz Bezerra, das „Monster von Morumbi" sei. Sie behauptete, dass er eines Tages sichtlich erschüttert ins Haus kam und in den Schubladen nach Geld suchte. Als sie ihn fragte, was los sei, brach er zusammen und gestand, sieben Frauen getötet zu haben, bevor er drohte, sie und ihre beiden Töchter zu töten. Sie wies auch auf früheres, beunruhigendes Verhalten hin, darunter das Töten des Familienhundes mit einer Axt und die Aussage, dass er ihr die Zunge abschneiden würde, wenn sie zu viele Fragen stellen würde [219].

Um ihre Behauptungen zu untermauern, durchsuchten die Behörden ihr Haus und fanden Zeitungsausschnitte über die Morde in São Paulo sowie Kleidung, Ohrringe, Halsketten und andere Gegenstände, die von Familienmitgliedern als Eigentum der Opfer identifiziert wurden. Darüber hinaus gab Da Silva Oliveira an, dass sie und Bezerra im Oktober 1969 in Vila Mangalot in der Nähe der Autobahn Anhanguera lebten, etwa zu der Zeit, als zwei Frauen ermordet aufgefunden wurden. Die erste war die 44-jährige Lehrerin Cenira de Castro Amorim, deren Leiche am 7. Oktober auf einem Grundstück in der Nähe von Anhanguera gefunden wurde, und die zweite war die 40-jährige Kaffeehändlerin Alzira Montenegro, deren leblosen Körper elf Tage später auf demselben Grundstück wie Amorim gefunden wurde. Im Gegensatz zu den vorherigen Opfern wurde Montenegro jedoch erschossen. Zu diesem Zeitpunkt war Bezerra nach Guanabara geflohen, wo seine Mutter und seine Schwester lebten. Die Behörden suchten in São Paulo, Guanabara, Recife, Ceará und seinem Heimatstaat Paraíba erfolglos nach ihm [223][224].

Nachdem er aus Rio de Janeiro geflohen war, trampte Bezerra mit mehreren Lkw-Fahrern, bis er im November 1970 in Belém ankam. Nicht lange danach nahm er seine Angriffe wieder auf. Am 23. Dezember fand die Staatspolizei von Belém die Leichen zweier Frauen auf einem leeren Grundstück auf dem Gelände eines Radiosenders der brasilianischen Marine. Die erste wurde als die 44-jährige Lehrerin Maria Teresa Marvão identifiziert, die Identität des zweiten Opfers wurde jedoch nie festgestellt. Nach diesen beiden Opfern soll Bezerra zweimal erfolglos zugeschlagen haben, wobei ein Opfer entkommen konnte, während das andere bis zu seiner

Verhaftung bei ihm lebte. Am 21. September 1971 fand die Polizei die Leiche seines letzten bestätigten Opfers, der Kauffrau Anibalina Martins, deren Leiche auf einem leeren Grundstück an der Benfica-Straße in der Nähe von Benevides gefunden wurde.

Verhaftung, Prozess und Inhaftierung: Nachdem er mehrere Monate auf der Flucht verbracht hatte, wurde Bezerra am 12. November 1971 von Polizisten in Belém verhaftet. Zunächst behauptete er, ein Mann namens Gilberto José Oliveira zu sein, aber seine wahre Identität wurde festgestellt, nachdem seine Papiere durch das Félix-Pacheco-Identifizierungsinstitut in Rio de Janeiro geprüft worden waren, das bestätigte, dass es sich bei dem Inhaftierten um den gesuchten Flüchtigen handelte [225][226][227].

Bezerra wurde kurz darauf im São-José-Gefängnis in Belém in Untersuchungshaft genommen, wo er einen Selbstmordversuch unternahm, der jedoch misslang. Während der Verhöre gab er zu, zwischen 1966 und 1971 insgesamt 24 Morde begangen zu haben [228], und behauptete, dass diese Frauen mit ihm liiert waren und er sie mit seinem Charme und seinem guten Aussehen angelockt habe [218]. Trotz dieser Geständnisse wurde er nur wegen sieben Morden für schuldig befunden und zu 100 Jahren Haft verurteilt. Eine psychiatrische Untersuchung ergab, dass er einen zwanghaften Hass auf Frauen hatte, der möglicherweise von seiner Mutter herrührte, die angeblich mit mehreren Männern gleichzeitig Sex hatte, während er zusah.

Entlassung: Nachdem er seine Strafe zunächst in Belém verbüßt hatte, wurde Bezerra 1979 nach São Paulo verlegt, wo er bis zum 19. November 2001 weiter inhaftiert war. Da das brasilianische Recht eine Haftstrafe von mehr als 30 Jahren nicht zulässt, wurde er im Alter von 56 Jahren entlassen. Einige Tage nach seiner Entlassung gab er Agora telefonisch ein Interview, in dem er behauptete, dass seine Zeit im Gefängnis ihn zum Nachdenken über sein Leben gebracht habe und dass er nun völlig geläutert sei [218]. Er lebt noch heute und vermutlich unter einer neuen Identität [219].

Fortunato Botton Neto

Portrait: Fortunato Botton Neto, bekannt als „The Trianon Maniac", war ein brasilianischer Serienmörder, der zwischen 1986 und 1989 in der Nähe des Parque Trianon in São Paulo zwischen drei und dreizehn homosexuelle Männer tötete. Er wurde 1989 festgenommen, wegen dreifachen Mordes zu acht Jahren Haft verurteilt und starb 1997 im Gefängnis [229][230].

Geschichte: Fortunato Botton Neto wurde am 10. September 1963 in São Paulo geboren. Er wuchs in einem religiösen Haushalt auf, der als liebevolle Familie beschrieben wurde, zeigte jedoch schon in jungen Jahren Anzeichen einer geistigen Behinderung und lernte erst mit fünf Jahren sprechen [231]. Seinen späteren Geständnissen zufolge wurde Botton Neto im Alter von acht Jahren von einem LKW-Fahrer vergewaltigt, was dazu führte, dass er einen tiefen Hass auf diejenigen entwickelte, die körperlich stärker waren als er [229]. Im darauffolgenden Jahr schrieb er sich in der Schule ein, brach die Schule jedoch aufgrund seiner Schwierigkeiten mit dem Lernen und seiner häufigen Flucht von zu Hause ab [231]. Zu dieser Zeit bemerkte er, dass er sich zu anderen Männern hingezogen fühlte, und als Teenager begann er, älteren Männern, die sich zu seinem muskulösen Körperbau hingezogen fühlten, sexuelle Dienste anzubieten. Botton Neto, der von seinen Kunden unter dem Spitznamen „Pilo" bekannt war, hielt sich häufig in der Avenida Paulista in der Nähe des São Paulo Museum of Art auf [232].

In den späten 1980er Jahren geriet Botton Neto in finanzielle Schwierigkeiten, da immer weniger Kunden aufgrund seines Alters bereit waren, Sex mit ihm zu haben [231]. Er begann dann, kleinere Diebstähle und Raubüberfälle zu begehen, um an Geld zu kommen, das er oft für Lebensmittel oder Crack-Kokain ausgab, von dem er etwa zwei Gramm pro Tag konsumierte. In seiner verzweifelten Lage griff Botton auf Tötungen zurück und raubte dann seine Kunden um jeden Besitz aus, den er in die Finger bekommen konnte [232].

Verbrechen, Verhaftung und Geständnisse: Zwischen 1986 und 1989 begann eine mysteriöse Mordserie an Homosexuellen São Paulo heimzusuchen, die jedoch von der Polizei weitgehend ignoriert wurde, da sie mit einem sozialen Stigma behaftet war. Potenzielle Opfer waren nicht bereit, sich als homosexuell zu outen, indem sie den Behörden davon berichteten [231]. Der Mörder hatte einen meist einheitlichen Modus Operandi: Seine Opfer waren immer wohlhabende ältere Männer zwischen 30 und 50 Jahren, die in ihrer eigenen Wohnung getötet wurden. Jeder von ihnen hatte sich vor den Morden betrunken, sodass der Angreifer seine Hände und Füße an das Bett fesseln, das Opfer ausziehen und es dann entweder erwürgen oder erstechen konnte, bevor er Wertsachen stahl und den Tatort verließ [229][233].

Das erste bekannte Opfer war der 66-jährige Dekorateur José „Zezinho" Liberato, dessen nackten Körper man am 7. Dezember 1986 in seiner Wohnung fand [231]. Seine Beine waren mit einem weißen Laken zusammengebunden, seine Hände mit einem Elektrokabel an seiner Brust festgebunden, und ein langer Schal war um seinen Mund gewickelt. Er war offenbar erstickt, da ein Stück Nylon um seinen Hals gebunden war [231].

Das nächste bekannte Opfer war Antônio Carlos Di Giacomo, ein Psychiater, der am Instituto de Assistência Médica ao Servidor Público Estadual beschäftigt war und am 17. August 1987 tot in seiner Wohnung in Vila Olímpia aufgefunden wurde. Der Mörder von Di Giacomo hatte dem Mann seine eigenen Socken in den Hals geschoben, bis in die Speiseröhre [231], bevor er ihn mit einer Jeans erwürgte und ihm dann mit einem Messer wiederholt ins Herz stach [232]. Kurz darauf wurde Manoel „Maneco" Iraldo Paiva, ein in Consolação lebender Theaterregisseur, in seiner Wohnung erwürgt aufgefunden. Wie bei den vorherigen Opfern hatte der Mörder zahlreiche Gegenstände aus seiner Wohnung gestohlen, darunter einen Panasonic-Fernseher, einen Walkman, eine Uhr, eine tragbare Schreibmaschine, eine Gucci-Umhängetasche, eine Mondaine-Uhr, ein Scheckbuch der Banco Bradesco und mehrere Kleidungsstücke [231].

Nach diesen Morden folgten mindestens vier weitere, über die nur wenige bis gar keine Informationen an die Öffentlichkeit gelangten. Die Morde blieben bis 1989 unter dem Radar der Polizei, als Botton Neto verhaftet wurde, weil er einen 19-jährigen Studenten um Geld erpresst hatte, das er aus seinem Auto gestohlen hatte [232]. Als er auf die Polizeiwache gebracht wurde, gab Botton Neto zu, dass er seit 1986 sieben homosexuelle Männer getötet hatte, und erklärte detailliert, wie er sie nach ihrem Tod wiederholt erstochen hatte. Seinen Angaben zufolge waren die meisten Morde darauf zurückzuführen, dass das Opfer ihn unterbezahlt hatte, aber in einigen Fällen war der Grund eine negative Bemerkung: Im Fall Di Giacomo behauptete er, den Psychiater getötet zu haben, weil dieser sich darüber beschwert hatte, dass er zu viel rauchte [232].

Nicht lange nach seiner Verhaftung wurde Botton wegen dreier der sieben zugegebenen Morde angeklagt, obwohl die Polizei davon ausging, dass er insgesamt für 13 Morde verantwortlich sein könnte [233]. Vor seinem Prozess wurde er von dem Psychiater Guido Palomba untersucht, der in einem späteren Bericht zu dem Schluss kam, dass Botton Neto ein sexueller Sadist mit epileptischen Anfällen sei, die ihn zu einem gewalttätigen Temperament veranlassten, und dass er bei einer Freilassung wahrscheinlich erneut töten würde [231]. Er wurde aufgrund dieser Anschuldigungen zu acht Jahren Haft verurteilt und in das Taubaté-Gefängnis gebracht. In den Monaten nach seiner Verurteilung wurde er vom Veja Magazine interviewt, in dem Botton über seine Reisen in fremde Länder und seine persönlichen Interessen sprach und sogar mit seinen hochkarätigen Kunden prahlte, zu denen offenbar wichtige politische Persönlichkeiten und Rockstars gehörten [232][234][235][236].

Im Februar 1997 wurde Fortunato Botton Neto tot in seiner Zelle im Taubaté-Gefängnis aufgefunden. Eine Autopsie des Leichnams bestätigte, dass er an einer bronchopneumonischen Erkrankung gestorben war, die durch eine AIDS-Infektion verursacht wurde [232].

Febrônio Índio do Brasil

Portrait und Geschichte: Febrônio Índio do Brasil (14. Januar 1895 – 27. August 1984) war ein brasilianischer Vergewaltiger und Serienmörder. Er wurde in der Stadt São Miguel de Jequitinhonha geboren und war das zweite von vierzehn Kindern des Ehepaars Theodoro Simões de Oliveira und Reginalda Ferreira de Mattos. Sein wahrscheinlicher Name war Febrônio Ferreira de Mattos, aber er erlangte Berühmtheit als Febrônio Índio do Brasil, der „Sohn des Lichts", wie er sich gegenüber Polizeibeamten, Journalisten, Justizbehörden und forensischen Psychiatern vorstellte.

Sein Vater, Theodoron, wie er am besten bekannt war, arbeitete als Farmer, war aber einige Zeit lang auch als Metzger tätig. Er war Alkoholiker und griff seine Frau oft gewaltsam an. Bei mehreren Gelegenheiten wurde Febrônio Zeuge der Schläge gegen seine Mutter. Theodoron war auch seinen Kindern gegenüber gewalttätig.

Vermutlich im Jahr 1907, im Alter von 12 Jahren, floh Febrônio in Begleitung eines reisenden Händlers aus seinem Zuhause. Er streunte durch die Ortschaften in der Umgebung seiner Heimatstadt, bis er in Diamantina ankam, wo er lesen lernte und seinen Lebensunterhalt als Butler verdiente. Später zog er nach Belo Horizonte, wo er sich als Schuhputzer und Hausangestellter durchschlug.

Wahrscheinlich im Jahr 1909 ging Febrônio im Alter von 14 Jahren nach Rio de Janeiro, damals die Bundeshauptstadt. 1916 kehrte er unter dem Namen Pedro de Souza in die Landeshauptstadt Minas Gerais zurück, zog aber bald wieder nach Rio de Janeiro.

Verbrechen: Nach seiner Rückkehr nach Rio de Janeiro begann Febrônio, Verbrechen zu begehen. Zwischen 1916 und 1929 wurden Dutzende von Vorfällen von der Polizei wegen Betrugs, Erpressung, Bestechung, Diebstahls, Raubes und Herumlungerns registriert.

Während einer dieser Verhaftungen im Jahr 1920 in der Justizvollzugsanstalt Dois Rios auf der Ilha Grande hatte Febrônio, der nachts in den Pausen der Praxitherapie in der Bibel las, eine Vision, in der eine Frau mit langen blonden Haaren ihn zum Sohn des Lichts erwählte. Mit diesem Titel kam die Verantwortung, allen zu verkünden, dass Gott nicht gestorben war. Der Vision zufolge sollte er Jungen das Symbol DCVXVI tätowieren, was „Gott, Nächstenliebe, Tugend, Heiligkeit, Leben, Magnet des Lebens" bedeutete, und zwar unter Anwendung von körperlicher Gewalt. Die Tätowierung sollte als Talisman für diejenigen dienen, die sie auf ihrem Körper trugen. Febrônio tat, was ihm in der Vision befohlen worden war, und tätowierte sich den Satz „Seht den Sohn des Lichts" auf die Brust und die Buchstaben DCVXVI I auf den gesamten Umfang seines Oberkörpers. Febrônio begann dann, ein Buch mit dem Titel „Die Offenbarungen des Fürsten des Feuers" zu schreiben, das 1926 veröffentlicht wurde und in dem unverständliche Botschaften aus den mysteriösen Träumen, die ihm übermittelt wurden, detailliert beschrieben werden.

Als er 1921 die Besserungskolonie verließ, gründete Febrônio eine medizinische Verbrauchergenossenschaft namens „A Auxiliadora Médica" und kündigte sie in einer Kleinanzeige in der Zeitung „Correio da Manhã" an. Die Anzeige wurde von einem Zahnarzt, Dr. Bruno Ferreira Gabina, gelesen, der der Genossenschaft beitrat. Febrônio, der sich als Joaquim Índio do Brasil ausgab, mietete ein Büro für den Zahnarzt und half ihm dann bei der Terminplanung. Einen Monat später verließen die beiden jedoch die Räumlichkeiten, ohne die Miete zu bezahlen.

Nachdem er 1922 das Diplom von Dr. Gabina erhalten hatte, eröffnete Febrônio seine eigene Zahnarztpraxis in der Rua Visconde do Rio Branco im Centro, wo er sadistische Züge zeigte, indem er denjenigen, die seine Hilfe suchten, mehrere gesunde Zähne zog. Aufgrund seines schlechten Rufs wandelte er seine Praxis in eine Arbeitsvermittlung um, die Menschen betrog, die auf der Suche nach Arbeit Geld bei Febrônio hinterlegten. Von der Polizei verfolgt, zog er 1925 nach Bahia, wo er unter dem Namen Febrônio Simões de Melo Índio do Brasil vorgab, Zahnarzt zu sein. Von dort aus ließ er sich in Mimoso do Sul im Bundesstaat Espírito Santo nieder, wo er vorgab, Dr. Gabina zu sein, aber bald darauf nach dem Tod von zwei Kindern, denen er Medikamente verschrieben hatte, wieder verschwand. Später gab er sich in der Bergbaustadt Rio Casca als Dr. Uzeda Filho aus und betätigte sich weiterhin als falscher Arzt, was schließlich zum Tod einer Frau bei der Entbindung führte.

Zurück in Rio de Janeiro wurde Febrônio am 8. Oktober 1926 verhaftet, weil er sich auf einem Hügel am Zuckerhut verdächtig verhalten hatte. Da er unter wahnhaften Vorstellungen und zwanghaftem Lügen litt, wurde er in die Nationalpsychiatrie eingewiesen, die er einige Wochen später wieder verließ. Während dieser Zeit wurde er vom angesehenen Psychiater Dr. Adauto Botelho untersucht, der bei Febrônio erstmals eine psychische Störung diagnostizierte.

Sexualverbrechen: Im Januar 1927 wurde Febrônio erneut verhaftet und missbrauchte sexuell zwei Zellengenossen in der 4. Hilfspolizeistation in Rio de Janeiro. Als er versuchte, eine dritte Person, Djalma Rosa, zu vergewaltigen, wehrte sich Rosa und wurde zu Tode geprügelt. Ihm gelang später die Flucht.

Am 21. Februar 1927 wurde er erneut auf dem Hügel Corcovado verhaftet, als er völlig nackt und mit gelb bemaltem Körper vor einem verängstigten Kind tanzte, das an den Stamm eines Baumes gefesselt war. Da er von Zeugen hörte, dass Febrônio zuvor in dem Haus, in dem er zur Untermiete wohnte, beim Kochen eines gestohlenen menschlichen Kopfes vom Caju-Friedhof gesehen worden war, schickte ihn der Abgeordnete zurück in die Nationalpsychiatrie. Zu dieser Zeit wurde er von dem renommierten Arzt Dr. Juliano Moreira untersucht, der mit Unterstützung von Dr. Henrique Roxo bestätigte, dass Febrônio psychisch krank war.

Im April 1927 wurde Febrônio in das National Hospice of the Insane in Praia Vermelha eingewiesen. Als er entlassen wurde, nahm er einen anderen Insassen mit, der ebenfalls entlassen wurde, den 17-jährigen Jacob Edelman, dem er eine Anstellung in seiner Zahnarztpraxis versprach. Auf dem Weg dorthin suchten sie den 17-jährigen Octávio de Bernardi auf, einen jungen Mann, dem Febrônio einen Job angeboten hatte, diesmal in einem Schlachthaus. In der Nacht tätowierte er an einem verlassenen Ort in Mangaratiba vor den Augen des verängstigten Octávio die Inschrift DCVXVI auf Jacobs Brust. Ein paar Tage später vergewaltigte Febrônio Jacob in Praia das Flecheiras, einer Einöde am westlichen Ende der Ilha do Governador, einem Gebiet, das später für den Bau des Flughafens Galeão aufgeschüttet wurde. Bald darauf verging er sich auch an Octávio, den er zuvor tätowiert hatte. Einige Tage später wurden die beiden Jungen freigelassen, sehr verängstigt, aber am Leben.

Anfang August 1927 tätowierte Febrônio erneut ein Opfer, den 18-jährigen Manoel Alves, und täuschte ihm das Vorhandensein einer Arbeitsstelle vor.

Als er im Untersuchungsgefängnis inhaftiert war, verübte Febrônio erneut Sexualverbrechen an seinen Zellengenossen. Am 8. August 1927 wurde er freigelassen, nachdem er am 27. Juli vom Mord an Rosa freigesprochen worden war. Als er das Gefängnis verließ, trug er eine marineblaue Uniform und eine Mütze, die er einem Zellengenossen gestohlen hatte.

Am 13. August 1927 überredete Febrônio in derselben Uniform und mit derselben Mütze aus dem Haus der Inhaftierung die Familie von Alamiro José Ribeiro, dass der 20-jährige Alamiro ihn begleiten sollte, um eine Arbeit in seinem Busunternehmen anzunehmen. Als sie sich in einem Wald auf der Insel Ribeiro in der Nähe von Jacarepaguá befanden, begann Febrônio mit Alamiro zu streiten, weil der junge Mann seine lüsternen Annäherungsversuche zurückwies. Febrônio erwürgte ihn schließlich mit einer grünen Liane, die er vor Ort fand, bis er erstickte. Alamiros Leiche, bekleidet mit einem Hemd und Febrônios Kleidung, wurde zwei Tage später gefunden.

Am 15. August 1927, dem Tag, an dem Alamiros Leiche gefunden wurde, tätowierte Febrônio erneut unter dem Vorwand, eine Arbeitsstelle zu versprechen, einen 16-jährigen Jungen namens Joaquim, der es schaffte, seinem Möchtegern-Mörder zu entkommen.

Möglicherweise war Febrônio sich der gesellschaftlichen Aufregung bewusst, die durch den Mord an Alamiro ausgelöst wurde, und reiste nach Petrópolis, wo er unter dem Namen Dr. Gabina im Zimmer 3 des Hotels Rio Branco übernachtete. In dieser Stadt kaufte Febrônio einen Anzug bei einem Schneider und ließ die Marineuniform zurück, die er bei der Ermordung Alamiros getragen hatte. Als der Schneider ins Hotel kam, um den zweiten Teil seiner Bezahlung entgegenzunehmen, bemerkte Febrônio eine Zyste an seinem Hals und schlug vor, diese zu behandeln, indem er eine Jodtinktur auftrug, gefolgt von einem plötzlichen Messerstich, der eine schmerzhafte Blutung verursachte, die den Schneider zur Flucht veranlasste, ohne den anderen Teil des Geldes zu erhalten. Einige Tage später kehrte Febrônio nach Rio de Janeiro zurück.

Am 29. August 1927 näherte er sich dem zehnjährigen João Ferreira, der unter seinen Freunden und Verwandten am besten als „Jonjoca" bekannt war. Febrônio täuschte die Eltern des Jungen, indem er ihm eine Stelle als Butler anbot, und verließ mit ihm das Haus, in der Hoffnung, dass sie ihm die Erlaubnis dazu geben würden. Als sie sich in den Wäldern von Largo do França, oberhalb von Rio de Janeiro, befanden, versprach Febrônio Jonjoca einen Anzug als Geschenk, wenn der Junge sich dasselbe Tattoo stechen ließe, das sein Begleiter auf der Brust trug. Aus Angst willigte er ein, und Febrônio führte den Eingriff mit Nadel, Faden und roter Farbe durch. Später gingen sie in den Wald der Insel Ribeiro, wo Jonjoca mit einem Seil erwürgt wurde. Die Leiche des Jungen wurde am 7. September gefunden, nackt und etwa 300 Meter von dem Ort entfernt, an dem Alamiros Leiche entdeckt worden war.

Anklage und Urteil: Am 16. August 1927 wurde die Polizei darüber informiert, dass am Vortag auf der Insel Ribeiro eine Leiche gefunden worden war. Bei der Leiche handelte es sich um Alamiro José Ribeiro, neben dem eine Mütze lag. Einer der Ermittler erinnerte sich daran, dass einige Tage zuvor ein Häftling mit dieser Mütze aus dem Gefängnis entlassen worden war. Im Untersuchungsgefängnis erhielt der Ermittler die Information, dass die Mütze von Febrônio Índio do Brasil am Tag seiner Freilassung gestohlen worden war. Das Fahndungsfoto aus Febrônios Polizeiakte wurde dem Vater von Alamiro gezeigt, der ihn als den Mann identifizierte, der seinem Sohn einen Job in seinem Busunternehmen angeboten hatte und am Tag seines Verschwindens mit ihm weggefahren war.

Febrônio wurde schließlich am 31. August 1927 ausfindig gemacht, als er am Bahnhof Leopoldina in einen Zug der Leopoldina-Eisenbahn stieg. Als er zur 4. Hilfspolizeiwache in Rio de Janeiro gebracht wurde, erkannte Jonjocas Vater in ihm denjenigen, der Jonjoca angeboten hatte, als Butler zu arbeiten, und ihn am Tag seines Verschwindens mitgenommen hatte. Zwei Tage später, am 2. September, konnte der Delegierte Dr. Oliveira Ribeiro Febrônio dazu bringen, den Mord an Alamiro zu gestehen. Er übernahm jedoch erst am 8. September die Verantwortung für den Mord an Jonjoca, als er erklärte, dass er beide Verbrechen als Opfergabe an den lebendigen Gott, das Symbol seiner Religion, begangen habe.

Am 19. September 1927 wurde Febrônio von der Staatsanwaltschaft wegen Mordes an Ribeiro und Jonjoca angeklagt. Zwei Tage später überführte ihn die vierte Hilfspolizeiwache Rio de Janeiros in das Untersuchungsgefängnis, wo er die Nummer 194 erhielt. Mehrere Fälle von Kindern, die von der Presse als mögliche Opfer von Febrônio gemeldet wurden, wurden mangels konkreter Beweise aus dem Fall ausgeschlossen. Es konnte nicht nachgewiesen werden, dass Febrônio Dr. Bruno Ferreira Gabina ermordet hatte, um in den Besitz seines Diploms zu gelangen. Dennoch war der Aufenthaltsort des Zahnarztes seit 1922 unbekannt, selbst für seine eigene Mutter, Maria Ferreira Gabina.

Am 21. September 1927 begann die gedruckte Zeitung O Jornal eine Reihe von Berichten mit dem Titel „Der Kriminelle Febrônio vor der Psychiatrie". Der erste Befragte war Dr. Faustino Espozel, Professor für Neurologie an der medizinischen Fakultät der Universität von Rio de Janeiro, der heutigen Bundesuniversität von Rio de Janeiro. Am nächsten Tag war Dr. Pedro Pernambuco Filho, Assistenzprofessor an derselben Fakultät, an der Reihe. Die Serie endete am 2. Oktober mit einem Interview von Dr. Henrique Roxo, der Febrônio Anfang des Jahres untersucht und empfohlen hatte, den Verbrecher in das Nationale Hospiz für Geisteskranke zu überweisen. Alle drei Ärzte waren sich einig, dass Febrônio an einer psychischen

Erkrankung litt, die seine Verbrechen motivierte, und dass er aufgrund der von ihm ausgehenden Gefahr zur Behandlung in eine psychiatrische Anstalt eingewiesen werden sollte.

In einem Interview mit O Jornal am 4. Oktober 1927 empfahl der Jurist Dr. Evaristo de Moraes, Febrônio aufgrund der unangemessenen Behandlung, die er im Nationalen Hospiz erhalten hatte, in eine psychiatrische Anstalt zu überweisen. Anfang 1928 wurde Febrônio vor eine Jury unter dem Vorsitz von Richter Dr. Ary de Azevedo gestellt. Seine Verteidigung übernahm Rechtsanwalt Dr. Létacio Jansen, der trotz dessen offensichtlicher Geisteskrankheit die Unschuld des Angeklagten bestätigte. Febrônio wurde daraufhin vom forensischen Psychiater Dr. Heitor Carrilho untersucht. Die aus dem Gespräch gewonnenen Daten deuteten auf eine imaginäre mystisch-wahnhafte Extravaganz durch die Inkulturation von Febrônio hin, die sich in seiner Fixierung auf die Mutterfigur zeigte, die seiner Aussage nach Estrella do Oriente Índio do Brasil hieß. Diese Daten wurden mit den Informationen von Agenor Ferreira de Mattos, Febrônios Bruder, verglichen, der in Jequié lebte und ihn besucht hatte. Dies bewies, dass der Angeklagte seine Aussage entweder absichtlich oder aufgrund einer pathologischen Lügensucht gefälscht hatte.

Am 20. Februar 1928 erstellte Dr. Carrilho schließlich mit Unterstützung von Dr. Manoel Clemente Reyio ein umfangreiches Gutachten. Darin wurde festgestellt, dass Febrônio Índio do Brasil an einer konstitutionellen Psychopathie litt, die sich durch ethische Abweichungen auszeichnete und die Form von moralischem Wahnsinn und instinktiven Perversionen annahm, die sich in Homosexualität mit sadistischen Impulsen äußern, ein Zustand, der von wahnhaften Vorstellungen des imaginären, mystischen Charakters begleitet war. Seine antisozialen Reaktionen oder die ihm vorgeworfenen kriminellen Handlungen resultierten aus diesem krankhaften Zustand, der ihn an der normalen Nutzung seines Willens hinderte. Folglich war seine Zurechnungsfähigkeit beeinträchtigt oder aufgehoben. Er war also ein Psychopath [238].

Richter De Azevedo ordnete Febrônios Vernehmung an. Mit seiner Inhaftierung am 6. Juni 1929 wurde er der erste Insasse der Justizvollzugsanstalt von Rio de Janeiro [238].

Flucht, Wiederverhaftung und Tod: Am 8. Februar 1935 nutzte Febrônio die Ablenkung durch die Ankunft der Mitarbeiter der Frühschicht und kletterte mit einem Seil aus geschnürten Laken, das in einem Haken aus Eimergriffen endete, die vier Meter hohe Mauer der Justizvollzugsanstalt hinauf. Seine Flucht währte jedoch nur bis zum nächsten Tag, als Bernadino Barbosa zur Polizeistation ging, um zu melden, dass Febrônio sich in seinem Haus im Stadtteil Honório Gurgel versteckt hielt. Bernadino sagte, er habe Febrônio auf Bitten eines Freundes, Agenor, Febrônios Bruder, bei sich aufgenommen. Bernadino beschloss, die Polizei zu benachrichtigen, als er zu seinem Entsetzen in der Zeitung über die Verbrechen und die Flucht seines Gastes las.

Febrônio wurde völlig nackt in die Justizvollzugsanstalt zurückgebracht, wo er bis zu seinem Tod am 27. August 1984 im Alter von 89 Jahren an einem Lungenemphysem starb. Sein Leichnam wurde am 5. September 1984 auf dem Caju-Friedhof diskret beigesetzt.

Nachwirkungen in den Medien und in der Kultur: Das Leben und die Verbrechen von Febrônio hatten Auswirkungen auf die Kultur und beeinflussten mehrere Künstler. Im

Jahr 1927, als Febrônios Verbrechen häufig Schlagzeilen machten, schrieb ein unbekannter Autor, der unter dem Namen M. Splayne, vermutlich einem Pseudonym, veröffentlichte, „Die Verbrechen des Monsters Febrônio", eine Sammlung von Informationen, die er aus der Presse bezog und die seinen verurteilenden Impetus kaum verschleierte [240].

Im selben Jahr sammelte der aus der Schweiz stammende Dichter Blaise Cendrars während seines Aufenthalts in Brasilien Daten über Febrônio und erhielt die Erlaubnis, im Untersuchungsgefängnis persönlich mit ihm zu sprechen [241].

Brasilianische Autoren der Moderne wie Antônio Castilho de Alcântara Machado [242], Aníbal Machado [243], Pedro Nava [244], Rubem Fonseca [245] und Ruy Castro [246] nahmen in ihren Werken ebenfalls Bezug auf Febrônio. In jüngerer Zeit schrieb die Unternehmensadministratorin Ilana Casoy ein Kapitel über Febrônio in ihrem Buch „Serial Killers: Made in Brazil" [247]. Darüber hinaus hat Carlos Augusto Machado Calil, Filmprofessor an der Universität von São Paulo, eine Broschüre mit dem Titel „The Book of Febrônio" [248] veröffentlicht.

Febrônio wurde in den 1930er Jahren von Eltern als Buhmann benutzt, um ihre ungehorsamen Kinder mit Sätzen wie „Pass auf, dass Febrônio dich holt!" zu erschrecken.

1981 drehte José Sette den Spielfilm „Febrônio Índio do Brasil" [249]. 1984 präsentierte Silvio Da-Rin eine 11-minütige Filmrolle und gewann 1985 beim Festival de Gramado den Hauptpreis für AIDA Marques. Der Preis für die beste Fotografie ging 1985 an Walter Carvalho [250].

Die Sendung Linha Direta auf Rede Globo widmete ihre Sendung vom 25. November 2004 den von Febrônio begangenen Verbrechen, die von dem Schauspieler Flavio Bauraqui in Sketchen dargestellt wurden. Die Folge enthielt Kommentare von Rechtsexperten und Medizinern, darunter Dr. Talvane Marins de Moraes, ein forensischer Psychiater, der Febrônio in seinen letzten Jahren als Praktikant im Heitor Carrilho Custody Hospital begleitete.

Rechtliches Vermächtnis: Das Urteil gegen Febrônio Índio do Brasil wurde als Triumph der wissenschaftlichen Argumente über den kalten Buchstaben des Gesetzes anerkannt. Es war der erste brasilianische Fall, in dem die medizinische Wissenschaft eine gerichtliche Entscheidung beeinflusste, indem sie nachwies, dass der Angeklagte völlig unfähig war, die Rechtswidrigkeit der von ihm begangenen Tat zu verstehen, und daher nicht bestraft werden sollte, da der Täter die korrigierende und einschüchternde Absicht der repressiven Maßnahme nicht verstünde [251]. Dieses Prinzip wurde in der brasilianischen Gesetzgebung durch das Strafgesetzbuch von 1940 [252] festgelegt.

Febrônio wurde während seines gesamten Krankenhausaufenthalts in der Haftanstalt regelmäßig medizinisch behandelt und einer elektrokonvulsiven Therapie unterzogen, um nach regelmäßigen psychiatrischen Untersuchungen einen medizinischen Bericht zu erstellen, der seine Heilung oder die Abwesenheit von Gefährlichkeit bescheinigt und es ihm ermöglicht, aus dem Krankenhaus entlassen zu werden und in ein normales Leben in der Gesellschaft zurückzukehren [253][254].

Wissenschaftliches Erbe: Febrônio regte zahlreiche akademische Arbeiten, Diskussionen auf Konferenzen und Artikel in wissenschaftlichen Zeitschriften in den

Bereichen Anthropologie [255], Kriminologie [256], Geschichte [257], Literatur [258], Psychologie [259][260], Psychopathologie [261] und Soziologie [262] an.

Zu Febrônios Zeiten war es üblich, psychisch kranke Menschen mit Zwangsjacken und thermischen Schocks durch Baden in Wasser unterschiedlicher Temperaturen zu behandeln, was sich nur wenig positiv auf die Wiederherstellung der geistigen Gesundheit auswirkte. Heutzutage werden Patienten mit sogar noch schwereren Erkrankungen effizienter behandelt. Diese wissenschaftliche Entwicklung wurde in Brasilien nur durch die bahnbrechenden Studien der Psychiater Dr. Leonidio Ribeiro [263][264], Dr. Murillo Campos und Dr. Waldemar Berardinelli erreicht, die zeigen, dass Kriminalität ein klinisches Anzeichen für eine potenziell heilbare psychische Erkrankung sein kann.

Die ursprüngliche Diagnose der moralischen Verrücktheit, die Dr. Heitor Carrilho Febrônio aufgrund der Theorien von Ernst Kretschmer, Sigmund Freud und James Pritchard stellte, die in den ersten Jahrzehnten des 20. Jahrhunderts innovativ waren, wurde von dem forensischen Psychiater Dr. Talvane Marins de Moraes korrigiert, der die Möglichkeit hatte, sein psychisches Bild persönlich und unter vier Augen zu untersuchen. Dr. Moraes stellte fest, dass Febrônio an hebephrenisch-paranoider Schizophrenie litt [265].

Abraão José Bueno

Portrait und Verbrechen: Abraão José Bueno (geboren am 30. November 1976) ist ein brasilianischer Krankenpfleger und Serienmörder. Im Jahr 2005 wurde er wegen Mordes an vier Kindern und versuchten Mordes an vier weiteren zu 110 Jahren Haft verurteilt [266].

Bueno arbeitete als Krankenpfleger im Instituto de Puericultura Martagão Gesteira der Bundesuniversität von Rio de Janeiro (UFRJ) in Rio de Janeiro [266]. Im Jahr 2005 begann Bueno, der auf einer Kinderstation arbeitete, Babys und älteren Kindern Überdosen von Beruhigungsmitteln zu injizieren, wodurch sie aufhörten zu atmen. Anschließend rief er das medizinische Personal, um sie wiederzubeleben. Im Laufe eines Monats sollen bis zu fünfzehn Kinder im Alter zwischen einem und zehn Jahren betroffen gewesen sein. Viele von ihnen litten an AIDS und Leukämie.

Bueno wurde am 11. November 2005 verhaftet. Am 15. Mai 2008 wurde er von Richterin Valéria Caldi in vier Fällen des Mordes und vier Fällen des versuchten Mordes für schuldig befunden. Er wurde zu insgesamt 110 Jahren Haft verurteilt. Es wird vermutet, dass Bueno seine Verbrechen begangen hat, um als erster ein Problem bei einem Patienten zu bemerken und sich so den Respekt und die Bewunderung seiner Kollegen zu verdienen.

Dyonathan Celestrino

Portrait: Dyonathan Celestrino (geboren 1992), bekannt als „The Cross Maniac" („Maníaco da Cruz" oder „Cacharo do Inferno 666"), ist ein brasilianischer Serienmörder, der vom 2. Juli bis zum 3. Oktober 2008 drei rituelle Morde begangen hat, als er noch ein Teenager war. Er wurde am 9. Oktober 2008 festgenommen. Da er mit hoher Wahrscheinlichkeit auch in Zukunft eine Gefahr für die Gesellschaft darstellen wird, bleibt er in Haft.

Verbrechen: Im Jahr 2008 beschloss Celestrino, ein religiöser Fanatiker, diejenigen zu töten, die seiner Meinung nach „nicht Gottes Geboten folgten" [267]. Er suchte sich seine Opfer nach dem Zufallsprinzip aus und stellte ihnen verschiedene Fragen zum Thema Sex. Wenn er sie für unrein hielt, brachte er sie um. Nach dem Mord zog Celestrino seine Opfer aus, spreizte ihre Arme und Beine auf Knöchelhöhe, sodass ihre Leichname wie ein Kreuz aussahen [268]. Seine Opfer waren:
Catalino Gardena (33), getötet am 2. Juli – ein Maurer und Nachbar von Celestrino. Er behauptete später, dass Gardena „den Tod verdient hatte", weil er Alkoholiker und homosexuell war.

Letícia Neves de Oliveira (22), getötet am 24. August – eine lesbische Mitarbeiterin einer Tankstelle. Sie wurde in einem Grab auf einem Friedhof gefunden [267].

Gleice Kelly da Silva (13), getötet am 3. Oktober – eine Drogenkonsumentin. Sie wurde halbnackt auf einer Baustelle gefunden, ihr Mörder hatte eine mit der Hand geschriebene Notiz neben der Leiche hinterlassen, auf der stand: „Toter reagiert nicht auf Nachrichten" [268].

Ermittlungen: Nach dem Mord an Da Silva wurde eine Spezialeinheit gebildet, um die vorherigen Morde zu untersuchen, die durch einen ähnlichen Modus Operandi miteinander verbunden waren. Im Rahmen der Ermittlungen wurde Celestrino als Nachbar von Gardena von Polizeibeamten verhört, aber erst am 9. Oktober 2008 verhaftet, nachdem ein Kommentar auf Da Silvas Orkut-Konto, der von einem Benutzer namens „Cachorro do Inferno 666" („Hund der Hölle 666") gepostet wurde, mit ihm in Verbindung gebracht werden konnte. Daraufhin stellten die Behörden einen Durchsuchungsbefehl für sein Haus, wo ein Messer, persönliche Gegenstände von De Oliveira und Da Silva sowie ein Blatt Papier mit den Namen der Opfer und dem Datum der Morde gefunden wurden.

Nach seiner Verhaftung gab die Ermittlerin Maria de Lourdes Souza Cano eine Presseerklärung ab, in der sie die Arbeit ihrer Kollegen bei der Ergreifung des Verbrechers lobte. Sie behauptete auch, dass Celestrino offenbar einen vierten Mord geplant hatte und anscheinend darauf abzielte, Francisco de Assis Pereira an Berühmtheit zu übertreffen [268].

Gerichtsverfahren und Inhaftierung: Bald nach seiner Verhaftung wurde Celestrino zu einer psychiatrischen Untersuchung geschickt. Die Ergebnisse der Untersuchung ergaben, dass er an einer antisozialen Persönlichkeitsstörung und einer chronischen Psychopathie litt, weshalb ihm Medikamente verschrieben wurden [268]. Anschließend wurde er in die Strafanstalt Campo Grande verlegt, wo er bald weitere Bekanntheit erlangte, weil er Gefängniswärter angriff und gelegentlich Wutanfälle bekam [269].

Nach brasilianischem Recht sollte Celestrino 2013 im Alter von 21 Jahren entlassen werden, doch da er als unfähig erachtet wurde, ein normales Leben zu führen, wurde seine Strafe auf unbestimmte Zeit verlängert [267]. Während er auf die endgültige Entscheidung in seinem Fall wartete, gelang es Celestrino, am 3. März 2013 aus dem Gefängnis zu fliehen und nach Horqueta in Paraguay zu fliehen. Er wurde jedoch nur knapp zwei Monate später, am 27. April, verhaftet, nachdem eine Person, die im selben Hotel wohnte, ihn erkannt hatte [270].

Im August 2022 war Celestrino weiterhin in der Strafvollzugsanstalt Campo Grande inhaftiert. Er galt als guter Häftling, studierte damals für einen Abschluss in Umweltressourcenmanagement und erhält regelmäßig Besuch von Angehörigen [269]. Er versuchte mehrfach, gegen verschiedene Verurteilungen aufgrund verschiedener im Gefängnis begangener Straftaten Berufung einzulegen, aber ohne Erfolg [271].

Francisco das Chagas Rodrigues de Brito

Portrait und Geschichte: Francisco das Chagas Rodrigues de Brito (geboren 1964) ist ein ehemaliger Bergarbeiter aus Brasilien, Gelegenheitsarbeiter, Serienmörder und Sexualstraftäter, der von den Gerichten für mehrere Morde an Kindern im Bundesstaat Maranhão, etwa 200 km westlich von São Paulo, verurteilt wurde. Er wurde im Dezember 2003 festgenommen [272][273].

Wissenschaftliche Beweise belegten seine Täterschaft, als Experten mehrere Leichen in seiner Wohnung sowie Gliedmaßen und Fragmente von Kindern fanden, die verschwunden waren [274][275][276]. Es gibt Beweise dafür, dass er für eine Reihe von Verbrechen mit demselben Modus Operandi verantwortlich ist, die in der Gemeinde Altamira in Pará begangen wurden, da der Angeklagte mehr als 10 Jahre lang in der Region lebte [277][278][279]. Francisco das Chagas Rodrigues de Brito gilt als einer der produktivsten Serienmörder des Landes [280].

Verbrechen: Der Fall der Ermordung armer Kinder in der Hauptstadt São Luís wurde 2004 durch den Mord an dem Minderjährigen Jonahtan dos Santos aufgedeckt, der vor seinem Verschwinden gesagt hatte, er würde sich mit dem Mechaniker treffen. Der Verdächtige wurde wegen des Verdachts auf Mord an Jonahtan und 16 weiteren Jungen verhaftet, was die Ermittler zu Morden führte, die bis ins Jahr 1997 zurückreichen und in den Gemeinden Paço do Lumiar und São José de Ribamar begangen wurden. Auf dem Grundstück des Hauses, in dem er lebte, wurden außerdem zwei Knochen gefunden [281].

Die mangelnde Aufklärung dieser Morde, die über Jahre hinweg nachlässig behandelt wurden, führte dazu, dass Brasilien von Organisationen vor dem Interamerikanischen Gerichtshof für Menschenrechte der OAS [279][281] angeklagt wurde.

Das Chagas Rodrigues de Britos Verbrechen erstreckten sich auch auf den Bundesstaat Pará, wo vermutlich insgesamt 42 Kinder getötet und entmannt wurden [281]. Bei seinen Verbrechen missbrauchte der Mörder, der psychopathische Züge aufwies (er suchte Rechtfertigung, hatte kein Mitleid und log), seine Opfer sexuell und verstümmelte sie, nachdem er sie getötet hatte, indem er ihnen die Ohren und Finger abschnitt und sie dann entmannte [282].

Pedro Rosa da Conceição

Portrait: Pedro Rosa da Conceição war ein brasilianischer Amokläufer, der am 22. April 1904 in Rio das Pedras, Rio de Janeiro, Brasilien, drei Menschen tötete und dreizehn weitere verletzte, bevor er verhaftet wurde [283]. Er wurde in eine psychiatrische Klinik eingewiesen, wo er im Abstand von mehreren Jahren drei weitere Menschen tötete: seinen Zellengenossen Joaquim Alves Junior und einen namentlich nicht genannten Wärter, der 1911 versuchte, ihn während eines Streits zu beruhigen [284], sowie einen namentlich nicht genannten Häftling im Jahr 1910 [285]. Es heißt auch, er habe eine zwölfköpfige Familie in Rio das Pedras ermordet [285], was jedoch nicht bestätigt ist.

Verbrechen: Rosa da Conceição war Epileptiker und arbeitete bei der Estrada de Ferro Central. Am 22. April 1904 bewaffnete er sich mit einem Bajonett und begab sich zusammen mit einem Komplizen zu einer Lokomotive im Bahnhof von Belém. Als der Zug jedoch an Fahrt aufnahm, stieß Rosa da Conceição seinen Komplizen aus dem Zug. Als der Zug am Bahnhof von Rio das Pedras ankam, stieg er aus [286]. Anschließend ging er zum Bahnhof Dona Clara, wo sein Vorfahr Ambrosio Gomes lebte. In der Absicht, ihn zu töten, begann Rosa, Gomes zu schlagen und verletzte ihn. Dann schlug er seine Stiefmutter Maria da Conceição. Rosa floh nach Rio das Pedras und begann, umherzuwandern und dabei Menschen zu verletzen. Als er zum Bahnhof Dona Clara zurückkehrte, erstach er einen Unteroffizier namens João Teixeira de Oliveira. Auf der Straße verwundete er Seraphina Maria. Rosa tötete dann den Farmer Fructuoso Goulart do Amaral und floh. Eines seiner Opfer, die 15-jährige Felicidade Ignacia de Salles, starb am 27. April [286].

Rosa da Conceição wurde verhaftet, als er sich am nächsten Tag im Gebüsch versteckte. Er wurde in das Hospicio dos Alienados gebracht, wo er bis zu seinem Tod am 25. Februar 1919 lebte [286].

Getötet wurden:
Jose Teixeira de Oliveira (56), Unteroffizier
Fructuoso Goulart do Amaral (44), Landwirt
Felicidade Ignacia de Salles (15), Studentin

Unter den Verwundeten waren:
Augusto Barreto do Pinho (56)
Cahilde Luiza da Silva (18)
Conceição Alves Moreira (21)
Maria Florentina da Silva Nobrega
Euphrasia Maria da Conceição
Seraphina Maria

Die Zeitung A Noite berichtet, dass Rosa da Conceição 1910 im Krankenhaus einen namentlich nicht genannten Insassen getötet hat [285]. Ein Jahr später, am 1. Oktober 1911, kam es im Hospicio Nacional dos Alienados zu einem Streit zwischen ihm und Joaquim Alves Junior. Rosa da Conceição tötete Alves Junior mit einer nicht näher bezeichneten Waffe und ebenso auch einen namentlich nicht genannten Wärter, der versuchte, ihn zu beruhigen [284][285][286].

Die Zeitung „A Noite" behauptete des Weiteren, dass er an einem nicht näher bezeichneten Datum und Jahr eine zwölfköpfige Familie getötet habe [285].

Francisco de Marco

Portrait: Francisco de Marco (1922 – nach dem 31. Oktober 1984), bekannt als „Das Monster von Rio Claro" („Monstro de Rio Claro"), war ein Serienmörder und Pädophiler, der von 1953 bis 1984 insgesamt sieben Kinder in den Bundesstaaten

São Paulo und Minas Gerais tötete, die meisten davon nach seiner Entlassung oder Flucht aus dem Gefängnis. Für das letzte Verbrechen wurde er zu 70 Jahren Haft verurteilt, sein Todesdatum ist jedoch unklar. Im Juni 1984 wurde er zum letzten Mal festgenommen.

Geschichte und Verbrechen: Über De Marcos Hintergrund ist wenig bekannt. Er wurde 1922 geboren und als Erwachsener wegen nicht näher bezeichneter Sexualverbrechen verurteilt, für die er drei Jahre Haft verbüßte. Er wurde entweder Ende der 1940er oder Anfang der 1950er Jahre entlassen und ließ sich in Marília nieder, wo er heiratete und drei Kinder bekam [288]. Laut Nachbarn, von denen keiner von seinen früheren Verurteilungen wusste, galt er als bescheidener und friedlicher Mann, der seinen Lebensunterhalt als Glaser verdiente [289].

De Marcos erster Mord wurde am 1. März 1953 verzeichnet, als er die siebenjährige Iracema Rubino dos Santos, die Tochter eines Nachbarn, unter dem Vorwand, ihr bei der Ernte zu helfen, in ein Maisfeld lockte [288]. Anschließend vergewaltigte und erstickte er das Mädchen und warf ihre Leiche auf einen Bauernhof hinter dem Stadion der Stadt. Er wurde schnell verhaftet und für dieses Verbrechen zu 20 Jahren Haft verurteilt, die er im öffentlichen Gefängnis von Marília verbüßte. De Marco war ein vorbildlicher Häftling und nutzte seine Privilegien im Gefängnis, um nach Verbüßung von drei Jahren seiner Strafe zu fliehen [290].

Bis 1961 war De Marco in die Gemeinde Ponte Nova in Minas Gerais gezogen und arbeitete unter dem Namen „Darci Nogueira", wo er zwei weitere Morde beging [289]. Das erste Opfer war ein nicht identifiziertes 14-jähriges Mädchen, das er unter unklaren Umständen mit einer Garrucha erschoss [289]. Dieses Verbrechen wurde von einem Jungen namens Antonio Carlos Fernandes beobachtet, dem De Marco mit dem Tod drohte [290]. Eine Woche später wurde Fernandes aufgespürt, vergewaltigt, zweimal in den Kopf geschossen und seine Leiche in Brand gesetzt. De Marco floh daraufhin nach Guaxupé, wo er jedoch bald von den Behörden gefasst wurde [290].

Für diese Morde wurde de Marco zu weiteren 30 Jahren Haft verurteilt, die er in mehreren Gefängnissen in São Paulo verbüßte. Anfang 1981, als er im Carandiru-Gefängnis inhaftiert war, wurde ihm unter der Bedingung, dass er von Familienmitgliedern beaufsichtigt wurde, eine Bewährung gewährt.

De Marco ließ sich daraufhin in Rio Claro nieder, wo er bei Bedarf bei einigen Familienmitgliedern lebte. Ohne dass die Behörden davon wussten, begann er erneut, nach Opfern zu suchen, und lockte sie mit Süßigkeiten und Bonbons in ein verlassenes Bauernhaus, angeblich um Früchte zu pflücken [291]. Wenn sie allein waren, verging er sich an seinen Opfern, erstickte sie und entmannte sie, wenn es sich um Männer handelte [292].

Am 22. Oktober 1982 tötete und entmannte De Marco den elfjährigen Schuhputzer Alberto Antônio Antonelli und begrub seine Leiche anschließend im Staatsforst Edmundo Navarro de Andrade. Von Ende 1982 bis Anfang 1984 tötete er auf diese Weise drei weitere Opfer, José Nogueira Neto (9), Maria Márcia de Lima Carvalho (9) und Moacir de Silva (11), und ließ ihre Leichen in Zuckerrohrfeldern zurück [291].

Verhaftung und Prozess: Im Mai 1984 erregten die Morde landesweit Aufsehen, was dazu führte, dass Beamte aus Marília sie mit dem ersten Mord von de Marco im Jahr 1953 verglichen [289]. Nachdem zahlreiche Ähnlichkeiten festgestellt wurden, erließ man einen Haftbefehl gegen ihn und nahm ihn im darauffolgenden Monat ohne Zwischenfälle fest [292].

Bei einer Durchsuchung seines Hauses wurden eine Schuhbürste, die Antonelli benutzt hatte, sowie PVC-Rohre gefunden, die mit denen identisch waren, die zur Vergewaltigung der Jungen verwendet und später neben den Leichen weggeworfen wurden [289]. Auf die Frage nach seinen Beweggründen gab De Marco lediglich an, dass er „manchmal den Verstand verliere" und sich dann auf die Suche nach Kindern mache. [292].

Sein Prozess fand am 31. Oktober 1984 statt und endete mit einer 70-jährigen Haftstrafe. Was danach mit ihm geschah, ist nicht bekannt, aber es wird vermutet, dass er inzwischen verstorben ist [293].

Pedro Rodrigues Filho

Portrait: Pedro Rodrigues Filho (29. Oktober 1954 Santa Rita do Sapucaí, Minas Gerais – 5. März 2023 Mogi das Cruzes, São Paulo) (siehe Abb. 26), auch bekannt als „Pedrinho Matador", „Killer Lil' Pedro", „Killer Petey", war ein brasilianischer Serienmörder, Amokläufer, Selbstjustizler und YouTuber, der dafür bekannt war, dass er als Teenager im Alter zwischen 14 und 19 Jahren ausschließlich mutmaßliche Kriminelle verfolgte und tötete, insbesondere eine ganze Bande als Reaktion auf den Mord an seiner schwangeren Freundin Maria Aparecida ‚Botinha' Olympia im Jahr 1971. Offiziell wurde er für 71 Morde verurteilt, behauptete jedoch, über 100 Drogendealer, Vergewaltiger und Mörder getötet zu haben. Er verbüßte 34 Jahre im Gefängnis, bevor er 2007 entlassen wurde. 2011 wurde Rodrigues Filho erneut wegen Anstiftung zu Aufruhr und Freiheitsberaubung inhaftiert und zu acht Jahren Gefängnis verurteilt, aber 2018 nach sieben Jahren wegen guter Führung wieder entlassen [295].

Abb. 26: Pedro Rodrigues Filho (Polizeifoto 1991)

Seit seiner zweiten Entlassung aus dem Gefängnis im Jahr 2018, nachdem er verkündet hatte, dass er sich von seinem selbsternannten Vigilantismus als Jugendlicher abgewandt habe und sich verpflichtet habe, keine weiteren Verbrechen zu begehen, galt Rodrigues Filho als brasilianische Berühmtheit und YouTuber. Er unterhält einen YouTube-Kanal namens Pedrinho EX Matador, in dem er moderne Verbrechen kommentiert und die Öffentlichkeit darüber aufklärt, dass kriminelle Handlungen nichts sind, worauf man stolz sein kann [296].

Nach Rodrigues Filhos ursprünglich geplanter Freilassung im Jahr 2003 begann der Autor Jeff Lindsay mit der Veröffentlichung einer Romanreihe über einen fiktiven amerikanischen Serienmörder, der von Rodrigues Filho inspiriert wurde und Dexter Morgan heißt. Der Erfolg der Serie, zusammen mit der Fernsehadaption von 2006 und der Neuauflage von 2021, führte zu einer weit verbreiteten rückwirkenden Aufmerksamkeit der Medien für Rodrigues Filho, wodurch er international abwechselnd sowohl als „brasilianischer Dexter" als auch als „südamerikanischer Punisher" (nach der Marvel Comics-Figur gleichen Namens) bekannt wurde [297].

Geschichte und Verbrechen: Rodrigues Filho wurde auf einer Farm in Santa Rita do Sapucaí, südlich von Minas Gerais, geboren. Sein Schädel war verletzt worden, weil sein Vater während eines Streits seiner schwangeren Mutter in den Bauch getreten hatte. Er gab an, dass er mit 13 Jahren zum ersten Mal das Verlangen verspürte, zu töten, als er bei einem Streit mit einem älteren Cousin den jungen Mann in eine Zuckerrohrpresse stieß und ihn fast tötete. Er hatte überlegt, ihn dort zum Sterben zurückzulassen, sich dann aber doch dafür entschieden, ihn zu retten [298].
Im Alter von 14 Jahren erschoss Rodrigues Filho den stellvertretenden Bürgermeister von Santa Rita do Sapucaí vor dem Rathaus, weil dieser seinen Vater, einen Schulwächter, wegen des Vorwurfs, Lebensmittel aus der Schulküche gestohlen zu haben, entlassen hatte, wodurch er keine neue Anstellung finden konnte.

Anschließend erschoss er den Sicherheitsbeamten, den er als den eigentlichen Dieb verdächtigte, wobei er für beide die Schrotflinte seines Großvaters benutzte. Auf der Flucht flüchtete Rodrigues Filho nach Mogi das Cruzes im Großraum São Paulo, wo er anfing, Drogenumschlagplätze auszurauben und Drogenhändler zu töten, was ihn in den Medien als Selbstjustizler „Pedrinho Matador" (Lil' Petey Killer) [299] berühmt machte.

Bald darauf lernte Rodrigues Maria Aparecida Olympia, genannt Botinha, kennen und sie begannen, zusammenzuleben. Rodrigues übernahm die Aufgaben des Verstorbenen einer örtlichen Straßengang und war bald „gezwungen", einige Rivalen zu eliminieren, wobei er drei ehemalige Kumpane tötete. Botinha wurde mit seinem Kind schwanger, aber kurz darauf von einem rivalisierenden Bandenführer ermordet. Der noch minderjährige Rodrigues Filho floh und begab sich auf einen Rachefeldzug, indem er jedes Mitglied der rivalisierenden Bande aufspürte und tötete [300].

Erste Haftstrafe und Freilassung: Am 24. Mai 1973 wurde Rodrigues Filho im Alter von 18 Jahren zum ersten Mal verhaftet und verbrachte den größten Teil seines Erwachsenenlebens im Gefängnis. Polizeiaufzeichnungen belegen, dass er einmal zusammen mit einem anderen Gefangenen in einem Fahrzeug transportiert wurde, beide mit Handschellen gefesselt. Während des Transports tötete Rodrigues Filho den anderen Insassen, ohne dass die Polizei es bemerkte. Als sie die Autotür öffneten und sahen, dass der andere Gefangene tot war, sagte Rodrigues Filho, er habe es getan, weil der Mann ein Vergewaltiger war. Obwohl er zu 126 Jahren Haft verurteilt wurde, sollte er 2003 freigelassen werden, da das brasilianische Recht zu diesem Zeitpunkt verbot, dass jemand mehr als 30 Jahre hinter Gittern verbrachte (2019 auf 40 Jahre geändert) [301]. Nach 34 Jahren Haft wurde Rodrigues Filho am 24. April 2007 freigelassen und sollte dann nach Fortaleza gezogen sein [302].

Zweite Haftstrafe und Freilassung: Am 15. September 2011 wurde Rodrigues in seinem ländlichen Haus in Balneário Camboriú verhaftet, wo er als Hausmeister arbeitete. Er wurde zu acht Jahren Haft verurteilt, unter anderem wegen Aufruhr und

Freiheitsberaubung, die er während seiner Haft in São Paulo begangen hatte [303][304]. Am 10. Dezember 2018 wurde er nach sieben Jahren [295] wegen guter Führung entlassen.

YouTube-Karriere: Nach seiner zweiten Entlassung aus dem Gefängnis im Jahr 2018, nachdem er angekündigt hatte, sich von seinem selbsternannten Jugendvigilismus zurückzuziehen und sich offiziell verpflichtet hatte, keine weiteren Verbrechen zu begehen, wurde Rodrigues YouTuber und unterhielt einen YouTube-Kanal namens Pedrinho EX Matador, in dem er moderne Verbrechen kommentierte, sich gegen Bandengewalt einsetzte und die Öffentlichkeit lehrte, nicht stolz auf kriminelle Handlungen zu sein [294][296].

Tod: Am 5. März 2023 gegen 10 Uhr morgens wurde Rodrigues Filho in Mogi das Cruzes von zwei Männern erschossen, die aus einem Auto heraus feuerten und dann in einem anderen Auto flüchteten. Es gelang der Polizei damals nicht, Verdächtige festzunehmen [305].

In der Popkultur: Nach seiner ursprünglich für 2003 geplanten Freilassung war Rodrigues Filho die Hauptinspiration für Dexter Morgan, den Antihelden-Protagonisten der Dexter-Buchreihe von Jeff Lindsay aus dem Jahr 2004 sowie der gleichnamigen Fernsehserie von James Manos Jr. aus dem Jahr 2006, in der er hauptsächlich von Michael C. Hall dargestellt wird. Dieser gewann einen und war fünfmal für einen Primetime Emmy Award als herausragender Hauptdarsteller in einer Drama-Serie für seine Darstellung der Figur nominiert. Danach spielte er die die Rolle als Dexter in der Wiederaufnahme der Serie Dexter: New Blood von Clyde Phillips [306][307]. Der Erfolg der Romanreihe und der Fernsehserie Showtime führte außerdem dazu, dass Rodrigues Filho den neuen internationalen Medien-Spitznamen „'The Brazilian Dexter" erhielt [297].

Aufgrund der Liste der Verbrechen und seines Verhaltens im Gefängnis wurde Rodrigues in die Liste der Mörder aufgenommen, die die Schriftstellerin Ilana Casoy in dem Buch „Serial Killers – Made in Brazil" zitiert. Die Publikation erzählt Geschichten von Mördern wie Marcelo Costa de Andrade und Francisco da Costa Rocha [308].

Roneys Fon Firmino Gomes

Portrait: Roneys Fon Firmino Gomes, bekannt als „Tower Maniac", ist ein brasilianischer Serienmörder, der seine Opfer (hauptsächlich Prostituierte) tötete und ihre Leichen unter Hochspannungsmasten ablegte. Er war zwischen 2005 (laut O Diário möglicherweise auch 2001) und 2015 in der Stadt Maringá, Paraná (siehe Abb. 27), aktiv und wird von der Polizei des Bundesstaates als einer der tödlichsten Serienmörder des Landes angesehen.

Abb. 27: Lage der Stadt Maringá, etwa 600 km westlich von São Paulo und 1000 km westlich von Rio de Janeiro (OpenStreetMaps 2024, Lizenz: Open Database)

Er wurde am 30. Juli 2015 verhaftet, nachdem die Polizei Spuren einiger Materialien um den Körper des Opfers Mara Josiane dos Santos gefunden hatte, das drei Tage zuvor entdeckt worden war [309]. Der Fall wurde im Jornal Nacional auf Rede Globo gemeldet.

Geschichte: Firmino Gomes war verheiratet, Vater von zwei Kindern und arbeitete als Sicherheitsmann und freiberuflicher Verkäufer. Seine Mutter, eine Prostituierte, wurde in der Stadt Campo Mourão ermordet, als er sieben Jahre alt war. Danach lebte er in der Nähe von Strommasten. Er war bereits wegen Betrugs und Banküberfalls vorbestraft und war zum Zeitpunkt seiner Verhaftung 40 Jahre alt.

Verbrechen: Die Polizei hatte bereits die Möglichkeit in Betracht gezogen, dass es sich um einen Serienmörder in der Gegend handeln könnte, und hatte alle Todesfälle, die sich über mehrere Jahre unter ähnlichen Umständen ereignet hatten, erfasst. Erst nachdem sie am 27. Juli 2015 die Leiche von Mara Josiane dos Santos gefunden hatten, stießen sie auf Spuren und Videobilder, die ihn mit dem Tatort in Verbindung brachten, und kamen so auf Firmino Gomes.

In einer Erklärung gab der Mörder neben der detaillierten Beschreibung einiger Todesfälle an, fünf weitere Frauen getötet zu haben, doch die Polizei geht davon aus, dass die Zahl der Opfer höher ist [310][311]. Nach der Verhaftung sagten andere Frauen aus und bestätigten, dass Firmino Gomes versucht hatte, andere Prostituierte zu töten, darunter einen Transvestiten [312]. Er wurde wegen sechs Morden und Leichenverschleppung für schuldig befunden.

Ermittlung und Festnahme: Die Ermittler fanden die Kleidung von Dos Santos drei Kilometer von der Leiche entfernt. Daneben fand die Polizei Teile einer blauen Stoßstange. Untersuchungen zufolge besaß der Verdächtige ein blaues Fahrzeug, dessen Stoßstange beschädigt war. Die Teile, die sich im Besitz der Behörden befanden, passten perfekt in den beschädigten Bereich. Außerdem hatte eine Verkehrskamera das Auto an dem Tag und an dem Ort aufgenommen, an dem die Frau getötet wurde. Aufgrund dieser Hinweise beantragte die Polizei die Festnahme von Firmino Gomes [313].

Aussage von Firmino Gomes: Bei seiner Festnahme gab Firmino Gomes an, dass er Dos Santos in eine dunkle Straße gefolgt sei, nachdem er eingewilligt hatte, mit ihr zu gehen. Dort zogen sie sich im Auto aus, aber die beiden hatten eine

Meinungsverschiedenheit über die Verwendung eines Kondoms, woraufhin Dos Santos versucht hatte, die Fahrzeugschlüssel an sich zu nehmen. Aus Angst vor einer Verhaftung schaute er sich nach Verkehr in der Nähe um, für den Fall, dass sie nackt wegrennen würde, und erwürgte sie schließlich.

Nachdem er sich vergewissert hatte, dass sie tot war, behauptete Firmino Gomes, einem Maisbauern zu einem nahe gelegenen Hochspannungsmast gefolgt zu sein, wo er die Leiche zurücklassen wollte, aber als er in der Nähe des Tatorts Fahrzeuge vorbeifahren sah, änderte er seine Meinung. Aus diesem Grund ließ er nur einen Teil von Dos Santos' Kleidung dort zurück, bevor er etwa eine Meile zu einem anderen Bauernhof fuhr und das Opfer in einem Maisfeld zurückließ, wo er die Leiche „arrangierte" und betete, „um Vergebung für seine Tat und das Opfer zu bitten". Was die Auswahl der Opfer betrifft, so behauptete Firmino Gomes, dass sie zufällig ausgewählt wurden.

Er gab auch Einzelheiten an, wie beispielsweise:

Um Kratzer zu vermeiden, die Spuren auf den Nägeln hinterlassen könnten, legte er sich derart auf den Autositz, dass er die Reaktion des Opfers behinderte

Er lauerte seinen Opfern auf; tötete in der Regel Prostituierte, die sich weigerten, das zu tun, was er wollte

Er verfolgte die Fälle im Fernsehen; alle Leichen der Frauen konnten im Bereich des Turms in der Estrada da Roseira gefunden werden, und wenn der Ort zu „überfüllt" war, entsorgte er die Leichen an einem anderen Ort [314].

Motiv und Vorgehensweise: Laut seiner Aussage hegte Roneys einen „Hass auf Prostituierte", weil seine Mutter eine war und ebenfalls ermordet wurde, ohne dass der Täter festgenommen wurde, was bei ihm ein schweres Trauma verursachte. Nach ihrem Tod begann er, in der Nähe von Strommasten zu leben [315][316]. Er tötete die Frauen, indem er sie erwürgte oder erstickte, und ließ ihre Leichen nackt und auf dem Bauch liegend zurück, immer inmitten von Plantagen und unter Strommasten.

Opfer:
Edinalva José da Paz (19): Sie wurde durch Ersticken getötet und ihre Leiche wurde am 7. Dezember 2010 entdeckt. Firmino Gomes hat diesen Mord nicht zugegeben, aber das Telefon des Opfers wurde im Besitz eines Freundes des Mörders gefunden [317].

Mara Josiane dos Santos (36): Erwürgt; ihre Leiche wurde am 27. Juli 2015 gefunden. Zusammen mit Maras Kleidung fand die Polizei ein Teil von Roneys Auto, was zu seiner Verhaftung führte.

Roseli Maria de Souza (31): Erwürgt; ihre Leiche wurde im Juli 2014 gefunden.

Silmara Aparecida de Melo: 2012 erwürgt.

Jane Doe: Die Leiche eines nicht endgültig identifizierten Opfers wurde am 19. August 2013 gefunden, erstochen

Urteil und Strafen: Der erste Fall in Maringá am 14. März 2019 war der von Edinalva, die 2010 starb. Der Angeklagte wurde wegen zweifachen Mordes (durch Ersticken und durch Verbergen, da er das Opfer getäuscht haben soll, indem er sagte, es handele sich um einen sexuellen Akt) und Leichenverbergung verurteilt. Im Fall von Mara Josiane war der Angeklagte für die Leichenverschleppung und für Mord mit vier Qualifikationen verantwortlich: plumpes Motiv, Erstickung, Verschleierung (Berufung, die die Verteidigung des Opfers erschwerte) und Femizid [318] [319]. Insgesamt wurde Firmino Gomes wegen sechs Morden und Leichenverschleppung verurteilt.

Im Sommer 2020 standen ihm weitere Prozesse wegen der Morde an Mara Josiane dos Santos und Roseli Maria de Souza [320] bevor.

Strafen: Fall Edinalva: Der Angeklagte wurde wegen qualifizierter Tötung und Leichenverbergung zu 21 Jahren und vier Monaten Haft verurteilt [321].

Paulo José Lisboa

Portrait: Pedro José Lisboa (1967 – 4. Februar 2022), bekannt als „The Chain Maniac" („Maníaco da Corrente"), war ein brasilianischer Serienmörder, der für die Ermordung von elf Prostituierten in São Paulo und Espírito Santo von 1980 bis 2000 verurteilt wurde, wobei die letzteren Morde geschahen, während er auf der Flucht war [322].

Am 16. September 2008 wurde er zum letzten Mal festgenommen, für die letztgenannten Verbrechen verurteilt und zu einer neunjährigen Haftstrafe verurteilt. 2017 wurde er entlassen und stand bis zu seinem Tod unter Aufsicht [323].

Verbrechen: Lisboa, damals Pharmareferent, beging seine ersten Verbrechen zwischen den 1980er und 1990er Jahren in der Stadt São José do Rio Preto, wo er wegen Mordes an fünf Menschen und der Verprügelung von sechs weiteren zu 18 Jahren Haft verurteilt wurde [324]. Nachdem er einen Teil seiner Strafe verbüßt hatte, gelang ihm 1998 die Flucht aus dem psychiatrischen Gefängnis Franco da Rocha. Er floh nach Espírito Santo, von wo aus er nach Bahia weiterziehen wollte [325]. Lisboa verliebte sich jedoch in eine Frau aus der Gegend, die er später heiratete und mit der er zwei Kinder hatte. Schließlich ließ er sich in diesem Bundesstaat nieder. Dies hielt ihn aber nicht davon ab, weiterhin Verbrechen zu begehen. In dieser Zeit soll er in der Region Vitória, 300 km nordöstlich von Rio de Janeiro, sechs weitere Morde und zwei Mordversuche begangen haben [325].

Sein Modus Operandi bestand darin, Treffen mit Prostituierten zu arrangieren, bei denen es sich entweder um junge Frauen oder Transvestiten handelte, die er bei ihrer Ankunft entweder mit einem Messer oder einem Riegel angriff und seine Opfer mit letzterem erwürgte. Da er jedoch in der Regel eine Kette benutzte, um seine Opfer letztendlich zu töten, wurde er unter dem Pseudonym „The Chain Maniac" [325] bekannt.

Obwohl nur wenig über die Identität seiner Opfer bekannt ist, wurden zwei von ihnen identifiziert: Aline Melo (15), die 1987 am ersten Weihnachtstag mit 47 Messerstichen erstochen wurde, sowie ein Transvestit namens Paulo Constantino, der den Spitznamen „Paulinha" trug [324].

Verhaftung, Prozess und Verurteilung: Nach zehn Jahren auf der Flucht wurde Lisboa am 16. September 2008 in Vitória verhaftet [322]. Er bekannte sich voll und ganz für die Verbrechen verantwortlich, erklärte, wie er seine Opfer getötet hatte, und behauptete, er habe sich Prostituierte ausgesucht, weil sie „leichte Ziele" seien. Eine psychiatrische Untersuchung, die an Lisboa durchgeführt wurde, kam zu dem Schluss, dass er ein „Sozialpsychopath" sei [325].

Nach seiner Verurteilung im Jahr 2011 verurteilte ihn Richter Daniel Peçanha Moreira zu zehn Jahren Haft in einem geschlossenen Vollzugsgefängnis. Lisboa saß seine Strafe von 2008 bis 2017 ab, als er unter Aufsicht auf Bewährung entlassen wurde [325].

Tod: Nach seiner Entlassung aus dem Gefängnis heiratete Lisboa erneut und zog nach Guarapari im Bundesstaat Espirito Santo (ES), nicht weit entfernt von Vitória am Atlantik, wo er den Kontakt zu seinen Nachbarn vermied [326]. Seine verwesende Leiche wurde am 4. Februar 2022 von seiner Frau im Haus des Paares gefunden, die gerade von einem Verwandtenbesuch in Vila Velha zurückgekehrt war [323]. Bisher konnten die Gerichtsmediziner die Todesursache nicht feststellen [326].

Francisco de Assis Pereira

Portrait: Francisco de Assis Pereira (geboren am 29. November 1967), besser bekannt als „Maníaco do Parque", ist ein brasilianischer Serienmörder. De Assis Pereira (siehe Abb. 28) vergewaltigte und tötete 1998 mindestens sieben Frauen und versuchte, neun weitere zu ermorden. Er gestand jedoch elf Morde und 23 tätliche Angriffe und wurde wegen Vergewaltigung, Unterschlagung, unsittlicher Nötigung und Totschlags verurteilt. Seine Verbrechen fanden im Parque do Estado im Südosten von São Paulo statt. An diesem Ort wurden die Leichen seiner Opfer gefunden. Der Fall wurde von den Portalen G1 [327], BOL [328] und Superinteressante [329] neben anderen Verbrechen, die Brasilien erschütterten, aufgeführt.

Fig. 28: Francisco de Assis Pereira (Museu da Polícia Civil. Local: São Paulo/SP. Data: 22/03/2019. Foto: Governo do Estado de São Paulo https://commons.wikimedia.org/wiki/ File:Museu_da_Pol%C3%ADcia_Civil._(47444065771).jpg Governo do Estado de São Paulo, CC BY 2.0 <https://creativecommons.org/licenses/by/2.0>, via Wikimedia Commons

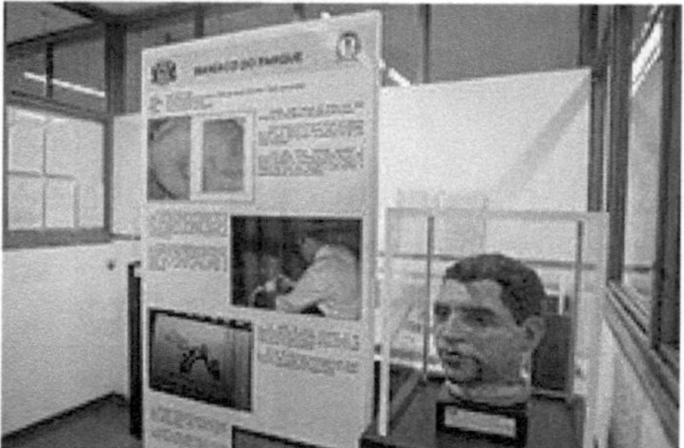

Obwohl er zu mehr als 260 Jahren Gefängnis verurteilt wurde, erlaubte das brasilianische Recht zu dieser Zeit nicht, dass eine Person mehr als 30 Jahre im Gefängnis verbrachte, und es wurde erwartet, dass er 2028 freigelassen wird [330].

Geschichte: Francisco de Assis Pereira erlebte mehrere sexuelle Traumata. Eine Tante mütterlicherseits, Diva, soll ihn in seiner Kindheit sexuell belästigt haben, wodurch er eine Fixierung auf Brüste entwickelt haben soll [331]. Als Erwachsener soll ihn ein Chef verführt haben, was zu einem Interesse an homosexuellen Beziehungen führte, und ein Gothic-Fan soll ihm fast in den Penis gebissen haben, was bei ihm Angst vor dem Verlust des männlichen Glieds auslöste, zusätzlich zu einer Liebesenttäuschung, die sein Leben prägte [332][333].

Vor den Verbrechen zeigte er auch seine andere Seite. Thayná, eine Transvestitin, mit der er mehr als ein Jahr zusammenlebte, wurde von De Assis Pereira ständig geschlagen und erhielt Schläge in den Bauch und Ohrfeigen, wie einige der anderen überlebenden Frauen berichteten [334]. Aufgrund der Übernahme eines gotischen Lebensstils litt er an Dyspareunie, Schmerzen beim Sex, die es laut Quellen schwierig machten, den Geschlechtsakt zu vollziehen, und ihn frustrierten [335].

Vor der Untersuchung der Serienverbrechen war er schon zur polizeilichen Abteilung für Tötungsdelikte und Personenschutz (DHPP; korrekte Bezeichnung: Kommission zur Aufklärung von Morden und für den Schutz von Personen – Departamento Estadual de Homicídios e de Proteção à Pessoa) vorgeladen worden, um die Verwendung eines Scheckformulars im Namen von Isadora Fraenkel zu klären, mit dem er einen Helm gekauft hatte. Nachdem De Assis Pereira behauptet hatte, den Scheck mit Fraenkels Zustimmung verwendet zu haben, die nicht seine Freundin, sondern ein anderes zufällig ausgewähltes Opfer war, wurde er kurz darauf wieder freigelassen [336]. Zum Zeitpunkt der Morde arbeitete De Assis Pereira als Motorradkurier eines Unternehmens in der Nähe der Polizeistation, die die Verbrechen untersuchte. Der damalige Eigentümer berichtete von der seltsamen Haltung des Mitarbeiters, der Tage vor dem Besuch des DHPP eine Nachricht hinterlassen hatte, in der er seine plötzliche Entlassung und sein Ausscheiden aus dem Unternehmen mitteilte [337].

Am Tag vor dem Mord unterlief De Assis Pereira ein Fehler, als er mitten in einem seiner psychotischen Anfälle ein Mädchen ansprach, das erwähnte, dass sie ihn in diesem Moment nicht begleiten könne. Das Mädchen teilte daher mit, dass der Mörder eine Visitenkarte mit seinem Namen und der Telefonnummer des Unternehmens, in dem er arbeitete, erhalten hatte, sodass sie ihn bei Interesse suchen würde. Sie meldete dies dem DHPP, das sich sofort mit dem Telefon des Motorradkurierunternehmens in Verbindung setzte, das sie zuvor untersucht hatte. [333].

De Assis Pereira war extrovertiert und konnte gut überzeugen. Er ließ die Opfer ihre aktuelle Situation beschreiben, die in der Regel von Konflikten in ihren Beziehungen geprägt war, und nutzte diese Informationen, um die Mädchen zu erobern und zu überzeugen. Er arbeitete hauptsächlich in der U-Bahn, häufiger auf den Linien, die mit der Station Jabaquara verbunden waren, wo er seine Opfer mit dem Versprechen ansprach, an Werbeaktionen eines großen Kosmetikunternehmens teilzunehmen. Die Wahl fiel in der Regel auf Frauen mit offensichtlichen emotionalen Beschwerden, die der Täter als „traurig" und mit gesenktem Kopf beschrieb und die offenbar empfänglich für die Annäherung von Fremden waren [338][339]. Als er verschwand, ließ er nur die Zeitung und eine Notiz auf dem Tisch zurück. Er bedauerte, gehen zu müssen, und entschuldigte sich für die plötzliche Art des Verschwindens [340].

Während der Ermittlungen und nach De Assis Pereiras Ausscheiden aus dem Motorradkurierunternehmen wandte sich der Eigentümer an das DHPP und bat um einen Besuch des Delegierten vor Ort. Bei seiner Ankunft zeigte sich der Eigentümer befremdet über die Entdeckung eines Rinderrippenknochens neben einem Ausweis, der in die Keramik der Toilette in den Toiletten des Unternehmens gesteckt worden war und nur aufgrund eines Bruchs entdeckt wurde. Hier bestand die Verbindung zwischen ihm und seinem ersten Opfer, Selma Ferreira Queiroz [341]. De Assis Pereira floh in den Süden des Landes, wo er gefunden wurde. In Anwesenheit des Delegierten von DHPP/SP gestand er die Verbrechen und gab den Ort an, an dem sich die Leichen befanden. Er gab auch den Ort an, an dem sich Selmas Knochen befanden, die von der Polizei im State Park noch nicht gefunden worden waren [342].

Nach seiner Festnahme durch die Polizei war die Polizei vor allem davon beeindruckt, wie jemand ohne Waffen es schaffte, die Frauen davon zu überzeugen, sich auf den Rücken eines Motorrads zu setzen und mit einem Mann, den sie gerade erst kennengelernt hatten, mitten in ein Dickicht zu fahren. Heute ist der Mörder Rekordhalter im Empfangen von Briefen im Gefängnis. Der Gefangene heiratete sogar eine Bewunderin, nachdem er sich einige Zeit später aufgrund von Berichten seiner Ex-Verlobten über seine seltsamen Handlungen und seine Persönlichkeit getrennt hatte [343][344]. De Assis Pereira wird 2028 nach Verbüßung der nach brasilianischem Recht vorgeschriebenen Höchststrafe von 30 Jahren Haft freigelassen werden. Andererseits weisen berüchtigte Psychiater darauf hin, dass er aufgrund seines irreversiblen psychischen Zustands erneut Straftaten begehen wird. Im September 2018 informierte die Staatsanwaltschaft jedoch das Gericht über einen Antrag auf Durchführung einer neuen psychiatrischen Untersuchung (EMM), um die Freilassung des Verurteilten zu verhindern [345][346].

Straftaten: Während des Verhörs gab der De Assis Pereira an, dass es einfach war, die späteren Opfer zu überzeugen. Es genügte, das zu sagen, was die Frauen hören wollten. De Assis Pereira überschüttete sie alle mit Komplimenten, gab sich als Talentscout für ein wichtiges Magazin aus, bot ein gutes Honorar an und lud die Mädchen zu einer Fotosession in einer ökologischen Umgebung ein. Er sagte, es handele sich um eine einzigartige Gelegenheit, etwas Vorherbestimmtes, das nicht verpasst werden dürfe [347].

Opfer: Elizângela Francisco da Silva (21) stammte aus Paraná. Sie war die Tochter einer armen Familie aus Londrina und lebte seit 1996 bei ihrer Tante Solange Barbosa in São Paulo. Aufgrund finanzieller Schwierigkeiten brach sie die Schule in der 7. Klasse ab. Nachdem sie von einer Freundin im Shopping Eldorado im Westen São Paulos zurückgelassen worden war, wurde sie nie wieder gesehen. Ihr nackter Körper wurde am 28. Juli 1996 im Parque do Estado gefunden. Der Körper befand sich bereits in einem fortgeschrittenen Stadium der Verwesung, was die Identifizierung erschwerte. Die Leiche wurde erst drei Tage später als die von Ana identifiziert. „Ich hatte gehofft, dass sie es nicht ist", sagt die Tante. Am Tag ihres Verschwindens verließ Francisco da Silva das Haus und sagte, dass sie in zwei Stunden zurückkehren würde [348].

Raquel Mota Rodrigues (23) hatte sich zum Ziel gesetzt, Geld zu verdienen, um ihrer Familie zu helfen, die in Gravataí, Rio Grande do Sul, lebte. An den Wochenenden ging sie mit drei Freunden in Bars und kam nie nach Mitternacht nach Hause. Am 9. Januar verließ sie gegen 20 Uhr das Möbelgeschäft, in dem sie als Verkäuferin arbeitete, in der Nachbarschaft von Pinheiros, Westzone der Hauptstadt São Paulo. Als sie an der U-Bahn-Station Jabaquara ausstieg, fast zu Hause, rief sie ihre Cousine an, um ihr zu sagen, dass er einen Jungen kennengelernt hatte und dass er sich bereit erklärt hatte, in Diadema im Großraum São Paulo als Model für ihn zu posieren. „Ich sagte, es sei besser für sie, nicht zu gehen", erinnert sich Lígia. Es war sehr riskant, mit einem Fremden auszugehen. „Ja, ich gehe nicht", antwortete das Mädchen. Mota Rodrigues tauchte nie wieder auf. Ihre Leiche fand man am 16. Januar im Wald des Nationalparks [348].

Selma Ferreira Queiroz (18) war die jüngste von drei Schwestern, die vorhatte, ein College für Rechnungswesen oder Informatik zu besuchen. Ihre Pläne wurden jedoch am Nachmittag des 3. Juli 1996 auf tragische Weise zunichte gemacht. Auf dem Weg von ihrem Zuhause in der Stadt Cotia im Großraum São Paulo ins Zentrum der Millionenmetropole, wo sie die Formalitäten im Zusammenhang mit ihrer Entlassung als Angestellte in einer Drogeriekette erledigen wollte, verschwand sie. Am nächsten Tag rief ein Mann Sara, Selmas Schwester, an. Er teilte mit, dass das Mädchen entführt worden sei, und forderte ein Lösegeld in Höhe von R$ 1.000. Er würde am späten Nachmittag noch einmal anrufen. Am gleichen Tag fand man die Leiche von Ferreira Queiroz im Nationalpark gefunden. Sie war nackt und wies Spuren von Vergewaltigung und Schlägen auf. An ihren Schultern, Brüsten und Innenseiten ihrer Beine waren Bissspuren zu sehen. Das letzte Lebenszeichen des Mädchens war für ihren Freund bestimmt. Sie warnte ihn, dass sie nicht rechtzeitig kommen würde, um mit ihm Brasiliens Spiel gegen Dänemark zu sehen, aber dass sie auf dem Weg zu ihrem Wohnort sei [348][349].

Patrícia Gonçalves Marinho (24) hatte ihrer Familie gegenüber nie ihren Traum, Model zu werden, erwähnt. Am 17. April 1996 verließ sie das Haus ihrer Großmutter Josefa, bei der sie lebte, und verschwand. Ihre Leiche wurde erst am 28. Juli entdeckt. Sie wurde in einem verlassenen Gebiet des Nationalparks gefunden. Die Identifizierung von Gonçalves Marinho war nur möglich, weil neben der Leiche die Kleidung und der Schmuck des Mädchens gefunden wurden. Sie wurde vergewaltigt und starb durch Strangulation [350].

Briefe: Der berüchtigte Motorradkurier De Assis Pereira erhielt mehrere Briefe von weiblichen Bewunderern im Gefängnis. Einige Auszüge aus diesen Dokumenten [351]:

a) Ich weiß nicht, was ich tun soll, um dich abzulenken. Aber ich habe eine Idee: Zuerst möchte ich sagen, dass ich dir jede Nacht wünsche. Das ist sehr gut. Ich finde dich heiß, mein Feuriger. Du bist mir nahe, in meinem Herzen. Nachdem ich nach Hause komme, will ich dich mit Leib und Seele, dich lieben. Ich will dich sowieso. Ich liebe dich von ganzem Herzen. Verliere nicht die Hoffnung, glaube an Gott, denn eines Tages werden wir uns treffen. Ich weiß von deinem kranken Verhalten, also möchte ich, dass du ruhig bleibst ...

b) Im Moment sind unsere Küsse so. Aber ich möchte dich wirklich küssen. Ich glaube, du vermisst es. Ich liebe dich, ich liebe dich, ich liebe dich usw., ich begehre dich, ich will dich mit Leib und Seele. Und vergib mir alles, was ich leide. Du weißt, Francisco, ich passe mich nicht an und ich weine. Und ich muss stark sein (...)

c) Ich möchte dir sagen, dass ich vor Sehnsucht nach dir sterbe... Oh mein Gott, wie sehr ich mir dich jede Nacht wünsche. Ich schlafe allein und wünsche mir, dass du hier bist. Aber ich weiß, dass es unmöglich ist. Das Richtige wäre, wenn ich dich besuchen würde. Und wie kann ich mich fühlen. Was gehört mir?

d) Francisco, lass nicht zu, dass die Traurigkeit die Oberhand gewinnt und das Funkeln in deinen Augen erstickt. Glaube an Gott, du bist nicht allein und wirst es nie sein. Jesus liebt dich, deine Mutter und deinen Vater und vor allem mich ...

e) Nachdem alles passiert war, habe ich versucht, meinem Leben ein Ende zu setzen. Aber es musste noch etwas anderes Superinteressantes passieren. Ich habe viel nachgedacht und gehofft, glaub mir, die Welt dreht sich weiter, und wenn wir es am wenigsten erwarten, passiert immer etwas Gutes.

Der Journalist und Drehbuchautor Gilmar Rodrigues veröffentlichte 2009 das Buch „Loucas de Amor: mulheres que amam serial killers e criminais sexuais" (Ideias a Granel), in dem er versucht zu verstehen, warum gerade ein Serienmörder oft von vielen Frauen begehrt wird. Dem Autor zufolge war er beeindruckt von den etwa tausend Liebesbriefen, die der Verbrecher einen Monat nach seiner Verhaftung noch im Jahr 1998 erhielt [352].

Weiterer Verlauf: De Assis Pereira wurde sogar bei einem Gefangenenaufstand im Dezember 2000 für tot gehalten [353]. Nach einer Reihe von Missverständnissen bestätigte die Gefängnisleitung jedoch, dass der Motorradkurier, der von anderen Gefangenen totgeschworen wurde, am Leben war [354]. Francisco wurde zu 268 Jahren Gefängnis verurteilt und sagt, dass er sich heute als „normaler Mensch" betrachte [355]. Seiner Meinung nach verdankt er sein Leben seinem Glauben. Er sagt, dass das, was er in der Vergangenheit getan hat, nicht das Ergebnis seines eigenen Willens gewesen sei, sondern das Ergebnis „einer bösen Sache" [356] [357]. Jussara, seine Frau, die ihn per Brief kennengelernt hat, widmet ihre Zeit dem Versuch, seine rechtlichen Probleme zu lösen [347].

Eine Umfrage von IBOPE für die Staatsanwaltschaft im Jahr 2004 ergab, dass der Polizeifall mit einer Quote von 76 % den Brasilianern am meisten in Erinnerung geblieben ist. Auch zwischen 2006 und 2007 waren Serienmorde die Verbrechen, an das man sich am meisten erinnerte.

<u>Die Garanhuns-Kannibalen</u>

Portrait: Der Name „Garanhuns-Kannibalen" („Canibais de Garanhuns") von Jorge Beltrão Negromonte da Silveira, Isabel Cristina Torreão Pires da Silveira und Bruna Cristina Oliveira da Silva bezieht sich auf ein Trio brasilianischer Serienmörder und Kannibalen, die von 2008 bis 2012 wegen Mordes an einem Teenager und zwei Frauen in Pernambuco verurteilt wurden (siehe Abb. 29). Dieser Fall erlangte zusätzliche Bekanntheit durch die Behauptungen, dass die Täter das Fleisch der Opfer verzehrten und es sogar unter dem Deckmantel von Salzgerichten an zufällige Passanten verkauften.

[Pernambuco ist ein Bundesstaat Brasiliens im Nordosten des Landes. Mit einer geschätzten Bevölkerung von 13 Mio. Menschen im Jahr 2022 ist er der siebtbevölkerungsreichste Bundesstaat Brasiliens und mit einer Fläche von rund 98.067,88 km² der hinsichtlich seiner Fläche neunzehntgrößte der Bundesstaaten Brasilien. Mit rund 89 Einwohnern pro km² ist er der sechstdichtest besiedelte Bundesstaat. Die Hauptstadt und größte Stadt, Recife, ist eines der wichtigsten Wirtschafts- und Ballungszentren des Landes. Nach Schätzungen aus dem Jahr 2019 ist die Metropolregion Recife der siebtbevölkerungsreichste Bundesstaat des Landes und der zweitgrößte im Nordosten Brasiliens. Im Jahr 2015 lebten 4,4 % der Bevölkerung des Landes in diesem Bundesstaat, der 2,8 % des nationalen Bruttoinlandsprodukts (BIP) erwirtschaftete.]

Fig. 29: The state of Pernambuco (TUBS 2011, https://commons.wikimedia.org/wiki/
File:Pernambuco_in_Brazil.svg
TUBS, CC BY-SA 3.0 <https://creativecommons.org/licenses/by-sa/3.0>, via Wikimedia Commons)

Geschichte: Jorge Beltrão Negromonte da Silveira wurde am 14. Dezember 1961 [358] als Sohn portugiesischer Einwanderer aus Coimbra geboren. Negromonte da Silveira verbrachte seine frühe Kindheit in Portugal, bevor er nach Pernambuco zurückkehrte [359]. Als Jugendlicher tötete er einen 17-Jährigen namens Luciano Severino da Silva, wurde jedoch aufgrund fehlender Beweise vom Vorwurf des Mordes freigesprochen. Später versuchte er, seine Mutter zu töten, und stahl R$ 80.000, mit denen er sich ein Haus kaufte [359].

Isabel Cristina Torreão Pires da Silveira wurde am 12. Mai 1961 [358] in eine verarmte Familie mormonischer Abstammung geboren, die sich die Studiengebühren nicht leisten konnte. Sie wurde „Bel" genannt und verbrachte den größten Teil ihrer Kindheit mit Hausarbeiten [359]. Während sie die örtliche Mormonen-Kirche besuchte, verliebte sie sich in Negromonte da Silveira, und das Paar beschloss, 1984 zu heiraten. Während ihrer Hochzeitsfeier hatte er einen Anfall und drohte, alle Gäste mit einem Messer zu töten, was das Paar dazu zwang, sich von anderen zu isolieren.

Bruna Cristina Oliveira da Silva wurde am 29. September 1986 [358] in Natal geboren. Die 16-jährige Oliveira lernte Negromonte da Silveira in einem Fitnessstudio kennen, in dem er als Lehrer tätig war. Die beiden verliebten sich, aber da er bereits verheiratet war, akzeptierten Negromonte da Silveira und Pires da Silveira den Vorschlag, ein Liebesdreieck zwischen ihnen zu bilden [359].

Gründung: Zu einem bestimmten Zeitpunkt gründete Negromonte eine Sekte namens „Das Kartell" („O Cartel"), die darauf abzielte, die Welt zu „reinigen" und die Erde vor Überbevölkerung zu schützen [360]. Als Teil des Reinigungsprozesses musste die Sekte Menschenfleisch verzehren und vier Opfer in Übereinstimmung mit den vier natürlichen Elementen Luft, Erde, Wasser und Feuer töten. Laut Negromonte da Silveira, der angeblich Befehle von einem Engel und einem Cherub erhielt, würde sich nach erfolgreicher Erfüllung dieser Aufgabe ein „Tor zum Paradies" öffnen und sie könnten alle zur nächsten Existenzebene aufsteigen [360].

Verbrechen: Am 26. Mai 2008 luden die Mitglieder des Kartells die 17-jährige Jéssica Camila da Silva Pereira in ihr Haus in Olinda ein. Zu diesem Zeitpunkt war sie obdachlos und wurde von ihrer einjährigen Tochter begleitet. Als sie nicht aufpasste, wurde sie auf den Kopf geschlagen und ins Badezimmer gezerrt, wo ihr mit einem Messer die Halsschlagader durchtrennt wurde. Nachdem sie ihr mit Hilfe eines Tourniquets das gesamte Blut entzogen hatten, zerstückelten die Sektenmitglieder ihren Körper, zogen ihr die Haut ab, zerteilten das Fleisch und lagerten es in einem Kühlschrank [360]. Am nächsten Tag wurde es mit Salz und Kreuzkümmel gewürzt, gegrillt und anschließend gegessen. Auch Da Silva Pereiras Tochter erhielt etwas von dem Fleisch. Die anderen Überreste wurden in Form eines Kreuzes im Hinterhof begraben, während andere Körperteile in den Müll geworfen wurden. Das Trio zog dann in die Stadt Conde, Paraíba, und später in die Städte Jaboatão dos Guararapes und Gravatá in Pernambuco und nahm Da Silva Pereiras Tochter mit [360].

Anfang 2012 zog das Trio in das Viertel Jardim Petrópolis in Garanhuns, wo sie ihre Verbrechen bald wieder aufnahmen. Im Februar desselben Jahres entführten und töteten sie die 31-jährige Giselly Helena da Silva, kurz darauf, am 15. März, die 20-jährige Alexandra da Silva Falcão. Das Fleisch beider Frauen, möglicherweise aus dem Gesäß oder den Oberschenkeln, wurde zur Herstellung von herzhaften Snacks wie Pasteten verwendet, die dann an Einheimische verkauft wurden [361]. Laut Interviews, die für G1 durchgeführt wurden, gaben einige Bewohner, die die Snacks gegessen hatten, an, dass sie normal schmeckten, während andere behaupteten, dass die Pastete zu salzig oder teigig war [362][363].

Festnahme: Kurz nach dem Verschwinden von Giselly da Silva meldete ihre Familie den Fall der Polizei, die eine Untersuchung einleitete. Bis Mitte März gab es keine brauchbaren Hinweise, bis Da Silvas Familienmitglieder eine Rechnung für eine Kreditkarte erhielten, aus der mehrere Einkäufe in Garanhuns hervorgingen [364]. Die Beamten wurden dann zu den Geschäften geschickt, in denen die Einkäufe getätigt worden waren, und sahen sich die durch die Sicherheitskameras aufgenommenen Videos an, anhand derer sie Negromonte da Silveira, Pires da Silveira und Oliveira da Silva identifizierten [364].

Am 9. April 2012 wurden Haftbefehle und Beschlagnahmungsanordnungen für alle Mitglieder des Trios erlassen, da der Verdacht bestand, dass Da Silva Pereira und Falcão sich in ihrer Wohnung aufhielten [364]. Die drei wurden am Tatort festgenommen, und Da Silva Pereiras fünfjährige Tochter, die noch bei ihnen war, erzählte einem der Beamten, dass ihr „Vater" die beiden Frauen getötet habe, und beschrieb den Tatort detailliert. Kurz darauf gab einer der Verdächtigen die Verantwortung für die Verbrechen zu und zeigte auf, wo die Frauen begraben worden waren. Bei der Exhumierung stellten die Behörden fest, dass die Überreste der Opfer zerstückelt worden waren und dass das Gesicht von Da Silva Pereira stark entstellt war [364].

Einen Tag später wurde das Haus von empörten Anwohnern verwüstet und in Brand gesetzt, was die Arbeit der Ermittler jedoch nicht behinderte [365]. Einige Ermittlungen führten auch zur Auffindung der Geburtsurkunde des Kindes, was dazu führte, dass es in die Obhut des Vormundschaftsrats gegeben wurde. Die sterblichen Überreste von Da Silva Pereira wurden schließlich von den Behörden geborgen und mit Hilfe der DNA eindeutig identifiziert [360].

Prozess und Inhaftierung:

Abb. 30: Gerichtsverfahren (2018)

Am 14. November 2014 wurde alle Mitglieder des Trios durch ein Urteil der Geschworenen (Abb. 30) für die Ermordung von Jéssica da Silva Pereira verurteilt. Negromonte da Silveira erhielt 21 Jahre und sechs Monate Haft verurteilt, mit einem zusätzlichen Jahr und sechs Monaten in Isolationshaft. Dagegen verurteilte das Gericht Pires da Silveira und Oliveira da Silva zu je 19 Jahren Haft und einem Jahr Isolationshaft [366]. Die im Lauf der folgenden vier Jahre aufgedeckten zwei zusätzlichen Todesfälle führten dazu, dass das Trio am 15. Dezember 2018 erneut vor Gericht gestellt und erneut in allen Anklagepunkten für schuldig befunden wurde. Diesmal resultierten für Negromonte da Silveira 71 Jahre Haft, für Oliveira da Silva 71 Jahre und 10 Monate und für Pires da Silveira 68 Jahre [367].

Im Jahr 2019 ordnete das Gericht an, dass die Strafen des Trios für den ersten Mord deutlich erhöht werden sollten. Infolgedessen wurde Negromonte da Silveiras Strafe in 27 Jahre Haft, davon eineinhalb Jahre Einzelhaft, umgewandelt, wogegen die beiden Frauen je 24 Jahre Haft erhielten [368].

Offenbarungen eines Schizophrenen: Nachdem bei Negromonte da Silveira Schizophrenie diagnostiziert worden war, wurde er in psychiatrische Behandlung eingewiesen, wo er bis heute ist. Mit Hilfe des Krankenhauspersonals schrieb er ein Buch mit dem Titel Offenbarungen eines Schizophrenen („Revelações de um Esquizofrênico"), das aus 34 kurzen Kapiteln besteht, in denen er Ereignisse von den Anfängen seines Lebens bis zu seiner Inhaftierung detailliert beschreibt. Darüber hinaus hat er drei weitere Bücher geschrieben und behauptet nun, ein Ovo-Lacto-Vegetarier zu sein [359].

Tiago Henrique Gomes da Rocha

Geschichte und Verbrechen: Tiago Henrique Gomes da Rocha (geboren am 4. Februar 1988) ist ein ehemaliger brasilianischer Sicherheitsmann und Serienmörder, der nach eigenen Angaben 39 Menschen getötet hat [369]. Er näherte sich seinen Opfern auf einem Motorrad und schrie „Überfall", bevor er sie erschoss [370]. Er nahm jedoch nie etwas mit. Er hatte es auf Obdachlose, Frauen und Homosexuelle in Goiás abgesehen [369][371]. Sechzehn seiner Opfer waren weiblich, das jüngste Opfer war ein 14-jähriges Mädchen, das er im Januar 2014 tötete [371].

Gomes da Rocha wurde verhaftet, nachdem er auf einem Motorrad mit einem gefälschten Nummernschild erwischt worden war. Zuvor war er der Polizei bereits aufgefallen, als diese feststellte, dass er im Januar 2014 in Goiânia wegen des Diebstahls eines Motorradkennzeichens aus einem Supermarkt vor Gericht stand. Ein Motorrad, gestohlene Nummernschilder und die mutmaßliche Mordwaffe, ein 0,38-Kaliber-Revolver, wurden in einem Haus sichergestellt, das er mit seiner Mutter teilte [371]. Am 16. Oktober 2014 versuchte er, sich in seiner Gefängniszelle das Leben zu nehmen, indem er sich mit einer zerbrochenen Glühbirne die Pulsadern aufschnitt [372][370]. Gomes da Rocha gab an, seit seinem elften Lebensjahr, als er von einem Nachbarn sexuell missbraucht wurde [373], Mordgelüste zu verspüren. Im Mai 2016 wurde er wegen elf Morden zu 25 Jahren Gefängnis verurteilt [374][375][376].

Edson Izidoro Guimarães

Portrait: Edson Isidoro Guimarães („Die Todeskrankenschwester") (geb. 1957) ist ein brasilianischer Krankenpflegehelfer und verurteilter Serienmörder [377]. Er gestand 1999 fünf Morde, von denen er wegen vier verurteilt wurde, wird aber verdächtigt, insgesamt bis zu 131 Morde begangen zu haben. Er behauptete, er habe das Leid von Patienten, deren Zustand irreversibel war und die Schmerzen hatten, verkürzen wollen.

Verbrechen: Guimarães arbeitete als Krankenpfleger im Salgado Filho Hospital im Bezirk Méier in Rio de Janeiro, Brasilien. Er wurde 1999 gefasst, als ein Pförtner des Krankenhauses sah, wie Guimarães eine Spritze mit Kaliumchlorid füllte und einem komatösen Patienten injizierte, der sofort starb. Die Polizei wurde informiert, und eine überdurchschnittlich hohe Sterberate auf seiner Station erhärtete den Verdacht der Beamten. Bei seiner Verhaftung gestand er fünf Morde [377]. Vor seinem Prozess sagte er einem Fernsehreporter: „Ich bereue nicht, was ich getan habe", und fügte hinzu: „Ich habe es denen angetan, die in einem irreversiblen Koma lagen, und deren Familien litten".

Am 21. Februar 2000 verurteilte man ihn wegen Mordes an vier Patienten zu 76 Jahren Gefängnis [379]. Es wird angenommen, dass er zwischen dem 1. Januar und dem 4. Mai 1999 bis zu 131 Patienten getötet hat [377][379]. Er sagte Reportern: „Die Maske mit Sauerstoff wurde entfernt, ja. Dies geschah bei fünf Patienten ... Ich wählte die Patienten aus, die ich leiden sah, in der Regel Patienten mit AIDS, Patienten, die fast im Endstadium waren. Ich bin im Reinen mit mir, weil die Patienten im Koma lagen und keine Möglichkeit hatten, sich zu erholen" [379].

Ein mögliches Motiv für die Morde wird in der Tatsache vermutet, dass er R$ 60 pro Mal dafür erhielt, örtliche Bestattungsunternehmen über den Tod eines Patienten zu informieren, damit diese die Angehörigen des Verstorbenen kontaktieren konnten [379]. Laut Josias Quintal, dem Sekretär für öffentliche Sicherheit in Rio de Janeiro, „hat er vielleicht damit angefangen, um Geld zu verdienen, und dann einfach die Kontrolle verloren" [378].

Paulo Sérgio Guimarães da Silva

Portrait und Geschichte: Paulo Sérgio Guimarães da Silva (geboren 1971), bekannt als „The Cassino Maniac" oder „Titica", ist ein brasilianischer Serienmörder, der zwischen 1998 und 1999 sieben Menschen am Praia do Cassino ermordete. Er wurde im Mai 1999 festgenommen. Aufgrund der Schwere seiner Verbrechen wurde er zu 180 Jahren Haft verurteilt und ist einer der Gefangenen mit den höchsten Haftstrafen im Bundesstaat Rio Grande do Sul. Der Fischer Guimarães da Silva wurde ursprünglich wegen versuchten Mordes inhaftiert [380]. Ende November 1998

wurde er nach neun Jahren Haft aus dem Staatsgefängnis Rio Grande entlassen
[381].

Verbrechen: Obwohl Guimarães da Silva bereits vorbestraft war, erlangte er erst durch die Morde zwischen Dezember 1998 und März 1999 traurige Berühmtheit. Während der Sommersaison griff er Liebespaare an, die sich in ihren Autos am Rande des Praia do Cassino aufhielten [381][382].

Die ersten Morde ereigneten sich im Dezember 1998, als Guimarães da Silva Felipe Santos (19) und Bárbara da Silva (22) tötete. Die Leichen der beiden wurden am 12. Dezember erschossen neben dem Auto gefunden, das in der Nähe des Meeres geparkt war. Anfang März 1999 tötete er Anamaria Soares (31) und Márcio Olinto (30), die am 10. März am Praia do Totó in Pelotas gefunden wurden [383].

Im selben Monat griff er Petrick de Almeida (18) und Brenda Graebin (14) am Praia do Cassino an. Petrick starb auf der Stelle, während Brenda, die als einzige seine Mordserie überlebte [383], aber bei dem Angriff verkrüppelt wurde. Brenda sagte später, sie sei vergewaltigt worden und habe nur überlebt, indem sie sich tot gestellt habe [384]. Einige Tage später, in den frühen Morgenstunden des 26. März, tötete Guimarães da Silva Silvio Ibias (36) und Adriana Simões (28). Nach den Morden meldete sich Guimarães da Silva bei der Polizei und den Anwohnern, die am Tatort eintrafen, und wartete darauf, zu hören, was sie zu sagen hatten [385].

Verhaftung und Verurteilung: Im Laufe der Ermittlungen wurden dreizehn Personen verhaftet [383]. Im Mai 1999 gestand Guimarães da Silva die Morde an sieben Menschen sowie mehrere weitere Mordversuche und Überfälle in Rio Grande und Pelotas [381]. Guimarães da Silva behauptete, er sei von Francisco de Assis Pereira, dem „Park Maniac", „inspiriert" worden und habe versucht, ihn in Bezug auf die Anzahl der Opfer zu übertreffen [384][386]. Laut Diário do Grande ABC war er zum Zeitpunkt seiner Verhaftung der „größte Serienmörder in der Geschichte des Staates" [387].

Im Februar 2002 fiel das Urteil über Guimarães da Silva, der wegen 14 Verbrechen (7 Morde, ein versuchter Mord, 3 Raubüberfälle, 2 versuchte Raubüberfälle und eine Vergewaltigung) zu 171 Jahren, 4 Monaten und 20 Tagen Haft verurteilt wurde. Der Prozess dauerte zwei Tage, und die Geschworenen sprachen ihn einstimmig schuldig [382]. Das Strafmaß wurde später auf 184 Jahre und 10 Monate Gefängnis erhöht [388].

Im Jahr 2007 beantragte Guimarães da Silva seine Verlegung aus der Hochsicherheitsstrafanstalt Charquedas, in der er seit seiner ersten Verurteilung inhaftiert war, in die Strafanstalt des Bundesstaates Rio Grande. Das Gericht wies den Antrag jedoch mit der Begründung zurück, dass die Verlegung in die Stadt, in der die Verbrechen begangen worden waren, zu „sozialen Unruhen" führen könnte [385][389].

Laut einer von Pioneiro im Jahr 2018 durchgeführten Umfrage war Guimarães der achte Gefangene mit der höchsten Strafe im Bundesstaat Rio Grande do Sul[386].

Adriano Vicente da Silva

Portrait und Geschichte: Adriano Vicente da Silva (geb. 1980), bekannt als „Das Monster von Passo Fundo" („Monstro de Passo Fundo"), ist ein brasilianischer Serienmörder und Vergewaltiger, der von 2001 bis 2004 in Rio Grande do Sul mindestens neun Kinder und einen Mann getötet hatte. Das Gericht befand ihn in allen Anklagepunkten für schuldig und verurteilte ihn für diese Verbrechen zu 264 Jahren Haft.

Da Silva stammt aus Paraná und gab später an, dass er die Schule nach der fünften Klasse abgebrochen habe, im Alter von zehn Jahren mit dem Muay Thai (Thaiboxen) begonnen habe und für seine Aggressivität und Grausamkeit gegenüber Tieren bekannt gewesen sei. Im Alter von zwölf Jahren wurde er von einem Nachbarn sexuell missbraucht, und zwei Jahre später trennten sich seine Eltern, was ihn in große emotionale Turbulenzen stürzte.

Da Silva behauptete, dass er mit 15 Jahren zum ersten Mal den „Drang" verspürte, zu töten, als er einen Klassenkameraden angriff, aber bei seinem Versuch scheiterte und der Junge überlebte.

Verbrechen: Irgendwann im Jahr 2001 wurde Da Silva verhaftet, weil er einen Taxifahrer in União da Vitória ausgeraubt und getötet hatte. Dafür erhielt er 27 Jahren Haft [390]. Nachdem er jedoch aus dem Gefängnis, in dem er inhaftiert war, entkommen war, floh er nach Rio Grande do Sul, wo er Arbeit als Handwerker fand [391]. Zwischen August 2002 und Januar 2004 verübte Da Silva mindestens zwölf Angriffe auf Jungen im Alter von 8 bis 14 Jahren. Seine Vorgehensweise bestand darin, ihnen Geld oder Eis am Stiel anzubieten und sie dann in Waldgebiete zu locken, wo er sie mit seinen Kampfsportfähigkeiten schlug und sie dann sexuell missbrauchte. Schließlich erwürgte er seine Opfer mit einem Seil [391]. Alle seine Angriffe fanden im Landesinneren statt, insbesondere in den Städten Passo Fundo, Sananduva, Soledade und Lagoa Vermelha [392].

Ermittlungen und Verhaftung: Selbst nachdem es in der Region zu mehreren ähnlichen Morden an Jungen gekommen war, kamen die Ermittlungen erst im November 2003 voran, als ein Zeuge berichtete, er habe gesehen, wie eines der Opfer von einem älteren Mann begleitet wurde, bevor es verschwand [390]. Die Polizei identifizierte den Mann schließlich als Da Silva, aber er legte ihnen eine gefälschte Geburtsurkunde auf den Namen Gabriel Vicente da Silva vor. Da es zu dieser Identität keine Vorstrafen oder Haftbefehle gab, wurde er freigelassen, aber vor dem Verlassen der Polizeistation fotografiert [392].

Auf der Suche nach Informationen über „Gabriel" stießen Ermittler aus Rio Grande do Sul auf einen Mann, der im Bundesstaat Paraná arbeitete, angeblich mit „Gabriel" in Verbindung stand und später als Da Silvas Bruder identifiziert wurde. Die dorthin entsandten Beamten brachten das Foto mit, und als es ihren Kollegen in Paraná gezeigt wurde, identifizierten sie den Mann als Adriano da Silva, einen Gefängnisausbrecher mit einer früheren Mordverurteilung [391].

Kurz darauf verteilte die Polizei Fahndungsplakate in mehreren Städten in Rio Grande do Sul und bat mehrere Nachrichtenmedien, die Informationen zu verbreiten. Infolgedessen wurde Da Silva am 6. Januar 2004 in Machadinho festgenommen, als er versuchte, nach Santa Catarina zu fliehen. Nur drei Tage zuvor hatte er sein letztes bekanntes Opfer getötet.

Bei einer Rekonstruktion der Tatorte gab Da Silva die genauen Fundorte der Leichen der Opfer an, und als von zweien von ihnen Spermaproben entnommen wurden, konnte seine DNA eindeutig mit seinem genetischen Profil in Verbindung gebracht werden [393]. Infolgedessen wurden mehrere Jugendliche, die wegen einiger der Morde inhaftiert waren, freigelassen, wobei einige von ihnen behaupteten, von Polizeibeamten durch Folter zu einem Geständnis gezwungen worden zu sein.

Gerichtsverfahren und Inhaftierung: Obwohl Da Silva insgesamt zwölf Morde gestand, erhob die Staatsanwaltschaft nur in neun Fällen Anklage gegen ihn, da sie seine Schuld am Verschwinden dreier Jungen in Soledade nicht eindeutig beweisen konnte. Da Silva wurde anschließend wegen Mordes, Leichenverschleppung, unsittlicher Nötigung, Vergewaltigung, Identitätsdiebstahl und Diebstahl angeklagt [391].

Während einer psychologischen Untersuchung fragte der untersuchende Psychiater Da Silva, ob er Reue empfinde. Daraufhin antwortete Da Silva, dass er nur für das erste Opfer Reue empfinde, aber seine Mordlust nicht stillen könne und mehr töten wolle, und behauptete, dass er sogar einmal darüber nachgedacht habe, die Leichen zu zerstückeln [394].

Da Silva wurde aufgrund seiner mangelnden Reue und der großen Menge an physischen Beweisen, die ihn belasteten, für alle Verbrechen innerhalb eines Zeitraums von fünf Jahren für schuldig befunden und zu einer Gesamtstrafe von 264 Jahren Haft verurteilt [394]. Im Oktober 2022 befand er sich in Charqueadas, einer Hochsicherheitsstrafanstalt [390].

Bestätigte Opfer und Datum/Zeitraum ihrer Ermordung:
Éderson Leite (12): 16. August 2002
Douglas Oliveira Hass (10): April 2003
Volnei Siqueira dos Santos (12): 9. Juli 2003
Alessandro Silveira (13): September 2003
Junior Reis Loureiro (10): September 2003
Jéferson Borges Silveira (11): September 2003
Leandro Dornelles dos Santos (8): Oktober 2003
Luciano Rodrigues (9): November 2003
Daniel Bernardi Lourenço (14): 3. Januar 2004

<u>José Vicente Matias</u>

Portrait und Geschichte: José Vicente Matias (geboren am 24. September 1966), auch bekannt als „Corumbá", ist ein brasilianischer Serienmörder und ehemaliger Kunsthandwerker, der zwischen 1999 und 2005 sechs Mädchen und Frauen vergewaltigte, ermordete und anschließend zerstückelte. Neben dem Töten praktizierte Matias auch Kannibalismus mit den Überresten seiner Opfer, indem er Blut und Gehirnstücke von ihnen zu sich nahm. Er beging seine Morde in vier Bundesstaaten im Osten Brasiliens, Minas Gerais, Bahia, Goiás und Maranhão.

In seinen Aussagen machte „Corumbá" bei mehreren Anlässen widersprüchliche Angaben. Manchmal erwähnte er, dass er unter dem „Einfluss" des Teufels stehe, der ihm ins Ohr flüsterte, dass seine Mission darin bestehe, sieben Frauen zu töten, während er bei anderen Gelegenheiten Fremdenfeindlichkeit und Witze über seine sexuelle Impotenz anführte. Zuvor war er von der Polizei wegen Vergewaltigung und tätlichen Angriffs verhaftet worden. Er wurde am 29. März 2005 festgenommen und am 2. Juni 2008 zu 23 Jahren Haft verurteilt.

Verbrechen:
Natália Canhas Carneiro (15): Die aus Minas Gerais stammende Jugendliche wurde im September 1999 in der Gemeinde Três Marias getötet [395].

Simone Lima Pinho (26): Die Hippie und Kunsthandwerkerin aus Bahia wurde im Juni 2000 in der Gemeinde Lençóis zu Tode geprügelt und gesteinigt [395][396].

Lidiane Vieira de Melo (16): Das Mädchen aus Goiana verbrachte anderthalb Tage gefesselt, während Matias ihr Blut trank. Nach ihrem Tod zerstückelte er ihren Körper. Sie wurde im Januar 2004 in Goiânia getötet [395][397].

Katryn Rakitov (29): Die russisch-israelische Staatsbürgerin wurde in Pirenópolis, Goiás, getötet [395].

Maryanne Kern (49): Die deutsche Touristin fand man in einem flachen Grab in der Gemeinde Barreirinhas im Bundesstaat Maranhão [395].

Núria Fernandez Collada (27): Die Touristin aus Spanien wurde durch Schläge auf den Kopf getötet und hatte Teile ihres Gehirns und Blut verschluckt, nachdem Matias ein Tanzritual durchgeführt hatte. Sie wurde am Strand von Itatinga in Alcântara, Maranhão, getötet [398].

Benedito Moreira de Carvalho

Portrait und Geschichte: Benedito Moreira de Carvalho (10. August 1910 in Tambaú, São Paulo – 1976 in der psychiatrischen Klinik Franco da Rocha, São Paulo), auch bekannt als „Das Monster von Guaianases" ("Monstro de Guaianases"), „Der blonde Würger" oder „Das blonde Monster" (siehe Abb. 31) war ein brasilianischer serieller Mörder und Kinderschänder, der zwischen 1937 und 1952 im Großraum São Paulo elf Mädchen tötete. Am 29. August 1952 wurde er zum letzten Mal festgenommen. Da er für prozessunfähig erklärt wurde, verbrachte er sein weiteres Leben bis zu seinem Tod im Jahr 1976 in einer psychiatrischen Klinik.

Abb. 31: Benedito Moreira de Carvalho (Revista Manchete, 27. Dezember 1952)

Geschichte: Benedito Moreira de Carvalho wurde am 10. August 1910 in Tambaú, 100 km nordöstlich von São Carlos bzw. 300 km nördlich von São Paulo, geboren. Seine Mutter starb bei der Geburt, weshalb er und seine elf weiteren Brüder von ihrem Vater aufgezogen werden mussten. Moreira de Carvalho behauptete später, dass sein Vater ihn für die kleinsten Vergehen so hart bestrafte, dass ihm schwindelig wurde [399].

In seiner Jugend trat er der Militärpolizei des Bundesstaates São Paulo bei, wo er neun Jahre lang als Krankenpfleger in der Feuerwehr diente, aber schließlich wegen eines Sexualdelikts ausgeschlossen wurde. Von da an arbeitete Moreira de Carvalho in verschiedenen Berufen, unter anderem als Zimmermann, Maurergehilfe und Mechanikergehilfe, immer jeweils nur für kurze Zeit [400].

1930 heiratete er Marina Reis de Almeida, mit der er einen Sohn und eine Tochter hatte. Nachbarn beschrieben Moreira de Carvalho als guten Ehemann und gebildeten, respektvollen Mann, mit dem man sich gut unterhalten konnte [400]. Was die meisten jedoch nicht wussten, war, dass seine sexuellen Störungen so hartnäckig wurden, dass er sich in ärztliche Behandlung begab. Da er sich die hohen Kosten für einen Krankenhausaufenthalt (ca. 3.600 Cruzeiros) nicht leisten konnte, suchte er Hilfe bei traditionellen Heilern, die ihm Tees zur Kontrolle seiner Triebe empfahlen [401]. Er behauptete später, dass diese keine Wirkung zeigten, und da er seine Gelüste nicht mit seiner Frau befriedigen konnte, die an einer Krankheit litt, suchte er nach Fremden.

Verbrechen: Über Moreira de Carvalhos frühe Verbrechen ist nur sehr wenig bekannt, aber laut einem Bericht eines Gremiums von Psychiatern, die ihn im psychiatrischen Krankenhaus Franco da Rocha untersuchten [402], sollen sie in den Jahren 1937, 1941, 1946, 1951 und 1952 begangen worden sein. Der erste dieser Vorfälle war die Belästigung einer Minderjährigen, für die er zu einem Jahr Gefängnis verurteilt wurde [403].

Im Jahr 1951, während er auf seinen Prozess wegen Verführung einer Minderjährigen wartete, gelang es Moreira de Carvalho, aus einem Gefängnis in Mogi das Cruzes zu fliehen und nach Itaquera zu gelangen, wo er versuchte, mehrere Frauen anzusprechen. Er wurde bei dem Versuch gefasst, die japanische Staatsangehörige Dioneko Tanagushi zu belästigen, und kehrte später ins Krankenhaus zurück [404].

Nach seiner Entlassung im folgenden Jahr zog Moreira de Carvalho in ein Haus im Stadtteil Guaiaúna in São Paulo. Kurz darauf nahm er seine sexuellen Übergriffe wieder auf, begann aber diesmal, seine Opfer zu töten [405].

Seine Vorgehensweise bestand darin, sich zwischen verschiedenen Stadtteilen und nahe gelegenen Städten zu bewegen, wo er Opfer auf abgelegenen Straßen und Wegen in dünn besiedelten Gebieten angriff. Die geringe Bevölkerungsdichte im Großraum São Paulo und die dort reichlich vorhandenen Buschlandschaften und Bauernhöfe boten dem Verbrecher zu dieser Zeit viele potenzielle Verstecke [405]. Das Opferprofil von Moreira de Carvalho bestand überwiegend aus unbegleiteten Kindern, Jugendlichen oder jungen Erwachsenen, von denen die meisten japanischer Abstammung waren. Er sprach sie direkt an und bot ihnen Sex an. Wenn sie versuchten, wegzulaufen, holte er sie ein und überwältigte sie schnell. Moreira würgte sie (entweder manuell oder mit einem kleinen Seil, das er bei sich trug), bis sie bewusstlos waren, und schleppte sie dann in den nahe gelegenen Wald, um mit ihnen Sex zu haben. Da es ihm anscheinend egal war, ob seine Opfer während der Vergewaltigung am Leben oder tot waren, haben einige vermutet, dass er nekrophil gewesen sein könnte [405].

Opfer:
Lidia Lisboa da Silva (43): Im Januar 1952 wurde sie auf der Rua Poá im Osten São Paulos angegriffen. Sie geriet in einen körperlichen Kampf, konnte aber entkommen.

Sie erkannte ihren Angreifer nach seiner Verhaftung auf in der Presse publizierten Fotos wieder.

Teresa Panza (14): Wurde am 26. Februar 1952 in Diadema auf dem Weg nach Hause ermordet, nachdem sie aus einem Bus ausgestiegen war. [Diadema ist eine Stadt mit rund einer halben Million Einwohner südlich von São Paulo und hat mit ca. 30.000 Einwohnern/km² eine der höchsten Bevölkerungsdichten Brasiliens.]

Gertrude Dunzinger (29): Die österreichische Staatsbürgerin, Mutter von drei Kindern, sprach kein Portugiesisch und wurde am 7. April 1952 in Parelheiros, im südlich von São Paulo liegenden Buschland, ermordet.

Namiko Suetnu (12): Ermordet am 26. Mai 1952 in Fazenda de Juta oder Estrada do Sapopemba.

Maria de Lourdes da Silva (19): Mitte 1952 in Guarulhos angegriffen. Später war sie eine wichtige Zeugin bei der Identifizierung von Moreira als Verdächtiger [406]. [Guarulhos liegt im Nordosten São Paulos und ist heute Ort des internationale. Flughafens.]

Luisa Marlene dos Santos (11): Ermordet in Itaquaquecetuba am 18. Juni 1952. [Die Stadt liegt im äußersten Osten der Agglomeration São Paulos.]

Marina da Silva (Alter unbekannt): Ermordet in Barueri am 20. Juni 1952, im äußersten Nordwesten der Agglomeration.

Marcilia Oliveira de Souza (18): Ermordet am 21. Juli 1952 in der Parada 15 de Novembro, im Osten São Paulos

Maria Nishigawa (11) und „JPT" (8): Doppelanschlag in São Bernardo do Campo, im Süden São Paulos, am 2. August 1952. „JPT" überlebte, Nishigawa nicht

Mioko Okuyama (14): Ermordet am 21. August 1952 in Guarulhos

Ermittlung, Verhaftung und Inhaftierung: Aufgrund der zunehmenden Zahl von Angriffen und Morden in der Region wurde ein Ermittlerteam zusammengestellt, um den Täter zu fassen. Bei der Befragung eines der überlebenden Opfer und einiger Zeugen waren die Ermittler verblüfft, als einige von ihnen sagten, dass er einem ihrer Ermittler, Adalberto Kurt [400], sehr ähnlich sah. Von da an durchsuchte das Team die Polizeidaten nach Sexualstraftätern, die Kurt ähnelten, und stieß schließlich auf das Profil von Moreira de Carvalho [407].

Bei näherer Betrachtung stellten die Ermittler fest, dass jener als Zeitarbeiter in diversen Sägewerken in der Stadt gearbeitet hatte und dass seine Abwesenheiten mit den Tatzeiten bestimmter Verbrechen zusammenfielen [407]. Da er seinen Arbeitgebern eine falsche Adresse angegeben hatte, machten die Behörden seine tatsächliche Adresse ausfindig und installierten eine Klingel, um sie zu alarmieren, wenn er zurückkehrte. Am 29. August wurde Moreira de Carvalho ohne Zwischenfälle festgenommen [400].

Bei einer Durchsuchung seines Hauses fanden die Ermittler eine Liste mit den Nummern und Orten der Angriffe, außerdem gestohlene Schultaschen (eine davon mit dem kleinen Seil) und Zeitungsausschnitte über die Verbrechen. Die Verhaftung sorgte in der Stadt für Aufsehen, da es für die damalige Zeit ungewöhnlich viele Opfer gab. Aus diesem Grund nahm die Polizei ähnliche Fälle aus der Vergangenheit erneut unter die Lupe, was dazu führte, dass mehrere Männer, die wegen Übergriffen, die nachweislich von Moreira de Carvalho verübt worden waren, eine Gefängnisstrafe verbüßten, freigesprochen wurden [405].

Unmittelbar nach seiner Verhaftung gab Moreira de Carvalho zu, für Angriffe auf
Kinder verantwortlich zu sein, behauptete jedoch, dass er kein Interesse an
erwachsenen Frauen habe und nicht an dem Angriff auf Lidia da Silva beteiligt
gewesen sei [401]. Nicht lange nach seiner Verhaftung wurde er psychiatrisch
untersucht, wobei festgestellt wurde, dass er aufgrund seiner geistigen Auffälligkeiten
nicht verhandlungsfähig war [402]. Aus diesem Grund wurde er in der psychiatrischen
Klinik Franco da Rocha interniert, wo er bis zu seinem Tod im Jahr 1976 blieb [405].

Florisvaldo de Oliveira

Portrait: Florisvaldo de Oliveira (18. November 1958 – 26. September 2012),
allgemein bekannt als „Cabo Bruno", war ein brasilianischer Selbstjustizler,
Serienmörder und ehemaliger Offizier der Militärpolizei des Bundesstaates São
Paulo, der in den 1980er Jahren in den Außenbezirken von São Paulo mehr als 50
Morde begangen haben soll [408][409]. Er galt als „eine der umstrittensten Figuren in
der Polizeigeschichte" [410] und gab diese Morde zunächst zu, stritt sie jedoch später
in seiner Aussage ab [411].

Geschichte: Florisvaldo de Oliveira wurde in Uchoa im Bundesstaat São Paulo
geboren [412]. Der Spitzname „Cabo Bruno" stammt aus seiner Kindheit in Catanduva.
Er war eine Provokation seiner Freunde, die ihn mit einem örtlichen Alkoholiker
namens Bruno verglichen [413]. Sogar seine Mutter begann, ihn so zu nennen. Cabo
Bruno war als „vigilante" [414] bekannt, eine Person, die außerhalb des Gesetzes
tötet. Es hieß, er begehe die Morde, „weil er die Randgruppen hasste", obwohl
Zeugenaussagen darauf hindeuteten, dass einige Hinrichtungen durch das Aussehen
der Opfer motiviert waren [415].

Verbrechen: Er handelte fast immer in seiner Freizeit im Bezirk Jabaquara [416], und
einige Bewohner sagten, dass „zu seiner Zeit so viel Unsicherheit herrschte" [417].
Händler waren angeblich seine größten „Kunden" [418], was er jedoch bestritt [419].
José Aparecido Benedito war der einzige Überlebende der Morde von Cabo Bruno:
Nachdem er angeschossen worden war, stellte er sich tot und konnte entkommen
[420]. Durch die Berichte des Journalisten Caco Barcellos wurde er bekannt, da er für
das Jornal Nacional [409] über die letzte Inhaftierung von De Oliveira berichtete. Die
meisten der ihm zur Last gelegten Schießereien ereigneten sich 1982, und viele in
der Region in diesem Jahr gefundene, von Kugeln durchlöcherte Leichen lösten
Panik aus [415]. Die vom Mörder benutzten Autos – ein Chevrolet Chevette, ein Ford
Maverick und ein Chevrolet Impala – deren Farben er immer wieder änderte, trugen
ebenfalls zu seiner traurigen Bekanntheit bei.

Am 22. September 1983 wurde er erstmals auf gerichtliche Anordnung hin verhaftet
[411], nachdem er wegen mehr als zwanzig Morden angeklagt worden war (und von
mehreren Zeugen erkannt wurde), obwohl er nur einen gestand: den vom 6. Februar
1982 im Slum von Jardim Selma, wo er von einem Freund des Opfers denunziert
wurde, der überlebte [421]. Viele Jahre später sollte er etwa zwanzig Morde gestehen,
und laut seiner zweiten Frau „Die anderen [Opfer] schoben es mir in die Schuhe. Es
gab Leute, die töteten und sich als Cabo Bruno ausgaben" [419]. Ihr zufolge nahm er
an, dass es ‚keinen großen Unterschied machen würde'. Zu diesem Zeitpunkt
schätzte die Militärpolizei von São Paulo, dass Cabo Bruno und mindestens zwölf
Polizeibeamte, darunter zwei hohe Beamte (ein Hauptmann und ein Leutnant), für

mehrere Hinrichtungen in der Südzone der Stadt verantwortlich waren [422]. Die Polizei berichtete außerdem, dass viele der Hinrichtungen allein aufgrund des Aussehens der Opfer erfolgt seien, darunter ein Junge, der wegen eines kleinen Kreuzes auf seinem Handgelenk getötet wurde – für Cabo Bruno war jedes Tattoo ein Zeichen für einen Kriminellen, so seine religiöse Argumentation. Als die Ermittlungen begannen, wurde die Bande offenbar von den höheren Rängen geschützt, aber die fortschreitende Sammlung von Beweisen und Hinweisen führte zum Zusammenbruch der gesamten Organisation [422].

Nach zwölf Prozessen [411] – in einem davon wurden mehrere andere Polizeibeamte vor Gericht gestellt, aber es gab immer noch eine genügende Zahl an Beweisen [423] – wurde Cabo Bruno zu 113 Jahren Gefängnis verurteilt. Nach dreimaliger Flucht, zuletzt am 30. Mai 1991 [409], wurde er im Gefängnis José Augusto César Salgado in Tremembé inhaftiert. Er behauptete, ein evangelischer Christ geworden zu sein und sagte, er ziehe es vor, nicht Cabo Bruno genannt zu werden [425]. 1998 fand in São Paulo eine Ausstellung seiner Ölgemälde auf Acryl statt [418]. Im Juli 2008 heiratete er als Pastor in der ökumenischen Kapelle des Gefängnisses [410] eine Hausfrau, die ehrenamtlich tätig war [426]. In seiner Arbeit als Pastor wurde Lindemberg Alves einer seiner Anhänger [410].

Entlassung und Tod: Im Jahr 2009, nachdem er ein Sechstel seiner Strafe verbüßt hatte, beantragte er die Umwandlung seiner Strafe in einen halboffenen Strafvollzug. Die Staatsanwaltschaft beantragte eine psychosoziale Untersuchung, die in zwei Phasen durchgeführt wurde und mit positiven Stellungnahmen zum Fortschreiten der Strafe [410] versehen war, die am 19. August bewilligt wurde [424].

Trotz des halboffenen Vollzugs wurde ihm 2009 aufgrund seiner Fluchtgeschichte [427] der Vorteil eines vorübergehenden Hafturlaubs verwehrt, den er aber ohnehin erst ab 2017 hätte erhalten können. Am 22. August 2012 gewährte ihm das Gericht in Taubaté jedoch nach 27 Jahren Haft die Freiheit [428]. Zusätzlich zum Bericht des des Staatsanwalts, die auf einem Gesetz basierte, das die endgültige Freilassung von Gefangenen mit guter Führung und einer Haftstrafe von mehr als zwanzig Jahren vorsah, untermauerten Dokumente mit Lob von Beamten und der Leitung des Gefängnisses bezüglich seines Verhaltens in der Haftanstalt die Entscheidung einseitig [428].

Er fälschte die ursprüngliche Entlassungsgenehmigung und trug immer eine Kopie davon bei sich, zusammen mit einer Liste von zehn Träumen, die er sich vor seinem Tod erfüllen wollte [419]. „Bei meiner Flucht haben sie [die Polizei] mich immer aufgehalten", beschwerte er sich scherzhaft. "Jetzt, wo ich die Lizenz habe, wird mich niemand mehr aufhalten."

Etwas mehr als einen Monat nach seiner Entlassung aus dem Gefängnis wurde Cabo Bruno am 26. September 2012 gegen 23:30 Uhr in der Nachbarschaft Quadra Coberta in Pindamonhangaba mit etwa zwanzig Schüssen getötet [429]. Er war in Begleitung von Verwandten auf dem Rückweg von einem Gottesdienst in der Gemeinde Aparecida, als er von zwei Männern niedergeschossen wurde; seine Verwandten blieben unverletzt. „Zeugen zufolge waren es zwei Männer, die zu Fuß ankamen und nur auf ihn schossen", erklärte der Leutnant der 2. Kompanie des 5. Bataillons der Militärpolizei. „Es handelte sich wahrscheinlich um eine Hinrichtung, aber es ist nun Aufgabe der Zivilpolizei, die Ermittlungen zu führen" [430]. Cabo Bruno wurde noch am Tatort für tot erklärt. Tatort-Experten sammelten Patronenhülsen einer 0,40 Smith & Wesson und einer weiteren Waffe, einer 0,38 automatischen Colt-Pistole [430].

Nach dem Tod von Cabo Bruno versteigerte seine Familie eine Reihe von Gemälden des Ex-Premierministers, um anderswo ein neues Leben zu beginnen.

<u>Sebastião Antônio de Oliveira</u>

Portrait und Geschichte: Sebastião Antônio de Oliveira (7. Oktober 1915 oder 1916 – 7. Januar 1976), bekannt als „Das Monster von Bragança", war ein brasilianischer Vergewaltiger und Serienmörder, der mindestens acht Vergewaltigungen und fünf Morde in der Region Bragança, etwa 70 km nördlich von São Paulo, in zwei Zeiträumen begangen hat: zwischen 1953 und 1963 und zwischen 1974 und 1975, als er verhaftet wurde. Dieser Fall schockierte die Gesellschaft in den 1970er Jahren in Bragança Paulista [431].

Das Geburtsdatum und der Geburtsort von De Oliveiras sind ungewiss. Laut einem Bericht in der Zeitung Folha de São Paulo wurde er am 7. Oktober 1915 in Tuiuti geboren, während die Zeitschrift O Cruzeiro die Stadt als Ampar und das Jahr als 1916 angibt. Seit seiner Kindheit litt er unter psychischen Problemen, die sich im Laufe der Jahre verschlimmerten. 1938 heiratete er und hatte mehrere Kinder. In den 1950er Jahren verschlechterte sich sein psychischer Gesundheitszustand [431][432][433].

Verbrechen 1953 bis 1963: 1953 lockte De Oliveira in Atibaia einen achtjährigen Jungen an, vergewaltigte ihn und ließ das Kind fast sterben. Später im selben Jahr wurde in der Region Bragança ein weiteres Kind tot aufgefunden, das Anzeichen von Vergewaltigung aufwies. Nachdem er angezeigt worden war, wurde er verhaftet und zu einer Gefängnisstrafe im Carandiru-Gefängnis verurteilt. Auf gerichtliche Anordnung hin angeordnete psychiatrische Untersuchungen führten zu seiner Verlegung in das Strafkrankenhaus Franco da Rocha zur Behandlung. Aufgrund seines guten Verhaltens wurde er 1958 in das psychiatrische Krankenhaus Juqueri verlegt. Im folgenden Jahr floh er aus Juqueri und irrte umher, bis er sich in São Paulo niederließ. Dort lebte er mit seiner Frau und seiner Tochter im Stadtteil Tatuapé mit seiner Frau und seiner Tochter. Am 10. Juli 1959 entführte De Oliveira seine Tochter und floh. Seine Frau alarmierte die Behörden, die aufgrund der Vorgeschichte von De Oliveira São Paulo und das Umland durchsuchten. Am nächsten Tag vergewaltigte De Oliveira seine Tochter, setzte sie an der Mogi-Mirim-Straße in Campinas aus und floh erneut [434][435][433].

1963 wurde er wegen Vergewaltigung einer weiteren Minderjährigen angeklagt und in Adamantina verhaftet und erneut in das Strafkrankenhaus Franco da Rocha eingewiesen. 1969 wurde er in einem medizinischen Gutachten als „reiner Biokrimineller mit einer sexopathischen Spezialisierung" eingestuft und in das Taubaté Custody Hospital verlegt, wo er bis zum 24. Februar 1973 blieb, als er unter Aufsicht entlassen wurde. Im darauffolgenden Jahr streunte und bettelte er in der Region Bragança Paulista, bis er sich Mitte 1974 in Bragança niederließ [s431][433].

Verbrechen 1974 bis 1975: Im Dezember 1974 entführte, vergewaltigte und ermordete De Oliveira die sechsjährige Maria Janete (am 26.) und den achtjährigen Valdir (am 29.) und versuchte in diesem Zeitraum auch, vier weitere Kinder anzugreifen. Die Zivilpolizei verhörte diejenigen, die entkommen waren, und erhielt eine Beschreibung des Verdächtigen. Während der Suche nach ihm verschwanden zwei weitere Kinder, die Schwestern Ana Aparecida (6) und Rosângela (7). Mit der Nachricht von ihrem Verschwinden geriet die gesamte Stadt Bragança in Panik, und die Eltern hinderten ihre Kinder daran, auf der Straße zu spielen, zur Schule zu gehen usw. [431][436][433]. Nach einer 22-tägigen Fahndung wurde De Oliveira in Amparo festgenommen. Er wurde nach Bragança gefahren, wo er die vier Morde gestand und die Ermittler zu dem Ort führte, an dem er die Leichen der vermissten Schwestern zurückgelassen hatte [431][437].

Inhaftierung und Tod: Die Nachricht von der Verhaftung verbreitete sich in Bragança Paulista wie ein Lauffeuer, sodass sich Menschenmengen vor der Polizeistation versammelten, um das sogenannte „Monster von Bragança" zu lynchen. Die Behörden mussten eine Überführung nach Campinas durchführen, bei der mehr als 50 bewaffnete Polizisten De Oliveira zum Gefängnis von Campinas eskortierten [438]. Während er dort auf seinen Prozess wartete, erhielt er Morddrohungen von anderen Häftlingen und wurde dann nach Atibaia verlegt. Nachdem das Gericht auf einen Antrag seines Verteidigers reagiert hatte, wurde De Oliveira ein drittes Mal in das Strafkrankenhaus Franco da Rocha verlegt.

Anschließend beantragte der vorsitzende Richter des Falles, Dr. João Batista Lopes, 1975 dreimal eine psychische Beurteilung, um zu entscheiden, ob der Angeklagte vor Gericht gestellt werden sollte. Aus unbekannten Gründen wurde die Beurteilung in diesem Jahr nicht durchgeführt und stattdessen auf Anfang 1976 verschoben. Am 7. Januar 1976 beging De Oliveira Selbstmord und wurde erhängt in seiner Zelle aufgefunden [433].

In der Populärkultur: In Bragança wurden die Gräber der vier Kinder auf dem städtischen Friedhof Saudade zu einem beliebten Wallfahrtsort. Einige Menschen schreiben den Kindern Wunder zu und hinterlassen Opfergaben als Dank für die erhaltenen Gnaden [433].

<u>Ademir Oliveira Rosário</u>

Portrait und Geschichte: Ademir Oliveira Rosário (geboren 1971), bekannt als „Der Maniac von Cantareira" („Maníaco da Cantareira"), ist ein brasilianischer Serienmörder und Serienvergewaltiger, der durch die Ermordung zweier Teenager im Jahr 2007 traurige Berühmtheit erlangte. Die Verbrechen wurden nach seiner Entlassung aus einer psychiatrischen Klinik auf Bewährung begangen, wo er wegen einer Verurteilung wegen Totschlags im Jahr 1991 und anderer Anklagepunkte interniert worden war. Für die letztgenannten Verbrechen wurde er zu 57 Jahren Haft verurteilt.

Geschichte: Oliveira Rosário wurde 1971 in São Paulo in eine Familie mit sieben weiteren Geschwistern geboren. Seine Kindheit soll normal verlaufen sein, obwohl er taub und stumm geboren wurde. Einer seiner Schwestern zufolge begann er jedoch als Teenager, ein instabiles und bizarres Verhalten zu zeigen, ohne jedoch größere Störungen für seine Familienmitglieder zu verursachen [440].

Anfang der 1990er Jahre begann er, kriminelle Aktivitäten zu verüben, beginnend mit einer Verurteilung wegen Diebstahls im Jahr 1990. Im folgenden Jahr tötete Oliveira

Rosário einen Mann während eines Streits, wurde jedoch aus Gründen der Unzurechnungsfähigkeit freigesprochen und in eine psychiatrische Klinik in Taubaté eingewiesen [440]. Obwohl er als gefährlicher Sexualstraftäter diagnostiziert wurde, wurde er in einen halboffenen Vollzug eingewiesen, der ihm erlaubte, nach draußen zu gehen. Während eines solchen Ausflugs im Jahr 1998 griff er zwei Jungen an und beging einen Raubüberfall. Er wurde erneut in die Klinik eingewiesen, aber es wurde kein strengeres Regime gegen ihn verhängt [441].

Entlassung und sexuelle Übergriffe: Anfang der 2000er Jahre wurde Oliveira Rosário in eine psychiatrische Klinik in Franco da Rocha verlegt, wo er schließlich am 25. November 2006 die Erlaubnis erhielt, die Klinik zu verlassen [440]. Nach seiner Entlassung zog er zurück nach São Paulo und ging eine Beziehung mit Elson José Messaggi ein, einem homosexuellen Pai de Santo, bei dem 1997 HIV diagnostiziert worden war [442]. Wie Oliveira fühlte sich Messaggi zu Teenagern im Alter von 14 bis 15 Jahren hingezogen, die er oft mit dem Angebot von Sex im Austausch gegen Süßigkeiten und Softdrinks in nahegelegene Wälder lockte [442].

Im März des folgenden Jahres begann Oliveira, Wanderwege entlang des Gebirges Serra da Cantareira nördlich von São Paulo abzusuchen und männliche Teenager, die ohne Begleitung eines Erwachsenen unterwegs waren, auszumachen. Wenn sich die Gelegenheit bot, bedrohte er sie mit einem Messer und zwang sie, sexuelle Handlungen an ihm vorzunehmen, und vergewaltigte seine Opfer manchmal sogar. Insgesamt wird davon ausgegangen, dass er dies von März bis September 2007 etwa 21 Opfern angetan hat und Berichten zufolge allein handelte [440].

Verbrechen, Ermittlungen und Verhaftung: Am 22. September 2007 gingen die beiden Brüder Francisco de Oliveira Neto (14) und Josenildo José de Oliveira (13) aus Jardim Paraná in den nahe gelegenen Wald, um für ihre Mutter Früchte zu sammeln. Als sie nicht zurückkehrten, verständigte ihre Mutter die Polizei, die eine Such- und Rettungsaktion einleitete. Drei Tage später wurden die nackten Leichen der beiden Teenager in einem Wald im Norden von São Paulo gefunden. Zunächst wurde vermutet, dass sie sich verirrt hatten und bei einem Unfall ums Leben gekommen waren, aber die Behörden schlossen die Möglichkeit eines Verbrechens nicht aus [444].

Bei einer weiteren Untersuchung stellten die Ermittler fest, dass beide erstochen und möglicherweise sexuell missbraucht worden waren, da die Gerichtsmediziner an beiden Körpern Einstichwunden von einem scharfen Gegenstand fanden [445]. Die Kriminalpolizei leitete nun eine Mordermittlung ein und fand schnell heraus, dass nur einen Tag vor dem Verschwinden der Brüder ein anderes Trio von Jungen angegriffen worden war, denen jedoch die Flucht gelang. Bei ihrer Vernehmung beschrieben sie ihren Angreifer als jungen schwarzen Mann mit einer Narbe im Gesicht und einem kahlrasierten Kopf, der möglicherweise taubstumm war [446]. Schließlich spürten sie einen Bruder von Oliveira Rosário auf, der ihnen erzählte, dass er derzeit wegen eines gewalttätigen, unsittlichen Übergriffs in einer psychiatrischen Klinik inhaftiert sei [443].

Damit wäre er zwar als Verdächtiger ausgeschieden, doch weitere Ermittlungen ergaben, dass er an den Wochenenden auf Bewährung entlassen wurde, sodass er möglicherweise diese Taten hätte begehen können. Als ihnen ein Foto von Oliveira Rosário vorgelegt wurde, identifizierten ihn die drei Jugendlichen eindeutig als ihren Angreifer [441]. Kurz darauf wurde er verhaftet und gab sofort die Tat zu, behauptete jedoch, dass er einen Blackout gehabt habe und sich nicht genau daran erinnern könne, was passiert sei. Er gab an, sich daran zu erinnern, Josenildo erstochen zu haben, behauptete jedoch, dass sein Partner Messaggi derjenige gewesen sei, der Francisco getötet habe. Aus diesem Grund wurde auch Messaggi festgenommen, der jedoch vehement bestritt, an den Morden beteiligt gewesen zu sein [441].

Im Gegensatz zu seinen Behauptungen enthielt eine Untersuchung des Mobiltelefons von Oliveira Rosário, das zahlreiche Fotos von minderjährigen jungen Männern enthielt, auch ein Foto, das Messaggi am selben Tag, an dem die Brüder verschwanden, im Wald zeigte [442]. Einige der überlebenden Opfer von Oliveira Rosário behaupteten auch, dass er manchmal von einem anderen Mann begleitet wurde, der Messaggi ähnelte [442].

Gerichtsverfahren und Inhaftierung: Vor seinem Gerichtsverfahren unterzog sich Oliveira Rosário einer psychiatrischen Untersuchung unter der Leitung des renommierten Psychiaters Guido Palomba. Palomba kam später zu dem Schluss, dass Oliveira Rosário psychopathische Tendenzen aufwies und „völlig abnormal" war, entschied jedoch, dass er verhandlungsfähig sei [445].

Sein Prozess begann im März 2012. Während des Verfahrens behauptete Oliveira Rosário, er habe „eine Affäre mit dem jüngeren Bruder haben wollen", und gab an, er habe einen völligen Blackout gehabt, als Josenildo seine Annäherungsversuche an ihn zurückwies [447]. Er bestritt auch, Francisco vergewaltigt und getötet zu haben, und schob dies vollständig Messaggi in die Schuhe. Aus diesem Grund plädierte sein Anwalt Marcos Figueiredo Martins vor dem Richter auf Freispruch seines Mandanten wegen Unzurechnungsfähigkeit und anschließender Einweisung in eine psychiatrische Anstalt, da er zum Zeitpunkt der Morde nicht bei klarem Verstand gewesen sein könne.

In einer Widerlegung dieser Einschätzung wies der Staatsanwalt Eduardo Campana darauf hin, dass die psychiatrischen Gutachten darauf hindeuteten, dass Oliveira Rosário zum Zeitpunkt der Verbrechen zurechnungsfähig war und somit für seine Handlungen voll verantwortlich war [447]. Letztendlich wurde er in zwei Fällen wegen Vergewaltigung und Mordes für schuldig befunden und zu 57 Jahren Haft verurteilt [448]. Für seine mutmaßliche Beteiligung an den Verbrechen war Messaggi bereits 2009 wegen Beteiligung am Tod von Josenildo zu 31 Jahren Haft verurteilt worden, legte jedoch weiterhin Berufung gegen das Urteil ein und beteuerte seine Unschuld [445].

Kurz nach der Verhaftung von Oliveira Rosário ergab eine Untersuchung der Praktiken im Krankenhaus Franco da Rocha, dass es zahlreiche Unregelmäßigkeiten gab, darunter Personalmangel und fehlende geeignete Lagerräume für die Medikamente der Insassen [442]. Personalmangel in solchen Einrichtungen begünstigt jedoch mangelnde Aufsicht und ermöglicht es gefährlichen potenziellen Tätern, zu fliehen.

Laerte Patrocínio Orpinelli

Portrait und Geschichte: Laerte Patrocínio Orpinelli (1952 – 3. Januar 2013), bekannt als „Der Fahrrad-Verrückte" („Maníaco da Bicicleta"), war ein brasilianischer serieller Mörder und Vergewaltiger, der von 1990 bis 1999 mindestens 10 Kinder in der Umgebung von São Paulo schlug, vergewaltigte und erwürgte, aber seit den 1970er

Jahren in mehr als 100 Todesfällen verdächtigt wird. Er wurde für seine bekannten Verbrechen zu 100 Jahren Haft verurteilt und starb 2013 hinter Gittern [449].

Laerte Patrocínio Orpinelli wurde 1952 in Araras, etwa 170 km nordwestlich von São Paulo, geboren. Er war das siebte von neun Kindern. Schon in jungen Jahren verhielt er sich seinen Geschwistern, Nachbarn und insbesondere seiner Mutter gegenüber aggressiv und versuchte häufig, durch das Schlagen von Dosen im Hof der Familie auf sich aufmerksam zu machen [450]. Dies verärgerte seine Mutter Eliza, die ihn mit Lumpenstücken an die Bettkante oder an den Fuß eines Tisches band, um ihn in Schach zu halten. Wenn er losgebunden wurde, rächte sich Orpinelli, indem er sie mit Ziegelsteinen bewarf [450].

In der Schule galt er als Außenseiter, da er kaum sprach, nie mit anderen Kindern spielte und schlechte Noten hatte, sodass er schließlich in der dritten Klasse abbrach [450]. Als Jugendlicher begann er, große Mengen Alkohol zu trinken, was schließlich zu einem Alkoholproblem führte, aufgrund dessen er mehrmals in psychiatrischen Kliniken interniert werden musste. Wenn er einmal nicht inhaftiert war, streunte Orpinelli durch verschiedene Städte im Norden von São Paulo und verdiente seinen Lebensunterhalt als Türsteher in gewerblichen Einrichtungen. Er fiel durch sein schmutziges, zerlumptes Äußeres auf, galt aber ansonsten als harmlos [450].

Verbrechen: Anfang der 1990er Jahre erholte sich die Stadt Rio Claro noch immer von der Verbrechensserie von Francisco de Marco, der beschuldigt wurde, vier Kinder in der Gegend getötet zu haben. Als erneut Kinder verschwanden und ihre Skelettüberreste später im Staatswald Edmundo Navarro de Andrade entdeckt wurden, schrieb die örtliche Bevölkerung diese sofort De Marco zu, obwohl er inhaftiert war. Als jedoch danach immer mehr Überreste entdeckt wurden, versetzte dies die örtliche Bevölkerung in höchste Alarmbereitschaft, und die Eltern trafen zusätzliche Vorsichtsmaßnahmen, um ihre Kinder zu schützen [450].

Orpinellis Modus Operandi bestand darin, mit seinem roten Fahrrad durch Städte zu fahren und nach unbeaufsichtigten Kindern zu suchen, die abseits ihrer Eltern spielten. In einigen Fällen freundete er sich zunächst mit den Eltern des möglichen Opfers an, um leichteren Zugang zu ihrem Kind zu erhalten. Wenn die Eltern nicht in der Nähe waren, lockte Orpinelli die Kinder mit dem Versprechen von Süßigkeiten oder überzeugte sie davon, dass er ihre Eltern kannte. Dann bot er ihnen an, zu ihm nach Hause zu kommen [450]. Wenn sie zustimmten, nahm er sie auf seinem Fahrrad mit und fuhr mit ihnen in abgelegene Gebiete, in der Regel Wälder oder verlassene Häuser, wo er sie dann vergewaltigte. Seine Angriffe waren von extremer Brutalität und Folter geprägt und führten oft dazu, dass er sie entweder zu Tode prügelte oder erwürgte. Manchmal steinigte er sie zu Tode und ließ die nackten Leichen dann im Freien liegen [451].

In seinen späteren Geständnissen behauptete Orpinelli, er habe das Blut einiger Opfer getrunken und Satan habe ihn beeinflusst, Kinder zu jagen und zu töten [450]. Gleichzeitig behauptete er, dass sein Alkoholismus in hohem Maße zu seinen Verbrechen beigetragen habe, und sagte, dass er den Verstand verliere, wenn er „ein paar" trinke. Seine bekannten Opfer waren überwiegend Kinder im Alter von 3 bis 11 Jahren aus wirtschaftlich benachteiligten Verhältnissen, wobei es keine offensichtliche Präferenz für ein bestimmtes Geschlecht gab. Die Tatorte selbst lagen auch sehr nahe beieinander, wobei seine bekannten Opfer in Rio Claro, Monte Alto, Pirassununga und Franca lebten. Es ist aber natürlich möglich, dass es in anderen Gebieten noch mehr Opfer gab [451].

Teilweise Opferliste: Orpinellis erste bestätigte Opfer waren die Cousins Osmarina „Marina" Pereira Barbosa (10) und José Fernando de Oliveira (9), die Orpinelli am 17. Januar 1990 in ihrem Haus im Stadtteil Santa Maria in Rio Claro ansprach. Beide wurden auf ein nahegelegenes Zuckerrohrfeld gelockt, wo Orpinelli Pereira Barbosa zunächst vergewaltigte und dann zu Tode prügelte, bevor er auch De Oliveira zu Tode prügelte. Er behauptete später, dass der Junge länger brauchte, um zu sterben als das Mädchen. Die Knochen beider Kinder wurden im September desselben Jahres gefunden [451].

Am 28. August 1996 verschwand Aline Cristina dos Santos Siqueira (8) aus Rio Claro und wurde Berichten zufolge zuletzt in Begleitung einer Person auf einem Fahrrad gesehen. Orpinelli gestand später, sie entführt und getötet zu haben, aber ihre Leiche wurde nie gefunden [451].

Am 26. Mai 1998 verschwand Edson Silva de Carvalho (11) aus Monte Alto, und seine Leiche wurde später in einem fortgeschrittenen Stadium der Verwesung gefunden. Sein erster Mord ist der erste bekannte Mord, der außerhalb von Rio Claro begangen wurde. Laut Orpinelli begann Silva de Carvalho zu schreien, während er ihn angriff, was ihn wütend machte und dazu veranlasste, seinen Kopf gegen die Wand zu schlagen, wodurch er sofort starb [451].

Orpinellis bisher jüngstes bekanntes Opfer war Crislaine dos Santos Barbosa (3) – ihr Fall zeichnet sich auch dadurch aus, dass ihr Entführer im Gegensatz zu den vorherigen Opfern tatsächlich ihre Mutter stalkte, in das Haus der Familie in Pirassununga einbrach und sie dann am 25. April 1999 entführte [451]. In seinem Geständnis behauptete Orpinelli, er habe sie nicht vergewaltigt, sondern nur zu Tode geprügelt. Das Skelett von Dos Santos Barbosa wurde einige Monate später in einem Zuckerrohrfeld hinter einem Motel gefunden [451].

Orpinellis letztes bekanntes Opfer war Jéssica Alves Martins (9), die am 21. November 1999 aus ihrem Haus in Franca entführt wurde. Ihre Leiche, die Anzeichen von Vergewaltigung und Strangulation aufwies, entdeckte man zwei Tage später in einem Zuckerrohrfeld [451].

Ermittlungen: Die Verbrechen betrachtete man zuerst als nicht miteinander im Zusammenhang stehend und behandelte sie getrennt, bis im Dezember 1998 bei der Polizei in Rio Claro eine Beschwerde einging, dass eine unbekannte Person versucht habe, zwei Minderjährige zu entführen [451]. Während die Polizeibehörde dem Vorfall keine große Beachtung schenkte, wurde die Polizeichefin einer anderen Abteilung, Sueli Isler, auf den Fall aufmerksam und begann mit weiteren Ermittlungen. Sie durfte sich jedoch erst im folgenden Jahr vollständig dem Fall widmen und unter Verwendung der von den Familienmitgliedern der Opfer bereitgestellten Informationen wurden der Name und eine Skizze des Verdächtigen veröffentlicht. Diese wurden an die Polizeistationen aller umliegenden Regionen verteilt und schnell von den lokalen Zeitungen und Medien aufgegriffen [451].

Verhaftung, Prozess und Inhaftierung: Am Abend des 10. Januar 2000 sichtete man Orpinelli im Itu Night Hotel in Itu, einer Unterkunft für Obdachlose und Bedürftige. Er meldete sich an und blieb drei Nächte, dann begab er sich in die Stadt Leme, wo er an einer Tankstelle von der Militärpolizei verhaftet wurde [450]. Orpinelli, der alle seine Verbrechen gestand und ein Notizbuch vorlegte, in dem er seine Reisedaten und

-orte notiert hatte, wurde erstmals 2001 angeklagt und 2008 von den verschiedenen Gemeinden zu einer Gesamtstrafe von 100 Jahren verurteilt [450].

Tod: Am 6. Januar 2013 gab die Gefängnisverwaltung von São Paulo bekannt, dass Orpinelli nach seiner Verlegung in die Strafanstalt in Iaras von Gefängniswärtern tot in seiner Zelle aufgefunden wurde [449]. Als offizielle Todesursache wurde ein natürlicher Tod angegeben, der möglicherweise durch seine Diabetes und seinen hohen Blutdruck verursacht wurde. Sein Leichnam wurde anschließend auf dem städtischen Friedhof von Araras beigesetzt.

In den Medien und in der Kultur: Mehrere Bücher und Dokumentarfilme haben den Fall behandelt, darunter eine Folge von Investigação Criminal, die 2013 ausgestrahlt wurde [452]. Ein Film, der auf dem 2011 von Reginaldo Carlota veröffentlichten Buch „O Matador de Crianças" basiert, ist derzeit in Arbeit [453]. Einer seiner Brüder wurde nach den Verbrechen befragt und gab in dem Interview an, dass er seinen Bruder seit mehr als einem Jahrzehnt nicht mehr gesehen habe und auch nicht den Wunsch verspüre, ihn zu sehen [453].

Leandro Basílio Rodrigues

Portrait und Geschichte: Leandro Basílio Rodrigues (geb. 1989), bekannt als „The Guarulhos Maniac", ist ein brasilianischer Serienmörder, der zwischen 2007 und 2008 in Guarulhos mindestens fünf Frauen vergewaltigte und erwürgte und ihre Körper post mortem vergewaltigte [454]. Für seine bekannten Verbrechen wurde er zu 111 Jahren Haft verurteilt, aber er könnte möglicherweise für mindestens vier weitere Morde verantwortlich sein [454].

Leandro Basílio Rodrigues wurde 1989 in Guarulhos geboren, einer nordöstlich von São Paulo gelegenen Stadt, in der sich der internationale Flughafen von São Paulo befindet. Er lebte in einem instabilen Zuhause, da seine Mutter seinen alkoholkranken Vater oft betrog, und er begann allmählich, Ressentiments gegen das promiskuitive Verhalten seiner Mutter zu hegen [455]. Im Alter von 13 Jahren wurde er Zeuge, wie seine Mutter von einem Freund zweimal angeschossen wurde. Während sie überlebte, schwor Rodrigues, enttäuscht von dem Ausgang, selbst zum Mörder zu werden.

Bald nach dem Vorfall begann er, gemeinsam mit einem 14-jährigen Mädchen, das ihm später ein Kind gebar, Verbrechen zu begehen. Das Mädchen wurde jedoch Rodrigues' kriminellen Lebensstils überdrüssig und verließ ihn. Verbittert begann Rodrigues bald darauf, Frauen anzugreifen und zu töten [455].

Verbrechen: Das erste bekannte Opfer von Rodrigues war die 23-jährige Drogenkonsumentin Keliane Leite da Silva, die am 7. September 2007 in Jardim Adriana, Guarulhos, geschlagen, erwürgt und anschließend sexuell missbraucht wurde [456]. Einen Monat später wiederholte er die Tat an Viviane da Silva Correa, die er in einer Gasse im Viertel Vila Rio erwürgte und vergewaltigte [457].

Im darauffolgenden Jahr wurde sein drittes bekanntes Opfer, die Studentin Juliana Teixeira do Nascimiento, in der Nacht vom 29. auf den 30. Mai 2008 in einem Wohnwagen in der Nähe der Rodovia Hélio Smidt erwürgt und vergewaltigt, wobei ihr Fall erst Jahre später mit den anderen in Verbindung gebracht wurde [457]. Am 26.

August erwürgte und vergewaltigte er Aline Sena da Rocha, und Tage später griff er
sein letztes bekanntes Opfer, Gisele Cabral de Souza, an und tötete sie, indem er sie
auf dem Parkplatz eines Sportstadions erwürgte [457].

Verhaftung, Prozess und Inhaftierung: Kurz nach dem Mord an de Souza wurde
Rodrigues verhaftet und wegen der vier bekannten Morde angeklagt, die Rodrigues
zugeschrieben wurden. Während der Verhöre mit Polizeichef Jackson Cesar Batista
soll Rodrigues plötzlich den Vergewaltigungsmord an Vanessa Batista de Freitas (22)
im August 2006 gestanden haben, die auf dem Jardim Cristian Alice getötet wurde,
nachdem sie von einer religiösen Predigt nach Hause zurückgekehrt war [456]. In
seinem Geständnis behauptete er, ihr Mobiltelefon gestohlen und ihr den weißen
Schleier über das Gesicht gelegt zu haben, bevor er floh, und das Telefon später
verkauft zu haben, um Crack-Kokain zu kaufen [458].

Diese Enthüllung erwies sich als umstritten, da bereits drei Männer wegen des
Verdachts, diesen Mord begangen zu haben, inhaftiert worden waren: Batistas 24-
jähriger Ex-Partner Renato Correia de Brito sowie seine beiden Freunde, der 28-
jährige William César de Brito Silva und der 25-jährige Wagner Conceição da Silva
[459]. Die drei Männer hatten seit ihrer Festnahme ihre Unschuld beteuert und
behauptet, sie seien von Polizeibeamten zu einem Geständnis gefoltert worden [458].
Aufgrund des Geständnisses von Rodrigues wurden sie vorübergehend freigelassen,
bis die Ermittler feststellen konnten, ob ihre Behauptungen über Polizeibrutalität
begründet waren [460].

Der Termin für ihr Schwurgerichtsverfahren wurde auf den 19. November festgesetzt
[459], aber während dieser Zeit widerrief Rodrigues sein Geständnis und behauptete
auch, durch Folter zu einem Geständnis gezwungen worden zu sein. Daraufhin
wurde das Trio in einer umstrittenen 4:3-Entscheidung für schuldig befunden und zu
Haftstrafen zwischen 24 und 9 Jahren verurteilt. Außerdem wurden sie dazu
verpflichtet, den Kindern des Opfers eine finanzielle Entschädigung zu zahlen, bis
diese erwachsen sind [458].

Erst später wurde entschieden, dass Rodrigues auch wegen der vier Morde vor
Gericht gestellt werden sollte [461]. Zunächst wurde er nur wegen des Mordes an
Cabral angeklagt, da nach der ursprünglichen Anklage eine zusätzliche
Vergewaltigungsanklage hinzukam [462]. Etwa zur gleichen Zeit wurde der Mord an
Teixeira mit den anderen Fällen in Verbindung gebracht [457]. Er wurde anschließend
für schuldig befunden und zu 25 Jahren Haft verurteilt [462].

Drei Jahre später wurde Rodrigues wegen der übrigen Morde vor Gericht gestellt, die
er bestritt begangen zu haben. Trotz seiner Weigerung wurde er für schuldig
befunden und zu insgesamt 111 Jahren Gefängnis ohne Chance auf vorzeitige
Entlassung verurteilt und anschließend im Gefängnis Sorocaba inhaftiert [456].

Mögliche weitere Opfer: In der Zeit zwischen seiner ersten Inhaftierung und der
endgültigen Verurteilung gestand Rodrigues insgesamt 50 Morde, die er über
mehrere Jahre hinweg begangen hatte, und zu seinen Opfern gehörten sowohl
Frauen als auch Männer, wobei letztere aus persönlichem Misstrauen oder um
kriminelle Komplizen loszuwerden, getötet wurden [454]. Diese Behauptung bleibt
unbegründet, aber es ist bekannt, dass zu einem bestimmten Zeitpunkt wegen
insgesamt 17 Morden gegen ihn ermittelt wurde, von denen einige in São Paulo,
Belo Horizonte und Rio de Janeiro begangen wurden [456]. Die Staatsanwaltschaft

schränkte die Zahl später um weitere vier Morde ein, für die Rodrigues ihrer Meinung nach verantwortlich gewesen sein könnte [454].

In den Medien: Der Fall wurde in der brasilianischen Fernsehsendung „Em Nome da Justiça" („Im Namen der Gerechtigkeit") behandelt, wobei der Schwerpunkt auf dem Mord an Vanessa de Freitas lag und darauf, ob Rodrigues der wahre Täter war [463].

Orlando Sabino Camargo

Portrait: Orlando Sabino Camargo (4. September 1946 – 8. Juni 2013), bekannt als das „Monster von Capinópolis", war ein brasilianischer mutmaßlicher Serienmörder, der wegen Mordes an 12 Menschen mit Revolvern und Gewehren sowie der Erschlagung und Erstickung von 19 Kälbern mit einer Sichel in den Regionen Triângulo Mineiro, Alto Paranaíba und im Süden von Goiás verurteilt wurde. [Capinópolis liegt etwa 700 km westnordwestlich von Belo Horizonte.] Sabino Camargo wurde auch wegen zahlreicher anderer Verbrechen wie Diebstahl, Raub und Vergewaltigung angeklagt.

Sabino Camargo wurde als kleiner, oberflächlicher Mann mit ängstlichem und introvertiertem Blick beschrieben, dessen Gesichtszüge aufgrund seiner fehlenden Reaktion auf die Schusswaffe eines in der Nähe befindlichen Polizisten zum Zeitpunkt seiner Festnahme an das autistische Spektrum erinnerten [464].

Es gibt viele Theorien, die auf die Militärdiktatur in Brasilien hinweisen, die in den Jahren stattfand, in denen Sabino Camargo aktiv war, und die Regierung für diese Verbrechen verantwortlich machen, die aus politischen Gründen begangen worden wären. Diese Theorien wurden nie bestätigt. Er galt zur Zeit seiner Aktivitäten als Symbolfigur in der lokalen Folklore, da viele Menschen dachten, er sei aufgrund seiner Einsicht, Stärke und Gefährlichkeit mit übernatürlichen Fähigkeiten ausgestattet.

Geschichte: Über Sabino Camargos Leben vor seinen kriminellen Aktivitäten ist wenig bekannt, da er selbst die Quelle der Informationen über seine Herkunft war. Er soll am 4. September 1946 in Arapongas in einem Möbelgeschäft im Norden Paranás geboren worden sein. Als ältestes von sieben Kindern war er der Sohn des Bauernpaares Jorge Francisco und Benedita Rodrigues. Mit Anfang zwanzig lief Sabino Camargo von zu Hause weg, um auf einem anderen Bauernhof zu arbeiten, nachdem er miterlebt hatte, wie sein Vater von seinem Chef ermordet wurde. Als er nach Hause zurückkehrte, war seine Familie nirgends zu finden, und so wurde Sabino zum Herumtreiber [465].

Verbrechen und Gefangennahme: Nach einer kilometerlangen Reise erreichte er die Region Alto Paranaíba, wo er Ende 1971 des Raubes in der Region Araxá und des Mordes in Patrocínio und Coromandel beschuldigt wurde. Sabino Camargo reiste dann in den südlichen Teil von Minas Gerais, wo er angeblich in Davinópolis und in den Außenbezirken von Ouvidor Morde begangen hatte, bevor er nach Tupaciguara, Centralina, Capinópolis und Canápolis weiterzog. Er war dafür bekannt, dass er Farmen überfiel und lange Zeiträume ohne menschlichen Kontakt verbrachte, indem er sich durch die Vegetation schlich.

An seiner Fahndung waren etwa 300 Männer beteiligt, darunter Militär- und Zivilpolizisten, Kavallerie, Agenten des damals aktiven brasilianischen Ministeriums für politische und soziale Ordnung (DOPS, Departamento de Ordem Política e Social), Detektive und Armeeoffiziere, die alle von bewaffneten Freiwilligen, Farmern und Jägern unterstützt wurden. Die Zahlen sind jedoch übertrieben.

„... Armeetruppen manövrieren im Kanal von São Simão, Hubschrauber von Cemig und FAB, außerdem werden heute neue Verstärkungen von PMMG-Spürhunden eingesetzt, um dem Verrückten zu verfolgen, der in der Region Ituitaba Panik verbreitet, nachdem er 25 Menschen getötet hat – 13 in Minas [Gerais] und 12 in Goiás. [...] Ab heute wird die Polizeioperation mit Hubschraubern und über 180 Soldaten der Armee durchgeführt, wodurch sich die Zahl der Teilnehmer an der Fahndung auf über tausend erhöht" [466].

Während die Polizei und die Armee das Monster von Capinópolis belagerten, um es zu fangen, lebte die Landbevölkerung in Panik: Bauernhöfe wurden verlassen, die Reisernte verzögerte sich; es kam zu einer kleinen Landflucht, da viele begannen, die Sicherheit der Städte zu suchen, was auch zu einer Versorgungskrise und zusätzlichen Kosten für die Gemeindeverwaltungen führte. Die Zentrale der Operation, die Gemeinde Capinópolis, stand kurz vor dem Bankrott.

Sabino Camargo wurde schließlich am 10. März 1972 nach siebzehn Tagen der Verfolgung in Ipiaçu am Ufer des Tejuco-Flusses gefasst. Es war die größte Menschenjagd, die jemals in diesem Bundesstaat stattgefunden hatte, mit über zweihundert Polizisten auf Patrouille [464].

Nach seiner Verhaftung wurde ein schmutziger Sabino Camargo auf öffentlichen Plätzen der örtlichen Bevölkerung in jeder Stadt, in der er Verbrechen begangen hatte, zur Schau gestellt, wo er auch für diese Verbrechen verurteilt werden sollte. Während seiner Vernehmung in Tupaciguara am 20. März 1972 gestand Sabino Camargo, Antenor Lourenço und Inês Fernandes dos Santos ermordet zu haben. Laut dem Anwalt Mário José de Faria schilderte er die von ihm begangenen Morde und Diebstähle detailliert, doch De Faria erklärte: „Wenn Sie ihn fragen würden, ob er Brasília gebaut hat, würde er ja sagen; wenn er Hiroshima bombardiert hätte, würde er antworten, dass er es getan hat. Deshalb drängte ich den Richter, [Sabino Camargos] Geisteszustand dringend untersuchen zu lassen" [465].

De Faria erklärte auch: „Wir standen einem kriminell unverantwortlichen Wesen gegenüber, einem Wesen, das getötet hat; einem Psychopathen." Am 27. April 1972 wurde Sabino Camargo in die Strafanstalt Antônio Dutra Ladeira in Ribeirão das Neves in der Nähe der Hauptstadt Belo Horizonte gebracht [465].

Nachwirkungen: Am 29. Mai 1972 entschied Richter José Affonso da Costa Cortes, dass Sabino Camargo in eine psychiatrische Klinik eingewiesen werden sollte:

„[...] der Angeklagte zeigte [...] akzentuierte Anzeichen von Gefährlichkeit, eine Tatsache, die unserer Meinung nach in keiner Weise bestritten werden kann. [...] Da die vorläufige Anwendung dieser Maßnahme, auch im Rahmen der polizeilichen Ermittlungen, nicht möglich ist [...], [bestimme ich], dass der Angeklagte eingewiesen werden soll [...], um sich medizinischen Untersuchungen zu unterziehen, zur Überprüfung von Artikel 22 der Strafgesetzbuchbestimmung."

Der Richter von Coromandel entschied ebenso, und Sabino Camargo wurde am 27. August 1973 einer Untersuchung unterzogen. Bei ihm wurde eine geistige Behinderung diagnostiziert, er wurde 1977 von seinen Verbrechen freigesprochen und unter Sicherheitsmaßnahmen gestellt.

Sein Fall wurde von Forschern untersucht und veranschaulicht die Probleme des brasilianischen Rechtssystems zu dieser Zeit, da derselbe Angeklagte in verschiedenen Gemeinden verurteilt wurde, zwischen denen eine schlechte Kommunikation zwischen den einzelnen Gerichtsbarkeiten bestand. Dies zeigte sich, als Orlando 1994 wegen des Fehlens einer Mordwaffe 22 Jahre nach der Tat vom Mord an Oprínio Ismael de Nascimento freigesprochen wurde [467].

Am 6. Oktober 2008 entschied der Richter von Patrocínio, dass Sabino Camargos Strafe verjährt sei. Dennoch führte die späte Überprüfung durch Coromandel dazu, dass die Freilassung des Serienmörders auf den 31. August 2009 verschoben wurde, nachdem er seine 38 Jahre und 6 Monate lange Strafe im Justizkrankenhaus Professor Mario Vaz verbüßt hatte. Am 1. April 2011 wurde er in ein Armenhaus für ältere Menschen eingewiesen.

Tod: Sabino Camargo wurde am Morgen des 8. Juni 2013 in dem Armenhaus, in das er zwei Jahre zuvor eingewiesen worden war, in Barbacena von einem der Mitarbeiter tot aufgefunden. Als Todesursache wurde ein Herzinfarkt festgestellt. Sabino Camargo wurde auf dem Friedhof Santo Antônio in Barbacena beigesetzt.

Dokumentarfilm: Die Lokalredaktion für Nachrichten von Rede Record in Uberlândia, „Tudo em Dia", produzierte einen Dokumentarfilm auf der Grundlage des Buches „Das Monster von Capinópolis" des Lokaljournalisten Pedro Popó.

Anísio Ferreira de Sousa

Portrait und Geschichte: Anísio Ferreira de Sousa war ein brasilianischer Arzt, der von den Gerichten für mehrere Tötungsdelikte an Kindern in ländlichen Gebieten des Bundesstaates Pará verantwortlich gemacht wurde [468][469]. Ferreira de Sousa wurde aufgrund der umstrittenen Aussage eines evangelischen Pastors angeklagt, der behauptete, in seiner Wohnung Zeuge eines „satanischen Kults" geworden zu sein. Bei derselben Veranstaltung soll Ferreira de Sousa laut Zeugenaussage auch Gebete an den „Gott der Finsternis" gerichtet haben [470][471][472].

Während des Gerichtsverfahrens wurden keine Beweise vorgelegt, die Ferreira de Sousa mit einem der ihm vorgeworfenen Verbrechen in Verbindung brachten [473]. Außerdem widerrief, bekräftigte und änderte der Zeuge in dieser Zeit wiederholt seine Aussagen vor Gericht. Dennoch verurteilte das Gericht in Pará Ferreira de Sousa allein aufgrund der Zeugenaussage als Mörder von drei Kindern und als Täter eines Mordversuchs an zwei weiteren Kindern [474].

Verbrechen: Zwischen 1989 und 1992 verschwanden in der Umgebung der Stadt Altamira Jungen. Die Jungen wurden sexuell verstümmelt und ermordet. Ferreira de Sousa wurde zu 77 Jahren Gefängnis verurteilt [475].

Marcos Antunes Trigueiro

Portrait und Geschichte: Marcos Antunes Trigueiro, bekannt als „Industrial Maniac" oder „Contagem Maniac", wurde am 29. Mai 1978 in Brasília de Minas, Minas Gerais, geboren. Er ist ein ehemaliger Fahrer aus Brasilien, der beschuldigt wird, ein

Serienmörder von Frauen zu sein, der in den Städten Contagem und Belo Horizonte tätig war. Antunes Trigueiro verbrachte einen Teil seines Lebens in São Paulo und Rio de Janeiro, kehrte aber immer wieder nach Minas Gerais zurück. Trigueiro war mindestens zweimal verheiratet und ist Vater von fünf Kindern.

Verbrechen: Antunes Trigueiro vergewaltigte und ermordete zwischen dem 17. April 2009 und dem 26. Februar 2010 fünf Frauen, bis er von der Zivilpolizei von Minas Gerais im Stadtteil Lindeia in der Nähe des Industriegebiets von Contagem festgenommen wurde. Polizeibeamte stellten fest, dass er die Mobiltelefone der Opfer aufgespürt hatte, und Trigueiro selbst gestand die Morde nach seiner Festnahme. Der Delegierte Edson Moreira, einer der für den Fall Verantwortlichen, gab am 26. Februar bekannt, dass mindestens drei Frauen dem Wahnsinnigen entkommen konnten.

Am 2. Februar 2010 hatte die Polizei bekannt gegeben, dass es bei allen Morden ein gemeinsames Verhaltensmuster gab und dass ein Experte bei den drei Opfern von 2009 Sperma desselben Täters gefunden hatte [476][477][478].

Der Fall erinnert an eine ähnliche Mordserie in Belo Horizonte zwischen 1999 und 2001, als im Großraum Belo Horizonte zwölf Frauen vergewaltigt und getötet wurden. Der Täter, der nie gefasst wurde, wurde UFMG-Wahnsinniger oder Wahnsinniger von Pampulha genannt.

Opfer:
Ana Carolina Menezes Assunção (27): Die Kauffrau wurde am 17. April 2009 in ihrem Auto im Stadtteil João Pinheiro im Nordwesten der Stadt erwürgt aufgefunden. Ihr Sohn, ein Baby von nur vierzehn Monaten, befand sich im Fahrzeug und schlief unversehrt auf dem Körper seiner Mutter. Carolina wurde mit einem Schuhsenkel erwürgt.

Maria Helena Lopes Aguilar (49) wurde am 17. September 2009 in ihrem Auto in der Rua das Trombetas, Cojunto California, Northwestern Region, erwürgt aufgefunden. Tatwerkzeug war der Sicherheitsgurt eines Autos.

Edna Cordeiro de Oliveira Freitas (35) wurde am 12. November 2009 tot auf einer unbefestigten Straße aufgefunden, die das Viertel Jardim Canadá in Nova Lima mit der BR-040 verbindet. Ihr Auto entdeckte man schon einen Tag vorher im Industriegebiet von Contagem, mit all ihren Habseligkeiten außer ihrem Mobiltelefon. Sie wurde mit der Kette, die sie trug, erwürgt.

Adina Feitor Porto (27): Die Jurastudentin verschwand am 7. Januar 2010, nachdem sie ihr Zuhause im Viertel Santa Margarida verlassen hatte, um zur Universität zu fahren. Ihr Auto wurde am nächsten Tag in Barreiro de Baixo gefunden.

Natália Cristina de Almeida Paiva (27): Die Kauffrau verschwand am 7. Oktober 2010 im Stadtteil Lindeia. Ihre Leiche wurde 22 Tage später in einem Wald in der Region Ribeirão das Neves gefunden, aber als mittellos begraben. Nur vier Monate später erkannte die Familie Natálias Kleidung, ihre Leiche wurde exhumiert und das Opfer identifiziert.

4. Chile

Chile, offiziell die Republik Chile, ist ein Land im Westen Südamerikas. An seinem südlichsten Punkt liegt Chile der Antarktis am nächsten. Es erstreckt sich entlang eines schmalen Landstreifens zwischen Peru, den Anden dem Pazifischen Ozean und der Drake-Straße. Das Land kontrolliert auch mehrere Pazifikinseln, darunter Juan Fernández, Isla Salas y Gómez, Desventuradas und der Osterinsel. Chile beansprucht etwa 1.250.000 km² der Antarktis als chilenisches Antarktisterritorium.. Das Land hatte bei der letzten Volkszählung im Jahr 2017 eine Bevölkerung von 17,5 Millionen und eine Fläche von 756.102 km². Die Hauptstadt und größte Stadt Chiles ist Santiago, und die Landessprache ist Spanisch.

José Misael Roldán Concha

Portrait: José Misael Roldán Concha (30. Juni 1934 – ?), besser bekannt als „Der Schakal von Pupunahue" (siehe Abb. 32), war ein chilenischer Eisenbergmann, der für den brutalen Mord an einer Frau und fünf ihrer sieben Kinder bekannt war, während er wegen eines früheren Mordes auf Bewährung war [479][480]. Obwohl er ursprünglich zum Tode verurteilt worden war, gewährte ihm der damalige Präsident Carlos Ibáñez del Campo eine Begnadigung, wodurch seine Strafe im Wesentlichen auf lebenslange Haft reduziert wurde.

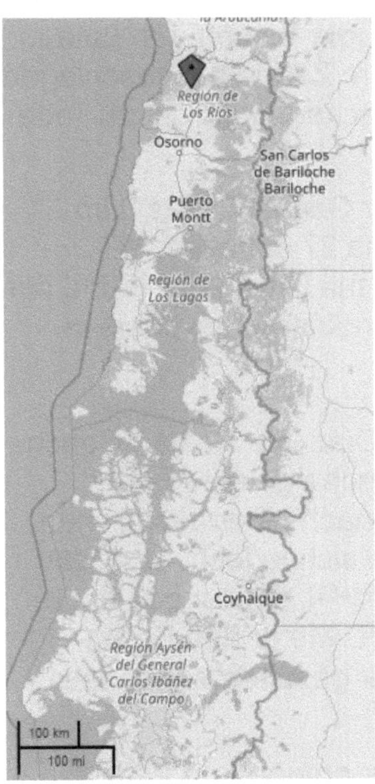

Abb. 32: Lage von Pupunahue, Región de los Ríos, Südchile (OpenStreetMap 2024, Lizenz: Open Database)

Roldán Concha stammte aus einer armen Familie und war das zehnte von insgesamt 14 Geschwistern. Mit 13 Jahren brach er die Schule ab und begann, in der Landwirtschaft und im Kohlebergbau zu arbeiten [480]. Er wurde als schweigsamer und robuster Mann beschrieben, da er 80 kg wog und 1,70 Meter groß war [481].

Verbrechen: 1954 geriet er während seiner Arbeit im Kohlebergbau in einen Streit mit einem Vorarbeiter, nachdem er gefeuert worden war, weil er sich mit einem

Vorgesetzten über seinen Gehaltsscheck gestritten hatte. Der Vorarbeiter schlug Roldán Concha mit einer Lampe, woraufhin dieser ihm mit einem Holzstab auf den Kopf schlug und den Mann tötete [481]. Anschließend versuchte Roldán Concha, nach Argentinien zu fliehen, stellte sich aber schließlich der Polizei, nachdem ihn seine Schwester dazu überredet hatte, und wurde zu fünf Jahren Gefängnis verurteilt, die er in einem Gefängnis in Victoria verbüßen sollte [480]. Aufgrund guter Führung wurde Roldán Concha nach seinem ersten Jahr im Gefängnis [482] auf Bewährung entlassen. Stunden vor dem Mord war Roldán Concha auf der Polizeiwache von Antilhue gewesen, um zu unterschreiben, da dies eine Bedingung für die Bewährung war [480].

In der Nacht des 7. Juni 1957 aß Roldán Concha, der zu diesem Zeitpunkt stark betrunken war, mit seinen älteren Eltern und einigen seiner Brüder im Lager der Eisenmine Los Copihues zu Abend [481][483]. Anschließend ging er zum Obstladen von Laura Díaz Díaz, einer Nachbarin seiner Familie und Ehefrau seines Kollegen Custodio Gómez Chacón [484], und griff unterwegs nach einer Eisenstange [481-483]. Laut seinen späteren Aussagen war Roldán Concha zu Díaz' Laden gegangen, um Obst zu kaufen, weil er nach dem Trinken durstig war. Lauras Ehemann arbeitete zu diesem Zeitpunkt in der Nachtschicht in der Kohlenmine. Als Laura mit den von Roldán Concha bestellten Orangen zurückkam, begann er einen grundlosen und wahllosen Angriff mit der Eisenstange, bei dem Laura und fünf ihrer Kinder (im Alter von 1 bis 14 Jahren) getötet wurden. Die elfjährige Nora [484], die Tochter von Laura, wurde schwer verletzt. Nachdem sie getroffen und ihr mehrere Zähne ausgeschlagen worden waren, gelang es ihr, sich unter einem Bett zu verstecken, um nicht zu Tode geprügelt zu werden [481].

Die Morde ereigneten sich in der Ortschaft Pupunahue in der Gemeinde Máfil im Süden Chiles. Zum Zeitpunkt des Mordes war Roldán Concha 27 Jahre alt [480]. Berichten zufolge folgten auf die Morde Akte der Nekrophilie mit Díaz' Leiche und der Versuch, Beweise durch das Anzünden einer Matratze zu vernichten, bevor sie in einen nahe gelegenen Wald flüchteten [485].

Nachwirkungen: Der Mord wurde bekannt, als Nora Gómez Díaz, die Roldán Concha für tot hielt, nach dem Angriff aufwachte, das von Roldán Concha gelegte Feuer löschte und die Tat der örtlichen Polizei meldete [480], die ihn nach einer nächtlichen Jagd festnahm. Roldán Concha gestand die Morde, weigerte sich jedoch, ein Motiv zu nennen oder die nekrophilen Handlungen zu gestehen [486][481]. Später gab er zu, dass Alkoholismus eine Rolle spielte, und schilderte detailliert, wie er den Drang verspürte, die Leiche von Díaz zu missbrauchen, nachdem er gesehen hatte, dass sie zum Zeitpunkt ihres Todes keine Unterwäsche trug.

Als die örtliche Gemeinde davon erfuhr, waren die Einwohner empört und forderten die Todesstrafe, zu der er später vom zweiten Gericht von Valdivia (siehe Abb. 33) verurteilt und vom Obersten Gerichtshof Chiles bestätigt wurde. Der damalige Präsident Carlos Ibáñez del Campo schaltete sich jedoch schließlich in den Fall ein und gewährte Roldán Concha Gnade, wodurch seine Strafe auf lebenslange Haft reduziert wurde [480].

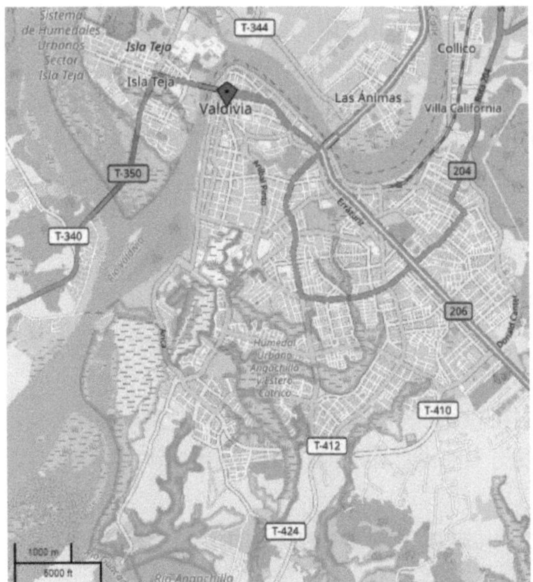

Abb. 33: Lage von Valdivia in Chile (OpenStreetMap 2024, Lizenz: Open Database)

Roldán Concha verbrachte den Rest seines Lebens ohne Bewährungsauflagen im Gefängnis, wo er schließlich verstarb. Das Haus, in dem die Morde von 1957 begangen wurden, wurde später abgerissen und durch eine Büste zu Ehren der sechs Opfer ersetzt [480].

Jorge José Sagredo Pizarro und Carlos Alberto Topp Collins (Psychopathen von Viña del Mar)

Portrait: Die „Psychopathen von Viña del Mar" („Psicópatas de Viña del Mar") waren das chilenische Serienmörderduo Jorge José Sagredo Pizarro (22. August 1955 in Viña del Mar – 29. Januar 1985 in Quillota) und Carlos Alberto Topp Collins (25. Januar 1950 in Viña del Mar – 29. Januar 1985 in Quillota) (siehe Abb. 34), beide Mitglieder der Carabineros, der örtlichen chilenischen Polizeikräfte. Sie begingen zwischen dem 5. August 1980 und dem 1. November 1981 in der Stadt Viña del Mar in der Region Valparaíso zehn Morde und vier Vergewaltigungen. Sie wurden am 8. März 1982 festgenommen.

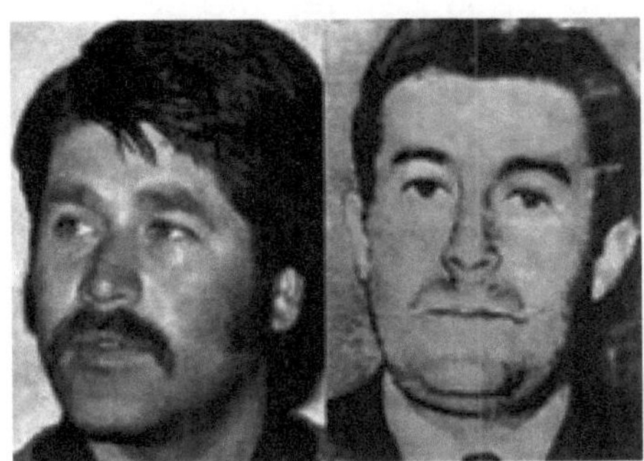

Abb. 34: Sagredo Pizarro (links) und Topp Collins (rechts) in Archivfotos aus Zeitungen aus den 1980er Jahren (Public Domain)

Als die beiden Männer am 8. März 1982 gefasst wurden, stellte sich heraus, dass sie erst am 4. März 1982, also nur wenige Tage zuvor, aus dem Dienst der Carabineros entlassen worden waren. Der Fall wurde kontrovers diskutiert, nachdem weitere prominente Personen darin verwickelt waren, aber nur Sagredo Pizarro und Topp Collins wurden bestraft [487]. Beide Männer wurden zum Tode verurteilt und am 29. Januar 1985 durch ein Erschießungskommando hingerichtet. Sie waren die letzten Männer, die legal in Chile hingerichtet wurden, bevor diese Praxis 2001 verboten wurde [488].

Verbrechen:
Sagredo Pizarro und Topp Collins töteten die folgenden Personen:

Enrique Gajardo Casales, getötet am 5. August 1980 auf dem El-Olivar-Pfad, in der Nähe der Kreuzung mit dem Achupallas-Pass.

Alfredo Sánchez Muñoz, der am 12. November 1980 im Sektor Estadio Sausalito getötet wurde; während des Angriffs vergewaltigten sie auch Sánchez' Begleiterin Fernanda Bohle Basso.

Fernando Lagunas Alfaro und Delia González Apablaza, die beide am 28. Februar 1981 an der Mündung des Marga Marga getötet wurden.

Luis Morales Álvarez, der am 25. Mai 1981 am Camino Granadilla getötet wurde. Sie stahlen auch Morales' Taxi.

Jorge Inostroza Letelier, der am 26. Mai 1981 in Reñaca getötet wurde; während des Angriffs vergewaltigten sie auch Inostrozas Partnerin Margarita Santibáñez Ibaceta.

Raúl Aedo León, der am 28. Juli 1981 im Nationalen Botanischen Garten von Viña del Mar getötet wurde. Sie stahlen auch Aedos Taxi.

Oscar Noguera Inostroza, der am 28. Juli 1981 in Limache getötet wurde; während des Angriffs vergewaltigten sie auch Nogueras Partnerin Ana María Riveros Contreras.

Jaime Ventura Córdova und Rosana Venegas Reyes, die am 1. November 1981 unter der Capuchinos-Brücke getötet wurden.

Ermittlungen: Während der Verbrechensserie gab es zwei parallele Ermittlungen. Eine wurde von der OS7 (Drogendezernat) der Carabineros durchgeführt, die für Drogen und Betäubungsmittel zuständig ist und von Mayot Ávila geleitet wird. Die andere wurde von einer Spezialeinheit der Ermittlungspolizei von Chile (PDI) unter der Leitung von Kommissar Nelson Lillo [489] durchgeführt.

Der Schlüssel zur Ergreifung der beiden Mörder kam von Unteroffizier Juan Quijada vom Ersten Kommissariat von Viña del Mar, der feststellte, dass Zeugen die beiden Männer als autoritär sprechend beschrieben, eine Sprechweise, die oft von chilenischen Polizisten verwendet wird [490][491]. Nachdem Sagredo Pizarro die Verbrechen gestanden hatte, zeigte Unteroffizier Quijada ihn beim OS7 an.

Haft und Gerichtsverfahren: Der Prozess gegen Sagredo Pizarro und Topp Collins begann am 8. März 1982. Die beiden wurden am 13. März von der Ministerin Dinorah Cameratti für schuldig befunden [491]. Sagredo und Topp gestanden außergerichtlich [492], gerichtlich [493] und öffentlich [494] alle ihre Verbrechen. Auf diese Weise wurden beide für schuldig befunden und zum Tode verurteilt, wobei das erste Urteil am 8. Januar 1983 vom zuständigen Minister Julio Torres Allú gefällt wurde.

Dieses Urteil wurde in zweiter Instanz durch die einstimmige Entscheidung der Ersten Kammer des Berufungsgerichts von Valparaíso bestätigt, die sich aus den Richtern Margarita Osnovikoff, Iris González und Guillermo Navas zusammensetzte. Das Urteil wurde am 17. Januar 1985 von der Dritten Kammer des Obersten

Gerichtshofs von Chile, bestehend aus den Richtern Osvaldo Erbetta Vaccaro, Emilio Ulloa Muñoz, Abraham Meersohn Schijman und den Anwälten Raúl Rencoret Donoso und Cecilli Cáceres, einstimmig bestätigt.

Hinrichtung: Angehörige der Opfer, von denen die meisten Linke waren, die sich der Militärdiktatur widersetzten, setzten sich gegen die Hinrichtung von Sagredo Pizarro und Topp Collins ein, da sie glaubten, dass die beiden Männer mit einer höherrangigen Todesschwadron in Verbindung standen. Sagredo Pizarro gab an, er und Topp Collins hätten einige der Morde begangen, nachdem sie von einem „Verbrecherverein", dem ein bekannter Bauunternehmer und fünf weitere „Führungskräfte" angehörten, die politische Gegner des Pinochet-Regimes ausschalten wollten, unter Drogen gesetzt und Geld versprochen bekommen hatten [495]. Nur einer der „Führungskräfte" wurde identifiziert: Luis Gubler Diaz, ein Bauunternehmer und Mitglied einer bekannten Familie aus Vina del Mar. Gubler hatte während der gewaltsamen Unterdrückung der Linken nach dem Putsch von 1973 enge Verbindungen zu Geheimdiensttrupps [496].

Eine Untersuchung ergab, dass ein Revolver im Besitz von Gubler bei vier Morden verwendet wurde. Der Kriminalbeamte sagte vor Gericht aus, dass Gubler in der Untersuchungshaft zwei Morde gestanden habe. Der Kriminalbeamte und der Richter, der den Fall verhandelte, wurden jedoch später abgesetzt. Gubler wurde freigelassen, und ein neuer Richter lehnte es ab, neue Beweise gegen ihn zuzulassen, mit der Begründung, sein Geständnis sei unter Folter zustande gekommen [496].

Augusto Pinochet verweigerte jedoch beiden Männern die Begnadigung durch den Präsidenten. Die beiden wurden am 29. Januar 1985 in Quillota durch ein Erschießungskommando hingerichtet, wie es zu dieser Zeit üblich war [497]. Ihre Hände waren gefesselt, sie waren auf Stühlen festgeschnallt und über ihren Herzen waren runde rote Papierziele angebracht [495].

Sagredo Pizarro und Topp Collins waren die letzten Menschen, die in Chile legal hingerichtet wurden, da das Land 2001 die Todesstrafe für gewöhnliche Straftaten abschaffte.

Erasmo Antonio Moena Pinto

Portrait: Erasmo Antonio Moena Pinto, bekannt als „Der Psychopath von Placilla" („El psicópata de Placilla"), ist ein chilenischer Mörder und mutmaßlicher Serienmörder. Er wurde wegen eines 2010 begangenen Doppelmords zu 60 Jahren Haft verurteilt und bleibt weiterhin Verdächtiger in mindestens einem weiteren Mordfall, in dem er freigesprochen wurde.

Geschichte: Erasmo Antonio Moena Pinto wurde am 10. Januar 1970 in Tomé geboren. Laut seiner Mutter, María Elizabeth Pinto Villegas, wurde er in seiner Kindheit weder körperlich noch seelisch misshandelt, war aber ein schlechter Schüler, der von seinen Mitschülern aufgrund seiner machohaften und hypersexuellen Einstellung als Außenseiter behandelt wurde [498].

Moena Pinto schrieb sich an der Margarita-Naseau-Schule in Tomé (siehe Abb. 35) und später an der San-Pedro-Nolasco-Schule in Concepción ein, die er von 1983 bis

1984 besuchte. Im zweiten Halbjahr 1984 wurde er mehrerer Raubüberfälle für schuldig befunden und kurzerhand der Schule verwiesen. Der bemerkenswerteste Teil seines Schullebens war, dass Moena Pinto einmal für eine Woche wegen Schädelverletzungen ins Krankenhaus eingeliefert werden musste, da er sich im Rahmen eines Spiels, das er mit seinen Freunden gespielt hatte, aus einem fahrenden Bus gestürzt und mit dem Kopf auf dem Bürgersteig aufgeschlagen hatte [498]. Berichten zufolge war er in seinem ersten und vierten Jahr Klassenkamerad des zukünftigen Journalisten und Fernsehmoderators Julio César Rodríguez [499].

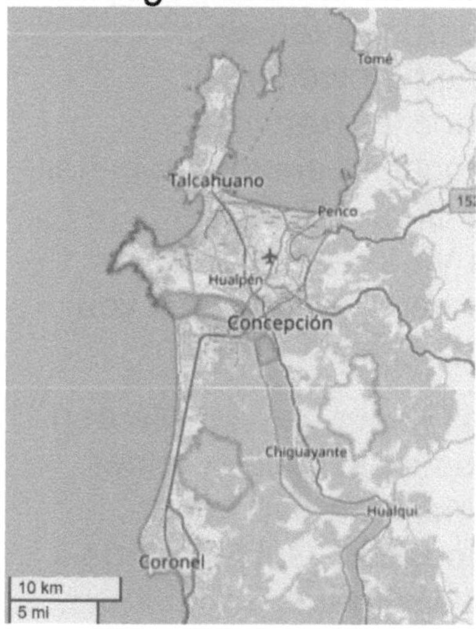

Abb. 35: Die Stadt Tomé, nördlich von Concepción (OpenStreetMap 2024, Lizenz: OpenStreet Database)

Nach der Schule schrieb sich Moena Pinto an der Universidad Técnica Federico Santa María in Concepción ein, wo er Maschinenbau studierte, aber nur ein Semester durchhielt. Danach widmete er sich dem Handel mit Pornofilmen [498].

Verbrechen: 1990 beging der 20-Jährige sein erstes schweres Verbrechen, als er das Lagerhaus „Provisiones Joaquín" in Múlchen ausraubte [498]. Er wurde zu 18 Monaten Gefängnis verurteilt, aber da es sich um sein erstes Vergehen handelte, wurde die Strafe erlassen [500].

Moena Pinto zog dann nach Coelemu, 30 km nordöstlich von Tomé, wo er sich schnell mit dem 27-jährigen Friseur Marco Antonio Cortés anfreundete, der bald bei ihm einzog. Ein enger Freund von Cortés behauptete, dass die beiden Männer eine intime Beziehung hatten, aber Moena Pinto hat diese Behauptungen zurückgewiesen [501]. Am 27. August 1991 ermordete Moena Pinto Cortés und zerstückelte zusammen mit einer Gruppe von Freunden dessen Leiche, setzte sie mit Benzin in Brand und warf die Überreste anschließend in den Río Itata. Später gestand er das Verbrechen gegenüber einem Partner in Quiríhue, der ihn dann bei der Polizei anzeigte. Obwohl Moena Pinto den Mord an Cortés zugab, wurden seine sterblichen Überreste nie gefunden und er wurde daher von allen Anklagen freigesprochen. Das Motiv für den Mord ist weiterhin unbekannt.

Im Jahr 2007 vergewaltigte er eine Frau in Múlchen, wofür er zu drei Jahren und einem Tag Haft verurteilt wurde. Moena Pinto wurde am 14. März 2010 freigelassen, doch nur vier Tage später verging er sich an einem 10-jährigen Mädchen an einem Busbahnhof in Los Ángeles. Sechs Tage später vergewaltigte er eine weitere Frau und am 25. März vergewaltigte er zum letzten Mal eine obdachlose Frau, die am

Stadtrand lebte. Er wurde als Täter dieser Verbrechen identifiziert und die örtlichen Behörden erließen am 1. April einen Haftbefehl gegen ihn.

Am 6. April 2006 veröffentlichte Moena Pinto eine Anzeige für ein angebliches Stellenangebot in der Zeitung und erhielt eine Antwort von der 36-jährigen Loreto López Fernández, der Tochter pensionierter Gendarmen. Ungefähr sechs Stunden, nachdem er sie getötet hatte, wurde er von einer Freundin von López, der 43-jährigen Andrea Susana Quappe Pinto, kontaktiert, die wissen wollte, wo jene sich befand [502]. Moena Pinto lockte sie in einen Wald außerhalb von Viña del Mar, wo er ihr dann mit einem Stein den Schädel einschlug [498].

Ermittlungen, Verhaftung und Geständnisse: Nach einiger Zeit nahm eine Cousine von López namens Nelly Andrea San Martín Fernández unter dem Vorwand, an seinem „Stellenangebot" interessiert zu sein, Kontakt zu Moena Pinto auf [503]. Die PDI-Ermittler verfolgten den Anruf bis zu Moena Pintos Personalausweis zurück und organisierten mit San Martíns Hilfe eine Überwachung in einem Café in der Nähe des Busbahnhofs in Valparaíso, wo sich das Paar verabredet hatte. Als Moena Pinto ankam, wurde er schnell festgenommen und auf die Polizeiwache gebracht. Da er keine andere Wahl hatte, gestand er seine Verbrechen und gab an, wo sie die Leichen finden konnten. Am 9. April wurden schließlich die verwesenden Überreste beider Frauen geborgen [504].

Nach der Verhaftung von Moena Pinto durchsuchten die Ermittler seine Besitztümer und fanden acht Paar Unterhosen und einen Büstenhalter, die er vermutlich als Trophäen von seinen Opfern gesammelt hatte [505]. Darüber hinaus fanden sie einen Revolver und fünf Autos, von denen zwei als Eigentum von López und Quappe Pinto identifiziert wurden, während die Eigentümer der übrigen drei nicht identifiziert werden konnten. Aus diesem Grund vermuten einige, dass sie möglicherweise weiteren, noch unentdeckten Opfern gehören [506].

Gerichtsverfahren und Inhaftierung: Während seines Gerichtsverfahrens ordnete Richterin Isabel Uribe an, dass Moena Pinto während der Ermittlungen in Isolationshaft und unter ständiger Überwachung bleiben sollte [507]. Die Ermittlungen selbst wurden von Rodrigo Hinzpeter, dem heutigen Minister für Inneres und öffentliche Sicherheit, geleitet [508].

Moena wurde schließlich zu 61,5 Jahren Haft verurteilt; 60 Jahre für den Doppelmord und 1,5 Jahre für den illegalen Waffenbesitz [509]. Darüber hinaus hat er keinen Anspruch auf irgendwelche Haftvergünstigungen oder eine vorzeitige Entlassung, was bedeutet, dass er seine Strafe vollständig verbüßen muss und frühestens im Jahr 2071 entlassen werden kann [510].

Seit seiner Inhaftierung weigert sich Moena Pinto, für seine Taten Buße zu tun. Laut Dr. Ítalo Sigala Romele, einem forensischen Psychiater beim Forensic Medical Service von Santiago, wurde bei ihm ein narzistischer, sadistischer und antisozialer Psychopath mit sehr hoher Intelligenz und Überredungskunst diagnostiziert, die er nutzte, um seine Opfer anzulocken [499].

<u>Rubén Darío Millatureo Vargas</u>

Portrait: Rubén Darío Millatureo Vargas (geboren am 3. Mai 1962 in Queilén, Provinz Chiloé), bekannt als „Der Schakal von Queilén" („El Chacal de Queilén"), ist ein

chilenischer Serienmörder, der von 1997 bis 1998 in der Stadt Queilén drei
Menschen ermordete. Am 5. März 1998 wurde er festgenommen. Zunächst zum
Tode verurteilt, wurde sein Urteil später in lebenslange Haft mit der Möglichkeit einer
Bewährung nach 20 Jahren umgewandelt. Nach Verbüßung dieser 20 Jahre wurde
er 2018 entlassen.

Verbrechen: Am 24. September 1997 geriet Millatureo Vargas mit seinem Vater, dem
73-jährigen Isidro Millatureo Ruiz, in einen Streit über das Essen. Dieser
misshandelte Rubén und seine kürzlich verstorbene Mutter [511]. Nach dem Streit
tötete er seinen Vater mit einer Axt, nachdem dieser ihm den Rücken zugewandt
hatte, zerstückelte seine Überreste und begrub sie dann unter dem Holzschuppen,
bedeckt mit Kalk und Knoblauch [512]. Er erzählte den Nachbarn, dass Isidro wegen
eines Jobs nach Punta Arenas gezogen sei und dass er mit ihm in Kontakt geblieben
sei, aber dennoch hielten sich Gerüchte, dass er ermordet worden sei. Irgendwann
wandte sich Eliana, die Cousine von Millatureo Vargas und Nichte von Isidro, an die
Carabineros, die zusammen mit ihr eine Durchsuchung durchführten, aber nichts
Verdächtiges finden konnten [512].

Am 13. Dezember 1997 erhielt Millatureo Vargas Besuch von dem 36-jährigen
Claudio Eduardo Reyes Sandoval, einem Verkäufer aus Temuco, der gekommen
war, um einige Gemälde abzuholen, die er für CLP 6.000 (chilenische Pesos, 1.000
Pesos entsprechen einem Euro) verkauft hatte [512]. Als Reyes Sandoval sich
umdrehte, um einige Papiere zu überprüfen, tötete er ihn mit der Axt und versteckte
die Leiche [511].

Am 5. März 1998 lud Millatureo Vargas die 26-jährige María Gabriela Formantel
Macías, eine Jugendfreundin und Sekretärin in der Fischerei, in der er arbeitete, zu
einer Tasse Tee in sein Haus ein [511]. Dort versuchte er, ihr romantische Avancen zu
machen, wurde jedoch abgewiesen. Kurz darauf packte ein wütender Millatureo
Vargas eine Axt in der Nähe, tötete sie und rammte ihr dann einen Schraubenzieher
in die Brust. Anschließend legte er die Leiche auf das Bett, beschäftigte sich sexuell
mit ihr und schlief daneben. Am nächsten Morgen deckte er die Leiche mit einem
Laken zu und stahl Formantel Macías posthum CLP 1,5 Mio. Millatureo Vargas gab
diesen Betrag für die Begleichung der Schulden seiner Geliebten und für Alkohol aus
[511].

Nachdem Formantel Macías nicht nach Hause zurückgekehrt war, durchsuchten
seine Mutter und sein Bruder die Nachbarschaft, bis sie das Haus von Millatureo
Vargas erreichten. Als sie sahen, dass er nicht zu Hause war, spähten sie durch das
Fenster, konnten aber nichts sehen, da es mit einem Laken verhangen war. Die
beiden betraten daraufhin das Haus, wo sie Formantels Leiche fanden [512]. Bald
darauf bildete sich eine Menschenmenge, darunter auch Carabineros und
Feuerwehrleute, die nach weiteren Opfern suchten.

Später kehrte Millatureo Vargas zu seinem Haus zurück, rannte jedoch sofort los, als
er bemerkte, was vor sich ging. Er wurde eine halbe Stunde lang von den
Einwohnern der Stadt verfolgt, bis er schließlich von einem Feuerwehrmann im nahe
gelegenen Wald zu Boden gerissen wurde. Von dort aus verprügelte ein Mann, der
später als Formantel Macías# Bruder identifiziert wurde, Millatureo Vargas mehrmals.

Am selben Nachmittag brachte man Millatureo Vargas ins Gefängnis Castro, wo er
den Mord an Formantel Macías gestand und lässig fragte, warum alle so einen
„Aufstand machten, wo sie doch schon tot seien". In den darauffolgenden Tagen

reisten Menschen aus benachbarten Provinzen nach Queilén, wobei einige sogar versuchten, das Haus von Millatureo Vargas niederzubrennen, um „die bösen Geister zu vertreiben". Darüber hinaus begannen sich Gerüchte über drei weitere vermisste Personen als mögliche Opfer zu verbreiten.

Gerichtsverfahren: Ende der 1990er Jahre wurde Millatureo Vargas wegen aller drei Morde vor Gericht gestellt und verurteilt. Richter Francisco Javier del Campo Toledo verurteilte ihn zum Tod durch Erschießen, der einzigen Hinrichtungsmethode, die in Chile angewandt wird. Das Berufungsgericht von Puerto Montt wandelte das Urteil jedoch in lebenslange Haft mit der Möglichkeit einer vorzeitigen Entlassung nach 20 Jahren um, was später vom Obersten Gerichtshof bestätigt wurde, nachdem die Todesstrafe 2001 abgeschafft worden war [513]. Während seines Aufenthalts im Gefängnis von Osorno hatte Millatureo Vargas keine Besucher und soll nie um irgendwelche Vergünstigungen gebeten haben [514].

Nachdem er die Mindestzeit abgesessen hatte, wurde Millatureo Vargas am 2. Mai 2018 auf Bewährung entlassen [513]. Einheimische und Angehörige der Opferfamilien äußerten sich verärgert über diese Entscheidung, insbesondere Heraldo Reyes, der Bruder von Claudio Reyes, der in einem Interview sagte, er hätte Millatureo Vargas aufgespürt und getötet, wenn seine Frau und seine Kinder nicht gewesen wären [514].

Derzeit lebt Millatureo Vargas in der Region Los Lagos [512]. Das Haus, in dem die Morde begangen wurden, wurde inzwischen abgerissen und durch ein Kreuz zum Gedenken an die Opfer ersetzt [515].

In den Medien und in der Kultur: Der Fall wurde in einer Folge von „Mea culpa" mit dem Titel „El Rubencito" [513] behandelt. Darin interviewten die Produzenten den Unteroffizier Armando Silva (den Polizisten, der Millatureo Vargas verhaftet hatte), den Richter Francisco del Campo und Millatureo Vargas selbst, der zu diesem Zeitpunkt noch inhaftiert war und zugab, dass er auch vorhatte, seine Cousine Eliana und den Ehemann seiner heimlichen Geliebten Eufemia zu ermorden [511]. Der chilenische Film „Joselito" aus dem Jahr 2014 wurde ebenfalls direkt von diesem Fall inspiriert [516].

<u>Julio Segundo Pérez Silva</u>

Portrait: Julio Segundo Pérez Silva (geboren am 15. Juli 1963 in Puchuncaví, Valparaíso) ist ein chilenischer Taxifahrer und Serienmörder, der zwischen 1998 und 2001 mindestens 14 Frauen und Mädchen vergewaltigt und tötete [517]. Im Volksmund als „Der Psychopath von Alto Hospicio" bekannt, beging er seine Verbrechen in der Region Tarapacá, insbesondere in der Stadt Iquique und in der Stadt Alto Hospicio, daher sein Spitzname [517][518]. Sein Modus Operandi war immer derselbe. Als Taxifahrer sprach er Mädchen und junge Frauen an und bot ihnen eine kostenlose Fahrt an. Dann brachte er sie an einen abgelegenen Ort, wo er sie vergewaltigte und mit Schlägen auf den Kopf tötete. Später warf Pérez Silva die Leichen in tiefe, verlassene Minen.

Er wurde am 4. Oktober 2001 festgenommen. Man verurteilte ihn am 26. Februar 2006 für den Mord an 14 Frauen zu lebenslanger Haft im Hochsicherheitsgefängnis Colina [519]. Pérez Silva gestand 14 Morde, wird aber auch für das Verschwinden von weiteren 5 Personen verdächtigt [520].

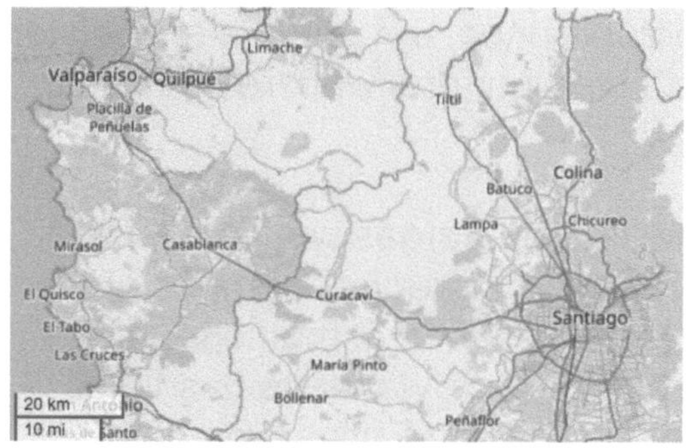

Abb. 36: Lage von Valparaíso an der Pazifikküste Zentralchiles (OpenStreetMap 2024, Lizenz: OpenStreet Database)
[Valparaíso liegt etwa 200 km nordwestlich von Santiago (siehe Abb. 36) an der Pazifikküste Chiles.]

Geschichte: „Segua", wie er in seiner Kindheit genannt wurde, verbrachte die meiste Zeit seines Lebens auf den Straßen von Puchuncaví. Diejenigen, die ihn aus der Schule kannten, in der er studierte, waren sich einig, dass er ein ruhiger, introvertierter Schüler war.

Im Alter von 22 Jahren heiratete er Monica Cistemas, die aus La Calera stammte, und sie bekamen zwei Töchter. Danach war er fünf Jahre lang mit Marianela Vergara zusammen, die bereits zwei weitere Töchter hatte. Mit ihr kehrte er nach Puchuncaví zurück und erwarb sich den Ruf eines guten Ehemanns.

Mitte der 1990er Jahre wanderte er nach Iquique aus, um dort nach besseren Arbeitsmöglichkeiten zu suchen. Er fand eine Anstellung als Salzsackverlader. Auf einer Party lernte er Nancy Boero kennen, die vierzehn Jahre älter war als er und sechs Kinder hatte. Nach zwei Wochen lebten sie zusammen und ließen sich in Alto Hospicio in einem Sektor nieder, der als „La Negra" bekannt ist. Später zogen sie nach „Autoconstrucción", einem anderen Sektor in der Gegend.

Bald darauf kündigte Pérez Silva seinen Job, um illegal als Taxifahrer zu arbeiten. Zu diesem Zeitpunkt begann er eine Reihe von Verbrechen, die alle ähnliche Merkmale aufwiesen.

Verbrechen: Am 15. September 1998 nahm er die 17-jährige Graciela Montserrat Saravia am Ufer von Iquique mit (siehe Abb. 37).

Abb. 37: Lage von Iquique an der Pazifikküste im Norden Chiles (OpenStreetMap 2024, Lizenz: OpenStreet Database)

Laut seinem Geständnis bot sie ihm Geld für Sex an. Die eigentliche Absicht der jungen Frau war es jedoch, ihn zu bestehlen. Als er dies bemerkte, schlug er sie zu Tode und ließ sie am Strand liegen.

Am 24. November 1999 bot Pérez Silva der 13-jährigen Macarena Sánchez an, sie mit dem Auto nach Alto Hospicio zu ihrer Schule zu fahren. Nachdem er sie mit einem Messer bedroht und vergewaltigt hatte, fesselte er ihre Hände und warf sie in den Huantajaya Pique, der mehr als 220 Meter tief ist.

Im Februar 2000 verübte er zwei Angriffe innerhalb von weniger als einer Woche: Am 21. Februar wurde Sara Gómez Opfer seines ersten Angriffs, und nur zwei Tage später ermordete er die 23-jährige Handy-Promoterin Angélica Lay. Beide Morde geschahen in der Wüste. Am 23. März desselben Jahres, einen Monat nach dem vierten Mord, überfiel und ermordete er die 14-jährige Laura Zola, die wie Sánchez in Huantajaya vergewaltigt und ermordet wurde.

Am 5. April 2000 griff er dann Katherine Arce an, vergewaltigte und ermordete sie wie Angelica Lay und begrub ihre Leiche auf einer inoffiziellen Müllkippe. Am 22. Mai verließ die 17-jährige Patricia Palma das Lyzeum auf dem Weg nach Hause. In diesem Moment entführte, vergewaltigte und tötete Pérez Silva sie und ließ ihre Leiche zusammen mit den Leichen von Sánchez und Zola in Huantajaya zurück.

Elf Tage später, am 2. Juni 2000, griff er erneut an. Pérez Silva vergewaltigte und ermordete Macarena Montecinos im Sektor „Pampa El Molle", die dasselbe Schicksal erlitt wie Lay und Arce. Das gleiche Schicksal ereilte die 15-jährige Viviana Garay, die abgefangen, vergewaltigt und mit einem Schlag auf den Kopf getötet wurde. Viviana Garays Vater mobilisierte die Verwandten der anderen Opfer, die nach Angaben der Behörden und der Polizei aus ihren von Armut geprägten Häusern geflohen waren und in Peru oder Bolivien eine bessere Zukunft suchten.

Aus diesem Grund griff Pérez Silva neun Monate lang nicht an, aber am 17. April 2001 schlug er erneut zu, als er ein Kind unter 16 Jahren, das nur als Maritza identifiziert wurde, abfing, sie mit einem Messer bedrohte und vergewaltigte, sie aber nicht tötete. Später gelang es ihr zu fliehen und nach Hause zurückzukehren. Sie brachten sie ins Krankenhaus, wo Proben des Spermas des Angreifers entnommen wurden. Obwohl Maritza ihren Angreifer aufgrund der Dunkelheit nicht sehen konnte, erkannte sie seine Stimme Monate später, als sie ihn überprüften. Sie verglichen die DNA-Proben und sie waren identisch.

Reaktionen der Presse und der Angehörigen der Opfer: Während dieser ganzen Zeit wurde das mysteriöse Verschwinden so vieler junger Frauen aus Alto Hospicio landesweit bekannt. Die damaligen Behörden – hauptsächlich unter dem damaligen Innenminister Jorge Burgos [521] – und die Polizei gingen jedoch davon aus, dass die jungen Menschen höchstwahrscheinlich aufgrund von Armut aus ihren Häusern geflohen waren und möglicherweise nach Tacna oder Bolivien ausgewandert waren. Es gab sogar einige Vermutungen, dass die Mädchen wahrscheinlich der Prostitution nachgingen. Diese Tatsache lenkte noch mehr Aufmerksamkeit vom wahren Motiv des Verschwindens der Opfer ab.

Nachdem Viviana Garays Vater, Orlando Garay, die anderen betroffenen Familien mobilisiert hatte, brachte das Mea Culpa-Programm 2003 einen Beitrag über diesen Fall.

Entdeckung der Opfer und Verhaftung: Orlando Garay, Vater eines der Opfer, Viviana Garay, begann für die Wahrheit zu kämpfen und akzeptierte die Spekulationen der Behörden nicht. Er verkaufte sein Fischerboot, um die Familien der anderen verschwundenen Mädchen zu versammeln und Antworten zu finden. Am 18. Juli 2000 wurden eine Tasche und Kleidung von Viviana auf einer Müllkippe gefunden, die sie laut ihrer Familie und ihren Freunden nie aufgesucht hatte. Am selben Tag fanden Nachbarn auf einer anderen Deponie den Rucksack und die Uniform von Katherine Acre. Am 20. Juli entdeckte Inés Valdivia, die Mutter von Patricia Palma, die Unterwäsche ihrer Tochter in einer Schlucht. So begannen Familienmitglieder, Freunde und Nachbarn mit der Suche nach den jungen Frauen.
Am 4. Oktober 2001, mitten in dieser Zeit, verübte Pérez Silva einen letzten Angriff. Die junge Frau namens Bárbara Nuñez überlebte jedoch. Er griff sie auf dieselbe Weise an wie die anderen Opfer, mit dem Unterschied, dass Pérez Silva gestand, der Mörder zu sein. Nachdem er ihr einen Stein auf den Kopf geschlagen hatte und dachte, sie sei tot, ging er weg. Nuñez überlebte jedoch und schaffte es, den Angriff zu melden. Noch am selben Tag wurde er verhaftet; ohne jegliche Reue gestand er die Morde und Vergewaltigungen, gab auch zu, allein gehandelt zu haben, und leugnete, an Demenz zu leiden. Nach seiner Verhaftung lieferte Pérez Silva die notwendigen Informationen, um die Leichen der anderen Opfer zu finden. Während seines Prozesses wurde er rund um die Uhr überwacht und einer Schlafkontrolle unterzogen, nachdem er versucht hatte, sich in seiner Zelle das Leben zu nehmen. Bis zu jenem Zeitpunkt wurden die Namen von fünf weiteren verschwundenen jungen und erwachsenen Frauen bekannt, die zwischen April 1999 und August 2001 im Gebiet Alto Hospicio verschwunden waren. Pérez Silva hat jedoch behauptet, nichts über sie zu wissen.

Opfer: Den Ermittlungen zufolge handelt es sich bei den 14 Opfern von Pérez Silva, die zwischen dem 12. September 1998 und dem 23. August 2001 ermordet wurden, um [524]:
Graciela Monserrat Saravia (17) am 15. September 1998 am Strand Caleta Chanavayita in Iquique. Ihre Leiche wurde am nächsten Tag gefunden.
Ornella Linares Cepeda (14) am 5. April 1999 in Alto Hospicio. Das Datum des Leichenfundes war der 2. Juli 2002.

Ivón Carrillo Lefno (15) am 9. August 1999 in Iquique. Ihre Leiche fand man ebenfalls am 2. Juli 2002.

Macarena Sánchez Jabré (14) am 23. November 2000 in Alto Hospicio. Ihre Leiche wurde am 10. Oktober 2001 gefunden.

Guisela Melgarejo Navarro (34) am 2. Februar 2000 zwischen Pozo Almonte und Alto Hospicio. Ihre Leiche entdeckte man erst mehr als zwei Jahre später, am 25. Mai 2002.

Sara Gómez Cuevas (18) am 21. Februar 2000 in Alto Hospicio. Ihre Leiche entdeckte man schon drei Tage später, am 24. Februar 2000.

Angélica Lay Alcayaga (25) am 24. Februar 2000 im Sektor El Pampa in Alto Hospicio. Man entdeckte ihre Leiche erst im darauf folgenden Frühjahr, am 20. Oktober 2001.

Laura Sola Henríquez (16) am 23. März 2000 in Alto Hospicio. Datum des Leichenfundes war der 10. Oktober 2001 gefunden.

Katherine Arce Rivera (16) am 5. April 2000 in Alto Hospicio. Eineinhalb Jahre danach, am 10. Oktober 2001, fand man ihre Leiche.

Patricia Palma Valdivia (17) am 22. Mai 2000 in Alto Hospicio. Ihre Überreste fand man am 10. Oktober 2001.

Macarena Montecinos Iglesias (15) am 2. Juni 2000 in Laguna Verde in Iquique. Ihre Leiche wurde am 10. Oktober 2001 gefunden.

Viviana Garay Moena (16) am 30. Juni 2000 im Sektor El Pampa in Alto Hospicio. Das Datum des Leichenfundes war der 20. Oktober 2001.

Deysi Castro Mamani (16) am 22. Mai 2001 in Alto Hospicio. Ihre Leiche wurde erst ein Jahr danach, am 2. Juli 2002, aufgefunden.

Angélica Palape Castro (46) am 23. August 2001 in Alto Hospicio. Auf ihre Leiche stieß man am 2. Juli 2002.

Prozess: Schließlich wurde Pérez Silva, der zu diesem Zeitpunkt 40 Jahre alt war, am 26. Februar 2004 zu lebenslanger Haft mit der Möglichkeit einer vorzeitigen Entlassung nach frühestens 20 Jahren für die Morde an 11 Jugendlichen und 3 Erwachsenen, zu weiteren 20 Jahren für zwei Vergewaltigungen und zu 10 Jahren für einen versuchten Mord verurteilt, sodass seine frühestmögliche Entlassung im Oktober 2051 erfolgen kann, wenn er 88 Jahre alt sein wird [522]. Er ist derzeit im Hochsicherheitstrakt des Gefängnisses von Colina inhaftiert.

María del Pilar Pérez López

Portrait: María del Pilar Pérez López (geboren am 21. Dezember 1951 in Providencia, Provinz Santiago) ist eine chilenische Architektin, die derzeit wegen dreifachen Mordes an ihrem Ehemann, dem Architektenkollegen Francisco Zamorano Marfull, seinem damaligen Zeitpunkt, des Medizintechnikers Héctor Arévalo Olivero und ihres Schwippsohns Diego Schmidt-Hebbel Niehaus vor Gericht steht. Die Morde wurden zwischen April und November 2008 durch den Auftragsmörder José Ruz Rodríguez begangen. Aufgrund dieser Taten ist sie im Volksmund als „Die Quintrala von Seminario" („La Quintrala de Seminario") bekannt, in Anlehnung an die Seminario-Straße in Providencia, wo sich ihr Wohnsitz und verschiedene Grundstücke der Familie Pérez López befanden, sowie der Ort der ersten beiden Morde. Strafmaß: lebenslange Haftstrafe mit der Möglichkeit der Bewährung nach 40 Jahren. Trotz ihrer mehrfachen Verurteilungen beteuert sie bis heute ihre Unschuld [524].

Geschichte: Pérez López wurde in Providencia, einer Gemeinde in Santiago, als Tochter von José Pérez Pérez, einem spanischen Staatsbürger aus Chaguazoso, der während des Ersten Weltkriegs aus seinem Heimatland floh, um dem Militärdienst zu entgehen, und Besitzer einer bekannten Bäckerei in derselben Gemeinde [525], und María Aurelia López Castaño, einer argentinischen Staatsbürgerin, die von Inspektor Humberto Díaz als autoritäre und matriarchalische Frau beschrieben wurde, geboren. Sie war die älteste Tochter dieser Ehe und hat zwei jüngere Schwestern, Gloria und Magdalena. Laut ihrer Mutter hatte sie in ihrer Kindheit Probleme, ihre Wut zu kontrollieren, und schlug mehrmals auf Menschen in ihrer Umgebung ein. Außerdem stahl sie bereits mehrfach Geld [526].

Am 3. März 1976 heiratete die damals 26-jährige María del Pilar Pérez López den damals 24-jährigen Francisco Pelayo Elías Zamorano Marfull [528]. Sie bekamen einen Sohn, Juan José, und eine Tochter, María Rocío.

In den 1990er Jahren zeigten sich bei José Pérez Pérez die ersten Symptome von Alzheimer. Er wollte, dass Zamorano Marfull nach seinem Tod die Bäckerei erbt, änderte jedoch seine Meinung, nachdem Letztgenannter sich als homosexuell geoutet und von Pilar Pérez getrennt hatte. In den letzten Jahren seines Lebens kam es zu mehreren Konflikten um Pérez' Erbschaft, aber Pérez López erbte schließlich einen großen Teil des Vermögens ihres Vaters nach dessen Tod, einschließlich der Seminario 95-Immobilien (in denen ihre Mutter lebte) und Seminario 97 (in denen der Rest ihrer Familie wohnte) [528].

Pérez' Familie hat Pilar als eine unruhige und gewalttätige Frau beschrieben, und ihre Mutter sagte aus, dass sie nach einer Reise nach New York Witze über die Anzahl der Auftragsmörder in den Vereinigten Staaten machte. Am 7. Juli 2007 verübte sie einen tätlichen Angriff auf Montserrat Hernando Berríos, ihre Schwiegertochter, die die Frau ihres Sohnes Juan José Pérez ist [529].
Verbrechen: Angeblich soll sie das Geld aus dem Erbe ihres Vaters dazu verwendet haben, José Mario Ruz Rodríguez als Auftragskiller anzuheuern, und ihm eine Karte des Hauses ihrer zukünftigen Opfer gegeben haben, auf der markiert war, wo die Opfer schliefen und wo sie ihr Geld aufbewahrten [530].

Am 23. Juli 2008 erschoss Ruz Rodríguez das Ehepaar Francisco Zamorano Marfull und Héctor Rodrigo Arévalo Olivero. Am 6. November beauftragte Pérez López den Auftragsmörder, in das Haus der Verwandten von Pérez einzudringen und sie alle zu ermorden, damit sie das gesamte Erbe ihres Vaters antreten konnte [531]. Am 23. November 2008 versuchte er, diesen Plan in die Tat umzusetzen, konnte jedoch nur Diego Schmidt-Hebbel Niehaus, den Freund von Belén Molina, der Nichte von Pérez López, erschießen, bevor er von dem Rest der Familie entdeckt wurde und ihnen entkommen konnte.

Ermittlungen und Gerichtsverfahren: Sowohl Ruz Rodríguez als auch Pérez López wurden innerhalb desselben Monats von der chilenischen Kriminalpolizei gefasst, und zwar aufgrund eines Zeugen, der das Kennzeichen von Ruz' Auto notiert hatte und nach seiner Entdeckung alle Fakten gestand. Nach seiner Verhaftung unternahm Pérez López einen Selbstmordversuch und schickte einen Brief an seine Tochter, in dem er sie aufforderte, Ruz Rodríguez Geld anzubieten, damit sie ihre Version der Ereignisse abändere und ihren Schwager Agustín Molina belaste [530].

Der Prozess gegen Pérez López begann am 23. September 2010, wobei etwa 100 Zeugen gehört und etwa 60 Beweisstücke vor der Jury vorgelegt wurden. Insgesamt wurde Pérez López wegen schwerer Körperverletzung an Montserrat Hernando angeklagt und zusammen mit Ruz Rodríguez folgender Taten beschuldigt [533]:

Elternmord an Francisco Zamorano Marfull

Mord an Héctor Rodrigo Arévalo Olivero

Raub mit Mord an Diego Schmidt-Hebbel Niehaus

Mordversuch an María Belén Molina Pérez, María Aurelia López Castaño, Gloria Pérez López und Agustín Molina Mirabel

Obwohl sie sich am 19. Januar 2011 [530] für nicht schuldig bekannte, wurde sie für schuldig befunden [534] und zusammen mit ihrem Komplizen zu lebenslanger Haft mit der Möglichkeit einer vorzeitigen Entlassung nach 40 Jahren Haft verurteilt, der höchsten Strafe, die im chilenischen Justizsystem zulässig ist [533].

Nachwirkungen: Pérez López' damaliger Wohnsitz, Seminario 95 (das 2012 einem Hausbrand zum Opfer fiel) [528], wurde verkauft, um die Familie der Betroffenen zu entschädigen. Derzeit gehört es Inversiones Concepción S.A. Auf der anderen Straßenseite, in Seminario 97, dem Haus, in dem Schmidt-Hebbel ermordet wurde, befinden sich heute verschiedene Büros und eine Apotheke.

Derzeit verbüßt sie ihre Strafe im Frauengefängnis von San Joaquín und teilt sich eine Zelle mit Marcela Mardones, der ehemaligen Partnerin von Raúl Escobar Poblete, der Mitglied der FPMR (Frente Patriótico Manuel Rodríguez) war und wegen Beteiligung an der Ermordung von Jaime Guzmán zu 18 Jahren Gefängnis verurteilt wurde. Im Gefängnis war sie Teil des Organisationskomitees für den Besuch, den Papst Franziskus 2018 bei seinem Besuch in Chile in diesem Gefängnis abstattete. Angeblich hat sie sich mehrfach mit Jeannette Hernandez gestritten, die 2009 wegen Mordes an einem ihrer Kinder verurteilt wurde [535].
Bis heute beteuert Pérez López ihre völlige Unschuld angesichts der gegen sie erhobenen Anklagen. Im Juli 2022 beantragten sie und ihr Anwalt Pablo Armijo beim Obersten Gerichtshof die Aufhebung des Urteils und starteten den YouTube-Kanal „Pilar's voice", auf dem beide ihre Version der Ereignisse teilen, die sich ereignet haben [524].

Die Fernsehserie Alma Negra (Schwarze Seele) aus dem Jahr 2023 ist von ihrem Fall inspiriert, wobei ihre Rolle von der Schauspielerin Ana Luz Figueroa [536] dargestellt wird.

<u>Diego Alexánder Ruiz Restrepo</u>

Portrait: Diego Alexánder Ruiz Restrepo (geboren am 14. März 1990 in Calí, Kolumbien) ist ein kolumbianischer Serienmörder, der in Chile aktiv war. Er ist als „Psychopath von Meiggs" (in der Nähe des Hauptbahnhofs von Santiago) bekannt und hat zwischen März und November 2020 mindestens sieben Morde im Stadtteil Meiggs begangen, wo er seit 2013 als Einwanderer ohne Papiere lebte [537]. Er wurde am 9. November 2020 festgenommen und zu lebenslanger Haft mit der Möglichkeit einer vorzeitigen Entlassung nach 40 Jahren verurteilt. Die chilenische Staatsanwaltschaft brachte ihn auch mit dem Mord an 20 weiteren Personen in

Verbindung [538]. Ruiz Restrepo griff obdachlose Menschen beiderlei Geschlechts an [555]. Laut dem forensischen Psychologen Belisario Valbuena wählte Ruiz Restrepo dieses Profil, weil es sich um „Menschen handelt, die von keiner Familie vermisst werden ... viele von ihnen können nicht einmal identifiziert werden." Einige Familien der Opfer wurden von den Sicherheitsbehörden nie informiert und erfuhren erst durch die Presse vom Tod ihrer Verwandten. Die blutigste Nacht Ruiz Restrepos war der 8. November 2020, als er innerhalb von 70 Minuten fünf Menschen angriff, von denen vier starben [543].

Geschichte: Ruiz Restrepos Mutter wurde mit 16 Jahren schwanger und ihr Partner verließ sie. Daher wurde er von seinen Großeltern mütterlicherseits aufgezogen [539] und besuchte das Colegio Carlos Holmes Trujillo im Bezirk Aguablanca, Comuna 15 [540]. Er arbeitete 5 Jahre lang als Automechaniker, was seine längste Beschäftigung war [539].

Ruiz Restrepos Mutter wanderte 2010 nach Chile aus, und er folgte ihr drei Jahre später unter dem Vorwand, als Tourist einzureisen [539][541]. In diesem Land hatte er mehrere Jobs, hauptsächlich im Bauwesen. Mit 22 Jahren bekannte sich Ruiz Restrepo zum christlichen Glauben, wie seine Familie, und wurde von der Gemeinschaft des Viertels, in dem er in Cali lebte, geliebt und geschätzt [541].

Ruiz Restrepo hat einen Sohn, Andy, der aus einer Beziehung mit einer Ecuadorianerin in Chile stammt [539]. Ab 2015 lebte er mit seiner Schwester und seinem Schwager in einer Wohnung in La Alameda in der Gemeinde Santiago. Sein Schwager beschrieb Ruiz Restrepo als Alkoholiker, gewalttätig und seine Schwester misshandelnd. Irgendwann stach Ruiz Restrepo auf seine Schwester, seine Mutter, seinen Großvater und seinen Stiefvater ein [542]. Seine Schwester hat eine einstweilige Verfügung mit einem Verbot der Annäherung gegen ihn erwirkt.

Berichten zufolge war Ruiz Restrepo dafür bekannt, dass er ständig in Konflikte in der Nachbarschaft, in der er lebte, verwickelt war, wie z. B. Streitigkeiten, und sogar so weit ging, Nachbarn mit einer Nahkampfwaffe zu bedrohen [541]. Er war auch bereits wegen Raubüberfällen polizeilich aktenkundig. Er war in Raubüberfälle, Drohungen und den Einsatz von Klingenwaffen verwickelt, was ihn daran hinderte, ein dauerhaftes Aufenthaltsvisum in Chile zu erhalten.

Verbrechen: Am 7. März 2020 wurde Víctor Olegario Allende Salas (72) tot aufgefunden. Er wurde des sexuellen Missbrauchs seiner Töchter beschuldigt und litt an Altersdemenz. Er wurde als erstes Opfer von Ruiz Restrepo anerkannt [543][544].

Einige Monate später, am 1. November 2020, fand man den kolumbianischen Einwanderer Carlos Andrés Rivas Angulo (35) tot auf; er war 2010 nach Chile ausgewandert. Nach einer durchzechten Nacht mit seinen Freunden wurde er gegen 1 Uhr morgens von Ruiz Restrepo attackiert und starb an 25 Messerstichen [545].

Später an diesem Tag wurde auch Guido Hernán Gallardo Contreras (64) tot aufgefunden. Er war zum Zeitpunkt seines Todes obdachlos. Über dieses Opfer ist wenig bekannt, da er nie verheiratet war, keine bekannten Kinder hatte, in seiner Geburtsurkunde nicht der vollständige Name seiner Mutter angegeben ist, und sein Wahlwohnsitz ihm nicht gehörte [543].

Am 8. November 2020 ermordete Ruiz Restrepo vier weitere Opfer, darunter als erstes Luis Marcelo Romero Jeria (49), einen obdachlosen Süchtigen [546]. Er hatte

Kinder, aber keines von ihnen wurde von einer Institution über seinen Tod informiert
[543].

Marcia Margot Tapia Loncón (57) wurde das nächste Opfer. Obwohl sie einen
Wohnsitz in Cerro Navia hatte, lebte sie als Obdachlose im Gebiet des
Hauptbahnhofes (Estación Central). Sie litt an Alkoholismus und Schizophrenie und
hatte zwei Kinder [543][547].

Leónidas Vicente Panez Fierro (40) war das dritte Opfer dieses Tages. Panez' Mutter
starb, als er 8 Jahre alt war, und er wuchs zusammen mit seinen zwei Brüdern in
einem Waisenhaus auf [548]. Er war ein ehemaliger Carabinero und lebte aufgrund
von Obdachlosigkeit in einem Zelt in der Nähe des Bahnhofs [543]. Er hatte eine Ex-
Frau und drei Kinder; sein Sohn Brandon erfuhr aus der Presse vom Tod seines
Vaters [548].

Das vierte Opfer war Rodrigo „Che" Manino Carmona (32). Er war ein argentinischer
Einwanderer, der in Mendoza als Sohn eines italienischen Vaters und einer
argentinischen Mutter geboren wurde und 2016 ins Land kam. Er wurde von Ruiz
Restrepo in den Hals gestochenund verblutete. Man setzte ihn auf dem Allgemeinen
Friedhof Santiagos bei [549].

Ruiz Restrepo begegnete Óscar P. am 3. August 2020. Ruiz bedrohte ihn mit einem
20 Zentimeter langen Messer in der Hand und sagte zu ihm: „Ich habe schon viele
Menschen getötet. Was wäre, wenn ich dich als Nächstes auswählen würde? Du
weißt nicht einmal, wer ich bin." Óscar P. konnte dem Angriff ausweichen und
meldete ihn den Carabineros de Chile [542].

Pedro Manuel Bustamante Babbonney (44) wurde am 8. November 2020 ebenfalls
von Ruiz Restrepo mit dem Messer angegriffen und auch getreten. Jedoch überlebte
er nach einer medizinischen Notversorgung im Nationalen Institut Barros Arana.
Nach seiner Erholung kehrte er in seine Situation auf der Straße zurück [550]. Einige
Pressevertreter identifizierten ihn fälschlicherweise als eines der Todesopfer.

Zusätzlich zu seinen sieben bestätigten Morden wird derzeit untersucht, ob Ruiz
Restrepo an 20 weiteren Todesfällen beteiligt war. Sollte dies bestätigt werden, gälte
Ruiz Restrepo als der schlimmste Serienmörder in der Geschichte Chiles [538]. Zu
diesen Opfern gehörte unter Anderem Carlos Núñez Valenzuela (46), der am 16.
April 2018 ermordet wurde] [551]. Er wurde mit sechs Messerstichen getötet. Im Jahr
2021 ermittelt die Staatsanwaltschaft weiterhin gegen ihn als mögliches Opfer von
Ruiz Restrepo [543].

Ermittlung und Verhaftung: Laut Infobae sagte die leitende Ermittlerin Pamela
Contreras, dass die Polizei „feststellte, dass es sich um eine Person handelte, die ein
Muster wiederholte, die zwischen den beiden Wochen, in denen die Verbrechen
stattfanden, identische Abfolgen von Spaziergängen zwischen den Sektoren machte"
[539]. Die Verbrechen konnte man mit der Hilfe von durch Kameras gemachten Fotos
aufklären. Anschließend wurden die Kleidungsstücke, die Ruiz Restrepo während der
Begehung der Verbrechen trug, darunter eine Kapuze, in seiner Wohnung gefunden
[539][552].

Ruiz Restrepo wurde am 9. November 2020 festgenommen, und wenige Tage später
ordnete ein Richter seine Inhaftierung an, da er „eine Gefahr für die Gesellschaft
darstelle". Laut dem Richter griff er seine Opfer auf der Grundlage der Ermittlungen
„wahllos und brutal" an, ohne „irgendeine vorherige Provokation" und ohne „dass die
Opfer die Möglichkeit der Verteidigung hatten" [552]. Er war ursprünglich an sieben

Morden beteiligt, aber die Ermittlungen deuten auf bis zu 15 Opfer hin [553]. Seit Januar 2021 verbüßte er eine vorbeugende Haftstrafe in der Hochsicherheitseinheit in Santiago.

Im Juli 2023 wurde er zu einer lebenslangen Haftstrafe verurteilt, gegen die nach mindestens 40 Jahren Haft in Chile Berufung eingelegt werden kann [554].

Luis Ignacio Vásquez Villenas

Portrait: Luis Ignacio Vásquez Villenas (geboren am 5. Mai 2002 in San Ramón, Chile), besser bekannt unter dem Spitznamen „Lucho Plátano", ist ein chilenischer Krimineller und Serienmörder, der derzeit wegen vier Morden inhaftiert ist, die zwischen Mai 2022 und Januar 2023 in der Metropolregion Santiago verübt wurden und im Mord an Daniel Valdés Donoso, dem Kommissar der Ermittlungspolizei von Chile (PDI), gipfelten. Während er auf der Flucht war, wurde er von den Gerichten zum „meistgesuchten Mann in Chile" erklärt [556]. Man verhaftete ihn am 8. Februar 2023.

Verbrechen: Während seiner Zeit als Anführer der organisierten Kriminalität rekrutierte Vásquez Villenas in der Regel Minderjährige aus seiner Gemeinde La Granja, bekannt als „Los Parra", um ihm beim Diebstahl von Fahrzeugen zu helfen, die in Einfahrten von Grundstücken und Garagen geparkt waren [556]. Laut Aussage seiner Partnerin María Jesús Fernández Uribe war er eine „anerkannte Persönlichkeit" in seiner Gemeinde und ein „bewundernswertes Vorbild" für seine Anhänger [557].

Am 24. Mai 2022 versuchten Vásquez Villenas und seine Bande, das Auto von Matías Ortega Yáñez zu stehlen, doch nach einem Kampf mit jenem, der mit einem Schuss dessen Bein endete, flohen die Angreifer. In derselben Nacht ermordeten sie einen Freund Ortegas, José Ignacio Bórquez Zapata, der mit einem Drogenhändler in der Gegend zusammenlebte [557]. Tage später tötete er Giovanni Óscar Araneda Cofré, der sich zuvor mit seinem Cousin Danilo Moya Araneda, einem engen Freund von Vásquez Villenas, um eine Geldsumme gestritten hatte, die bei einem Raubüberfall erbeutet worden war. Sein dritter Mord ereignete sich am 17. Oktober 2022, als er Vito Luciano Osses Reyes erschoss. Nachdem er Zeugenaussagen zu den Ereignissen erhalten hatte, an denen auch ein Minderjähriger beteiligt war, wurde er von Ermittlern landesweit gesucht [558].

Am 12. Dezember 2022 verübte eine verfeindete Bande einen Mordanschlag auf ihn. Diese verwechselte jedoch die Gruppe von Vásquez Villenas mit einer Gruppe von vier unschuldigen jungen Menschen, die alle vier ihr Leben verloren [559].

Tötung von Daniel Valdés Donoso: Am 17. Januar 2023 versuchte Vásquez Villenas, das Auto von Daniel Valdés Donoso zu stehlen. Nachdem er den Raub beobachtet hatte, zog Valdés Donoso sein Hemd hoch, um Vásquez mit seiner von der Kriminalpolizei (PDI) zugewiesenen Waffe zu erschießen, doch dieser schoss ihm viermal ins Gesicht und tötete ihn. Laut Gabriel Inostroza Morales, dem Fahrer von Vásquez, wurde ihm erst nach dem Mord klar, dass Valdés ein Kommissar der PDI war. Vásquez verbrachte die nächsten drei Wochen damit, sich in der Wohnung seines Partners in der Gemeinde San Ramón vor den Behörden zu verstecken [560]. Nach den Ereignissen versuchte er, Valdés' Waffe zu verkaufen [561].

Festnahme: Vásquez wurde schließlich am 8. Februar 2023 von der PDI in Zusammenarbeit zwischen den Abteilungen für Mord, Raub und Kriminalität, für Drogenbekämpfung und für organisierte Kriminalität sowie der taktischen Einsatzbrigade festgenommen und inhaftiert, nachdem er sich 22 Tage lang versteckt gehalten hatte [562].

Nach seiner Verhaftung wurden drei Personen, die der Straßenbande von Vásquez Villenas angehörten, darunter sein persönlicher Fahrer und sein Partner, als Verdecker eingestuft [563]. Vásquez Villenas befindet sich derzeit wegen einfachen Raubes, Raubes mit Einschüchterung, Diebstahls von Eigentum für öffentliche Zwecke, vereitelter Tötungsdelikte und vollendeter Tötungsdelikte [564] in der Hochsicherheitsabteilung des Gefängnisses von Rancagua in Untersuchungshaft.

Maria Teresa Alfaro Hidalgo („Tete" oder „Die teuflische Nanny") beging ihre Verbrechen zwischen 1960 und 1962. Sie wurde ursprünglich zum Tod durch Erschießen verurteilt, aber ihre Strafe wurde später auf 19 Jahre Gefängnis reduziert. 1975 wurde sie nach zehn Jahren auf Bewährung entlassen. Die Nanny ermordete drei der Kinder des Ehepaars [565].

Lucinda Eliana Goldberg Fuentes („Die Giftmörderin von Concepción") ermordete zwischen 1966 und 1971. Sie beging vor ihrer Festnahme Selbstmord. Sie war Krankenschwester und alleinerziehende Mutter, die drei Menschen durch Vergiftung tötete, um das Wohlergehen ihres Adoptivsohnes zu gewährleisten, ihn aber versehentlich zusammen mit den beiden anderen Opfern vergiftete. Nachdem sie sich 1971 auf die gleiche Weise das Leben genommen hatte, hinterließ sie einen Brief, in dem sie ihre kriminellen Handlungen detailliert beschrieb. Laut ihren engen Freunden litt sie unter Wahnvorstellungen, in denen es darum ging, verfolgt zu werden, möglicherweise unter Schizophrenie [566].

Manuel Segundo Tapia Vargas („Crazy Manuel"): Er war von 1968 bis 1969 für drei Morde verantwortlich. Zwei der Opfer waren ehemalige Polizisten. Er wurde zu 20 Jahren Haft verurteilt [567].

Juan Domingo Salvo Zúñiga („Der Schakal von Alcohuaz"): Er beging seine Morde zwischen 1975 und 1990, unter anderem tötete er 1975 seine Schwester. Er wurde gefasst und zu einer Haftstrafe verurteilt. Nachdem er 1990 freigelassen worden war, tötete er seine Nachbarin und ihre drei Kinder mit einer Axt. Daraufhin wurde er zu lebenslanger Haft verurteilt [568].

René Cerón Pardo, Spitzname „The Fury": Beging seine Verbrechen zwischen 1943 und 1965. Er ermordete vier Menschen, meist aus Rache, wie z. B. einen Mann, der seine Partnerin sexuell genötigt hatte. Zwischen 1956 und 1958 wurden an ihm verschiedene Gehirnoperationen durchgeführt, darunter eine Lobotomie, um ihm Hafturlaub zu gewähren. Danach lebte er fünf Jahre lang in Frieden, bevor er erneut mordete [569].

Rodrigo Fernando de Jesús Castro Salas („Rorro"): Wurde zwischen 2018 und 2019 ermordet. Der organisierte Kriminelle war zu lebenslanger Haft verurteilt und soll für zwei verschiedene Morde verantwortlich sein, einen im Juli 2018 und einen im Februar 2019, sowie für eine Massenerschießung in einem Kasino im September 2019 [570].

Alberto Hipómenes Caldera García („Tucho Caldera"): Er mordete in den 1940er Jahren. Während er wegen eines früheren Doppelmords auf Bewährung war, tötete er 1947 seinen Schwiegersohn in San Felipe. Er wurde zum Tode verurteilt und 1951 hingerichtet. Sein Fall und die darauf folgende Untersuchung führten zur Gründung der Mordkommission in der Ermittlungspolizei von Chile [571].

Ramón Francisco Pardo Valenzuela und Jacqueline del Carmen López González („Die Kindsmorde von Colina"): waren ein Paar, das aus einem Stiefvater und einer Stieftochter bestand, die sieben Kinder zeugten. Die Zeitspanne erstreckte sich von 1994 bis 2001. Um diese Schwangerschaften zu verbergen, töteten sie jedes der Babys bei der Geburt. Die Polizei konnte nicht feststellen, ob die Neugeborenen zum Zeitpunkt ihres Todes noch atmeten, weshalb sie wegen Abtreibung (im Land illegal) angeklagt wurden.

Adalio Enrique Mansilla Quinchamán („Der Zerstückler von Punta Arenas"): Zeitraum 2009-2023. Inhaftiert, Verfahren läuft. 2009 wurde Mansilla, der zu diesem Zeitpunkt noch minderjährig war, nach einem Mord inhaftiert. 2015 tötete er einen Mann, der in einen Streit mit seiner Freundin eingriff (die ebenfalls angegriffen wurde, aber überlebte). 2023 tötete er einen weiteren Mann und zerstückelte ihn [573].

Hugo Paolo Pastén Espinoza („Der Psychopath von Copiapó"): Stand 2019 lebenslänglich inhaftiert. Nachdem er 2005 wegen Vergewaltigung auf Bewährung freigelassen worden war, tötete er ein junges Mädchen, eine bolivianische Einwanderin und eine Transgender-Aktivistin und brannte deren Haus nieder [574].

Ricardo Javier González Latorre („Der Anwalt des Methanols"): González Latorre, ein Anwalt, tötete 1997 einen seiner Mandanten, um seine Lebensversicherung zu kassieren, und wurde im Jahr 2000 verurteilt. Im Jahr 2012 versuchte er, einen anderen seiner Mandanten durch Vergiftung zu töten, aber dieser überlebte. Im Jahr 2018 tötete er eine weitere seiner Mandantinnen, um ihre Lebensversicherung zu kassieren, und wurde zu 24 Jahren Gefängnis verurteilt [575][576]. Es wird vermutet, dass er für zwei weitere Morde verantwortlich ist. Derzeit ist er inhaftiert und soll 2042 freigelassen werden.

Jorge Antonio Fuentealba Plaza („Ñoco" oder „Der Schakal von Curicó"): Zeitraum 2004–2012, lebenslänglich inhaftiert. Sein erstes Verbrechen beging er 2004, als er erst 17 Jahre alt war, als er seinen homosexuellen Partner ermordete. Im Jahr 2011 wurde er auf Bewährung entlassen, als er in Curicó einen Mord beging, und beendete seine kriminelle Karriere schließlich mit einem dreifachen Mord im Jahr 2012, bei dem er das Leben seines Stiefgroßvaters und zweier Zeugen des Verbrechens beendete [577].

Hugo Humberto Bustamante Pérez („Der Trommelmörder"): Zeitraum 2005–2020, lebenslänglich inhaftiert. Nach einem Doppelmord im Jahr 2005 versteckte er die Leichen in einer Betontrommel. Er wurde 2018 auf Bewährung freigelassen und später erneut wegen Mordes an einem Teenager verhaftet. Im Jahr 2024 gestand er einen bisher unbekannten Doppelmord, der 1996 begangen wurde [578].

5. Ecuador

Ecuador, offiziell die Republik Ecuador, ist ein Land im Nordwesten Südamerikas, das im Norden an Kolumbien, im Osten und Süden an Peru und im Westen an den

Pazifischen Ozean grenzt. Zu Ecuador gehören auch die Galápagos-Inseln im Pazifik, etwa 1.000 Kilometer (621 Meilen) westlich des Festlandes. Die Hauptstadt des Landesist Quito, die größte Stadt ist Guayaquil (siehe Abb. 38).

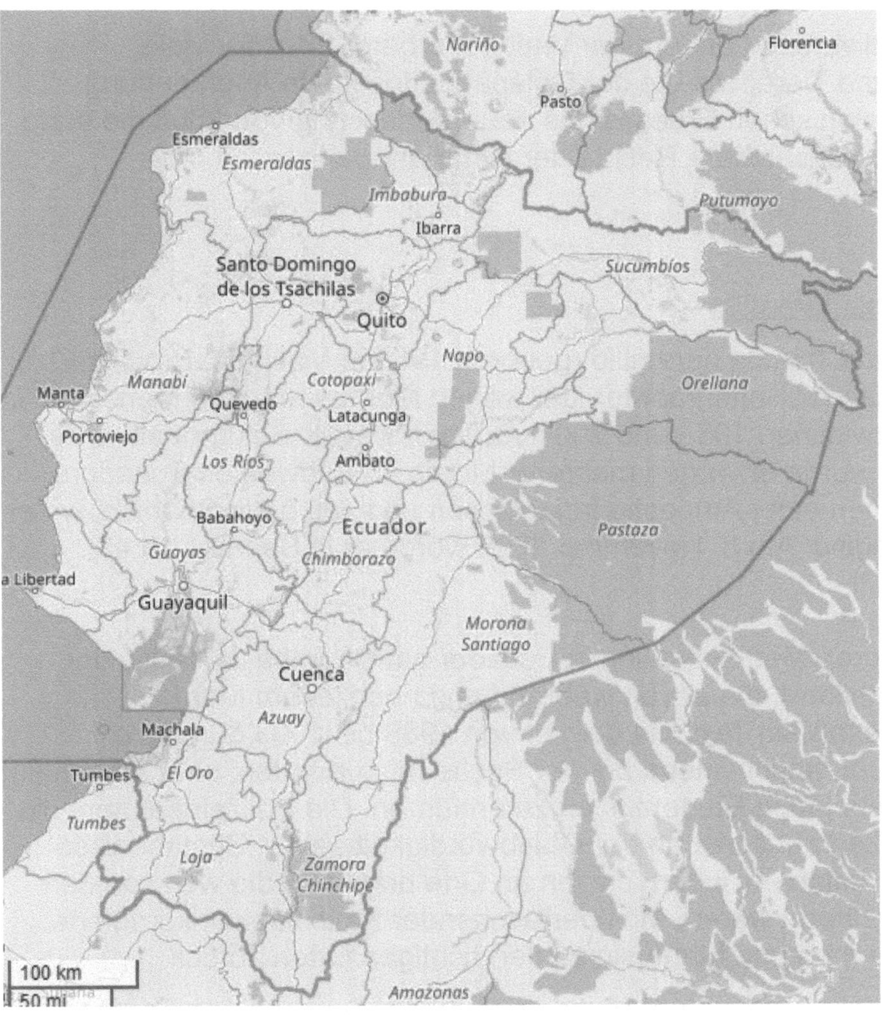

Abb. 38: Ecuador ohne Galapagosinseln (OpenStreetMap 2024, Lizenz: Open Database)

Die Gebiete des heutigen Ecuador waren einst die Heimat einer Vielzahl indigener Völker, die im 15. Jahrhundert nach und nach in das Inka-Reich eingegliedert wurden. Das Gebiet wurde im 16. Jahrhundert vom Spanischen Reich kolonisiert und erlangte 1820 als Teil von Großkolumbien die Unabhängigkeit, aus dem es 1830 als souveräner Staat hervorging. Das Erbe beider Reiche spiegelt sich in der ethnisch vielfältigen Bevölkerung Ecuadors wider, wobei die meisten der 17,8 Millionen Menschen Mestizen sind, gefolgt von großen Minderheiten von Europäern, Indianern, Afrikanern und Asiaten.

Nachkommen. Spanisch ist die offizielle Sprache, die von der Mehrheit der Bevölkerung gesprochen wird, obwohl auch 13 einheimische Sprachen anerkannt sind, darunter Quechua und Shuar.

Ecuador ist eine repräsentative demokratische präsidiale Republik und ein Entwicklungsland, dessen Wirtschaft stark vom Export von Rohstoffen, vor allem Erdöl und landwirtschaftlichen Produkten, abhängt. Das Land ist Gründungsmitglied der Vereinten Nationen, der Organisation Amerikanischer Staaten, des Mercosur, von PROSUR und der Bewegung der Blockfreien. Laut der Auskunft des Center for Economic and Policy Research sank die Armut zwischen 2006 und 2016 von 36,7 %

auf 22,5 %, und das jährliche Pro-Kopf-BIP-Wachstum betrug 1,5 Prozent (im Vergleich zu 0,6 Prozent in den beiden vorangegangenen Jahrzehnten). Gleichzeitig verbesserte sich der Gini-Index des Landes für wirtschaftliche Ungleichheit von 0,55 auf 0,47.

Als eines von 17 megadiversen Ländern der Welt beherbergt Ecuador viele endemische Pflanzen und Tiere, wie die der Galápagos-Inseln. In Anerkennung seines einzigartigen ökologischen Erbes ist die neue Verfassung von 2008 die erste der Welt, die rechtlich durchsetzbare Rechte der Natur anerkennt.

<u>Gilberto Antonio Chamba Jaramillo</u>

Portrait: Gilberto Antonio Chamba Jaramillo (geboren 1963 in Machala, Provinz El Oro) ist ein ecuadorianischer Serienmörder, der wegen Mordes an neun Menschen in Ecuador und Spanien zwischen 1988 und 2004 verurteilt wurde. Bekannt als „Das Monster von Machala", wurde er wegen mehrerer Morde im Südwesten Ecuadors verurteilt, aber im Rahmen einer Amnestie freigelassen und zog nach Spanien, wo er einen weiteren Mord beging. Am 5. November 2006 wurde er in Spanien zu 45 Jahren Haft verurteilt [579].

Verbrechen: Laut mehreren Medienquellen in Ecuador hat Chamba Jaramillo der Polizei die Schritte geschildert, die er vor, während und nach jedem Mord unternommen hat. Er besaß ein Taxi, mit dem er von 1988 bis 1993 durch die Straßen von Machala fuhr, anscheinend auf der Suche nach Kunden, aber insgeheim mit dem Ziel, unbegleitete junge Studentinnen zu entführen. Die Polizeibeamten, die ihn festnahmen, zweifelten zunächst an der Glaubwürdigkeit seiner Geständnisse und versuchten, ihn zu entlarven, indem sie ihn an Orte brachten, die weit von den tatsächlichen Tatorten entfernt waren. Mit überraschender Kaltblütigkeit korrigierte Chamba Jaramillo sie jedoch und führte sie zu den richtigen Orten zurück.

Ein Bericht in der spanischen Zeitung El Mundo enthält die Aussage von Fausto Terán, einem pensionierten Polizisten, der an der Festnahme von Chamba Jaramillo beteiligt war [580]:

„Laut Chamba Jaramillos Geständnis drang er nicht vaginal in seine Opfer ein. Er spießte sie praktisch mit einem Instrument auf, das einem Stock ähnelte und das er speziell anfertigen ließ. In vielen Fällen drückte er das Instrument mit solcher Gewalt in sie hinein, dass es durch ihren Mund wieder herauskam."

Prozess in Ecuador: Dank der Aussage einer Prostituierten, einer der beiden Frauen, die seinen Angriff überlebten, konnte ein Strafverfahren gegen Chamba Jaramillo eingeleitet werden. Er wurde des Mordes an acht Frauen und der Vergewaltigung von zwei Frauen beschuldigt. Unter seinen Opfern waren zwei Minderjährige. Er wurde zu 16 Jahren Gefängnis verurteilt. Er verbüßte jedoch nur 7 dieser Jahre, da er von einem Gesetz profitierte, das die Strafen für Gefangene mit guter Führung um die Hälfte reduzierte, und aufgrund des Großen Jubiläums im Jahr 2000 eine weitere Reduzierung um ein Jahr erhielt [581].

Auswanderung nach Spanien: Am 9. November 2000, nachdem er seine Strafe verbüßt hatte und sein polizeiliches Führungszeugnis bereinigt worden war – ein Rechtsanspruch, der nur in Ecuador möglich ist – beschloss Chamba Jaramillo, der bis dahin verheiratet war und mit seiner Frau Mariela Töchter hatte, nach Spanien zu ziehen. Er flog nach Amsterdam und reiste von dort zum Flughafen Barajas in Madrid, wo zwei seiner Schwestern auf ihn warteten.

Seitdem hatte Chamba Jaramillo verschiedene Jobs, die von Maurerarbeiten bis hin zum Portier in seinem eigenen Gebäude reichten, in dem er mit seiner Familie und Gelegenheitsfreundinnen lebte.

Im September 2004 fand Chamba Jaramillo eine Anstellung als Parkwächter im Unterhaltungskomplex Illa de I 'Oci, der sich in der Nähe der juristischen Fakultät der Universität Lleida befindet. Dort war er nicht nur als Hausmeister tätig, sondern unterstützte auch die Reinigungskräfte der Kinosäle.

Der Fall María Isabel Bascuñana: Chamba Jaramillo wurde am 1. Dezember 2004 verhaftet und beschuldigt, María Isabel Bascuñana, eine Jurastudentin aus Lleida, vergewaltigt und ermordet zu haben. Sie wurde zuletzt am 23. November 2004 lebend gesehen. Ihre Eltern sprachen zuletzt gegen 22 Uhr mit ihr, als sie ihnen mitteilte, dass sie nicht zu Hause zu Abend essen würde. Ihre Leiche wurde zwei Tage später im Kofferraum ihres eigenen Wagens gefunden, der ein paar Straßen vom Kino entfernt geparkt war. Sie hatte ein Taschentuch um den Hals gebunden und war mit Müllsäcken umwickelt. Sie war brutal vergewaltigt worden.

Bald darauf kamen verschiedene Theorien über ihren Tod auf. Einige spekulierten, dass es sich um ein Verbrechen aus Leidenschaft handelte, andere um Rache, aber es waren ihre Freunde, die die nötigen Hinweise lieferten, um den Mörder zu fassen.

Marias Freunde berichteten der ermittelnden Mossos d'Esquadra, dass Chamba Jaramillo sie ständig belästigt habe, während sie ihr Auto am Vergnügungskomplex abstellte oder abholte. Diese Anschuldigung wurde von anderen Mädchen wiederholt, die angaben, dass er regelmäßig nach ihren Telefonnummern fragte, mit der Ausrede, dass er sie sofort anrufen könne, wenn etwas mit ihren Autos passiere. Viele von ihnen erhielten jedoch Anrufe mit sexuell belästigendem Inhalt und glaubten, dass der Parkplatzwächter sie tätigte. Diese Hypothese wurde bestätigt, als Polizeibeamte Marias Telefon fanden. Nachdem sie die ein- und ausgehenden Anrufe Stunden vor und nach dem Mord protokolliert hatten, stellten sie fest, dass Marias Telefon für zwei Anrufe bei Telefonsexdiensten verwendet worden war. Die Anrufe dauerten zwischen fünf und sechs Minuten.

Dies war einer der Hinweise, die die Polizei dazu veranlassten, Chamba Jaramillo als Hauptverdächtigen in Betracht zu ziehen. Darüber hinaus sagten Polizeibeamte aus, dass sie im Handschuhfach von Marías Fahrzeug Müllsäcke gefunden hatten, die auch zur Abdeckung ihres Körpers verwendet wurden. Es handelte sich um die gleiche Marke wie die industriellen Müllsäcke, die von Reinigungskräften in Kinos zum Sammeln von Abfällen verwendet werden, ein weiterer möglicher Zusammenhang mit Chamba Jaramillo, einem der Reinigungsassistenten.

Zunächst wurde Chamba Jaramillo nur zur Befragung festgehalten, da seine Kollegen, die als Zeugen im Prozess aussagen sollten, angaben, in der Mordnacht nichts Ungewöhnliches bemerkt zu haben und der Ecuadorianer seinen Posten nicht verlassen habe. Darüber hinaus gab es Zeugenaussagen von Nachbarn und Bekannten von Chamba Jaramillo zu seinen Gunsten, die ihn als freundlichen Mann beschrieben und seine Schuld in Frage stellten.

DNA-Tests an den Spermienrückständen, die am Körper des Opfers gefunden wurden, ergaben jedoch, dass sie von ihm stammten, der argumentierte, dass die

Polizei Beweise erfand, um ihn anzuklagen. Er behauptete, dass Beamte eine Spermaprobe aus einem von ihm verwendeten Kondom entnommen und sie dann in die Vagina von María eingeführt hätten, um ihn zu belasten.

Die von der Staatsanwaltschaft vorgelegten Analysen und Tests waren jedoch entscheidend für die Widerlegung von Chamba Jaramillos Argumentation, und er wurde für schuldig befunden. Er wurde zu 45 Jahren Haft verurteilt: 20 Jahre für den Mord an Maria, weitere 12 für ihre Vergewaltigung und weitere 13 für den Versuch der Vergewaltigung und des Mordes an einer rumänischen Prostituierten, die vor Gericht gegen ihn aussagte, nachdem sie nach seiner Verhaftung Bilder von ihm in den lokalen Medien gesehen hatte [582].

Zusätzlich zu diesen Beweisen behauptete die Staatsanwaltschaft, Chamba Jaramillo habe versucht, Informationen vor der Polizei zu verbergen. Als er zum ersten Mal von den Behörden angesprochen wurde, soll er angeblich sein Strafregister in Ecuador und einen Vorfall in Spanien im Zusammenhang mit dem Waffenbesitz offengelegt haben. Der Prozess bewies jedoch, dass das „Monster von Machala" seine kriminelle Vergangenheit verbarg, bis die Zusammenarbeit zwischen der ecuadorianischen und der katalanischen Polizei bestätigte, dass es sich um dieselbe Person handelte, die in Machala wegen Mordes verurteilt worden war. Chamba Jaramillo ist derzeit in Block 6 des Centre Penitenciari de Quatre Camins in Barcelona inhaftiert. Der Fall ist auch für das deutschen Fernsehen (ZDF-Mediathek) verfilmt worden.

Jairo Humberto Giraldo Marín

Portrait: Jairo Humberto Giraldo Marín (geboren 1987 in Bogotá, Kolumbien), bekannt als „Der schwule Würger", ist ein kolumbianischer Serienmörder, der zwischen April und Oktober 2002 in Quito, Ecuador, fünf homosexuelle Männer getötet hat. Er wurde am 25. Oktober 2002 festgenommen. Für seine Verbrechen wurde er zu 25 Jahren Haft verurteilt [583].
Frühes Leben: Giraldo Marín wurde 1987 in Bogotá, der Hauptstadt Kolumbiens, geboren, aber schon in jungen Jahren von beiden Elternteilen verlassen. Sein Vater verschwand spurlos und seine Mutter zog nach Medellín. Da sich niemand um ihn kümmerte, ging er auf die Straße, wo er sich mit Betteln und Diebstahl von Passanten über Wasser hielt und das Geld manchmal für den Kauf von Drogen verwendete. Im Alter von 8 Jahren wurde er auf der Straße von einem Mann vergewaltigt, was ihn für den Rest seines Lebens traumatisierte [583]. Dies, gepaart mit seinem instabilen Sozialleben und finanziellen Schwierigkeiten, stürzte ihn in einen Zustand ständiger Depression, mit einem wachsenden Groll gegen homosexuelle Männer, die er für sein tragisch verlaufenes Leben verantwortlich machte [584].

Im Alter von 18 Jahren, als er sich auf den Straßen von Bogotá prostituierte, lernte Giraldo Marín den 28-jährigen Javier Fernando Guanga Villegas kennen, einen ecuadorianischen Transvestiten, der aus Guayaquil zu Besuch war. Die beiden verliebten sich ineinander und im Februar 2002 nahm Guanga Villegas Giraldo Marín mit nach Quito, wo er sich einer Schönheitsoperation unterziehen wollte. Kurz nach ihrer Ankunft begann eine Mordserie, die die Schwulenszene der Stadt heimsuchte [583].

Verbrechen: Seit seiner Ankunft im Land bot Giraldo Marín schwulen Männern im Parque El Ejido sexuelle Dienstleistungen an, wobei er sich unter der einzigen Bedingung auf Sex einließ, dass er der „Mann" in der Beziehung war [584]. Am 6. April 2002 wurde er von einem örtlichen Bankmanager, Fidel Assad Buenaño Carriel, angeheuert und in dessen Wohnung gebracht. Dort wollte Buenaño Carriel mit Giraldo Marín Geschlechtsverkehr haben, bestand jedoch darauf, dass er die Rolle der „Frau" übernahm, was Giraldo Marín vehement ablehnte. Nachdem Buenaño darauf bestanden hatte, erwürgte Giraldo Marín, geblendet von plötzlicher Wut, seinen Kunden [583]. Nachdem er feststellte, dass er tot war, nahm Giraldo Marín alle Wertsachen aus seiner Wohnung und floh, kehrte aber bald darauf in den Parque El Ejido zurück[583].

Am 12. April 2002 wurde Giraldo Marín von Carlos Abel Ponce Ponce, einem Agrarwissenschaftler aus Mexiko, der in Quito arbeitete, angeheuert. Er wurde in seine Wohnung gebracht, wo er Ponce vermutlich unter den gleichen Umständen erwürgte. Einen Tag später wurde nach dem gleichen Muster Pablo Alejandro Garcés Calero, ein angesehener Kaplan des Stadtviertels Santa Rita, getötet. Um die Morde zu vergessen, reisten Giraldo Marín und Guanga Villegas nach Kolumbien, wo sie einige Monate blieben, kehrten aber im September desselben Jahres nach Ecuador zurück [583].

Zu diesem Zeitpunkt war die Schwulenszene in Quito wegen der jüngsten Morde an homosexuellen Männern in Alarmbereitschaft. Die Mordserie begann im Januar mit dem Tod eines älteren Mannes, der nackt und mit an einen Stuhl gefesselten Füßen in seiner Wohnung erwürgt wurde [583]. Obwohl in Online-Foren behauptet wurde, einige hätten den Mörder gesehen und sogar seine Identität gekannt, meldete sich niemand bei der Polizei, aus Angst, dies könnte dem Ruf der Gemeinschaft schaden. Die Mordserie wurde am 20. September wieder aufgenommen, als der 26-jährige Carlos Jorge Zavala Barona, ein Aktionär einer Versicherungsgesellschaft, erwürgt in seiner Wohnung aufgefunden wurde, die zudem ausgeraubt worden war [583].

Verhaftung, Prozess und Inhaftierung: Am 12. Oktober 2002 traf Giraldo Marín mit dem 23-jährigen Ernesto Daniel Guzmán Vera zusammen, einem leitenden Angestellten eines Textilunternehmens, und die beiden Männer gingen zu seiner Wohnung in der Avenida González Suárez. Wie die vorherigen Opfer wurde Guzmán Vera erwürgt und sein Besitz sollte geplündert werden, aber plötzlich war ein Klopfen an der Tür zu hören. Giraldo Marín versteckte sich hinter der Tür, und als der Mann eintrat, packte er ihn am Hals, hielt ihm ein Messer an den Hals und fragte ihn, ob er leben wolle. Der Mann, der sich als Guzmáns jüngerer Bruder David Suárez herausstellte, bejahte die Frage, woraufhin Giraldo Marín ihn unverletzt gehen ließ [582].

Nachdem er die Wohnung verlassen hatte, benutzte Giraldo Marín Guzmans gestohlenes Mobiltelefon, wodurch die Ermittler es bis zu seinem Partner zurückverfolgen konnten, der am 22. Oktober 2002 am Mariscal Sucre International Airport verhaftet wurde. Bei seiner Vernehmung sagte Guanga Villegas aus, dass sein Liebhaber, Giraldo Marín, ihm gestanden habe, im April drei Männer in ihren Wohnungen im Sektor La Libertad getötet zu haben [585]. Drei Tage später wurde Giraldo Marín selbst verhaftet, wobei er immer noch einen Lederpullover trug, der seinem letzten Opfer gehört hatte. Nach der Durchsuchung seiner Wohnung fanden die Beamten physische Beweise, darunter Parfüms und Rucksäcke, die ihn mit den Morden in Verbindung brachten. Bald darauf gab der Chef der Kriminalpolizei von

Pichincha, Oberst Mario Albarracín, bekannt, dass der Verdächtige bereitwillig fünf der jüngsten Morde gestanden habe, die die Stadt heimgesucht hatten. Für seine Verbrechen wurde er zu 25 Jahren Haft verurteilt, der höchsten Strafe, die im Land verhängt werden kann, und sitzt bis heute im Gefängnis.

Bei seinen anschließenden Gesprächen mit Psychologen der Nationalen Polizei gab Giraldo Marín an, dass er nach einer Vergewaltigung in jungen Jahren starke homophobe Gefühle entwickelt habe, was in Verbindung mit seinen schrecklichen Erfahrungen und Depressionen dazu führte, dass er schwule Männer ermordete, die ihn unbewusst an diese schmerzhafte Erinnerung erinnerten [584]. Francisco Guayasamín, ein prominentes Mitglied der Schwulenszene von Quito, der den mutmaßlichen Mörder online denunziert hatte, beschrieb Giraldo Marín als einen gnadenlosen Psychopathen, der andere Homosexuelle für sein Leid verantwortlich machte und sie anschließend ohne zu zögern tötete, um seinen Frustrationen Luft zu machen [583]. Er wies auch darauf hin, dass mindestens fünf weitere Morde an Schwulen in diesem Jahr unaufgeklärt geblieben seien, obwohl er anmerkte, dass es unwahrscheinlich sei, dass Giraldo sie begangen habe, da er zu diesem Zeitpunkt nicht in Ecuador gewesen sei, und stattdessen die Möglichkeit eines weiteren Mörders in der Gegend in Betracht zog. Bis heute ist unklar, ob alle anderen Morde unaufgeklärt bleiben [583].

Juan Fernando Hermosa

Portrait: Juan Fernando Hermosa Suárez (28. Februar 1976 in Clemente Baquerizo, Provinz Los Ríos – 28. Februar 1996 in Nueva Loja, Provinz Sucumbíos), bekannt als „Niño del Terror", war der jüngste Serienmörder in der Geschichte Ecuadors [586]. Er wurde am 9. Januar 1992 festgenommen, nachdem er zwischen 1991 und 1992 22 Menschen getötet hatte.

Geschichte: Hermosa Suárez wurde am 28. Februar 1976 in der Stadt Clemente Baquerizo in der Provinz Los Ríos geboren [586]. Er wurde von Olivo Hermosa Fonseca und Zoila Amada Suárez Mejía adoptiert, die ihn in ein bevölkerungsreiches Viertel nördlich von Quito brachten [586][587]. Hermosa wurde oft von seiner gehörlosen Adoptivmutter betreut, die auch an Arthritis litt, während sein Adoptivvater durch die Provinz Sucumbíos reiste, wo er Grundstücke besaß [586].

Verbrechen: Im Alter von 15 Jahren begann er, eine Bande von zehn gleichaltrigen Jugendlichen anzuführen, die die Videospielgeschäfte im Stadtteil La Marín im Zentrum von Quito frequentierten. Er ging oft in Bars und Clubs in der Gegend, die als Puente del Guambra bekannt ist, in der Nähe der Zentraluniversität [586].

Als er am 22. November 1991 mit Freunden eine Diskothek verließ, nahm die Gruppe ein Taxi der Marke San Remo. Nachdem sie die Avenida 10 de Agosto erreicht hatten, zog Hermosa eine 9-mm-Pistole, die er von einem Wachmann erhalten hatte, schoss dem Fahrer in den Kopf und tötete ihn auf der Stelle [586]. Einer seiner Freunde fuhr das Fahrzeug dann in den Südosten der Stadt und entsorgte die Leiche in einer Guardaya im Los Chillos-Tal, wo die Leiche am nächsten Tag von der Polizei gefunden wurde. Eine Woche später ging Hermosa mit anderen Mitgliedern seiner Bande zu einem Friseur, bei dem er sich normalerweise die Haare schneiden ließ und der von einem Transgender namens Charlie südlich der Stadt betrieben wurde.

Charlie lud sie ein, bei ihm zu Hause etwas zu trinken, wo sie einen Streit begannen, der damit endete, dass Hermosa fünfmal auf Charlie schoss, bevor dieser um Hilfe rufen konnte, und ihn ebenfalls gleich tötete.

Hermosas Verbrechen beliefen sich auf insgesamt 22 Morde, die sich in nur vier Monaten ereigneten und 8 Taxifahrern, 11 Homosexuellen, einem Lastwagenfahrer und seinem Bekannten sowie zwei weiteren Menschen das Leben kosteten, was ihm den Spitznamen „Niño del Terror" einbrachte [586]. Die Opfer wurden mit einer 9-mm-Pistole erschossen, die Verbrechen ereigneten sich an den Wochenenden, was unter den Taxifahrern und Homosexuellen, die im Norden Quitos lebten, Panik auslöste.

Festnahme: Quitos Bürgermeister Fausto Terán Bustillos wurde mit dem Kommando über eine Einheit der Grupo de Intervención y Rescate (GIR) der Nationalpolizei betraut, die für die Untersuchung der Verbrechen von Niño del Terror zuständig war [586][587]. Der Polizei gelang es, eine Gruppe junger Krimineller im Stadtzentrum zu fassen, die versuchten, einen Ort auszurauben, und Informationen über die Identität derjenigen preisgaben, die hinter den Morden steckten [586]. Am 9. Januar 1992 lokalisierten sie den Wohnsitz Hermosas, die sich zwischen den Straßen América und Diguja befand, und begannen am 16. Januar 1992 um 3 Uhr morgens eine Operation zur Festnahme des mutmaßlichen Mörders durch.

Das Einsatzkommando postierte sich außerhalb Hermosas Hauses, und die Polizei drang durch ein Dachfenster in das Haus ein, das sich gegenüber dem Zimmer des Verdächtigen befand, der im Zimmer seiner Mutter schlief [586][587]. Durch den Fehler der Polizei wurde Hermosa auf die Polizisten aufmerksam, der aus nächster Nähe mit seiner 9-mm-Pistole auf sie schoss und so eine Schießerei zwischen ihm und der Polizei auslöste. Eine Gruppe Polizisten, die sich auf der Straße befand, begann mit Granaten zu werfen, was zu einer Explosion führte, die die Wand des Hauses zum Einsturz brachte und zwei Polizisten unter sich begrub. Hermosas Mutter starb während der Auseinandersetzung, nachdem sie elf Mal angeschossen worden war, während Hermosa selbst 15 Minuten später, ohne einen Kratzer abbekommen zu haben, gefangen genommen wurde, als er versuchte, durch das hintere Fenster zu fliehen [586][587].

Ein Kontingent von zehn Agenten überstellte Hermosa am selben Morgen in das Gefängnis García Moreno, wo sie überrascht erfuhren, dass es sich bei dem Verdächtigen um einen Minderjährigen handelte, der nach eigenen Worten erklärte: „Ich möchte klarstellen, dass mein Name Juan Fernando Hermosa Suárez ist, und dass ich am 28. Februar 2019 16 Jahre alt sein werde" [586]. In seinen Aussagen behauptete er, dass er nicht die Absicht hatte, zu töten, da er seine Opfer gebeten hatte, still zu sein und dass ihnen nichts passieren würde, aber indem sie diese Warnung ignorierten, beendeten sie ihr Leben. Hermosa sagte, dass er einmal mit einem Revolver vom Kaliber 0,22 bedroht wurde und bei einer anderen Gelegenheit ein Taxifahrer versucht hatte, ihn mit einem Radschlüssel anzugreifen, sodass er sie mit seiner Waffe töten musste [586].

Verurteilung, Flucht und erneute Festnahme: Hermosa wurde zu der gesetzlich zulässigen Höchststrafe für Minderjährige verurteilt, nämlich zu vier Jahren Haft im Rehabilitationszentrum Virgilio Guerrero, nachdem er seine Verbrechen gestanden hatte [586][587]. In den ersten 16 Monaten wurde er zu einem Anführer der Jugendlichen im Gefängnis und schaffte es sogar, über seine Freundin Yadira eine Pistole zu beschaffen, mit der er einen Polizisten tötete, der versuchte, ihn aufzuhalten, indem er fünfmal auf ihn schoss, bevor er am 17. Juni 1993 mit zehn weiteren Jugendlichen aus dem Gefängnis floh. Er floh nach Kolumbien, wo er sich eine Mandelentzündung zuzog [586][588]. Er wurde wieder gefasst und nach Verbüßung seiner Strafe 1996 freigelassen.

Tod: Nach seiner Freilassung zog er zu seinem Vater nach Nueva Loja, Sucumbíos [586]. An seinem 20. Geburtstag wurde er tot am Ufer des Aguarico River aufgefunden [588]. Die Polizei gab bekannt, dass fünf vermummte Personen für den Mord verantwortlich waren, die Hermosa Suárez anhand der Dokumente in seiner Brieftasche identifizieren konnten, da sein Gesicht entstellt und mit Folterspuren übersät war, die von Machetenschnitten und Einschüssen stammten [586].

Dokumentarfilm: Im Jahr 2011 wurde der Dokumentarfilm „Tras las sombras del niño del terror" uraufgeführt, der von Vladimir und Marco Soasti inszeniert, produziert und geschrieben wurde [589].

6. Kolumbien

Kolumbien, offiziell die Republik Kolumbien, ist ein Land, das sich hauptsächlich in Südamerika befindet, aber auch insulare Regionen in Nordamerika hat. Das kolumbianische Festland grenzt im Norden an das Karibische Meer, im Osten und Nordosten an Venezuela, im Südosten an Brasilien, im Süden und Südwesten an Ecuador und Peru, im Westen an den Pazifischen Ozean und im Nordwesten an Panama (siehe Abb. 39). Kolumbien ist in 32 Departamentos unterteilt.

Der Hauptstadtdistrikt Bogotá ist auch die größte Stadt des Landesund beherbergt das wichtigste Finanz- und Kulturzentrum. Weitere große Städte sind Medellín, Cali, Barranquilla, Cartagena, Santa Marta, Cúcuta, Ibagué, Villavicencio und Bucaramanga. Kolumbien erstreckt sich über eine Fläche von 1.141.748 km² und hat eine Bevölkerung von etwa 52 Millionen. Sein kulturelles Erbe -einschließlich Sprache, Religion, Küche und Kunst- spiegelt seine Geschichte als Kolonie wider, in der kulturelle Elemente, die durch die Einwanderung aus Europa und dem Nahen Osten mit denen der afrikanischen Diaspora sowie mit denen der verschiedenen indigenen Zivilisationen, die vor der Kolonialisierung existierten. Spanisch ist die offizielle Sprache, obwohl Kreolisch, Englisch und 64 weitere Sprachen regional anerkannt sind.

Abb. 39: Kolumbien (OpenStreetMap 2024, Lizenz: Open Database)

<u>Andrés Leonardo Achipiz</u>

Portrait: Andrés Leonardo Achipiz ist ein kolumbianischer Serienmörder und bezahlter Attentäter [590][591]. Er ist unter dem Decknamen „The Fish" („Pescadito") bekannt, was auf seine Kindheit verweist, in der er in seiner Nachbarschaft Fisch verkaufte [592]. Er hat nach eigenen Angaben zwischen 30 und 35 Menschen in Bogotá getötet, fast immer in den Stadtteilen Kennedy und Bosa, wo er für jeden Mord zwischen COP 600.000 und 4 Mio. [ca. 4.600 Pesos (COP) entsprechen einem Euro] erhielt [593][594]. Er wurde am 25. Juni 2013 festgenommen, und man verurteilte ihn wegen 12 Morden. Er steht aber im Verdacht, noch mehrere weitere begangen zu haben [595]. Er ist im La-Picota-Gefängnis im Südosten von Bogotá inhaftiert. Laut Kriminologie- und Psychiatrieexperten ist Achipiz ein „Mörder aus Berufung" und kann nicht resozialisiert werden" [596]. Psychiater haben bei ihm eine psychopathische Persönlichkeitsstörung diagnostiziert [590].

Geschichte und Verbrechen: Andrés Leonardo Achipiz wurde 1994 in Bogotá geboren und wuchs im Stadtteil Britalia im Südwesten Bogotás auf, nachdem seine Eltern auf der Suche nach einem besseren Leben von Huila in die Hauptstadt gezogen waren [592]. Er ist das zweite von sechs Kindern und wurde von seinen Eltern in der Schule El Gran Britalia eingeschrieben. Er brach die sechste Klasse der Highschool ab, weil er beschloss, für seinen Vater als Straßenverkäufer zu arbeiten und Obst und Fisch zu verkaufen [596]. Nach eigenen Angaben wurde er von seinem Vater körperlich und emotional misshandelt [590][597], der von ihm einen Mindestbetrag für den Verkauf verlangte [592].

Er begann, zusammen mit anderen Jugendlichen verschiedene Häuser nördlich von Bogotá auszurauben, wo er große Geldsummen erbeutete, aber auch Wertsachen wie Uhren, Brieftaschen, Fahrräder usw. stahl [592]. Im Alter von 16 Jahren wurde er von einem bekannten Kriminellen aus Bogotá kontaktiert, der mit Auftragsmördern im Bereich des Drogenhandels zusammenarbeitete und unter dem Decknamen „Camilo" bekannt war. Als aktives Mitglied einer kriminellen Bande war Achipiz im kleinen illegalen Drogenhandel in Kennedy und Bosa tätig [594]. Achipiz tötete seine Opfer mit Schusswaffen oder scharfen Gegenständen.

Im Jahr 2009 wurde er verhaftet und wegen zweier Morde in ein Jugendgefängnis gebracht. Später jedoch gelang ihm während eines Aufstands die Flucht [592][594]. Achipiz war in den oben genannten Stadtteilen Bogotás weithin bekannt, weshalb er von anderen Banden als Auftragsmörder angeheuert wurde. Er verlangte in der Regel zwischen einer und sechs Millionen Pesos [597]. Er wurde am 25. Juni 2013 in einem Bus gefasst, nachdem er von Spezialagenten abgefangen worden war [592].

Pathologie: Laut der Vereinigung der Psychiater Lateinamerikas wurde bei Achipiz eine „psychopathische Persönlichkeitsstörung" diagnostiziert, d. h., er neigt dazu, Normen zu umgehen und andere anzugreifen. Es wurde auch darauf hingewiesen, dass er keine Schuldgefühle hat und dass die Misshandlungen, die er in seiner Kindheit und Jugend erlitten hat, sowie der Mangel an Zuneigung in der Familie im Allgemeinen zu seinem Krankheitsbild beigetragen haben [596].

Belisario Valbuena, kriminalistischer Profiler und Beamter der Manuela Beltrán Universität in Bogotá, versicherte ebenfalls, dass bei dieser Art von Person „die medizinischen und psychologischen Behandlungen unzureichend sind". Aus diesem Grund sei die Nutzung von Justizvollzugsanstalten und Gefängnissen als Kontrollmaßnahmen unerlässlich. Achipiz wurde auch mit dem amerikanischen Serienmörder Richard Kuklinski verglichen, der in seiner Kindheit ebenfalls von seinen Eltern körperlich und emotional misshandelt wurde. Schließlich wurde er als „Mörder aus Berufung" beschrieben [596].

<u>José William Aranguren</u>

Portrait und Geschichte: José William Aranguren (5. März 1935 in Rovira – 17. März 1964 in Rosacruz, Venadillo), auch bekannt als William Ángel Aranguren, war ein kolumbianischer Krimineller, Bandit, Sexualstraftäter und Serienmörder. Er ist bekannt für eine Welle von Überfällen, Entführungen und Morden, die er in den 1950er Jahren und danach vorwiegend im Raum Victoria / Venadillo im zwischen den beiden Strängen der Anden gelegenen Tal des Río de Magdalena begangen hat. Es wird angenommen, dass er zu diesem Zeitpunkt seine kriminellen Aktivitäten begann, nachdem er mit den Mitgliedern seiner Bande einen Lastwagen eines Tabakunternehmens überfallen hatte [598].

Er war direkt für die Morde an 39 Menschen im Dorf La Italia in Victoria verantwortlich [599]. Er wird verdächtigt, zwischen 1956 und 1964 115 Menschen getötet zu haben. Viele Zeitungen und Zeitschriften der damaligen Zeit berichteten jedoch, dass er für zusätzliche Taten verantwortlich war. Seine „Arbeitsweise" bestand darin, auf Gehwegen, Grundstücken und Autobahnen aus dem Hinterhalt heraus Polizeibeamte (wie Soldaten und Polizisten), Zivilisten, Bauern und sogar Minderjährige zu entführen und zu ermorden [600]. Er verging sich auch an weiblichen Opfern und beging Diebstähle, wann immer er konnte.

Zu dieser Zeit war er unter dem Decknamen Desquite bekannt, weil er Rache für die Morde an seinem Vater und seinem Bruder übte und unter der Enteignung seines Eigentums litt. Mit den Worten des berühmten Journalisten Gonzalo Arango war Aranguren „ein Mörder, der tötete, nur um zu töten".

Verbrechen: Arangurens erste dokumentierte kriminelle Handlung geht auf das Jahr 1956 zurück, als er einen Lastwagen der Tabakfirma „Compañía Colombiana de Tabaco" überfiel. Bei dem Raubüberfall wurden vier Besatzungsmitglieder getötet, und Aranguren stahl ihr Geld. Infolgedessen wurde er zu 23 Jahren Haft verurteilt und im Zentralgefängnis von Picota inhaftiert, wo es ihm innerhalb eines Jahres gelang, zu fliehen.

Nach seiner Flucht organisierte Aranguren 1960 eine Bande. Mitte 1961 verübte er einen Angriff in Venadillo, bei dem er zwei Bauern auf einem Bauernhof ermordete. Im April startete er einen weiteren Angriff auf eine neue Hacienda namens „La Argentina", bei dem er 20 Bauern ermordete. Die Nachricht sorgte damals für großes Entsetzen, da dieses Ereignis als Massaker an der bäuerlichen Bevölkerung angesehen wurde. Nicht lange danach wiederholte Aranguren die Tat auf einer anderen Hacienda in der Nähe von Pulí, wo er weitere sieben Bauern ermordete. Der letzte Angriff in diesem Jahr ereignete sich am 4. Dezember 1961, bei dem vier weitere Bauern ums Leben kamen.

Die Nachricht von Arangurens Brutalität verbreitete sich schnell. Im April 1962 ermordete er mehrere Angehörige der Sicherheitskräfte: in diesem Fall einen Unteroffizier und vier Soldaten, unterstützt von Mitgliedern anderer Banden. Mitte des Jahres ermordete er erneut einen Bauern in Líbano, den er enthauptete. Im Dezember, nachdem er einen Polizeikontrollpunkt in Mariquita angegriffen und umzingelt hatte, ermordete Aranguren die vier für das Gebiet zuständigen Polizisten.

Mit der Zeit und der Zunahme seiner Verbrechen entwickelte sich auch Arangurens Vorgehensweise weiter. Am 22. Januar 1963 brach er in die Hacienda Calmonte ein, aus der er zwei Minderjährige entführte. Er verlangte von den Verwandten ein Lösegeld in Höhe von COP 5.000, sagte es aber ab und enthauptete schließlich seine Geiseln. Am 13. Februar überfiel er einen Bus, in dem mehrere Personen befördert wurden. Bei diesem Unfall tötete er eine Person, vergewaltigte eine Frau, verwundete fünf Personen und entführte drei weitere, deren weiteres Schicksal unklar ist. Nur fünf Tage später griff er erneut in Honda an und enthauptete vier Bauern. Am 5. August überfiel er mit seiner Bande einen Bus, einen Lastwagen und zwei Kipplaster, die auf der Strecke von Victoria nach Marquetalia unterwegs waren. Dabei wurden 39 Menschen getötet und enthauptet. Die Summe von COP 250.000 wurde gestohlen. Am 2. September 1963 ermordete er neun weitere Bauern in Las Damas. Im Dezember ermordete Aranguren schließlich acht weitere Menschen: drei Erwachsene und fünf Minderjährige.

Anfang 1964 geriet Aranguren in eine Patrouille der kolumbianischen Armee und tötete einen Soldaten. Die letzte bekannte offizielle Information über ein von ihm begangenes Verbrechen stammt vom 12. März 1964 von einem Bauernhof namens El Volcán. Demnach entführte Aranguren ein Kind, tötete es auf besonders grausame Weise, indem er ihm mit einem Messer das Herz durchbohrte, und zerstückelte die Leiche später in acht Teile, die er dann in einem Massengrab vergrub.

Tod: Aranguren wurde am 17. März 1964 auf einem Bauernhof im Dorf Rosacruz, Venadillo, aufgespürt. Kolumbianische Armeekommandos und Polizisten wurden durch einen anonymen Hinweisgeber alarmiert und bereiteten sich schnell auf das Betreten des Geländes vor, nachdem sie überprüft hatten, dass es sich tatsächlich um den Verdächtigen handelte.

Unter der Führung von Soldaten warnte das Angriffsteam Aranguren, dass sie ihn nicht entkommen lassen würden. Da er sich weigerte, den Anweisungen Folge zu leisten, wurde er sofort getötet. Danach warf die gesamte kolumbianische Armee wiederholt Granaten auf die Farm, um zu verhindern, dass weitere Komplizen von Aranguren lebend entkommen konnten. Die Einsatzkräfte wurden später mit einem Hubschrauber gerettet, nachdem sie die sterblichen Überreste des inzwischen verstorbenen Kriminellen transportiert hatten.

Laut damaligen Ermittlungen war Aranguren zum Zeitpunkt seines Todes nicht allein auf der Farm. Er wurde von drei Komplizen begleitet: Alfonso „Pata de Chivo" Parra, Gustavo „Veneno" Ávila und Alberto „Peligro" López, die alle bewaffnet waren. Die Ermittler stellten fest, dass Aranguren ein 7-mm-Gewehr mit 96 Patronen und einen langen Revolver vom Kaliber 0,38 mit 7 Patronen bei sich trug; Ávila hatte außerdem ein Gewehr mit 50 Patronen; Parra trug einen Cristóbal Kiraly M2-Karabiner mit 423 Kugeln und López mit einem Gewehr des Modells 1940 mit 110 Patronen und einer aus Amerika importierten Splittergranate [601][602][603].

Daniel Camargo Barbosa

Portrait: Daniel Camargo Barbosa (22. Januar 1930 in Anolaima, Cundinamarca, Kolumbien – 13. November 1994 in Guayaquil, Ecuador) war ein kolumbianischer Serienmörder und Vergewaltiger. Er ist einer der schlimmsten Serienmörder der kolumbianischen Geschichte und soll zwischen 1974 und 1986 in Kolumbien und Ecuador mindestens 72 junge Mädchen vergewaltigt und ermordet haben [604][605]. Camargo Barbosa (siehe Abb. 40) wurde zu einer Haftstrafe von 41 Jahren verurteilt, aber 1994 im ecuadorianischen Gefängnis von einem Mithäftling erstochen.

Abb. 40: Daniel Camargo Barbosa (Polizeifoto, um 1960, gemeinfrei)

Geschichte: Camargo Barbosas Mutter starb, bevor er ein Jahr alt war, sein Vater dagegen war überheblich und emotional distanziert. Danach heiratete sein Vater eine andere Frau, Dioselina Fernandez, die Fruchtbarkeitsprobleme hatte. Dies führte dazu, dass seine neue Stiefmutter Daniel misshandelte und ihn auf verschiedene Weise demütigte. Sie zog ihn als Mädchen an und zwang ihn, so gekleidet zur Schule zu gehen; seine Altersgenossen und Klassenkameraden machten sich über ihn lustig. Trotz dieser Demütigung war Daniel ein hervorragender Schüler an der León XIII-Schule in Bogotá mit einem gemeldeten IQ von 116. Sein Wunsch, weiter zu studieren, wurde aber behindert, als er gezwungen war, die Schule abzubrechen, um seiner Familie finanziell zu helfen [606].

Verbrechen: Er wurde erstmals 1958 in Bogotá wegen geringfügigen Diebstahls verhaftet [607]. Camargo Barbosa hatte eine de-facto-Beziehung mit einer Frau namens Alcira und hatte zwei Kinder mit ihr. Er verliebte sich später in eine andere Frau, Esperanza (28), die er heiraten wollte, fand dann aber heraus, dass sie keine Jungfrau war. Dies wurde zur Wurzel von Camargo Barbosas Fixierungen. Er und Esperanza trafen eine Vereinbarung, dass er bei ihr bleiben würde, wenn sie ihm dabei half, andere jungfräuliche Mädchen zu finden, die er vergewaltigen konnte. So begann eine Zeit ihrer kriminellen Partnerschaft. Esperanza war Camargo Barbosas Komplizin, lockte junge Mädchen unter einem Vorwand in eine Wohnung und betäubte sie dann mit Schlaftabletten, damit er sie vergewaltigen konnte. Camargo Barbosa verübte auf diese Weise fünf Vergewaltigungen, tötete jedoch keines der Mädchen. Das fünfte Kind, das sie auf diese Weise missbrauchten, zeigte die Straftat an, und sowohl Camargo Barbosa als auch Esperanza wurden verhaftet und in verschiedene Gefängnisse gebracht [606]. Camargo Barbosa verurteilte das zuständige Gericht am 10. April 1964 wegen sexueller Übergriffe zu einer Haftstrafe von drei Jahren [608], und er war zunächst dankbar für die vermeintliche Milde des Richters und schwor, Buße zu tun und sein Verhalten zu ändern. Ein neuer Richter wurde jedoch mit dem Fall betraut und erhöhte Camargo Barbosas Strafe auf acht Jahre Gefängnis. Dies löste in Camargo rebellischen Zorn aus. Er verbüßte seine gesamte Strafe und wurde dann freigelassen[606].

1973 wurde er in Brasilien verhaftet, weil er keine Papiere mit sich führte. Aufgrund einer Verzögerung bei der Übermittlung von Camargo Barbosas Strafregister aus Kolumbien wurde er abgeschoben und mit seiner falschen Identität freigelassen [607]. Nach seiner Rückkehr nach Kolumbien nahm er eine Stelle als Straßenverkäufer in Barranquilla an und verkaufte Fernsehmonitore. Eines Tages entführte er ein 9-jähriges Mädchen, das er vergewaltigte und anschließend ermordete, damit es nicht wie sein vorheriges Opfer die Polizei informieren konnte. Dies war sein erster bekannter Angriff, der mit einem Mord endete [606][608].

Camargo Barbosa wurde am 3. Mai 1974 in Barranquilla, Kolumbien, verhaftet, als er zum Tatort zurückkehrte, um die Fernsehbildschirme zu holen, die er neben dem Opfer zurückgelassen hatte. Obwohl angenommen wird, dass er mehr als 80 Mädchen in Kolumbien vergewaltigt und getötet hat, wurde Camargo Barbosa in Kolumbien inhaftiert, nachdem er wegen Vergewaltigung und Mordes an einem 9-jährigen Mädchen verurteilt worden war. Er wurde zunächst zu 30 Jahren Gefängnis verurteilt, aber diese Strafe wurde auf das immer noch hohe Strafmaß von 25 Jahren herabgesetzt. Es folgte seine Internierung im Gefängnis auf der Insel Gorgona, vor der pazifischen Südwestküste Kolumbiens gelegen und als „kolumbianisches Alcatraz" bezeichnet, ab dem 24. Dezember 1977 [606] [608].

Flucht von Kolumbien nach Ecuador: Im November 1984 floh Camargo Barbosa aus dem Gefängnis von Gorgona in einem einfachen Boot, nachdem er die Strömungen des Meeres eingehend studiert hatte. Die Behörden gingen davon aus, dass er auf

See ums Leben gekommen war, und die Presse berichtete, dass er von Haien
gefressen worden war [608]. Schließlich gelangte fast unbemerkt an die Küste
Ecuadors und von dort nach Quito. Am 5. oder 6. Dezember 1984 reiste er dann mit
dem Bus nach Guayaquil [606]. Am 18.Dezember entführte er ein 9-jähriges Mädchen
aus der Stadt Quevedo in der Provinz Los Ríos in Ecuador. Am nächsten Tag
verschwand auch ein 10-jähriges Mädchen.

Von 1984 bis 1986 verübte Camargo Barbosa in Guayaquil mindestens 54
Vergewaltigungen und Morde. Die Polizei ging zunächst davon aus, dass alle
Todesfälle das Werk einer Bande waren, und verstand nicht, dass ein einziger Mann
so viele Menschen getötet haben konnte. Camargo Barbosa schlief auf der Straße
und lebte von dem Geld, das er durch den Weiterverkauf von Kugelschreibern
verdiente. Gelegentlich besserte er sein Einkommen durch den Verkauf von Kleidung
oder kleinen Wertgegenständen seiner Opfer auf [608].

Modus operandi: Camargo Barbosa suchte sich hilflose, junge Mädchen aus der
Unterschicht aus, die auf der Suche nach Arbeit waren, und sprach sie an. Er gab
vor, ein Ausländer zu sein, der einen protestantischen Pastor in einer Kirche am
Stadtrand finden müsse. Er erklärte, dass er eine große Summe Geld überbringen
müsse, die er ihnen als Beweis zeigte, und bot ihnen eine Belohnung an, wenn sie
ihn begleiteten, um ihm den Weg zu zeigen. Er gab vor, ein Fremder in der Gegend
zu sein, und deutete an, dass die Mädchen möglicherweise eine Anstellung in der
örtlichen Fabrik bekommen könnten. Niemand schöpfte Verdacht, wenn ein älterer
Mann ein Mädchen oder eine junge Frau begleitete, die seine Enkelin sein könnte.
Camargo Barbosa ging dann in den Wald und behauptete, er suche nach einer
Abkürzung, um bei seinen Opfern keinen Verdacht zu erregen. Wenn die Mädchen
misstrauisch wurden und sich zurückzogen, hinderte er sie nicht daran, zu gehen. Er
vergewaltigte seine Opfer, bevor er sie erwürgte, und stach manchmal auf sie ein,
wenn sie sich wehrten. Nachdem seine Opfer tot waren, ließ er ihre Leichen im Wald
zurück [608].

Verhaftung: Camargo Barbosa wurde am 26. Februar 1986 in Quito von zwei
Polizisten verhaftet, nur wenige Minuten nachdem er ein neunjähriges Mädchen
namens Elizabeth ermordet hatte. Die Polizisten waren auf Streife und näherten sich
ihm auf der Höhe der Allee Los Granados, da sie dachten, er verhalte sich
verdächtig. Sie fanden heraus, dass er eine Tasche bei sich trug, in der sich die
blutigen Kleidungsstücke und die Klitoris seines jüngsten Opfers befanden, sowie
eine Ausgabe von „Schuld und Sühne" von Dostojewski [606]. Er wurde in Gewahrsam
genommen und später zur Identifizierung nach Guayaquil gebracht. Bei seiner
Festnahme gab er einen falschen Namen an, Manuel Bulgarin Solis. Jedoch
identifizierte ihn später María Alexandra Vélez, eines seiner früheren Opfer einer
Vergewaltigung, das aber entkommen konnte [607].

Camargo Barbosa gestand in ruhiger Sprache, seit seiner Flucht aus dem
kolumbianischen Gefängnis 72 Mädchen in Ecuador getötet zu haben. Er führte die
Mitarbeiter der lokalen Behörden zu den Orten, an denen die Leichen der Opfer,
deren Körper noch nicht geborgen worden waren, vergraben waren. Die Leichen
waren zerstückelt worden. Während er den Mitarbeitern der ecuadorianischen
Behörden die Orte der Leichen nannte und erzählte, wie die sadistischen Verbrechen
begangen wurden, zeigte er keinerlei Anzeichen von Reue. Nachdem er seine Opfer
vergewaltigt hatte, hatte er die Mädchen mit einer Machete zerhackt, aufgeschlitzt
und zerquetscht. Er gab eine zynische Erklärung für seine Wahl der Kinder ab. Er

wollte Jungfrauen, „weil sie weinten", was ihm anscheinend mehr Befriedigung verschaffte. Laut eigener Aussage tötete Camargo Barbosa, weil er sich für die Untreue der Frauen rächen wollte. Er hasste sie dafür, dass sie nicht das waren, was er glaubte, dass Frauen sein sollten.

Interview: Im Juni 1986 gelang es Francisco Febres Cordero, einem Journalisten der Zeitung „Hoy" (Heute), ein Interview mit Camargo Barbosa zu arrangieren. Es war schwierig, das Interview zu bekommen, da die Polizei jeglichen Zugang zu ihm blockierte und Camargo Barbosa selbst eine hohe Gebühr verlangte, bevor er sich interviewen ließ. Der Journalist gab vor, Teil einer Gruppe von Psychologen zu sein, denen der Zugang zum Gefangenen gestattet wurde, und erlaubte ihm, Camargo Barbosa bohrende Fragen zu stellen, ohne seinen Verdacht zu erregen [606].

Urteil: Camargo Barbosa wurde 1989 zu 16 Jahren Gefängnis verurteilt, der damals in Ecuador maximal möglichen Strafe. Während er seine Strafe im Gefängnis Garcia Moreno de Quito verbüßte, behauptete er, zum Christentum konvertiert zu sein. In diesem Gefängnis saß er zusammen mit Pedro Alonso López (auch „Monster der Anden" genannt), der vermutlich bis zu 300 Mädchen in Kolumbien, Ecuador und Peru vergewaltigt und getötet hat.

Tod: Am 13. November 1994 wurde Camargo im Gefängnis von Geovanny Noguera erstochen, der ein Neffe eines seiner Opfer war. Zum Zeitpunkt seines Todes war er 64 Jahre alt [609].

Manuel Octavio Bermúdez Estrada

Portrait: Manuel Octavio Bermúdez Estrada ist ein kolumbianischer Vergewaltiger und Serienmörder, der gestand, 21 Kinder in abgelegenen Gebieten Kolumbiens getötet zu haben. Er erhielt den Spitznamen „El Monstruo de los Cañaduzales" („Das Monster der Zuckerrohrfelder"). Er wurde am 18. Juli 2003 festgenommen und zu 40 Jahren Gefängnis verurteilt.

Geschichte und Verbrechen: Manuel Octavio Bermúdez wurde am 15. Oktober 1961 in Trujillo, Valle del Cauca, nördlich von Calí, geboren und war nach seiner Geburt verwaist. Er wurde von einer misshandelnden Mutter adoptiert, die ihn von einem Balkon warf und ihm dabei Hand und Fuß brach. Dadurch hinkte er für immer. Er wurde einer anderen Familie in der Stadt Palmira übergeben. Seine neuen Eltern waren jedoch Alkoholiker, und sein Vater wurde als gewalttätig beschrieben. Bermúdez hatte später selbst mehrere Kinder [610].

Bermúdez vergewaltigte und tötete von 1999 bis 2003 mindestens 21 Kinder in mehreren Städten im Valle del Cauca. Er arbeitete als Eisverkäufer und lockte seine Opfer mit dem Versprechen, Geld für das Ernten von Mais zu bekommen, auf die Maisfelder. Bermúdez vergewaltigte und erwürgte sie dann, wobei er ihnen manchmal eine Spritze injizierte, um ihre Beine zu ermüden.

Die Mutter des 12-jährigen Luis Carlos Gálvez meldete dessen Verschwinden, und Bermúdez Estrada war mit ihm gesehen worden. Er wurde am 18. Juli 2003 verhaftet. Die Ermittler inspizierten ein Zimmer, das er in El Cairo gemietet hatte, und fanden Zeitungsausschnitte über die Morde, Spritzen, Lidocain und die Armbanduhr, die Luis Carlos Gálvez am Tag seines Verschwindens getragen hatte. Bermúdez Estrada gestand die Morde an 21 Kindern, von denen 17 gefunden wurden, und wurde am 20. März 2004 zu 25 Jahren Gefängnis verurteilt. Er wird verdächtigt, über 50 Kinder getötet zu haben.

<u>Christopher Chávez Cuellar</u>

Portrait: Christopher Chávez Cuellar (geboren 1973 in Puerto Leguízamo, Putumayo, Kolumbien), bekannt als „Der Seelenlose", ist ein kolumbianischer Serienmörder, der 2015 einen Taxifahrer, eine Frau in Ibagué und vier Minderjährige tötete. Die Polizei geht davon aus, dass er insgesamt mindestens 15 Menschen ermordet hatte [611]. Er wurde im Februar 2015 festgenommen und im November 2015 wegen des Mordes an den Brüdern Vanegas zu 40 Jahren Haft verurteilt [612].

Verbrechen: Er begann seine kriminelle Karriere Ende der 1990er Jahre in Tolima, als Cuellar 25 Jahre alt war [613]. Seitdem ist bekannt, dass eines seiner Opfer eine Frau war, die er in Huila kennengelernt und später entführt, vergewaltigt und abgeschlachtet hatte [613]. Aufgrund dieser Tat wurde er von der Polizei gesucht, konnte sich jedoch seiner Verhaftung entziehen und setzte seine kriminellen Aktivitäten fort, indem er nach Ibagué zog. Von 1998 bis 2004 verübte er Verbrechen mit äußerster Grausamkeit [613]. Die Polizei setzte die Fahndung fort und er wurde schließlich in Ibagué gefasst und zu 40 Jahren Haft verurteilt. Trotz seiner Verhaftung wurde er wegen guter Führung entlassen [613].

Ein weiterer Mord, dessen er beschuldigt wurde, ereignete sich in Neiva. Das Opfer war Juan Carlos Cuenca Charry, der 1998 von Chávez Cuellar und seinem Bruder auf dem Weg von Neiva nach Campoalegre getötet wurde. Aus diesem Grund wurde er gefasst und wegen verschiedener Verbrechen, darunter schwerer Totschlag, schwerer Raub und illegaler Waffenbesitz, angeklagt. Chávez Cuellar wurde zu 44 Jahren Haft verurteilt, aber nach Verbüßung eines Mindestmaßes an Jahren auf freien Fuß gesetzt [614].

Es ist auch bekannt, dass er 2015 in Florencia versuchte, den Betreiber einer Tankstelle zu töten [611]. Sein letztes registriertes Verbrechen ereignete sich im selben Jahr, am 4. Februar 2015 in Caquetá. Chávez Cuellar ermordete vier minderjährige Kinder, ein Verbrechen, das die ganze Nation schockierte. Es wird vermutet, dass der Grund für die Morde darin lag, dass der Mörder das Land nicht nehmen konnte, weil die Eltern sich weigerten. Bei dem Massaker gab es einen überlebenden Bruder, dem es angesichts der Situation gelang, zu einem Familienmitglied zu fliehen, das später eine Militärbasis über die Geschehnisse informierte [615].

Im selben Monat wurde Chávez Cuellar gefangen genommen und im Gefängnis Las Heliconias inhaftiert. Es gelang ihm jedoch zu fliehen, nachdem er in seiner Zelle einen Meißel erhalten hatte und die Untätigkeit des schlafenden Wachmanns als günstigen Moment ausnutzte [616]. Angesichts dessen setzten die Behörden zunächst eine Belohnung von 10 Mio. COP aus, die sie dann verfünffachten [617]. Schließlich wurde Chávez Cuellar noch am selben Tag in Curillo gefasst, nachdem eine Spezialoperation unter dem Kommando von 200 Mitarbeitern der Nationalen Polizei Gebiete des Landes wie Caquetá, Putumayo, Huila und Cauca abdeckte [616][618]. Danach wurde Chávez Cuellar in eines der sichersten Gefängnisse Kolumbiens und ganz Lateinamerikas verlegt – das Gefängnis Cómbita [619].

Inhaftierung: Am 20. November 2015 wurde Cristopher Chávez Cuellar zusammen mit Genderson Carrillo Ordóñez wegen Mordes an den Brüdern Vanegas zu 40 Jahren Haft verurteilt [612].

María Concepción Ladino

Portrait: María Concepción Ladino (geboren in den 1960er Jahren in Bogotá, Kolumbien), bekannt als „The Killer Witch", ist eine kolumbianische Betrügerin und Serienmörderin. Zwischen 1994 und 1998 ermordete sie in den Bundesstaaten Bogotá und Santander sechs Menschen, sowohl Männer als auch Frauen [620]. Sie gewann das Vertrauen der Menschen, indem sie Zauberei praktizierte, um ihnen Schutz zu bieten, ihre Lebensqualität zu verbessern und die Gewinne ihrer Unternehmen zu steigern [621]. Bei ihrer Festnahme versuchte sie, Selbstmord zu begehen. Ladino erklärte sich daraufhin für psychisch krank, wurde aber trotzdem verurteilt und zu 40 Jahren Haft im Gefängnis El Buen Pastor in Bogotá [621][622] verurteilt.

Ladinos Geschichte wurde in der Serie „Discovery Channel" „Instinto Asesino" gezeigt. Sie trat in der Folge der zweiten Staffel mit dem Titel „The Killer Witch" auf, die am 7. Februar 2011 ausgestrahlt wurde [623].

Geschichte und Verbrechen: Concepción Ladino wurde in Bogotá geboren und wuchs dort auf. Sie war allgemein als „La Hermana María" oder „Doña Conchita" bekannt und lebte in Fontibón in einer Wohnung, die von Carlos Montaña, dem Eigentümer der Residenz, gemietet wurde [624]. Von Anfang an bot María Carlos ihre Dienste als Curandero an, da er ihrer Meinung nach krank und abgemagert war. Ihre Dienste bestanden aus einer Reihe von Injektionen und Getränken, die in Gläsern aufbewahrt wurden, sowie aus speziellen Bädern, die von ihren drei Kindern gepflegt wurden [624]. Am 13. Oktober 1994 beging sie ihren ersten Mord, nachdem sie Carlos in seinem Zimmer eine Reihe von Getränken angeboten hatte. Das Opfer stimmte diesen zu und blieb nach einer Weile allein im Zimmer, bis seine Frau auf die Situation aufmerksam wurde. Ladino hielt jedoch mehrere spirituelle Sitzungen für seine Gesundheit ab. Danach versuchte Carlos zu fliehen, aber eines der Kinder hatte bereits die Behörden verständigt, die die Entführung letztendlich nicht meldeten [624].

Nach diesen Ereignissen zog Ladino an einen anderen Ort in Fontibón [622]. Dort lernte sie einen Herrn kennen, der zwei Autos besaß und ihr seine Dienste für COP 1,5 Mio. anbot. Da dies jedoch nicht funktionierte, bat sie Nebardo Adalberto Guevara Torres aus Río Cáqueza, etwas für sie zu tun, um „das Äußere zu verändern und sie so vor ihren Feinden zu schützen" [622]. Schließlich verschwand Torres, weshalb seine Frau bei den Behörden eine Anzeige gegen Concepción Ladino erstattete, die wegen Betrugs inhaftiert, aber aus Mangel an Beweisen wieder freigelassen wurde [622].

Sie zog dann nach Bucaramanga und nannte sich „La Hermana María" [624]. Ende der 1990er Jahre lernte sie Heidy Forero kennen, eine Frau mit finanziellen Problemen, der Ladino Hilfe anbot. Forero wurde dann in ihrem Auto an einen verlassenen Ort gebracht, mit einer Schlaftablette betäubt und verbrannt, nachdem ihr Auto in Brand gesetzt worden war [625]. Um der Polizei zu entgehen, zog Ladino zurück nach Bogotá, diesmal auf eine Ranch, wo sie eine Frau mit etwas Erspartem traf. Das Opfer wurde mit Scopolamin betäubt, und obwohl es nicht getötet wurde, drohte Ladino, den Job zu beenden, wenn sie es wagte, etwas zu sagen [624]. Danach zog sie in das Viertel Ciudad Jardín [624]. Die letzten Opfer von Concepción Ladino waren drei Schwestern, denen durch Betrug COP 13 Mio. gestohlen wurden. Sie versicherte ihnen, dass das Geld dazu verwendet würde, ihre Mutter von einem bösartigen Tumor in ihrem Nacken zu retten, aber die Frau starb und die Betrügerin stahl das Geld. Vor diesem Hintergrund rief Ladino die drei Schwestern unter dem Vorwand, das Geld zurückzugeben, in die Außenbezirke von Bogotá, steinigte sie jedoch stattdessen mit Hilfe zweier weiterer Personen [625].

Verurteilung: María Concepción Ladino wurde 1999 nach einer mehrmonatigen, umfangreichen Fahndung von der Generalstaatsanwaltschaft gefasst [622]. Sie wurde von einem Sondergericht in Bogotá zu 40 Jahren Haft verurteilt. Ladino wurde wegen Mordes an sechs Personen, darunter die drei Schwestern, und wegen Betrugs an mehr als 20 Personen verurteilt [622].

Luis Alfredo Garavito Cubillos

Portrait: Luis Alfredo Garavito Cubillos (25. Januar 1957 in Génova – 12. Oktober 2023 in Valledupar), auch bekannt als La Bestia („Das Biest") oder Tribilín („Goofy"), war ein kolumbianischer serieller Mörder, Sexualstraftäter, Pädophiler und Nekrophiler, der von 1992 bis 1999 in Westkolumbien 200 Opfer sexuell missbrauchte, bevor er 193 Opfer, hauptsächlich junge Männer und Jungen, sexuell missbrauchte und ermordete [631].

Garavito Cubillos begann im Herbst 1980 mit einer Serie von Vergewaltigungen und Folterungen an Minderjährigen im Alter von 6 bis 16 Jahren und vergewaltigte sowie folterte schätzungsweise mindestens 200 Minderjährige, bevor er vom 4. Oktober 1992 bis zum 21. April 1999 und Ermordung von weiteren 189 Minderjährigen in Kolumbien vom 4. Oktober 1992 bis zum 21. April 1999 [632] und vier weitere Morde in Ecuador im Sommer 1998 begangen haben soll.

Er wurde am 22. April 1999 wegen versuchter Vergewaltigung des 12-jährigen John Iván Sabogal festgenommen. Garavito Cubillos verbrachte mehrere Monate in Untersuchungshaft, bis er am 28. Oktober 1999 ein Geständnis ablegte. Das Gericht entschied, dass er eine Haftstrafe von insgesamt 1.853 Jahren und 9 Tagen im Gefängnis verbüßen sollte [633]. Garavito Cubillos hatte nachweislich mindestens 193 Minderjährige ermordet, darunter seine kolumbianischen und ecuadorianischen Opfer. Damit ist er der schlimmste Serienmörder und Kinderschänder der modernen Geschichte. Wenn man seinem Geständnis von 2003 Glauben schenken darf, würde sich seine Zahl der Mordopfer durch die Ermordung von 23 Minderjährigen und 5 Erwachsenen sogar noch auf 221 erhöhen.

Geschichte: Garavito Cubillos und seine Geschwister wurden vernachlässigt; er beschrieb seinen Vater als „Frauenheld". Seine Eltern stritten sich häufig [634][635]. Er behauptete, er „hatte das Pech, in einer Familie zu sein, die ihre Zeit damit verbrachte, zu streiten, zu kämpfen und Worte von großem Kaliber zu werfen" [634], und dass sein Vater seine Familie körperlich misshandelte. Folglich versteckten sich Garavito Cubillos und seine Geschwister vor ihrem Vater [636].

Er behauptete, dass sein strenger Vater nur zu Arbeitszwecken und für Besorgungen mit ihm interagierte und ihn häufig beschimpfte. Als er die Simón-Bolívar-Schule in Ceilán besuchte, wurde er oft von anderen Kindern verspottet und hatte Probleme, den Lehrstoff der meisten Fächer zu lernen. Mit dem Spitznamen „Garabato" (was „Kringel" bedeutet, wegen seiner Brille) wurde Garavito Cubillos Berichten zufolge von seinen Klassenkameraden gemobbt und zog es daher vor, in der Pause allein zu sein [634][635].

Um 1968 wurde er von seinem Vater aus der fünften Klasse genommen, um die Familie finanziell zu unterstützen, und so konnte er kaum Freundschaften schließen oder mit Mädchen interagieren, um sich voll darauf zu konzentrieren, Geld für die Familie zu verdienen, die in Schwierigkeiten steckte. Im Jahr 1969 wurde Garavito Cubillos angeblich bei einem routinemäßigen Besuch zur Impfung, zu dem sein Vater ihn mitgenommen hatte, von dem Apotheker und Phlebologen sexuell belästigt, einem tief religiösen Mann, der auch der Nachbar der Familie war [636]. Der Mann soll auch seinem Vater nahegestanden haben und den Jungen während des Vorfalls sadistisch gebissen, verbrannt und geschnitten haben [637]. Experten und andere haben jedoch die Wahrheit von Garavitos Behauptungen in Frage gestellt [636].

Nach diesem ersten Missbrauchsvorfall soll Garavito Cubillos aus Frustration zwei Vögel getötet und seziert haben, bevor er Berichten zufolge begann, seine jüngeren Geschwister [635] in sexueller Absicht anzufassen und unangemessen zu mustern. Er sagte auch, 1969 einen sechsjährigen Jungen missbraucht zu haben [638]. Laut Familie und Freunden zog er sich sehr zurück, wurde extrem aggressiv und „bereit, sich an der Welt zu rächen" [639].

Die Familie zog 1971 nach Trujillo [640][641]. Er sprach erst im Erwachsenenalter über seine Erfahrungen, aus Angst, seine Familie würde ihm nicht glauben [634]. Kurz nach seiner Ankunft in Trujillo zeigte ein anderer Nachbar Garavito Cubillos heterosexuelle Pornografie und verspottete ihn wegen seines Ekels vor der Pornografie, bevor er ihn schlug und sexuell missbrauchte [641]. Durch seine Familie begann Garavito Cubillos, Alkohol zu trinken [642][638].

Im Jahr 1972 versuchte er aggressiv, sexuelle Beziehungen mit einheimischen Frauen einzugehen, die seine Annäherungsversuche jedoch zurückwiesen [643]. Im selben Jahr wurde er von seiner Mutter aus der Wohnung geworfen, weil er versucht hatte, einen fünfjährigen Jungen zu sodomisieren, und erneut im Jahr 1973, nachdem er versucht hatte, einen sechsjährigen Jungen an einem Bahnhof in Bogotá zu vergewaltigen. Der 6-jährige Junge schrie und Garavito Cubillos wurde kurzzeitig festgenommen, wobei er erklärte, er habe das Kind nur „leicht" belästigen wollen, als Reaktion auf eine versuchte Vergewaltigung. Nach dem letzten Vorfall behauptete er, er sei von seinem Vater gerügt worden, weil er keine Frau für einen sexuellen Übergriff ausgewählt hatte, sondern einen kleinen Jungen. Aufgrund ihrer häufigen Streitigkeiten über seine Pädophilie wurde er ein letztes Mal wegen „homosexuellen Verhaltens" aus der Wohnung geworfen [634][635].

Garavito Cubillos begann als Assistent bei einem Entschädigungsfonds und später in einer Ladenkette zu arbeiten. Er studierte Marketing, aber sein Verhalten war problematisch und eskalierte zu körperlichen Auseinandersetzungen mit Kunden, Kollegen und Vorgesetzten [645]. Nachdem er seinen Job verloren hatte, arbeitete er als Straßenverkäufer, der religiöse Ikonen verkaufte, und als Wanderarbeiter, wobei er im Laufe seines Erwachsenenlebens platonische Beziehungen zu älteren Frauen aufbaute [646]. Garavito Cubillos begann als Jugendlicher, in Trujillo auf einer

Kaffeeplantage zu arbeiten und verliebte sich zunächst in eine Lehrerin und alleinerziehende Mutter namens Luz Mary Ocampo Orozco, mit der er später wöchentlich an Gottesdiensten teilnahm [647][634].

Beide seiner Freundinnen hatten Kinder, die Garavito Cubillos Berichten zufolge wie seine eigenen aufzog, und er war ein guter Freund, wenn er nüchtern war [647]. Seine Gefährtinnen beschrieben ihn ebenfalls als freundlich, trotz seines auffallend gewalttätigen Temperaments und gelegentlichen betrunkenen Zuständen, in denen er drohte, seinen Vater zu ermorden. Wenn er betrunken war, wurde Garavito Cubillos körperlich gewalttätig gegenüber seinen Freundinnen und wurde zunehmend eifersüchtig, kontrollierend und herabsetzend [634]. Infolgedessen war er oft Gegenstand lokaler Skandale und städtischen Klatsches und sah sich im späteren Leben wiederholten Vertreibungen durch weibliche Partnerinnen gegenüber.

Garavito Cubillos litt unter Symptomen von Psychose, Paranoia und Depression und belästigte zwanghaft männliche und weibliche Kinder, wobei er eine fast ausschließliche Vorliebe für pubertierende Jungen entwickelte. Er litt unter Depressionen und Selbstmordgedanken aufgrund seiner mangelnden Leistung und wollte eine Familie gründen [634], litt jedoch unter erektiler Dysfunktion mit seinen weiblichen Partnern, wenn er betrunken war [639]. Dies bereitete ihm extreme Trauer und er schimpfte oft über seinen Hass auf seine Familie [635]. 1978 begann er, an den Treffen der Anonymen Alkoholiker teilzunehmen [634], konvertierte zum pfingstkirchlichen Glauben und arbeitete als Angestellter in einem Geschäft, wo er seine erste Freundin Luz Mary kennenlernte [647].

Garavito Cubillos' Anstellung in der Bäckerei wurde gekündigt, nachdem er sich mit seinen Kollegen geprügelt hatte; daraufhin unternahm er einen Selbstmordversuch. Er entschloss sich daraufhin, sich im San Juan de Dios Krankenhaus psychiatrisch behandeln zu lassen, und wurde im Frühjahr 1980 wiederholt ins Krankenhaus eingeliefert, wo er den Wunsch äußerte zu sterben, weil er glaubte, sein Leben sei „nichts wert" [634]. Ihm wurden antipsychotische Medikamente verschrieben [642][635]. In dem Bestreben, dem Psychiater zu erklären, warum er selbstmordgefährdet war, gab er an, dass er Kinder „wollte", bevor er diese Aussage umformulierte, um zu implizieren, dass er einfach eine Familie gründen wollte [634].

Verbrechen: Garavito Cubillos fand 1980 eine Anstellung in einem Supermarkt in Armenia, Antioquia. Anschließend begann er eine kurzlebige Beziehung mit einer alleinerziehenden Mutter namens Claudia, mit der er zufrieden war. Claudia verließ ihn jedoch bald, da seine bescheidene Karriere offenbar nicht Claudias gewünschten Ausgabegewohnheiten gerecht werden konnte [634]. Er tröstete sich, indem er in seinen Mittagspausen Straßenkinder im benachbarten Quimbaya und Calarcá sexuell belästigte [635]. Während dieser Zeit betonte Garavito, dass er ständig den Drang verspürte, Kinder zu belästigen, oft während der Arbeit. Im Herbst 1980 begann er, Rasierklingen, Kerzen und Feuerzeuge bei sich zu tragen, um seine Opfer weiter zu quälen, und entfernte sogar einen Zahn, um sie effektiver beißen zu können [634].

Nach seinen Verbrechen schrieb er die Namen seiner Opfer in ein blaues Notizbuch und betete für sie, während er rituell nackt durch sein Zimmer ging und sich auf die Brust schlug. Garavito Cubillos las auch jeden Abend in der Bibel und versuchte, im Buch der Psalmen eine Erklärung [640] für seine Abweichung zu finden. Trotz dieses Interesses am Christentum entwickelte er auch ein reges Interesse an esoterischen

Studien wie Astrologie sowie am Studium des Satanismus, nachdem er von einem Freund ein esoterisches Buch erhalten hatte [636]. Er behauptete, Depressionen und Schuldgefühlen aufgrund seiner Verbrechen zu haben, er hatte Albträume über seine Opfer und wachte weinend über die Kinder aufwachte, bevor er über sie lachte [634]. Während dieser Zeit war Garavito Cubillos mit der alleinerziehenden Mutter Graciela Zabaleta liiert, die in der Nähe der örtlichen psychiatrischen Zentren wohnte, in denen er untergebracht war. Zabaleta war von seinem Selbstbewusstsein angetan und ließ ihn im Gegenzug für die Zubereitung von Mahlzeiten und die Mithilfe bei der Bezahlung der Haushaltsrechnungen bei sich in Pereira wohnen [634][652]. Garavito Cubillos war aber meistens abwesend, fungierte aber als beschützende und väterliche Figur im Haushalt. Dies führte dazu, dass Zabaleta seinen Alkoholismus mit Argwohn betrachtete, der offenbar der Auslöser für sein skandalöses und asoziales Verhalten war [651][652].

Zwischen 1980 und 1992 soll Garavito Cubillos mindestens 200 Jugendliche vergewaltigt und gefoltert haben [651]. In diesem Zeitraum war er fünf Jahre lang in psychiatrischer Behandlung [654] und unternahm mehrere Selbstmordversuche [642]. Überall dort, wo Garavito Cubillos während dieser Zeit wohnte, nahmen die lokalen Berichte über Kindesmissbrauch erheblich zu [634].

Er ermordete den 13-jährigen Juan Carlos erstmals am 4. Oktober 1992 [650] und begann, Verkleidungen zu tragen, um einer Identifizierung und Verhaftung zu entgehen. In der Gegend als „Goofy" bekannt, ein großzügiger Mann, der Kindern in Trujillo etwas gab, taten die Einheimischen alles, um Dokumente für ihn aufzubewahren [653]. Jahrelang dokumentierte Garavito Cubillos seine Verbrechen in einem schwarzen Stoffkoffer mit Fahrkarten, Quittungen, Kleidungsstücken und Ausweisen der Opfer. Er überließ den Koffer zunächst seiner Schwester Esther und gab ihn dann Luz Mary [656]. Er sammelte auch ihre amputierten Zehen und entsorgte sie aus Angst, dass das Spürhundeteam der kolumbianischen Nationalpolizei sie zu ihm zurückverfolgen könnte [634]. Im Juni 1996 beschwerte sich Garavito Cubillos bei Luz Mary, dass er seinen befristeten Job als Verkäufer für Lufterfrischer verloren habe, und bat um eine Unterkunft im Austausch für Essen und finanzielle Hilfe. Da sie sich seines Alkoholismus und seines Temperaments bewusst war, nahm sie ihn nur zögerlich für kurze Zeit bei sich auf. Im August 1996 brach sich Garavito Cubillos ein Bein. Von Schmerzen geplagt, lebte er vorübergehend bei einem Mann, bevor er seine Freundin Luz Mary anflehte, ihn wieder bei sich wohnen zu lassen [657]. Da er an Krücken gehen, eine Halskrause tragen und einen Gipsverband tragen musste, war Garavito Cubillos in den zwei Monaten, die er bei ihr lebte, auf das Betteln auf der Straße angewiesen.

Morde: Garavito Cubillos begann, gleichgültig gegenüber seinen Sexualverbrechen zu werden. Am 4. Oktober 1992 hatte er den 13-jährigen Juan Carlos entdeckt. Laut Garavito Cubillos hatte ihn das Spiegelbild des Mondlichts im Fluss an seine Kindheit erinnert und ihn wütend gemacht [636]. Er folgte dem Kind, kaufte unterwegs ein Seil und ein Fleischermesser und bot ihm dann Arbeit für wenig Geld an. Beide verließen das belebte Viertel in Jamundí, um in ein abgelegenes Gebiet in der Nähe der örtlichen Eisenbahnlinie zu gehen, wo er später mit ausgeschlagenen Vorderzähnen, schweren Schnittwunden an Rektum und Hals und abgetrennten Genitalien aufgefunden wurde. Garavito Cubillos gab an, er sei ohnmächtig geworden und habe geweint, als er am Morgen Blut auf seiner Kleidung entdeckte [657].

Am 10. Oktober 1992 begab sich Garavito Cubillos nach Trujillo, um seine Schwester Esther zu besuchen. Um seine Impulse zu unterdrücken, trank er Brandy und begann, in einem Zustand der Wut, Gefäße zu zerschlagen, nachdem er ein Kind vorbeigehen sah. Auf dem Weg zum Haus seiner Schwester in Tuluá ermordete er den 12-jährigen John Alexander Peñaranda. Er verfolgte und ermordete weitere Jugendliche und sammelte ihre abgetrennten Zehen. 1993 begann Garavito Cubillos, die Bäuche seiner Opfer aufzuschneiden, und lockte acht Kinder im Alter von 9 bis 11 Jahren von einer örtlichen Schule auf ein nahe gelegenes Waldgrundstück im Bezirk La Victoria. Aus Angst, von Bluthunden aufgespürt zu werden, warf Garavito Cubillos die abgetrennten Zehen weg und ermordete dann Henry Giovanni García, Marco Aurelio Castaño, Juan David Cárdenas, Jaime Orlando Popayán und drei weitere nicht identifizierte Kinder im Südosten von Bogotá. Anschließend ermordete er zwei weitere Kinder im Stadtteil Meissen im Südwesten Bogotás, bevor er nach Tuluá, Pereira und Quimbaya weiterfuhr, dann wieder nach Tuluá, wo er weitere Kinder ermordete und seine Mordserie 1993 mit dem Tod des 13-jährigen Mauricio Monedero Mejía beendete [634].

Anfang 1994 lockte Garavito Cubillos einen Jugendlichen aus Bogotá an, der im Bus eingeschlafen war und schätzungsweise etwa 12 Jahre alt war. Nachdem er ihm Brandy gegeben hatte, zog er das Kind aus und fesselte es an einer abgelegenen Stelle in einer Schlucht in einem benommenen Zustand, wo bereits ein übler Geruch herrschte. Er ließ das Kind dann frei, nachdem er herausgefunden hatte, dass die Quelle des Geruchs ein Massengrab war. Sofort griff das Kind nach dem Messer und durchtrennte Garavito Cubillos mit der Waffe die Sehnen in seiner linken Hand, bevor es schließlich überwältigt und ermordet wurde. Am 4. Februar 1994 lockte Garavito Cubillos den 13-jährigen Jaime Andrés González von der Plaza de Bolívar auf ein Zuckerrohrfeld, kurz nachdem er in dieser Nacht aus einer Bar geworfen worden war, weil er sich über das Essen beschwert hatte, bevor er ihn belästigte und ermordete. Als er auf ein großes Kruzifix stieß, verfiel er kurzzeitig in eine Psychose und hörte eine Stimme, die ihn beschimpfte, bevor er sein Messer vergrub und um Vergebung betete, das Messer wieder hervorholte und in sein Hotelzimmer zurückkehrte, um mehrere Stunden lang bis zum frühen Morgen Verse aus dem 75. Psalm zu rezitieren. Am 12. Januar 1997 ermordete Garavito einen 8-jährigen Jungen, bevor er in diesem Zeitraum zwei weitere Minderjährige tötete [634].

Die Opfer waren fast ausschließlich Jungen, obwohl Garavito Cubillos laut lokalen Medien auch weibliche Opfer belästigt und ermordet haben soll [658][637]. Zusätzlich zu seinen 172 ursprünglichen Mordanklagen gestand Garavito 2003 weitere 28 Morde, von denen 5 Erwachsene betrafen [659]. Laut Garavito Cubillos befahl er die Tötung seiner erwachsenen Opfer [651].

Morde im Ausland: Er soll im Sommer 1998 in Ecuador aktiv gewesen sein, als er am 20. Juli 1998 den 14-jährigen Abel Gustavo Loor Vélez, einen örtlichen Schuhputzer und Zeitungsjungen, und den 12-jährigen Jimmy Leonardo Palacios Anchundia in Chone, Ecuador, ermordete. Beide Jungen stammten aus armen Familien und verschwanden am Mittag. Garavito Cubillos wurde danach in einer Mädchenschule in Santo Domingo, Ecuador, gesichtet, bevor er vor einem Einsatzkommando der Behörden Ecuadors floh, das schon eine Operation zu seiner Ergreifung vorbereitet hatte [657]. Dort fand die Polizei zwei Leichen, eine davon ein junges Mädchen, das vergewaltigt, gefoltert und ermordet worden war. Die Art, wie dieses Verbrechen begangen worden war, deutete auf Garavito Cubillos hin [660]. Die Einheimischen, denen sein starker kolumbianischer Akzent aufgefallen war, sahen im Juli und August desselben Jahres einen ausländischen Landstreicher, der um Geld bettelte. Darüber

hinaus gab Garavito Cubillos an, dass er angeblich in Venezuela einen Mord
begangen hatte [657].

Modus operandi: Laut Garavito Cubillos hatte er es vor allem auf Kinder aus
bescheidenen Verhältnissen abgesehen, die aus der Arbeiterklasse stammten,
obdachlos, Bauern oder verwaist waren. Er suchte nach Kindern und lockte sie weg,
indem er sie mit kleinen Geschenken wie Geld, Süßigkeiten oder Gelegenheitsjobs
bestach, aufgrund einer „Kraft" in ihm [663]. Berichten zufolge belästigte er Jungen mit
„süßen Gesichtern" und blauen oder grünen Augen [649]; Garavito selbst prahlte mit
seiner Vorliebe für „unschuldig" aussehende Kinder mit „blonder" Haut und Haaren
[664]. Er wusste, wo er Opfer finden konnte, die seinen Kriterien entsprachen [649].

Da er Angst vor der Dunkelheit hatte, näherte er sich ihnen am helllichten Tag an
öffentlichen Orten, die vom Land bis zu überfüllten Straßen in der Stadt reichten.
Garavito Cubillos trank abends in der Nähe von Schulbereichen auch Brandy, um auf
ahnungslose Opfer zu warten [657]. Er bot leichte Arbeit für Geld an und verkleidete
sich als katholischer Priester, Schullehrer, älterer Mann und vieles mehr, um seine
Opfer noch effektiver anzulocken [651][665]. Um zu verhindern, dass Verdacht über
seine Aktivitäten aufkam, wechselte er häufig seine Verkleidung.

Sobald er das Vertrauen eines Kindes gewonnen hatte, ging er mit dem Opfer in der
Regel an einen abgelegenen Ort oder zu einem Massengrab und ermutigte es, über
sein Privatleben zu sprechen, bis es müde und verletzlich war, was ihm sein
Vorhaben erleichterte. Nachdem er etwa eine halbe Flasche Brandy getrunken hatte,
fesselte Garavito Cubillos die Kinder, bedrohte sie mit einem Messer, während er sie
streichelte und manchmal über ihnen masturbierte [653]. Seinen eigenen Angaben
zufolge schloss er einen „Pakt mit dem Teufel", und satanische Rituale waren auch in
die Morde an den Kindern eingebunden, die offensichtlich Blutopfer waren [634].

Die Kinder wurden oft über längere Zeiträume hinweg gleichzeitig missbraucht und
gefoltert. Sie wurden mit einem Schraubenzieher in Gesäß, Hände und Füße
gestochen oder mit gebrochenen Klingen, die Garavito Cubillos (siehe Abb. 41)
zwischen seinen Fingern gehalten hatte, am Gesäß verwundet [653]. Während sie
noch am Leben waren, schnitt er ihnen die Genitalien ab und steckte sie den Kindern
in den Mund. Sie wurden geschlagen, verbrannt, getreten und wiesen oft tiefe
Schnitte am Rücken, Bauch und Hals auf. Manchmal missbrauchte er sie sexuell,
während ihre Eingeweide aus dem Bauch quollen [634], durch den Anus und aus dem
Mund heraus aufgespießt [24] , und er stach unzählige Male auf sie ein [638].

Garavito Cubillos erlebte seinen Höhepunkt, wenn er das Kind bei lebendigem Leib
enthauptet [666] oder ihm die Kehle durchgeschnitten hatte, bevor er die abgetrennten
Genitalien im Mund des abgetrennten Kopfes zurückließ [634][664]. Gelegentlich war
auch Nekrophilie mit der Leiche des Opfers das Verbrechen; manchmal verfrüht, da
er nur durch Schläge und Stiche auf seine Opfer während des Geschlechtsverkehrs
zum Orgasmus kommen konnte [651]. Die Leichen der Kinder wurden alle völlig nackt
aufgefunden, mit Bissspuren und Anzeichen von ausgiebiger Sodomie. In der Nähe
der Leichen wurden Behälter mit Gleitmittel sowie leere Flaschen mit billigem
kolumbianischem Brandy gefunden. Die meisten Leichen wiesen Anzeichen
anhaltender Folter auf [667].

Ermittlung und Verhaftung:

 Abb. 41: Polizeifoto von Garavito Cubillos nach seiner Verhaftung (Public Domain)

Ab den 1980er Jahren verschwanden Minderjährige aus verarmten Verhältnissen und andere Gruppen, die als „desechables" („Wegwerfartikel") bezeichnet wurden, rasch von den Straßen Kolumbiens. Aufgrund des jahrzehntelangen Bürgerkriegs war es unwahrscheinlich, dass Opfer als vermisst gemeldet wurden. Eine Gruppe von Kindern entdeckte am 7. November 1998 beim Fußballspielen in Pereira ein Skelett, doch die Behörden nahmen dies erst eine Woche später zur Kenntnis, als Massengräber mit bis zu 36 Kindern – fast ausschließlich Jungen – mit Anzeichen von Fesselung, sexueller Gewalt und anhaltender Folter entdeckt wurden [642][653]. Insgesamt entdeckte man 41 Kinder im Departamento Risaralda und 27 Kinder im benachbarten Valle del Cauca [668].

Diese hohe Zahl vermisster Kinder erforderte eine groß angelegte Untersuchung, da diese Morde nicht auf ein bestimmtes Gebiet beschränkt waren. Die Brutalität war für die Behörden so erschreckend, dass sie zunächst die Hypothese aufstellten, die Morde seien von einem satanischen Kult oder internationalen Kinderhändlern begangen worden. Trotzdem kam die Staatsanwaltschaft bald zu dem Schluss, dass wohl ein einzelner Mann für die Taten verantwortlich war, da an allen Tatorten Nylonschnüre und Kronkorken von Schnapsflaschen gefunden wurden [642].

Am 6. Februar 1999 wurden außerhalb der Stadt Palmira die Leichen zweier nackter Kinder gefunden, die nebeneinander auf einem Hügel in der Nähe eines Zuckerrohrfeldes lagen. Am nächsten Tag entdeckte man nur wenige Meter entfernt die Leiche eines weiteren Kindes. Alle drei Leichen waren mit gefesselten Händen und wiesen Anzeichen sexuellen Missbrauchs auf. Die Hälse der Opfer waren stark aufgeschnitten und sie wiesen Prellungen am Rücken, an den Genitalien, an den Beinen und am Gesäß auf. Die Mordwaffe wurde in der Nähe der Leichen gefunden. Garavito Cubillos war betrunken, lag halb nackt auf einer Kinderleiche, hatte eine Zigarette in der linken Hand [669][645] und verursachte einen Brand im Zuckerrohrfeld. Dabei erlitt er schwere Verbrennungen und ließ sein Geld, seine verbrannten Brillen, Shorts, Schuhe und Unterwäsche zurück. Es wurden auch Quittungen und eine Notiz mit der Adresse von Graciela Zabaleta gefunden [644].

Anhand seiner Brille konnten die Behörden feststellen, dass der Mörder mittleren Alters war und am linken Auge an Astigmatismus litt. Seine Schuhe zeigten auch, dass er hinkte und 163–167 cm groß war. Sie verhafteten fälschlicherweise einen örtlichen Sexualstraftäter namens Pedro Pablo Ramírez García, der 44 Jahre alt war und am rechten Fuß hinkte. Als in Pereira zwei Jungen verschwanden, hatte ein kleiner Junge Ramírez García als den Mann entlarvt, der versucht hatte, ihn anzugreifen. Er wurde im Gefängnis festgehalten, bis dann in Bogotá weitere Kinder verschwanden. In der Zwischenzeit hatte Aldemar Durán, der leitende Ermittler, begonnen, Garavito Cubillos als den gesuchten Mörder zu verdächtigen. Die Ermittler kontaktierten dessen Freundin; sie sagte der Polizei, dass sie ihn seit Dezember nicht mehr gesehen habe. Sie übergab der Polizei jedoch einen schwarzen Stoffkoffer, den er ihr überlassen hatte und der eine Reihe seiner

Habseligkeiten enthielt. Zu diesen Gegenständen gehörten Bilder von Jungen, detaillierte Tagebücher über seine Morde, Strichlisten seiner Opfer und Rechnungen.

Diese neuen Informationen führten sie zu Garavito Cubillos' Wohnung, die jedoch leer stand. García wurde freigelassen, nachdem es Durán gelungen war, die Freundin und die Schwester von Garavito Cubillos ausfindig zu machen [641].

Verhaftung: Nur wenige Tage später wurde er von der örtlichen Polizei wegen einer anderen Anklage wegen versuchter Vergewaltigung des 12-jährigen John Iván Sabogal festgenommen. Am 22. April 1999 trank Garavito Cubillos abends Brandy, als er Sabogal in der Stadt Villavicencio beim Verkauf von Lotterielosen antraf. Garavito stellte sich als Bonifacio Morera Lizcano vor, ein Lokalpolitiker[670], und griff Sabogal mit einem Messer an, bevor er das Kind zum Schweigen brachte. Garavito Cubillos tat so, als würde er Sabogal umarmen, und begleitete ihn in ein Taxi, bevor er ihn zwang, über einen Stacheldrahtzaun zu klettern, der zu einem abgelegenen Hügel führte. An diesem Ort fesselte Garavito Cubillos Sabogal und schrie dabei wiederholt: „Bin ich ein Sadist?" [643]. Dann verhöhnte er das Kind mit der Klinge und schrie verschiedene Obszönitäten, während er über ihm masturbierte [671].

Ein obdachloser 16-Jähriger war nahe genug gewesen, um den Kampf zu hören. Der Teenager begann zu fluchen und Steine auf Garavito Cubillos zu werfen, der den Teenager mit seinem Dolch verfolgte. Beide Jungen flohen zum Bauernhof Rosa Blanca an der Straße La Coralina in Villavicencio [672][673], wo sie von einem 12-jährigen Mädchen empfangen wurden. Garavito Cubillos erreichte später den Bauernhof und fragte das Mädchen aggressiv nach dem Weg. Sie wies ihm den Weg in den Wald, wo er sich verirrte. Die Polizei wurde verständigt und leitete eine Suche ein. Die Beamten dahen ihn gegen 19:00 Uhr aus dem Wald herauskommen, während sie die wütenden Einheimischen aufforderten, sich nicht an der Suche zu beteiligen. Garavito Cubillos zeigte ihnen einen falschen Ausweis und behauptete, der Politiker Lizcano zu sein. Trotzdem vermuteten sie, dass es sich bei dem Mann um Garavito handelte [672]. Am 4. Juli 1999 bestätigte sich ihr Verdacht [670].

Für das kolumbianische Justizministerium reichte das Geständnis von Garavito Cubillos nicht aus. Er litt an einer sonst kaum vorkommenden Augenkrankheit, die nur bei Männern einer bestimmten Altersgruppe auftritt. Seine Brille war speziell für seine seltene Erkrankung angefertigt worden. Diese fand man am Tatort auf. Garavito Cubillos hatte auch Flaschen mit Brandy, seine Unterwäsche und seine Schuhe zurückgelassen. An den Opfern und den zurückgelassenen Gegenständen wurde DNA gefunden. Die Polizei veranlasste eine Augenuntersuchung im gesamten Gefängnis, in dem Garavito Cubillos inhaftiert war, um ihm dessen Brille zuzuordnen. Indem die Untersuchung für alle Gefangenen obligatorisch gemacht wurde, wurde sein Misstrauen verringert und er davon abgehalten, über sein Sehvermögen zu lügen [644]. Seine Größe von 165 cm und sein Hinken waren ebenfalls entscheidend, um ihn mit den Erkenntnissen der Ermittler in Verbindung zu bringen.

Während Garavito Cubillos seine Zelle verließ, nahmen die Ermittler DNA-Proben von seinem Kissen und seinem Wohnbereich. Die DNA, die an den Opfern gefunden wurde, stimmte mit der DNA in seiner Zelle überein. Im Oktober wurde er über 12 Stunden lang verhört; ein Kriminalbeamter las ihm die Aufzeichnungen über seine Verbrechen vor, bis er weinte und erklärte, dass er sich betrinke und nach Jungen suche. Er versicherte, dass er nicht homosexuell sei, sondern ein Opfer sexuellen Missbrauchs in der Kindheit sei und Jungen vergewaltigen würde, bevor er sie ermordet, und gestand, etwa 140 Kinder an verschiedenen Orten missbraucht zu haben [666][674]. Er wurde in 138 der 172 Fälle für schuldig befunden; die anderen Fälle sind noch anhängig. Garavito Cubillos veurteilte das Gericht zu 1.853 Jahren und 9 Tagen Gefängnis verurteilt, der längsten Haftstrafe in der Geschichte Kolumbiens [675]. Das kolumbianische Recht begrenzt die Haftstrafe jedoch auf 40 Jahre, und da Garavito Cubillos der Polizei half, die Leichen der Opfer zu finden, wurde seine Strafe weiter auf 22 Jahre reduziert [676].

Garavito Cubillos verbüßte seine Strafe in einem Hochsicherheitsgefängnis in Valledupar im Departement El Cesar in Kolumbien [677]. Er wurde getrennt von allen anderen Gefangenen festgehalten, weil befürchtet wurde, dass er bei Kontakt mit diesen sofort getötet werden würde. Er hätte 2023, wenn er drei Fünftel seiner Strafe verbüßt hätte, für eine vorzeitige Entlassung in Frage kommen können [666]. Im Jahr 2021 lehnte ein Richter einen Antrag auf vorzeitige Entlassung wegen guter Führung mit der Begründung ab, dass er keine Geldstrafe für seine Opfer gezahlt habe [678].

Garavito Cubillos blieb aber hoffnungsvoll und hatte dem kolumbianischen Senator Carlos Moreno de Caro gegenüber Pläne geäußert, in den kolumbianischen Kongress einzutreten, als Pfingstpastor in den Dienst zu treten und eine Frau zu heiraten, in der Hoffnung, dass er nach seiner Entlassung missbrauchten Kindern helfen könne [679]. Garavito Cubillos litt an schwerem Augenkrebs und Leukämie, was ihn blind, schwach und erschöpft zurückließ und tägliche Bluttransfusionen erforderlich machte [680]. Er verbrachte die meiste Zeit damit, in der medizinischen Abteilung des Gefängnisses von Valledupar Handschellen, Ohrringe und Halsketten herzustellen [637]. Psychiater diagnostizierten bei ihm eine antisoziale Persönlichkeitsstörung und stellten narzistische Persönlichkeitsmerkmale fest [681].

Tod: Garavito starb am 12. Oktober 2023 im Alter von 66 Jahren in einem Krankenhaus in Valledupar [682][683].

Öffentliche Reaktion: Viele Kolumbianer sind der Ansicht, dass die Strafe für Garavito Cubillos nicht ausreichend für seine Verbrechen war [684][685]. Einige argumentierten, er hätte entweder lebenslange Haft oder die Todesstrafe verdient, die es in ihrem Land jedoch nicht gibt. Das kolumbianische Recht enthielt keine Bestimmung oder Methode, um eine längere Strafe als die gegen Garavito Cubillos verhängte zu geben. Dies sah die Mehrheit der Bevölkerung als Gesetzeslücke an, die merkwürdigerweise darauf zurückzuführen ist, dass man zum Zeitpunkt der Erlassung dieser Gesetze die Möglichkeit eines Serienmörders in der Gesellschaft nicht als wahrscheinlich erachtete. Das Gesetz hat seit dem Fall Garavito Cubillos aber die Höchststrafe für solche Verbrechen auf 60 Jahre Gefängnis erhöht [626] [627] [628][629][630][684].

Der Journalist Guillermo Prieto „Pirry" La Rotta interviewte ihn für eine Sendung, die am 11. Juni 2006 ausgestrahlt wurde. Pirry erwähnte, dass Garavito Cubillos während des Interviews versuchte, seine Taten herunterzuspielen, und seine Absicht äußerte, eine politische Karriere zu beginnen, um missbrauchten Kindern zu helfen. Pirry beschrieb auch seine Haftbedingungen und merkte an, dass er sich aufgrund seines guten Benehmens wahrscheinlich innerhalb von drei Jahren für eine vorzeitige Entlassung hätte bewerben können [685].

Sandra Giraldo / Die Black Widow Gang

Portrait: Sandra Giraldo / Die Black Widow Gang, auch bekannt als Die schwarzen Witwen von Kolumbien, ist der Spitzname einer Gruppe von kolumbianischen Serienmördern, die in den späten 2000er und frühen 2010er Jahren aktiv waren [686]. Sie wurden wegen Mordes an drei Männern im Bundesstaat Antioquia angeklagt [687], es wird jedoch angenommen, dass sie für weitere Verbrechen verantwortlich sind. Das kriminelle Netzwerk, das hauptsächlich aus Frauen bestand, wurde von Sandra Giraldo und Emilsen Yulima Nataly Rojas angeführt. Jedes Mitglied hatte eine andere Rolle innerhalb der Bande, einige konzentrierten sich darauf, Beziehungen zu Männern zu pflegen, andere darauf, sie zu ermorden, und wieder andere waren dafür zuständig, Anwälte zu finden und die Lebensversicherungen einzutreiben. Die Gesamtsumme der besagten Versicherungen reichte von COP 100 bis 800 Mio. Sie wurden 2011 festgenommen.

Verbrechen: Eines der Opfer war Diego Hernández Beltrán, ein 60-jähriger Baumeister. Laut den Ermittlern wurde dieser von einem Bekannten überredet, eine Lebensversicherung abzuschließen. Als die Bande davon erfuhr, beschloss sie, dies auszunutzen, und lud Diego ein, am 27. September 2008 nachts in der Nähe eines Stausees namens El Peñol-Guatapé zu campen. Dort wurden ihm die Hände und Füße gefesselt und er wurde in den Stausee geworfen, wo er anschließend ertrank. Hernández Beltráns lebloser Körper wurde am nächsten Tag gefunden und von Emilsen, die behauptete, seine Frau zu sein, in Anspruch genommen, da das Paar seit zwei Jahren verheiratet war. Zu diesem Zeitpunkt gab sie an, die alleinige Begünstigte der Lebensversicherung im Wert von COP 150 Mio. zu sein. Trotzdem bestritt die Familie des Verstorbenen ihre Ansprüche und gab an, dass Diego nie eine Liebesbeziehung zu der Frau hatte.

Pedro Alonso López

Portrait: Pedro Alonso López, auch bekannt als „Das Monster der Anden", ist ein kolumbianischer Serienmörder, Kindesvergewaltiger und Flüchtling, der zwischen 1969 und 1980 mindestens 110 Menschen, hauptsächlich junge Frauen und Mädchen, ermordet hat. López behauptete, über 300 Menschen ermordet zu haben. Er gilt als einer der produktivsten Serienmörder und Vergewaltiger der Geschichte des Landes. Am 9. März 1980 wurde er zum ersten Mal festgenommen.

Geschichte: Pedro Alonso López wurde am 8. Oktober 1948 in der Gemeinde Venadillo, Tolima, in Kolumbien geboren [688]. Pedro López war das siebte von dreizehn Kindern von Benilda López de Castañeda, einer Prostituierten, und hatte aufgrund der Gewalt im Haushalt und des Fehlens einer Vaterfigur eine schwierige Kindheit [689]. Sein Vater, Megdardo Reyes, wurde sechs Monate vor seiner Geburt in La Violencia ermordet [690].

López wurde im Alter von acht Jahren aus dem Haus verbannt, als seine Mutter ihn dabei erwischte, wie er versuchte, seine Schwester zu belästigen [689]. Obdachlos streunte López durch die Straßen von Bogotá und wurde häufig sexuell missbraucht. Nach dem Vorfall schloss er sich einer Bande von Straßenkindern an, um sich zu schützen. Mit zwölf Jahren wurde er von einer amerikanischen Einwandererfamilie adoptiert, floh jedoch, nachdem er von einem Lehrer sexuell missbraucht worden war [691].

1969 wurde López wegen Autodiebstahls zu sieben Jahren Gefängnis verurteilt. Während dieser Haftzeit wurde er von drei anderen Insassen vergewaltigt, die er später tötete, was zu einer Verlängerung seiner Haftstrafe um zwei Jahre führte [692].

Verbrechen: Nach seiner Entlassung aus dem Gefängnis im Jahr 1978 begann López, durch den Nordwesten Südamerikas zu wandern, und gelangte schließlich nach Peru. Später behauptete er, in dieser Zeit über 100 Mädchen getötet zu haben, hauptsächlich Straßenkinder indigener Stämme [693]. Diese Behauptungen lassen sich zwar nicht überprüfen, aber es ist bekannt, dass López von einem indigenen Stamm aus Ayacucho im Süden von Zentralperu kurzzeitig gefangen genommen wurde, nachdem er versucht hatte, ein neunjähriges Mädchen zu entführen [694]. Die Ayacucho-Bewohner zogen López seine Kleidung und Habseligkeiten aus und begruben ihn im Sand. Ein amerikanischer Missionar überzeugte den Stamm jedoch, López freizulassen und der Polizei zu übergeben [695]. Die Polizei nahm López nicht fest, sondern er wurde stattdessen des Landes verwiesen und nach Ecuador abgeschoben.

Nach seiner Abschiebung aus Peru setzte López seine Mordserie fort, und obwohl die Behörden in den Gebieten, in denen er sich aufhielt, eine Zunahme vermisster Personen, insbesondere junger Mädchen, feststellten, kamen sie zu dem Schluss, dass es sich bei den Vermisstenfällen höchstwahrscheinlich um Fälle von Menschenhandel handelte [695].

Im April 1980 wurden die Gebiete um Ambato, Ecuador, von plötzlichen Überschwemmungen heimgesucht, bei denen die Überreste mehrerer junger Mädchen ans Tageslicht kamen, die zuvor als vermisst gemeldet worden waren. Diese Entdeckung veranlasste die Polizei, ihre Ermittlungen wieder aufzunehmen, und trug dazu bei, dass López später im selben Jahr endgültig verhaftet wurde [695].

Verhaftung und Geständnis: Nicht lange nach der Überschwemmung war eine Frau namens Carvina Poveda mit ihrer 12-jährigen Tochter Marie auf dem Weg zum Markt, als López versuchte, das Mädchen zu entführen. Lokale Händler konnten López überwältigen und festhalten, bis die Polizei eintraf [696].

Während er nach seiner Festnahme in Polizeigewahrsam war, weigerte sich López zunächst, bei seiner Vernehmung zu kooperieren, und entschied sich dafür, zu schweigen [696]. Schließlich begann er, seine Verbrechen dem Polizeihauptmann Pastor Cordova zu gestehen, der in derselben Zelle wie er untergebracht war, während er sich als Gefangener ausgab [697]. López prahlte damit, dass er insgesamt „über zweihundert in Ecuador, einige Dutzend in Peru und viele weitere in Kolumbien" ermordet habe [697]. Er beschrieb seine Vorgehensweise, indem er das Opfer zunächst mit einem Schmuckstück von öffentlichen Plätzen weglockte, bevor er es vergewaltigte und mit bloßen Händen erwürgte [698]. Er behauptete außerdem, dass er gelegentlich die Leichen der Opfer aus ihrer Grabstätte exhumierte und „Teeparties" mit ihnen veranstaltete [699]. Auf die Frage nach seinem Motiv für die Morde soll López gesagt haben: „Ich habe meine Unschuld im Alter von acht Jahren verloren. Also beschloss ich, so vielen Mädchen wie möglich dasselbe anzutun" [699]. Kurz nach seinem Geständnis wies er die Behörden auf die Leichen von 53 Opfern hin, und seine Geständnisse führten bald zur Bestätigung von insgesamt 110 Opfern in Ecuador [698].

Später im Jahr 1980 wurde López wegen Mordes zu 16 Jahren Gefängnis verurteilt, der damals in Ecuador maximal möglichen Haftstrafe [696].

Inhaftierung und Freilassung: López verbüßte seine Haftstrafe im Gefängnis Garcia Moreno in der Nähe von Quito und wurde am 31. August 1994 zwei Jahre früher aus dem Gefängnis entlassen [698][699][700]. In einem Interview kurz vor seiner Entlassung bezeichnete sich López als „Mann des Jahrhunderts" und sagte, er sei wegen „guten Benehmens" entlassen worden [701]. Nach seiner Entlassung wurde López nach Kolumbien abgeschoben und bei seiner Ankunft als illegaler Einwanderer inhaftiert, bevor er den kolumbianischen Behörden übergeben wurde [700]. Die Staatsanwaltschaft konnte keine Anklage gegen ihn erheben, und er wurde stattdessen für verrückt erklärt und in eine psychiatrische Klinik eingewiesen [702]. 1998 erklärte man López für gesund und ließ ihn gegen eine Kaution von US$ 70 frei, unter der Bedingung, dass er sich regelmäßig bei den Behörden melden würde. Er tauchte jedoch fast sofort unter [698].

López wurde zuletzt im September 1999 gesehen, als er das Nationale Zivilstandsregister besuchte, um seinen Staatsbürgerschaftsausweis zu erneuern [703].

Im Jahr 2002 erließen die kolumbianische Nationalpolizei und Interpol Haftbefehle gegen López wegen eines Mordes, der Ähnlichkeiten mit seiner Vorgehensweise aufwies [704][705][706]. Der Interpol-Haftbefehl wurde 2005 deaktiviert, aber López bleibt weiterhin flüchtig [706][698]. López wurde auch als möglicher Verdächtiger in einem Mordfall genannt, der 2012 in Tunja, Kolumbien, begangen wurde [707][708].

Berichterstattung: In den Ausgaben von Guinness World Records bis 2005 wurde López als „produktivster Serienmörder" bezeichnet. Die Auflistung wurde in neueren Ausgaben entfernt, nachdem Beschwerden eingegangen waren, dass dadurch aus Mord ein Wettbewerb gemacht würde [709].

Luis Alberto Malagón Suárez

Portrait: Luis Alberto Malagón Suárez (geboren in Bogotá) ist ein kolumbianischer Vergewaltiger und Serienmörder. Bekannt als „Der Sadist von Rincón", entführte, vergewaltigte und ermordete er fünf Minderjährige sowie seine Frau [710]. Es wird angenommen, dass er die Morde zwischen 1995 und 1997 in der Stadt Suba verübte, wobei er seine Opfer zerstückelte und ihre Überreste in Müllsäcken entsorgte [711].

Er wurde 2012 festgenommen und sitzt derzeit im Gefängnis Acacías im Departamento de la Meta wegen Mordes an seiner Frau ein [712].

Verbrechen: Den Ermittlungen der Behörden zufolge beging Malagón Suárez die Morde in den 1990er Jahren in der Stadt Suba im äußersten Nordwesten des Großraums Bogotá. Bei den Opfern handelte es sich um Yulie Yesenia Chacón, Andrea García López, Nina Johana Moncada, Yolanda Perdomo und Lid Consuelo Pineda, allesamt Minderjährige, die im Stadtteil Rincón lebten [713]. Ein Ermittler der DAS (Departamento Administración de Seguridad / Sicherheitsbehörde) bestätigte, dass die Ermittlungen vier Jahre dauerten, bis Malagón Suárez gefasst werden konnte; seine Tochter berichtete den Behörden auch, dass in einem der Räume des Hauses, in dem sie lebten, ständig Schreie zu hören waren, die Luis zufolge von den Katzen aus der Nachbarschaft stammten [714].

Schließlich schloss die DAS die Ermittlungen ab und führte eine Durchsuchung des Hauses durch, bei der sie verschiedene Habseligkeiten der Opfer fand, darunter Kleidung, Schmuck, Sperma des Mörders, Haare, Speichel und einen scharfen Gegenstand [715]. Man geht davon aus, dass die Leichen der ermordeten Kinder in Müllsäcken versteckt wurden, da sie nie gefunden wurden. Eine der Töchter Malagóns gab außerdem an, dass er die Mädchen im Teenageralter in seine Wohnung brachte, wo er sie anschließend missbrauchte und ihnen Hände und Füße fesselte [716]. Trotzdem wies der zuständige Richter den Fall ab, was zu Malagón Suárez' Freispruch führte.

Am 19. Februar 2001 ermordete Malagón Suárez seine Frau vor den Augen seiner Töchter, indem er sie mehrmals erstach. Zuvor hatte er sie in der Wohnung gefesselt und geknebelt [715].

Festnahme: Malagón Suárez wurde 2012 festgenommen und wegen Mordes an seiner Frau angeklagt. Er wurde verurteilt und ins Gefängnis Acacías in Meta gebracht [712].

Tomás Maldonado Cera

Portrait: Tomás Maldonado Cera (geboren 1971 in Barranquilla), bekannt als „Der Satanist", ist ein kolumbianischer Vergewaltiger und Serienmörder [717]. Sein Spitzname rührt daher, dass er seine Opfer nach dem Mord mit satanischen Symbolen markierte [718]. Die meisten seiner bis zu zehn Opfer wurden vergewaltigt und später durch Schläge auf den Kopf und den Einsatz scharfer Waffen getötet [719]. Er war zwischen 2002 und 2018 aktiv, wurde 2019 gefasst und steht derzeit vor Gericht [720].

Verbrechen: Die Morde ereigneten sich zwischen 2002 und 2018. Das erste Opfer war Rolando Romero Romero, auf den Maldonado Cera 25 Mal einstach, und dem er den Buchstaben „Z" in die Stirn ritzte. Die anderen Opfer waren sowohl Männer als auch Frauen, darunter mehrere Angehörige der LGBT-Gemeinschaft [718].

Alle diese Vorfälle ereigneten sich an abgelegenen und verlassenen Orten in Barranquilla. Das letzte Opfer war Brenda Pájaro, eine Frau, die in der Stadt lebte und an einem einsamen Ort im Stadtteil Miramar im historischen Bezirk im Norden der Stadt gefunden wurde. Es wird angenommen, dass sie am Tag ihres Verschwindens, dem 25. Juli 2018, ermordet wurde [720].

Rituale und Symbolik: Den Ermittlungen der Behörden zufolge wurden den meisten von Cera getöteten Opfern Körperteile amputiert und die Worte „Zeichen des Voor" in sie eingeritzt, ein Spruch, der früher zur Anrufung von Göttern verwendet wurde [721]. An den Leichen wurden auch andere Sterne und Hexagramme angebracht, wobei letztere in der Antike für magische Riten und Praktiken verwendet wurden, sowie der fünfzackige Stern oder ein umgekehrtes Pentagramm [717][722]. An den Fundorten wurden satanische Schriften und Symbole im Sand gefunden [722].

Die meisten Opfer wurden am 31. Oktober getötet, dem Datum, an dem Halloween gefeiert wird [723].

Jaime Iván Martínez Betancur

Portrait: Jaime Iván Martínez Betancur (geboren 1972 in Samaná, Departamento Caldas), bekannt als „Der Guarne-Killer" und „Das Monster des Ostens", ist ein kolumbianischer Serienmörder [724][725]. Er war zwischen 2005 und 2016 für die Ermordung von 4 bis 20 Menschen verantwortlich, darunter auch die Ermordung seiner Frau und seiner Kinder. Die Leichen der Opfer wurden von Fachpersonal der Generalstaatsanwaltschaft in Zusammenarbeit mit der Technischen Ermittlungsbehörde (CTI, Cuerpo Técnico de Investigación), der Vereinigten Aktionsgruppe für die Freiheit von Personen (GAULA, Grupos de Acción Unificada por la Libertad Personal, auf die Aufklärung von Geiselnahmen spezialisiert) und Polizeihunden exhumiert, die im Rahmen der Verfahren Untersuchungen vor Ort durchführten [727].

Die kolumbianischen Behörden vermuten, dass Martínez Betancur ein Jahrzehnt lang zwischen 20 und 25 Menschen getötet hat [728][729]. Er wurde von einem Spezialgericht im Departement Antioquia zu 42 Jahren Gefängnis verurteilt [730].

Verbrechen: Es wird angenommen, dass Martínez Betancur innerhalb eines Jahrzehnts zwischen 20 und 25 Morde begangen hat [725]. Eines der Opfer war Natalia García Gil, Martínez' ehemalige Frau, die mit einer Nylonschnur erhängt wurde [724]. Die anderen Personen wurden auf die gleiche Weise ermordet, darunter Kinder im Alter von 5 bzw. 7 Jahren, die alle im November 2015 getötet wurden [724][726]. Es wurde auch festgestellt, dass María Gladis Arango ein weiteres Opfer war, das Mitte Januar 2016 in einem Dorf namens Hoja Anche de Guarne in Guarne verschwand [724]. Aufgrund des Verschwindens von Arango verhängten die kolumbianischen Behörden eine „Sicherungsmaßnahme wegen des Verbrechens des Verschwindenlassens", die eine detailliertere Nachuntersuchung ermöglichte [725].

Nach Angaben der Ermittlungsbehörden begrub Martínez Betancur die meisten seiner Opfer auf einem Bauernhof, auf dem er arbeitete, in Töpferfeldern in einer Tiefe von 3 Metern, eingewickelt in mehrere Meter Leinwand, um die Leichen zu verstecken. Dennoch behauptete er nach eigenen Geständnissen, dass andere auf zwei Bauernhöfen in der Nähe seines Wohnortes begraben wurden [731][724][729]. Er sammelte auch Gegenstände und persönliche Gegenstände seiner Opfer wie Uhren, Smartphones, Schmuck usw. [725][726].

Er wurde in Guarne von Fachpersonal des CTI in der Nähe der östlichen Subregion des Departements Antioquia auf einem Bauernhof gefasst, auf dem er als Hofmeister und Wächter arbeitete. An diesem Ort beging er mehrere der Morde, obwohl angenommen wird, dass er weitere in Medellín und im Departement Valle del Cauca ve5rübt hatte [728][726]. Martínez hatte als Landwirt gearbeitet, aber auch andere Anstellungen im Bereich Überwachung und Gartenarbeit inne [725].

Verurteilung: Martínez wurde wegen Mordes an Arango, Gil und ihren beiden Kindern zu 42 Jahren Haft verurteilt. Er wurde wegen mehrerer Verbrechen angeklagt, darunter erzwungenes Verschwinden und Mord [730].

Élver James Melchor Bañol

Portrait: Élver James Melchor Bañol (geb. 1976) ist ein kolumbianischer Vergewaltiger und Serienmörder [732]. Er wurde wegen sieben Vergewaltigungen und vier Morden verurteilt, darunter der Mord an der minderjährigen Rosmery Castellón. Man nannte ihn „Das Raubtier von Picaleña" [733], dies wegen der Art und Weise, wie er sich seinen Opfern näherte, die alle minderjährige Kinder waren, und verglich ihn mit dem berüchtigten Luis Alfredo Garavito Cubillos. Melchor Bañol wurde 2019 festgenommen und zunächst wegen drei nicht miteinander in Zusammenhang stehender Verbrechen zu 40 Jahren Haft verurteilt. Nach seinem letzten Mord wurde er jedoch zu 60 Jahren Haft verurteilt, der höchsten im kolumbianischen Recht vorgesehenen Strafe [734].

Verbrechen und Vorgehensweise: Laut Behörden und spezialisierten Ermittlern handelte Melchor Bañol auf die gleiche Weise wie Garavito Cubillos: Er hatte die Angewohnheit, Minderjährige und Jugendliche, die er sich ausgesucht hatte, zu verfolgen, bevor er sie schließlich vergewaltigte und ermordete [735].

Melchor Bañol gestand, am 26. Februar 2019 die 16-jährige Rosmery Castellón im Departement Tolima entführt, vergewaltigt, gefoltert und ermordet zu haben. Seinen eigenen Worten zufolge hatte er in diesem Moment starke sexuelle Gelüste und beschloss daher, die junge Rosmery zu entführen: „Der Teufel fuhr in mich, und es gab nichts anderes zu tun." Später fanden Polizisten ihre Leiche im Sektor Vereda Aparco mit offensichtlichen Anzeichen von Vergewaltigung und Folter [736]. Melchor Bañol wurde wegen Entführung, Folter, Leichenschändung und Frauenmordes angeklagt und zu 60 Jahren Haft verurteilt, der härtesten Strafe des Landes [737].

John Jairo Moreno Torres

Portrait: John Jairo Moreno Torres (1979 Bogotá, - 11. Juni 1998, La Modelo-Gefängnis, Bogotá), bekannt als Johnny the Leper, war ein kolumbianischer Serienmörder [738][739][740]. Er wurde am 27. Februar 1998 festgenommen und ins La-Modelo-Gefängnis gebracht, wo er im Alter von 19 Jahren vor seinem Prozess ermordet wurde, nachdem er geschlagen, gestochen und schließlich erschossen wurde.

Geschichte: John Jairo Moreno Torres wurde in der kolumbianischen Hauptstadt Bogotá geboren und wuchs in einer dysfunktionalen Familie mit wirtschaftlichen Problemen auf. In jungen Jahren erlitt er eine Verbrennung am Bein, was ihm schließlich den Namen „Johnny der Leprakranke" einbrachte. Mit 13 Jahren brach er die Schule ab und wurde Anführer einer Bande, die in den 1990er Jahren in den Stadtteilen Fontibón und Kennedy operierte. Zu dieser Zeit war es die gefürchtetste Bande in Bogotá [738]. Torres wurde mit mehreren Morden und Vergewaltigungen in Verbindung gebracht, die in verschiedenen Stadtteilen begangen wurden [741].

Verbrechen: Als Anführer der Bande ermordete er mehrere Menschen mit Schusswaffen, Messern und Macheten. Moreno Torres wurde offiziell mit dem Tod von vier Menschen in Verbindung gebracht, obwohl angenommen wird, dass er zwischen zehn und zwanzig Morde begangen hat [741].

Alle Morde wurden mit Gewalt und Brutalität begangen. Eines der Opfer, Omar Cepeda Rendón, wurde mit einer Schusswaffe hingerichtet, später zerstückelt und verbrannt, und seine Überreste wurden schließlich auf einer Straße in Kennedy, einer Vorstadt von Bogotá, verstreut [742].

Die Gruppe expandierte und ließ sich in mehreren Stadtteilen nieder. Dadurch verdrängte sie andere kriminelle Organisationen und monopolisierte den Kleinhandel mit Drogen. Angesichts all dieser Ereignisse führten die kolumbianischen Behörden gründliche Ermittlungen durch und entwickelten Strategien, um die Mitglieder der Bande zu fassen. Es gelang ihnen, den Wohnort von Moreno Torres' Partner ausfindig zu machen, und sie warteten dort auf seine Ankunft. Sobald er identifiziert war, wurde er sofort festgenommen [740].

Moreno Torres wurde daraufhin im La-Modelo-Gefängnis in Bogotá inhaftiert, wo er später ermordet wurde [742]. Es wird vermutet, dass mehrere Insassen ihn mit einer Schusswaffe getötet haben, indem sie 12 Mal auf ihn schossen [743]. Andere Versionen besagen, dass er nicht nur angeschossen, sondern auch geschlagen und mit scharfen Gegenständen erstochen wurde.

Yadira Narváez Marín

Portrait und Geschichte: Yadira Narváez Marín (geboren 1985 in Florencia, Caquetá) ist eine kolumbianische Serienmörderin [747]. Sie ist bekannt als „The Queen of Scopolamine" und „La Burundanguera" [745].

Sie wurde zusammen mit ihren beiden Brüdern von ihren Eltern in Rivera aufgezogen. Narváez Marín war Geschäftsfrau und besaß eine Farm in Florencia, im Departamento Caquetá, wo sie mit ihrem Ehemann und ihrer Tochter lebte. Sie widmete sich ihrer Arbeit und ihrem Geschäft, aber irgendwann in ihrem Leben hatte sie eine Beziehung zu einer Frau, die sie später wegen der Morde an die Behörden auslieferte [746].

Verbrechen: Aus Geldgier und Ehrgeiz beschloss sie, mit einer Gruppe von Menschen zusammenzuarbeiten, um durch Raubüberfälle an Geld zu kommen. Sie begann, Erwachsene zu verfolgen. Narváez verwendete eine Art Pestizid namens Carbofuran, allgemein bekannt als „Furadan", das für den Menschen hochgiftig ist [746]. Die Substanz wurde mit alkoholischen Getränken gemischt, so dass die Opfer schnell und leise starben.

Narváez Marín wurde am 26. Dezember 2011 festgenommen und zu 100 Jahren Haft verurteilt. Sie beging alle Morde im Jahr 2011, zwischen August und Dezember [747]. Es wird angenommen, dass sie auf diese Weise zwischen 5 und 6 Männer getötet hat, obwohl es ihrer Aussage nach mehr Opfer gab, die eine „beträchtliche Anzahl" ausmachten. Darüber hinaus wurden nicht nur in Caquetá Morde begangen, sondern auch in Tolima, Putumayo und Huila. Sie wurde schließlich im Transportterminal von Neiva gefangen genommen [748].

Nach diesen Ereignissen wurde sie von den Behörden „Königin des Scopolamins" genannt und verbüßt ihre Strafe im Gefängnis von Rivera [748].

Hernando Arturo Prada González

Portrait und Verbrechen: Hernando Arturo Prada González (1974 Bucamaranga – 21. Februar 2000 La Moneda, Santander, Kolumbien), bekannt als „Der Engel des Todes" („El Ángel de la Muerte"), war ein kolumbianischer Krimineller und Serienmörder, der in den 1990er Jahren für mindestens 10 Morde in Bucaramanga verantwortlich war [749]. Er wurde zu 55 Jahren Haft verurteilt [750] und entführte später während eines Gefangenentransports ein Flugzeug, wurde jedoch erschossen, nachdem eine paramilitärische Einheit den Vorfall bemerkt hatte [751].

Entführung und Tod: Im Februar 2000 wurde Prada González von La Modelo in ein anderes Gefängnis in Cúcuta nahe der Grenze zu Venezuela verlegt. Er wurde in Begleitung mehrerer Besatzungsmitglieder an Bord eines Verkehrsflugzeugs, der AeroTACA 7683, gebracht [753]. Aufgrund von Sicherheitsmängeln bei er Kontrolle der Passagiere war es Prada González möglich, unbemerkt ein Messer an Bord zu bringen. Nur acht Minuten nach Start des Fluges zückte er dieses und bedrohte die Mitreisenden, bevor er in die Kabine des Piloten ging und ihm befahl, auf einer Landebahn in Aguachica zu landen. Nach der Landung nahm er den Mitarbeiter des INPEC (Instituto Nacional Penitenciario y Carcelario) Elkin Cristancho als Geisel und fuhr in Richtung des Dorfes La Moneda [749].

Ohne dass eine der beiden Parteien davon wusste, wurde der gesamte Vorfall von einer Gruppe paramilitärischer Aktivisten bemerkt, deren Anführer, Kommandant Julián, befahl, den Landeplatz zu inspizieren [751]. Als die Aktivisten erfuhren, dass es sich um eine Entführung handelte, verfolgten sie Prada und drei Stunden später stellten sie ihn und Cristancho. Prada González wurde dabei getötet, während man den unverletzten Cristancho zu seinen Kollegen zurückbrachte. Einige Tage später befragten mehrere INPEC-Beamte Mitglieder der paramilitärischen Gruppe, die sich an den gesamten Vorfall erinnerten [751].

Eine anschließende Untersuchung der Polizei von Santander ergab mehrere schwerwiegende Unregelmäßigkeiten im Zusammenhang mit der Festnahme von Prada González, sowohl am Flughafen als auch beim Einsteigen in das Flugzeug [752]. Laut Polizeichef Victor Manuel Pérez hatte Prada es geschafft, ein Messer einzuschmuggeln, indem er den Metalldetektor umging, was wahrscheinlich durch Bestechung mehrerer Beamter [750] arrangiert wurde. Darüber hinaus hatte seine bereits abgefertigte Maschine die Besatzung darüber informiert, dass ihr Passagier nicht in Handschellen gelegt werden sollte, und die Sicherheitskräfte hatten ihre Waffen ohne ersichtlichen Grund in einem Safe eingeschlossen, was es Prada ermöglichte, das Flugzeug frei zu entführen [752].

Luis Gregorio Ramírez Maestre

Portrait: Luis Gregorio Ramírez Maestre (geboren am 30. September 1980 in Valledupar, Kolumbien) ist ein kolumbianischer Serienmörder, der zwischen 2010 und 2012 in verschiedenen Gemeinden und Städten in Kolumbien für den Mord an dreißig Menschen verurteilt wurde, darunter Tenerife, Sa Banalarga, Aguachica, Santa Marta, Valledupar und Puerto Wilches [754]. Er wurde 2012 zu 34 Jahren Haft verurteilt.

Verbrechen und Vorgehensweise: Ramírez Maestre hatte es auf Autofahrer im Alter zwischen 19 und 30 Jahren abgesehen, von denen keiner größer als 1,70 Meter war oder mehr als 60 Kilo wog. Dies geschah, um sie leicht gefügig zu machen. Seine Taktik war einfach und effektiv. Er nutzte sein Charisma und seine Redegewandtheit, um Vertrauen zu schaffen. Er bat darum, mit einem Motorradtaxi an einen sorgfältig ausgewählten Ort am Rande der Städte gebracht zu werden, in denen er agierte. Er nutzte die Tatsache aus, dass er sich auf dem Rücksitz des Fahrzeugs befand, und nachdem er sich die ganze Fahrt über mit dem Fahrer unterhalten hatte, hielt er ihn beim Anhalten am Hals fest und erstickte ihn, wobei er darauf achtete, dass er nicht starb, bis er das Bewusstsein verlor.

Untersuchungen von Forensikern zufolge wurde die überwiegende Mehrheit der Menschen durch Ersticken oder Folter getötet [755]. Außerdem behielt er mehrere persönliche Gegenstände der Opfer, wie Brieftaschen, Karten, Mobiltelefone, Helme usw., bei sich. Ramírez Maestre gestand nur den Mord an einer Person namens John Jairo Amador de la Rosa, nachdem die Behörden die in Seile gewickelte Leiche gefunden hatten.

Es wird angenommen, dass der Mörder nur darauf aus war, Motorräder in diversen Gemeinden zu stehlen, aber laut mehreren Experten handelte Ramírez Maestre antisozial, ähnlich wie ein Psychopath.

Verhaftung und Prozess: Ramírez Maestre wurde 2012 gefasst [758][759]. Das Gericht befand ihn mehrerer Morde für schuldig und verurteilte ihn zu 57 Jahren Gefängnis, die später wegen „Annahme der Anklage" auf 34 Jahre herabgesetzt wurden [757]. Er wird im Jahr 2032 aus dem Gefängnis entlassen, wenn er 20 Jahre im Gefängnis verbracht haben wird, da die Strafen im kolumbianischen Justizsystem in der Regel um zwei Fünftel der Strafe reduziert werden.

Esneda Ruiz Cataño

Portrait: Esneda Ruiz Cataño (geboren 1968 in Dabeiba, Antioquia), bekannt als „The Predator" und „The Black Widow", ist eine kolumbianische Serienmörderin [760] [761], die zwischen 2001 und 2010 aktiv war. Sie sammelte Millionen von finanziellen Erträgen durch Lebensversicherungen ihrer Ehemänner [762]. Nach Angaben der Behörden könnte Ruiz Cataño etwa COP 150 Mio. erhalten haben [760][761]. Sie wurde 2012 gefasst und in der Gemeinde Ebéjico verhaftet. Sie verbüßt ihre Strafe im Frauengefängnis Pedregal [763].

Geschichte und Verbrechen: Esneda Ruiz Cataño wurde in Dabeiba im Bundesstaat Antioquia geboren [764]. Nach Angaben der ermittelnden Behörden wurden die Morde zwischen 2001 und 2010 begangen, alle an ihren Ehemännern, wobei Cataño nach deren Lebensversicherungen erhielt [764]. Das erste Opfer war Juan Pablo Aristizábal Gutiérrez, der am 16. Juni 2001 in einem Dorf namens El Tablazo in der Gemeinde Rionegro am Vatertag getötet wurde [765]. Ruiz Cataño wurde wegen Mordes verhört, aber freigelassen, sodass sie nach Medellín zurückkehrte, um die Versicherung zu erhalten. Die zweite Person, die getötet wurde, war José Valencia Guzmán, der 2006 in der Gemeinde Aranjuez am Valentinstag getötet wurde [765]. Er wurde in der Nähe eines Pools getötet, nachdem Ruiz Cataño ihm in den Hals gestochen hatte. Die Behörden führten erneut eine Untersuchung durch, aber es wurde niemand verhaftet. Das dritte und letzte Opfer war Miguel Ángel Beleño Mejía, der 2010 an einem Stich in den Hals starb und eine Lebensversicherung in Höhe von COP 80 Mio. erhielt [764].

Festnahme: Gegen Cataño wurde ein Haftbefehl wegen der drei Morde erlassen. Die Polizei suchte sie zwei Jahre lang, bis sie schließlich in Ebéjico, wo sie lebte, festgenommen wurde. Sie wurde wegen schweren Totschlags angeklagt und verurteilt [766]. Derzeit befindet sie sich im Gefängnis El Pedregal in Medellín in Haft.

Efraín Sarmiento Cuero

Portrait: Efraín Sarmiento Cuero (geboren am 20. Mai 1996 in Policarpa, Nariño, Kolumbien), bekannt als „The Beast", ist ein kolumbianischer Serienmörder und Vergewaltiger, der von 2017 bis 2023 mindestens drei Frauen in verschiedenen Regionen ermordet hat. Er erlangte 2023 traurige Berühmtheit, nachdem er seine Freundin während eines Gefängnisbesuchs ermordet hatte, wo er wegen zweier verschiedener Morde eine Haftstrafe von 34 Jahren im El Barne-Gefängnis in Bogotá verbüßte.

Verbrechen: Sarmiento Cueros erstes bekanntes Opfer war Cristiana Mendoza Maya, eine Freundin, mit der er im April 2017 in ein Hotel in Cali, Valle del Cauca, ging. Ihre Leiche wurde später vom Hotelpersonal gefunden, wobei sie offensichtlich vergewaltigt und erwürgt wurde. Eine Autopsie ergab später, dass Mendoza Maya vor ihrem Tod auch körperlich misshandelt worden war [767].

Im November 2018 ging Sarmiento Cuero mit einer Frau namens Jacqueline Muñoz Ojeda in ein anderes Hotel in Pasto, Nariño. Das Paar soll in einen Streit geraten sein, woraufhin er sie verprügelte und Muñoz dann mit einem Gürtel erwürgte. Er wurde kurz nach diesem Mord verhaftet, der mit dem vorherigen in Verbindung gebracht wurde, und wurde wegen beider Verbrechen sowie wegen eines sexuellen Übergriffs im Jahr 2019 angeklagt [767]. Er wurde beider Morde für schuldig befunden und erhielt 34 Jahre und 8 Monate für den ersten und 20 Jahre und 8 Monate für den zweiten Mord [768].

Mord im Gefängnis: Nach seiner Verurteilung wurde Sarmiento Cuero in das Gefängnis El Barne in Cómbita, Boyacá, verlegt. Da er soziale Medien nutzen durfte, ging er auf eine Dating-Website und baute bald eine Fernbeziehung mit der 33-jährigen Merly Andrea Rengifo Cuadros auf, einer Hausangestellten aus Cali und Mutter von zwei Kindern [769]. Nach längerem Gespräch gab er schließlich zu, dass er inhaftiert war, behauptete aber, dass er unschuldig und aufgrund einer Erpressung zu Unrecht verurteilt worden sei [770]. Rengifo Cuadros glaubte seinen Lügen, erkundigte sich nicht weiter nach seiner Vergangenheit und besuchte ihn sogar einmal im Monat zu ehelichen Besuchen. Sarmiento übte immer mehr Kontrolle über sie aus und verlangte häufig, dass sie ihm sagte, mit wem sie zusammen war, und Echtzeitfotos schickte, um zu bestätigen, wo sie sich befand [770].

Am 14. Mai 2023, dem Muttertag, beschloss Rengifo Cuadros, ihren Freund im Gefängnis zu besuchen. Plötzlich kam es zu einem Streit zwischen ihnen, woraufhin Sarmiento Cuero sich ein Klappmesser schnappte und ihr die Kehle durchschnitt [768]. Laut Mitarbeitern des INPEC wurde das Opfer um 10:05 Uhr in der Zelle aufgefunden und wies starke Blutergüsse an Beinen, Wangen, Brust und Hals auf. Sarmiento gab später an, dass er ihr diese Wunden zugefügt habe, damit „andere Menschen erkennen, dass sie einen Besitzer hatte" [771].

Nach diesem Mord forderte die Generalstaatsanwaltschaft strengere Maßnahmen zur Durchsetzung der Sicherheit, da Sarmiento Cuero zu gefährlich war, um mit anderen Insassen untergebracht zu werden. Er wurde daraufhin wegen Femizids angeklagt und wartet derzeit auf seinen Prozess [772].

<u>Fredy Armando Valencia Vargas</u>

Portrait: Fredy Armando Valencia Vargas (geb. 1982), bekannt als „Das Monster von Monserrate", ist ein kolumbianischer Vergewaltiger und Serienmörder [773]. Er war zwischen 2012 und 2014 in den Tod von 8 bis 9 Frauen verwickelt, gestand jedoch, etwa 100 Frauen getötet zu haben [774]. Seinen eigenen Geständnissen zufolge missbrauchte er seine Opfer sexuell, bevor und nachdem er sie getötet hatte [775]. Laut Carlos Valdés, dem damaligen Direktor des Nationalen Instituts für Rechtsmedizin und Forensik, leidet Valencia Vargas an einer antisozialen Persönlichkeitsstörung [776].

Er wurde am 30. November 2015 festgenommen und ist derzeit im Gefängnis La Picota inhaftiert. Valencia wurde zunächst zu 9 Jahren Haft verurteilt. Die Strafe erhöhten die Richter aber schnell auf 18 Jahre und schließlich zu auf 36 Jahre [777] [778][779].

Geschichte: Fredy Armando Valencia Vargas wurde in der kolumbianischen Hauptstadt Bogotá geboren. Er lebte viele Jahre lang in der Ortschaft Kennedy südwestlich von Bogotá, wo er schon als Jugendlicher durch Gewalttaten auffiel. Man schickte ihn auf eine Spezialschule für Kampfsport [774]. Valencia Vargas studierte an der Rafael-Uribe-Bildungseinrichtung, wo er einen Bachelor-Abschluss erwarb, und schrieb sich dann an einer Universität ein, wo er vier Semester lang das Studium eines Wirtschaftsingenieurs verfolgte, eine Karriere, die er später aufgrund seines übermäßigen Drogenkonsums vollständig aufgab [780]. Valencia Vargas verließ sein Zuhause und wurde obdachlos. Er ließ sich in Monserrate nieder und baute ein kleines Haus auf einem der Eastern Hills (Colinas del Este) [781]. Nachdem er sich dort niedergelassen hatte, begann er, in verschiedene Gebiete zu reisen, darunter El Bronx und El Cartucho, hochgefährliche Orte, an denen häufig mit Drogen gehandelt wurde und die somit ein Epizentrum für Süchtige waren. In diesen Gebieten lockte er drogenabhängige Frauen mit dem Angebot von Essen und Unterkunft an und ermordete sie dann.

Mehrere Personen, die Valencia kannten, gaben an, dass er verschiedene Arten von Drogen konsumierte, darunter Kokain und Heroin, sich aber dennoch ordentlich kleidete und ruhig verhielt [775].

Verbrechen: Die Behörden gaben ihm den Spitznamen „Monster von Monserrate", weil er in diesem Gebiet zwischen 2012 und 2014 Morde beging. Er verging sich an seinen Opfern und erwürgte sie später [780].

Nach eigenen Geständnissen beging er mehrmals Akte der Nekrophilie, denn „wenn [er] wollte, suchte er nach ihnen, grub sie aus und griff wieder auf sie zu" [774]. Valencia Vargas gestand auch, dass er die Leichen strategisch vergraben hatte, damit niemand vom Verschwinden der Frauen erfuhr. Die kolumbianische Polizei brachte ihn mit dem Tod von neun Frauen in Verbindung, aber laut Valencia Vargas selbst hat er mehr als 100 getötet, darunter auch Minderjährige [774][780]. Er gilt als einer der „schlimmsten Serienmörder in Bogotá in den letzten Jahren" [782].

<u>Juan Carlos Villa Cardona</u>

Portrait: Juan Carlos Villa Cardona (geb. 1991 in Risaralda, Kolumbien) [783] ist ein kolumbianischer Serienmörder [784][785][786]. Er gestand, für den Tod von elf Menschen verantwortlich zu sein: zehn ältere Erwachsene und ein Minderjähriger [786]. Die letzten drei Morde wurden von Juan Carlos und seinem Bruder José Alfredo Villa Cardona begangen, der auch seine Beteiligung an weiteren Verbrechen zugab [784]. Alle Morde ereigneten sich zwischen 2012 und 2023 in abgelegenen Gebieten des Bundestaats Risaralda begangen [787][788]. Er wurde am 27. September 2023 festgenommen.

Die Behörden erklärten ihn zum „Serienmörder" [784]. Seine Vorgehensweise bestand darin, sich als Person mit einer Behinderung auszugeben, um ihr Vertrauen zu gewinnen, und sie dann mit Messern zu ermorden. Die meisten Opfer hatten Wunden auf der Rückseite des Brustkorbs [788]. Zum Zeitpunkt seiner Festnahme gab er ohne Bedauern die direkte Beteiligung an allen Morden zu, eines der psychologischen und verhaltensbezogenen Merkmale eines Serienmörders [784].

Verbrechen: Die ersten Morde ereigneten sich im März 2012 [790][791]. Die Leichen von Francisco Javier Gaviria Valencia und Fanny Ortiz Cruz wurden auf einem Gehweg in der Gemeinde Marsella gefunden [785]. Die Behörden gaben an, dass Villa Cardona und sein Vater die Morde begangen und außerdem Geld von einem der älteren Erwachsenen gestohlen hatten. Im Jahr 2013 tötete er einen Käsehändler in Pereira auf einem Pfad zwischen den Stadtteilen Kennedy und Comuneros de Dosquebradas. Im Oktober 2021 tat er dasselbe mit dem 66-jährigen Holmes Giraldo Restrepo, den er in einem Raum im Stadtteil Llano Grande Alto in Pereira angriff. Im Mai 2023 ermordete er Henry López Giraldo in Komplizenschaft mit seinem Bruder José Alfredo Villa. Sie versuchten, ein Kupferkabel von López Giraldo zu stehlen. Im August desselben Jahres verübte Villa Cardona vier weitere Morde. Die Leiche eines seiner Opfer wurde auf der Farm El Espinazo in der Gemeinde El Santuario gefunden. Der letzte Mord wurde am 23. September auf einer Farm in Dosquebradas verzeichnet [785].

Vorgehen: Es bestand darin, das Vertrauen der Menschen zu gewinnen, zu denen Villa Cardona Kontakt suchte, vor allem in den Gemeinden Pereira, Dosquebradas, Santa Rosa de Cabal, Marsella und Santuario, Orte, an denen er sich ständig aufhielt [792][793]. Er gab sich an diesen Orten als Person mit einer Behinderung aus, um Informationen zu sammeln, um später Raubüberfälle und Morde zu begehen [794] [795]. Nach seiner Festnahme gestand er, für die 11 Morde verantwortlich zu sein, und sein Bruder gab an, an 2 Morden direkt beteiligt gewesen zu sein. Nach Angaben der Behörden ist es wahrscheinlich, dass sie noch eine wesentlich höhere Zahl an Morden begangen haben [785].

Inhaftierung: Villa Cardona wurde am 27. September 2023 verhaftet [785]. Am 20. März 2024 wurde er zu 45 Jahren Haft verurteilt [796].

<u>Rubén Villalobos Herrera</u>

Portrait und Verbrechen: Rubén Villalobos Herrera (geboren 1983 in Villavicencio, Meta), bekannt als „The Black Canes Monster", ist ein kolumbianischer Serienmörder und Vergewaltiger [797].

Villalobos Herrera beging die neun Vergewaltigungen und Morde zwischen 2012 und 2017 in einem als „The Black Canes" bekannten Sektor in Villavicencio [798]. Bei allen Opfern handelte es sich um zufällig ausgewählte Frauen im Alter von etwa 20 bis 70 Jahren [799]. Seine Vorgehensweise war, sich Frauen mit der Ausrede zu nähern, sie mit seinem Motorrad kostenlos nach Hause zu bringen, was das übliche Transportmittel des Unternehmens war, für das er arbeitete. Villalobos Herrera wich dann mit den Frauen an Bord von der Route ab und fuhr zu abgelegenen Orten, wie z. B. Potreros. Dort vergewaltigte er und tötete sie anschließend mit Steinen, bevor er die Körper der Opfer weiter vergewaltigte [798][800]. Er wartet noch immer auf seine Verurteilung.

Obwohl 11 Morde gemeldet wurden, gelang es zwei seiner potenziellen Opfer zu fliehen [801].

Verurteilung und Prozess: Villalobos Herrera wurde von Beamten der Generalstaatsanwaltschaft Kolumbiens und der Sijin in Covisán, Departement Meta, gefasst. Zunächst wurde er des Femizids, des versuchten Mordes und der Leichenschändung für schuldig befunden [802] und anschließend ins Gefängnis gebracht, wo er derzeit auf das endgültige Urteil wartet, das zwischen 41 und 50 Jahren Haft liegt [803].

<u>Unbekannt</u>

Das Monster von Mangones ist der Name eines nicht identifizierten kolumbianischen Serienmörders, der zwischen den 1960er und 1970er Jahren zwischen 30 und 38 Jungen im Vor- und Jugendalter in Cali ermordete [804][805]. Man geht davon aus, dass er aus der Stadt stammt [806], und dass er die meisten seiner Opfer entführte und später auf verschiedenen abgelegenen Brachflächen tötete [807].

Zu dieser Zeit war es der berüchtigtste Kriminalfall in der Geschichte des Landes [808]. Für einige war das Monster ein einfacher Mythos oder eine Legende [809], während andere glauben, dass er tatsächlich existierte, und später mit Garavito Cubillos [810] verglichen wurde.

Er ging dergestalt vor, dass er en Jungen Nadeln in Herz und Brustkorb zu stechen, Angriffe zu verüben, zu vergewaltigen und zu foltern [811]. Es wird angenommen, dass er Spritzen benutzte, um seinen Opfern Blut abzunehmen [812]. Der Mörder wurde als wahrer sexueller Sadist beschrieben, der möglicherweise am Reinfeld-Syndrom litt [805].

Geschichte: In den 1960er Jahren lebten die Bürger von Cali in Angst und Unsicherheit, da Kinder und Jugendliche aus der Gegend verschwanden. Am 5. November 1963 fanden Bürger im Westen der Stadt die Leiche eines Zeitungsjungen. Danach tauchten immer mehr Fälle von ermordeten Jungen auf, deren Leichen in einer Art städtischer Gasse, den sogenannten Mangones, abgelegt wurden [811]. Am 4. Dezember 1963 wurde ein weiterer Junge auf einer Wiese im Norden der Stadt gefunden, was als zweiter registrierter Mord gilt. Acht Tage später entdeckte man eine dritte Leiche ohne Augäpfel am Ufer des Flusses Aguacatal entdeckt. Bis zum Jahresende wurden zwei weitere Leichen entdeckt: eine in der Nähe des Bahnhofs und die andere in Prados del Norte [813].

Ende des Jahres wurden zwischen November und Dezember fünf Morde verzeichnet, die alle in ihrer Brutalität ähnlich waren. Im Januar 1964 fand die Polizei von Cali die mumifizierte Leiche eines weiteren Jungen; zwei Tage später wurden die Überreste des 12-jährigen Alberto Garzón entdeckt. Im selben Monat wurden in verschiedenen Stadtteilen drei weitere Leichen gefunden. Zwischen Februar und April gab es drei weitere Morde: einer ganz in der Nähe von Tequendama, ein weiterer in Puerto Mallarino und der letzte an einem Tafelberg der nahen Gebirgskette.

Angesichts dieser Mordserie verschickten die Behörden eine Reihe von Mitteilungen an die Öffentlichkeit, in denen behauptet wurde, dass diese Leichen wahrscheinlich von Friedhöfen gestohlen und später in Cali verstreut abgelegt wurden, meist in dünn besidelten Gebieten. Trotzdem forderten ein Großteil der Presse und der Bevölkerung, dass die Morde aufgeklärt und dem Terror endlich ein Ende gesetzt werde.

Die Verbrechen hörten für mehrere Monate auf, obwohl Ende 1964 erneut mehr Fälle gemeldet wurden. Es wird angenommen, dass bei all diesen Ereignissen zwischen 30 und 38 Jungen und Männer ums Leben kamen. Der Täter wurde nie gefasst und erhielt später den Spitznamen „Monster von Mangones".

Verfilmung: Der Fall führte zur Entstehung eines Films mit dem Titel „Pura sangre" (dt. „Reines Blut") des Regisseurs Luis Ospina. Die Geschichte handelt von einem Mann, der frisches Blut von Kindern und Jugendlichen benötigt, da er an einer seltsamen Krankheit leidet. Der Film wurde 1982 veröffentlicht, wobei die meisten Szenen in Cali und eine in New York City gedreht wurden. Er kostete COP 16 Mio. und wurde auf dem Cartagena Film Festival uraufgeführt, wo er als „erster kolumbianischer Horrorfilm mit internationaler Qualität" galt [814]. Der Film behandelt auch Themen im Zusammenhang mit Vampirismus, da es um eine Person geht, die Blut zu sich nehmen muss, um zu überleben [815].

7. Paraguay

Paraguay, offiziell die Republik Paraguay, ist ein Binnenstaat ohne Zugang zum Meer in Südamerika. Es grenzt im Süden und Südwesten an Argentinien, im Osten und Nordosten an Brasilien und im Nordwesten an Bolivien (siehe Abb. 42). Es hat eine Bevölkerung von etwa 6,1 Millionen, von denen fast 2,3 Millionen in der Hauptstadt und größten Stadt Asunción sowie dem umliegenden Ballungsraum leben.

Nach der Unabhängigkeit von Spanien im frühen 19. Jahrhundert wurde Paraguay von einer Reihe autoritärer Regierungen regiert. Diese Periode endete mit dem verheerenden Paraguayischen Krieg (1864–1870), in dem das Land die Hälfte seiner Vorkriegsbevölkerung und etwa 25–33 % seines Territoriums verlor. Im 20. Jahrhundert sah sich Paraguay einem weiteren großen internationalen Konflikt gegenüber – dem Chaco-Krieg (1932–1935) gegen Bolivien –, den Paraguay für sich entschied. Das Land erlebte eine Reihe von Militärdiktaturen, die in der 35-jährigen Herrschaft von Alfredo Stroessner gipfelte, die bis zu seinem Sturz durch einen internen Militärputsch im Jahr 1989 andauerte. Dies markierte den Beginn der gegenwärtigen demokratischen Ära Paraguays.

Paraguay ist ein Entwicklungsland und rangiert auf Platz 105 des Human Development Index. Es ist Gründungsmitglied des Mercosur, der Vereinten Nationen, der Organisation Amerikanischer Staaten, der Bewegung der Blockfreien und der Lima-Gruppe. Darüber hinaus ist die Stadt Luque in der Metropolregion Asunción Sitz des Südamerikanischen Fußballverbandes.

Obwohl Paraguay eines von nur zwei Binnenländern in Südamerika ist (das andere ist Bolivien), verfügt es über Häfen an den Flüssen Paraguay und Paraná, die über den Paraná-Paraguay-Wasserweg Zugang zum Atlantik bieten. Die Mehrheit der 6 Millionen Einwohner Paraguays sind Mestizen, und die Kultur der Guaraní ist nach wie vor weit verbreitet. Mehr als 90 % der Bevölkerung sprechen neben Spanisch verschiedene Dialekte des Guaraní.

Abb. 42: Der östliche Teil Zentralamerikas mit dem Staat Paraguay im Norden und der argentinischen Provinz Santa Fé zwischen Buenos Aires und Asunción

Agustín Ramón Martínez Martínez

Portrait: Agustín Ramón Martínez Martínez, bekannt als „Israeli Soldier", war ein paraguayisch-israelischer Serienmörder und Betrüger, der von 1993 bis 2018 mindestens sechs Menschen in Argentinien und Paraguay tötete, aber auch in anderen Mordfällen verdächtigt wurde. Er wurde am 23. Mai 2018 zum letzten Mal festgenommen. Für seinen letzten Mord wurde er zu 40 Jahren Haft verurteilt.

Geschichte: Agustín Ramón Martínez Martínez wurde am 28. August 1961 in San Patricio, Misiones Department geboren [816]. Er wuchs in einer jüdischen Familie auf und zog mit ihr nach Israel, als er noch jung war. Er heiratete dort, kehrte aber schließlich nach Paraguay zurück, nachdem seine Frau unter mysteriösen Umständen gestorben war. Interpol versuchte später, gegen ihn in diesem Fall zu ermitteln, erhob jedoch aufgrund fehlender Beweise nie Anklage gegen ihn [817].

In Paraguay angekommen, begann Martínez angeblich als Dieb und Auftragskiller für organisierte Verbrecherbanden zu arbeiten und wurde in seinem Heimatland und in Argentinien mehrmals verhaftet. Bei diesen Verhaftungen gab er an, sein richtiger Name sei Yamel Yamil Oskiski (oder Fresmann) und er habe während des Golfkriegs als Söldner für die israelischen Verteidigungskräfte gedient [818]. Diese Behauptungen wurden nie bestätigt und gelten weithin als erfunden.

Verbrechen: Martínez beging seinen ersten bekannten Mord am 31. Mai 1993, als er den Vorarbeiter Pascual Pedro Bianco in Santa Fe, Argentinien, wegen eines Landstreits erschoss. Biancos Frau Nélida Elena Borsatto wurde ebenfalls verletzt, überlebte aber. Nach dem Mord zerstückelte Martínez die Leiche und setzte die Überreste in Brand. Er wurde schnell gefasst, verurteilt und zu acht Jahren Haft verurteilt, konnte jedoch nach einem Jahr seiner Strafe entkommen und kehrte nach Paraguay zurück [816].

Es wird vermutet, dass er während seiner Flucht am 25. August 1994 einen weiteren Mord begangen hat. An diesem Tag wurde die verbrannte Leiche des LKW-Fahrers Miguel Ángel Flores García neben seinem LKW an der Route 1 in der Nähe von Caapucú gefunden. Eine Autopsie ergab, dass auf ihn dreimal geschossen worden war. Der Verdacht fiel auf Martínez, da er eine ähnliche Vorgehensweise hatte, aber er wurde nie wegen des Verbrechens angeklagt [816].

Am 11. April 1995 erschoss und verbrannte er den Viehzüchter Ignacio Antonio Vargas, genannt „Nene", dem die Ypoa-Ranch in Quiindy gehörte [816]. Zu diesem Zeitpunkt arbeitete Martínez als Sekretär und Leibwächter für ihn, aber sein Motiv für das Verbrechen ist unklar.

Aufgrund seiner Flucht aus Argentinien und der anschließenden Morde in Caapucú und Quiindy erließ Interpol einen Haftbefehl gegen ihn. Am 7. November 1998 wurde er nach einem heftigen Schusswechsel mit der Polizei in Asunción gefasst. Da er nur eindeutig mit dem Mord an Vargas in Verbindung gebracht werden konnte, wurde Martínez wegen dieses Mordes zu einer sechsjährigen Haftstrafe verurteilt. Während seiner Haftzeit behauptete er, über sachdienliche Informationen zum AMIA-Bombenanschlag zu verfügen, und wurde 2001 an Argentinien ausgeliefert, um dort auszusagen und seine Strafe für den Mord von 1993 zu verbüßen [819]. Nach seiner Freilassung kehrte Martínez erneut nach Paraguay zurück [816].

Am 23. Mai 2009 wurden der 50-jährige ehemalige Stadtrat und Viehzüchter Ricardo Cecilio Cabello Cazal sowie seine Landarbeiter Hilario Marecos und Alberto Medina Blanco in Ybycuí ermordet. Ihre Leichen zerstückelt und anschließend in einem Ofen verbrannt. Einige Tage später verhafteten die Ermittler Martínez, der zu diesem Zeitpunkt als Geschäftspartner und Leibwächter für Cabello arbeitete, als Hauptverdächtigen [820]. Mehrere andere Männer wurden ebenfalls als mutmaßliche Komplizen verhaftet [821]. Er wurde bis 2015 in Untersuchungshaft gehalten, bis er aufgrund eines Habeas-Corpus-Antrags wegen einer gerichtlichen Verzögerung freigelassen wurde, da er in dieser Zeit nicht rechtskräftig verurteilt worden war [817].

Am 22. Mai 2018 erhielt der 54-jährige Anwalt Lucilo Nicolás Cardozo Salina einen Anruf von Martínez, einem Bekannten von ihm, der ihm mitteilte, dass er ihn für einen Gerichtsprozess in Encarnación brauche [822]. Cardozo fuhr mit seinem Kleintransporter, einem Mitsubishi Triton, los und holte Martínez an der Route 1 in Yaguarón ab [817]. Unterwegs schoss Martínez mit einem abgesägten Gewehr des Kalibers 7,62 auf ihn und tötete ihn auf diese Weise. Danach zerstückelte und verbrannte er die Leiche, begrub sie und stahl dann den Lastwagen [823]. Cardozos Frau bemerkte die Abwesenheit ihres Mannes und verfolgte den Lastwagen mit einem GPS, bis sie ihn bei Martínez zu Hause fand [817]. Am nächsten Tag wurde Martínez als Hauptverdächtiger im Fall des Verschwindens von Cardozo verhaftet [824].

Gerichtsverfahren und Inhaftierung: Nach seiner Festnahme gestand Martínez sofort, dass er an Cardozos Verschwinden beteiligt war, leugnete jedoch, ihn getötet zu haben. Seinen Angaben zufolge habe ihm ein mutmaßlicher Drogenhändler namens Lucio Santiago Godoy Quiñónez US$ 10.000 versprochen, wenn er ihm den Anwalt ausliefere, was er annahm [822]. Nachdem er von Cardozo abgeholt worden war, brachte er ihn in ein Gebiet, in dem Godoy und ein weiterer Mann, Alex Heiki Willer Fidalski, ihn töteten [825][826]. Die Männer, von denen Martínez behauptete, sie seien Mitglieder der brasilianischen kriminellen Vereinigung PCC, beauftragten ihn später, die Leiche und den Lastwagen zu entsorgen. Um seine Behauptungen zu untermauern, zeigte er den Ermittlern die Grabstätte, wobei die Leiche einige Tage später geborgen wurde [827].

Im Laufe der Ermittlungen wurden mehrere weitere Verdächtige wegen des Verdachts der Beteiligung an dem Mord festgenommen, doch die Ermittler schlossen schließlich eine Beteiligung Dritter aus [828]. Aus diesem Grund stellten einige die Hypothese auf, dass der eigentliche Grund für den Mord an Cardozo darin bestand, dass Martínez seinen Lastwagen stehlen konnte. Martínez seinerseits bekannte sich wiederholt nur der Entsorgung der Leiche schuldig und behauptete später, von Polizeibeamten gefoltert worden zu sein [829].

Martínez' Prozess wurde insgesamt elf Mal vertagt [830]. Nachdem er schließlich im Jahr 2022 begann, wurde er des Mordes an Cardozo für schuldig befunden und zu 40 Jahren Haft verurteilt [831]. Während der Urteilsverkündung reagierte er gewalttätig und versuchte, die ihn bewachenden Beamten anzugreifen, was dazu führte, dass er überwältigt und in Handschellen gelegt wurde [832].

Tod: Martínez starb am 18. Mai 2024 im Alter von 62 Jahren im Tacumbú-Gefängnis in Asunción. Polizeiquellen beschrieben es als „offensichtlichen Fall eines plötzlichen Todes" [833].

8. Peru

Peru, offiziell die Republik Peru, ist ein Land im Westen Südamerikas. Es grenzt im Norden an Ecuador und Kolumbien, im Osten an Brasilien, im Südosten an Bolivien, im Süden an Chile und im Süden und Westen an den Pazifischen Ozean (siehe Abb. 43). Peru ist ein megadiverses Land mit Lebensräumen, die von den trockenen Ebenen der Pazifikküstenregion im Westen bis zu den Gipfeln der Anden, die sich vom Norden bis zum Südosten des Landes erstrecken, bis hin zum tropischen Regenwald des Amazonasbeckens im Osten mit dem Amazonas. Peru hat eine Bevölkerung von über 32 Millionen, und seine Hauptstadt und größte Stadt ist Lima. Mit einer Fläche von 1.285.216 km² ist Peru das neunzehntgrößte Land der Welt und das drittgrößte Land Südamerikas.

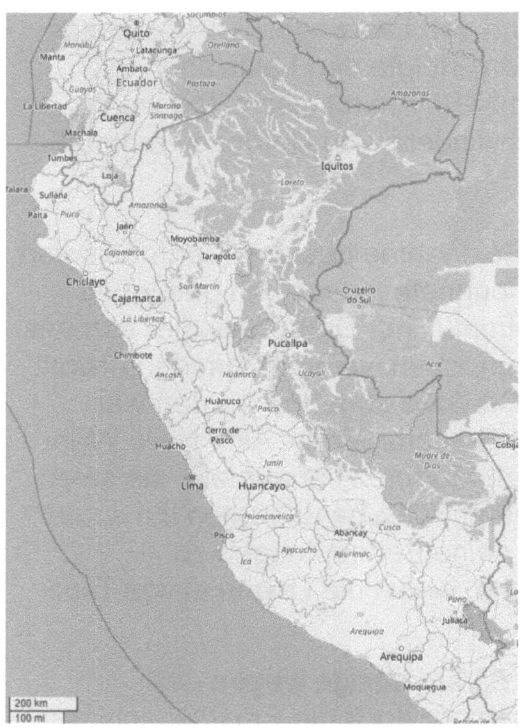

Abb. 43: Peru (OpenStreetMap 2024, Lizenz: Open Database)

Das peruanische Territorium war in der Antike und im Mittelalter die Heimat mehrerer Kulturen und hat eine der längsten Zivilisationsgeschichten aller Länder, die bis ins 10. Jahrtausend v. Chr. zurückreicht. Zu den bemerkenswerten präkolumbischen Kulturen und Zivilisationen gehören die Caral-Supe-Zivilisation (die früheste Zivilisation Amerikas und eine der Wiegen der Zivilisation), die Nazca-Kultur, die Reiche Wari und Tiwanaku, das Königreich Cusco und das Inka-Reich, der größte bekannte Staat im präkolumbischen Amerika. Das spanische Imperium eroberte die Region im 16. Jahrhundert und Karl V. gründete ein Vizekönigreich mit dem offiziellen Namen Königreich Peru, das den Großteil der südamerikanischen Gebiete umfasste und dessen Hauptstadt Lima war. Die Hochschulbildung begann in Amerika mit der offiziellen Gründung der Nationalen Universität von San Marcos in Lima im Jahr 1551.

Peru erklärte 1821 offiziell seine Unabhängigkeit von Spanien und nach den Feldzügen von Bernardo O'Higgins, José de San Martín und Simón Bolívar sowie der entscheidenden Schlacht von Ayacucho erlangte es 1824 seine Unabhängigkeit. In den darauffolgenden Jahren litt das Land zunächst unter politischer Instabilität, bis eine Phase relativer wirtschaftlicher und politischer Beständigkeit aufgrund der Ausbeutung von Guano begann, die mit dem Pazifikkrieg (1879–1884) endete. Während des gesamten 20. Jahrhunderts hatte Peru mit politischer und sozialer Instabilität zu kämpfen, darunter der interne Konflikt zwischen dem Staat und Guerillagruppen, der von Perioden des Wirtschaftswachstums unterbrochen wurde. Die Umsetzung des Plan Verde führte Peru in den 1990er Jahren unter der autoritären Herrschaft von Alberto Fujimori und Vladimiro Montesinos zu einer neoliberalen Wirtschaft, wobei die politische Ideologie des Fujimorismus des ersteren die Regierungsführung des Landes bis heute nachhaltig prägt. Die 2000er Jahre waren von wirtschaftlicher Expansion und Armutsbekämpfung geprägt, doch im darauffolgenden Jahrzehnt traten seit langem bestehende soziopolitische Schwachstellen zutage, die durch eine vom Kongress ausgelöste politische Krise und die COVID-19-Pandemie noch verschärft wurden und die Unruhen ab 2022 beschleunigten.

Der souveräne Staat Peru ist eine repräsentative demokratische Republik, die in 25 Regionen unterteilt ist. Zu den wichtigsten Wirtschaftszweigen des Landes gehören Bergbau, Fertigung, Landwirtschaft und Fischerei sowie andere wachsende Sektoren wie Telekommunikation und Biotechnologie. Das Land ist Teil von The Pacific Pumas, einer politischen und wirtschaftlichen Gruppierung von Ländern entlang der Pazifikküste Lateinamerikas, die gemeinsame Trends wie positives Wachstum, stabile makroökonomische Grundlagen, verbesserte Regierungsführung und Offenheit für globale Integration aufweisen. Peru nimmt in Bezug auf soziale Freiheit einen hohen Stellenwert ein. Es ist aktives Mitglied der Asiatisch-Pazifischen Wirtschaftlichen Zusammenarbeit, der Pazifischen Allianz, des Umfassenden und Fortschreitenden Abkommens für Transpazifische Partnerschaft und der Welthandelsorganisation und gilt als Mittelmacht.

Die Bevölkerung Perus setzt sich aus Mestizen, Amerindians, Europäern, Afrikanern und Asiaten zusammen. Die Hauptsprache ist Spanisch, obwohl eine beträchtliche Anzahl Peruaner Quechua-Sprachen, Aymara oder andere indigene Sprachen verwendet. Diese Mischung kultureller Traditionen hat zu einer großen Vielfalt an Ausdrucksformen in Bereichen wie Kunst, Küche, Literatur und Musik geführt.

Yeyson Jorge Liendo Mamani und Sonia Karina Gaona Yaguno

Portrait: Yeyson Jorge Liendo Mamani (geboren am 1. Januar 1986 in Inclán, Provinz Tacna) und Sonia Karina Gaona Yaguno (geboren am 26. September 1991 in Arequipa, Provinz Arequipa) sind peruanische Serienmörder, die von Oktober bis Dezember 2018 fünf Männer im Departement Tacna ausgeraubt und getötet haben. Beide wurden am 28. Dezember 2018 verhaftet und in allen Anklagepunkten für schuldig befunden und zu jeweils 35 Jahren Haft verurteilt.

Vorgehensweise: Der Modus operandi des Paares bestand darin, dass Gaona Yaguno Männer auswählte, die sie in Nachtclubs kennenlernte, und ihnen entweder ein freundschaftliches Gespräch oder sexuelle Intimität anbot. Dann machte sie sie betrunken und überzeugte sie, gemeinsam in Hotels oder zu ihnen nach Hause zu gehen [834].

Sobald sie an einem Ort ohne potenzielle Zeugen waren, fesselte Liendo Mamani, der Gaona Yaguno und das Opfer verfolgte, das Opfer und folterte es, bis es das Passwort für sein Bankkonto preisgab [835]. Sobald die Geständnisse vorlagen, erwürgte Liendo Mamani das Opfer und stahl dann seine Habseligkeiten.

Verbrechen: Am 30. Oktober 2018 wurde der 33-jährige José Luis Chino Ticona, ein ehemaliger Fußballspieler und -trainer, der als „Pachingo" bekannt war, tot in seinem Zimmer im Dorf La Esperanza aufgefunden [836][837]. Er war erstochen worden, und die Täter hatten sein Zimmer in Brand gesetzt, um Beweise zu vernichten [836].

Am 16. November wurde die Leiche des 42-jährigen Ingenieurs Edwin Felipe Chacmana Aguilar in einem Haus im Distrikt Coronel Gregorio Albarracín Lanchipa [838] gefunden. Er war erhängt worden, und Zeugen behaupteten, ihn am Vortag in

Begleitung einer unbekannten jungen Frau gesehen zu haben. Seine Leiche wurde von seinem Schwager eindeutig identifiziert.

Am 30. November wurde die Leiche des 52-jährigen Rodolfo Mariano Alanoca Llanos, Professor an der Universidad Privada de Tacna, im Kofferraum seines Chevrolet Spark gefunden, nur mit Unterwäsche bekleidet [839]. Aufgrund des Zustandes seiner Leiche wurde festgestellt, dass er etwa 12 Stunden zuvor gestorben war und mit einem Kabel erwürgt worden war.

Am 3. Dezember wurde der 35-jährige Guillermo Gutiérrez Salas, ein Angestellter des Nationalen Strafvollzugsinstituts, von dem Paar getötet. Seine Leiche wurde drei Tage später gefunden [840]. Er lag nackt auf dem Boden eines Zimmers in einem Haus, das er in der Pinto Avenue in Tacna gemietet hatte. Wie die vorherigen Opfer war er erwürgt worden.

Am 16. Dezember wurde die Leiche des 57-jährigen Vladimir Hilario Calle Gutiérrez, eines Mitarbeiters von Zofratacna, in einem Gebäude in Urbanización Caplina G-11 gefunden. Die Autopsie ergab, dass er durch mechanische Erstickung gestorben war [841].

Verhaftung, Prozess und Inhaftierung: Gegen Ende Dezember 2018 spürten die Behörden, die noch immer den Mord an Chino Ticona untersuchten, seine Bewegungen auf, nachdem er die „Millenium"-Bar im Industriepark und die „Los Geranios"-Bar verlassen hatte [842]. Sie fanden Gaona Yaguno in der letztgenannten Bar, wo sie als Prostituierte arbeitete, und nahmen zunächst nur ihre Zeugenaussage auf – jedoch ergab eine Untersuchung der Fingerabdrücke, die auf einer am Tatort gefundenen Weinflasche gefunden wurden [835]. Nicht lange danach wurde auch Liendo Mamani verhaftet. Als sich die Beweise gegen sie häuften, gestanden die beiden nicht nur, Chino Ticona getötet zu haben, sondern auch die vier anderen Männer in den letzten zwei Monaten auf die gleiche Weise [842].

Beide wurden am 27. Dezember 2018 verhaftet und 2020 vor Gericht gestellt. Liendo Mamani bekannte sich im Mai 2020 in allen Anklagepunkten schuldig und wurde zu 35 Jahren Haft verurteilt [843]. Gaona Yaguno bekannte sich ebenfalls schuldig, bestritt jedoch die Beweise gegen sie [834]. Einen Monat nach der Verurteilung von Liendo Mamani wurde auch sie für schuldig befunden und zu 35 Jahren Haft verurteilt [844]. Die beiden wurden gemeinsam dazu verurteilt, PEN 42.857 (peruanische Soles, 1 Sol entspricht aktuell 0,25 €) als Entschädigung an die Familienangehörigen der ersten vier Opfer sowie weitere PEN 150.000 an die Familienangehörigen von Calle Gutiérrez zu zahlen [834].

Mail Malpartida Achón

Portrait: Mail Malpartida Achón (geboren 1974), bekannt als „Der Halsabschneider von Oxapampa" ("El Degollador de Oxapampa"), ist ein peruanischer serienmäßiger Mörder, Entführer und ehemaliger MRTA-Terrorist (Movimiento Revolucionario Túpac Amaru), der von 2006 bis 2007 in der Gegend von Oxapampa mindestens zehn Menschen ermordete, manchmal mit Komplizen. Malpartida Achón wurde für seine bestätigten Verbrechen zu lebenslanger Haft verurteilt und gestand später, für insgesamt einundzwanzig Morde verantwortlich zu sein, was bisher nicht bewiesen werden konnte.

Geschichte: Über Malpartida Achóns frühe Jahre ist wenig bekannt. Der 1974 geborene schloss sich in den 1990er Jahren der MRTA an und erhielt eine militärische und schießtechnische Ausbildung, um Aktionen gegen die Regierung durchzuführen. Nach der Auflösung der Organisation floh Malpartida Achón in den Dschungel um Oxapampa, um einer Verhaftung zu entgehen.

Verbrechen: Im Juni 2006 ermordete Malpartida Achón den 23-jährigen Bergbauunternehmer Lenin Francisco Balerio Alcántara, indem er ihm in den Rücken schoss und ihm dann 280 Gramm Gold raubte, das er aus einer Goldmine in Huánuco erhalten hatte [845]. Nach dem Mord entnahm er dem Mann die Organe, damit die Leiche weniger wog, und zwang dann den Cousin des Opfers, die Leiche in den Fluss zu werfen [846]. Er wurde schnell von der Polizei gefasst und im örtlichen Gefängnis von Oxapampa inhaftiert. Am 16. Dezember 2006 tötete Malpartida Achón zusammen mit Isaías Ángeles Tambino und Marcelino Tolentino Guerra den unteroffiziellen Polizisten der PNP (Policia Nacional de Perú) Humberto Vásquez Pérez und den Häftling Guzmán Canerioqui Porras, woraufhin sie aus dem Gefängnis flohen [846]. Zuvor hatte das Trio zwei AKM-Gewehre, drei Pistolen, eine Granate und eine Kommandouniform gestohlen und dabei einen weiteren Unteroffizier, Cristóbal Choque Flores, verletzt [847].

Nach seiner Flucht aus dem Gefängnis entführte Malpartida Achón den Geschäftsmann Roberto Shuller Shaus und seine Tochter und forderte 50.000 US-Dollar für ihre Freilassung, die er nach Zahlung von PEN 10.000 auch tatsächlich erwirkte [845]. Am 18. Oktober 2007 entführte Malpartida Achón die 55-jährige Landwirtin Liboria Rivera Carhuaricra und verlangte eine hohe Summe Geld für ihre Freilassung, schnitt ihr jedoch die Kehle durch, nachdem er bemerkt hatte, dass sich Polizeibeamte in der Gegend versteckt hielten [848]. Bevor er floh, schnitt er ihr zudem die Zunge heraus, damit „ihre Seele ihn nicht verraten würde" [846]. Es wurde behauptet, dass er in der Zeit nach seiner Flucht aus dem Gefängnis an der Ermordung von mindestens sieben Menschen und der Erpressung von mehr als zehn Viehzüchtern beteiligt war, wobei er seine Opfer offenbar zum Vergnügen mit Messern zerstückelte [849].

Am 27. Dezember 2007 entführte Malpartida Achón mit Hilfe seines Bruders Enías die 45-jährige Holzunternehmerin Griselda Curi Huayta und forderte eine Zahlung von PEN 20.000. Der erste Teil der Zahlung wurde geleistet und Curi Huayta wurde freigelassen [845]. Der zweite Teil der Zahlung sollte Malpartida Achón in Cueva Blanca im Departamento Junín übergeben werden. Bevor dieser die Zahlung jedoch erhalten konnte, wurde er von der Polizei in die Enge getrieben und im Rahmen der „Operación Caza 2008" gefasst. Nach einer neunstündigen Verfolgungsjagd wurde Malpartida Achón gefangen genommen und im Besitz einer Granate, tragbarer Funkgeräte, Ferngläser, Skimasken und Militärkleidung aufgefunden [849].

Gerichtsverfahren und Verurteilung: 2009 wurde Malpartida Achón wegen mehrfachen Mordes, Erpressung, Entführung und Besitzes illegaler Waffen verurteilt und zusammen mit Tolentino Guerra zu lebenslanger Haft verurteilt [847]. Während des Prozesses behauptete er vor dem Richter, insgesamt an einundzwanzig Morden beteiligt gewesen zu sein. Im September desselben Jahres war Malpartida an der Einzahlung eines Betrags von PEN 369 auf das Konto von Norma Beatriz Bustamante Yauri, damals Mitarbeiterin im Gefängnis von Huancayo, durch einige mutmaßliche Verwandte beteiligt, eine Handlung, die zu disziplinarischen Konsequenzen gegen Bustamante führte.

<u>Pedro Pablo Nakada Ludeña</u>

Portrait: Pedro Pablo Nakada Ludeña, genannt „El Apóstol de la Muerte" („Der Apostel des Todes"), ist ein peruanischer Serienmörder, der zwischen 2005 und 2006 25 Opfer forderte und wegen 17 Morden verurteilt wurde. Er wurde am 28. Dezember 2006 festgenommen und zu 35 Jahren Gefängnis verurteilt.

Vorgeschichte: Nakada Ludeña wurde am 28. Februar 1973 in Lima, Peru, geboren. Sein leiblicher Vater war Alkoholiker und seine Mutter litt an einer nicht näher bezeichneten psychischen Störung [850]. Als Kind war er unterwürfig und wurde oft von seinen Geschwistern misshandelt. Er war am Boden zerstört, als sein Vater in jungen Jahren starb, da er ihn vor dem Spott seiner Schwestern und deren Freundinnen [851] beschützte, die Nakada Ludeña zwangen, sich wie ein Mädchen zu kleiden. Er behauptete auch, von seinen Brüdern vergewaltigt worden zu sein, nachdem diese dachten, er hätte ihren schwangeren Hund getötet. Er machte diesen Vorfall für seinen Hass auf Homosexuelle verantwortlich [851]. Nakada Ludeña behauptet, als Kind Tiere gequält zu haben.

Im Jahr 2003 zahlte Nakada Ludeña einem japanischen Staatsbürger PEN 800, um ihn als Erwachsenen zu adoptieren, in der Hoffnung, dass dies ihm helfen könnte, als japanischer Nachkomme nach Japan auszuwandern, und änderte seinen väterlichen Nachnamen von Mesías in den japanischen Namen Nakada [851][852]. Diese Taktik wird häufig von peruanischen, japanischstämmigen Kriminellen angewandt, um der örtlichen Justiz zu entkommen [853][854]. Obwohl Nakada nie nach Japan zog, tat dies sein jüngerer Bruder Vayron Jonathan Nakada Ludeña, der dort 2015 nach einem dreitägigen Amoklauf, bei dem er sechs Menschen erstach, verhaftet wurde [855][856]. Nakadas Familie behauptet, dass beide Brüder paranoide Schizophrene sind [850].

Verbrechen und Festnahme: Nakada Ludeña tötete seine Opfer durch Erschießen mittels 9 mm-Pistolen, die mit seinen eigenen handgefertigten Gummischalldämpfern ausgestattet waren, die er aus Hausschuhen modifiziert hatte. Sein angebliches Motiv war, dass er von Gott den Befehl erhalten habe, die Erde zu säubern, indem er Drogenabhängige, Prostituierte, Homosexuelle und Kriminelle eliminiert. Er wurde am 28. Dezember 2006 nach einer Schießerei mit der Polizei in seinem Arbeitsplatz festgenommen. Ein Polizist wurde bei der Schießerei verletzt. Obwohl er gestand, 25 Menschen getötet zu haben, wurde er nur wegen 17 Morden verurteilt und zu einer damals in Peru möglichen maximalen Haftstrafe von 35 Jahren verurteilt [852].

9. Uruguay

Uruguay, offiziell die Republik Östlich des Uruguay („República Oriental del Uruguay"), ist ein Land in Südamerika. Es grenzt im Westen und Südwesten an Argentinien und im Norden und Nordosten an Brasilien, während es im Süden an den Río de la Plata und im Südosten an den Atlantischen Ozean grenzt. Es ist Teil der Region „Südkegel" in Südamerika (siehe Abb. 44). Uruguay hat eine Fläche von etwa 176.215 km². Es hat eine Bevölkerung von etwa 3,4 Millionen, von denen fast 2 Millionen im Ballungsraum der Hauptstadt und größten Stadt Montevideo leben.

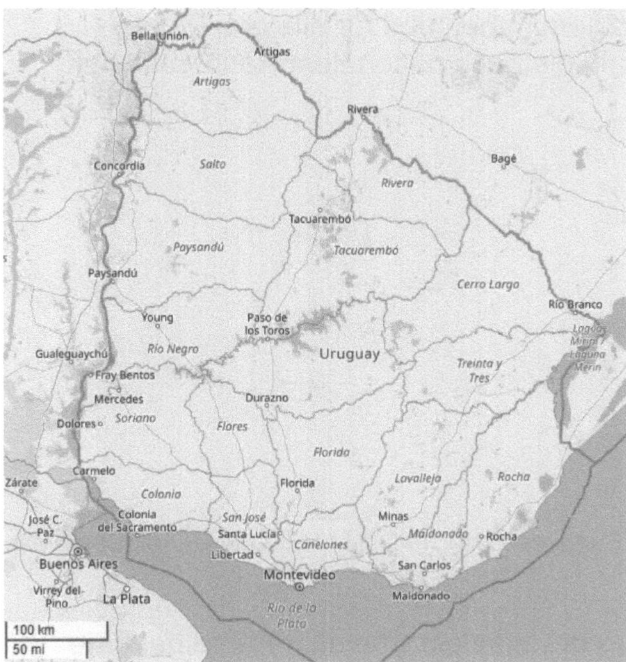

Abb. 44: Uruguay (OpenStreetMap 2024, Lizenz: Open Database)

Der vorherrschende Stamm zum Zeitpunkt der Ankunft der Europäer war das Volk der Charrúa. Zur gleichen Zeit gab es auch andere Stämme, wie die Guaraní und die Chaná, als die Portugiesen 1680 erstmals Colonia do Sacramento gründeten. Uruguay wurde später als seine Nachbarländer von Europäern kolonisiert.

Die Spanier gründeten Montevideo im frühen 18. Jahrhundert wegen konkurrierender Ansprüche als Militärstützpunkt, während Uruguay zwischen 1811 und 1828 seine Unabhängigkeit erlangte. In der ersten Hälfte des 19. Jahrhunderts blieb das Land weiterhin ausländischem Einfluss und Interventionen ausgesetzt. Vom späten 19. bis zum frühen 20. Jahrhundert wurden zahlreiche bahnbrechende Wirtschafts-, Arbeits- und Sozialreformen durchgeführt, die zur Schaffung eines hoch entwickelten Staates führten, weshalb das Land auch als „Schweiz Amerikas" bekannt wurde. Eine Reihe von wirtschaftlichen Krisen und der Kampf gegen die linksgerichtete städtische Guerilla in den späten 1960er und frühen 1970er Jahren (Tupamaros) gipfelten aber im Staatsstreich von 1973, der bis 1985 eine bürgerlich-militärische Diktatur etablierte. Heute ist Uruguay eine demokratische konstitutionelle Republik mit einem Präsidenten, der sowohl Staatsoberhaupt als auch Regierungschef ist. Das Land nimmt bei internationalen Messungen von Regierungstransparenz, wirtschaftlicher Freiheit, sozialem Fortschritt, Einkommensgleichheit, Pro-Kopf-Einkommen, Innovation und Infrastruktur einen relativ hohen Rang ein.

Uruguay hat vollständig Cannabis sowie gleichgeschlechtliche Ehen, Prostitution und Abtreibung legalisiert. Es ist Gründungsmitglied der Vereinten Nationen, der OAS und des Mercosur.

Pablo José García Cejas

Portrait: Pablo José García Cejas (geboren 1982 in Maldonado, Uruguay), bekannt als „Der Maldonado-Mörder", ist ein uruguayischer Serienmörder, der zwischen April und Juni 2015 drei Bekannte im Departamento Maldonado (siehe Abb. 45) ermordete. Am 15. Juni 2015 wurde er festgenommen und für alle drei Morde verurteilt. Seine Strafe betrug 30 Jahre Haft, die nach nationalem Recht maximal mögliche Strafe [857].

Abb. 45: Lage der Stadt Maldonado, nördlich von Punta del Este, im Osten Uruguays (OpenStreetMap 2024, Lizenz: Open Database)

Verbrechen: Im Januar 2015 besuchte García Cejas ein Chalet in Punta del Este namens „Los Picaflores", wo er die 56-jährige Claudia von Graevenitz traf. Sie gab ihm ihre Telefonnummer und sagte ihrer neuen Bekanntschaft, dass sie etwas Wichtiges zu besprechen hätten. Nach ihrem Treffen bot Von Graevenitz ihm UYU$ 90.000 (ein uruguayischer Peso entspricht 0,022 Euro) und einen Job an, wenn er ihren Bruder, den 58-jährigen Alejandro von Graevenitz, einen vorbestraften Verbrecher, töten würde, damit sie das Haus der Familie erwerben könne [858].

Zunächst weigerte sich García Cejas, das Angebot anzunehmen, erhielt aber Bedenkzeit. Von Graevenitz forderte ihn auf, sich erneut persönlich mit ihr in Verbindung zu setzen. Am 2. April reiste García Cejas zum Wohnsitz der Familie Von Graevenitz, um Alejandro einige Gegenstände zu bringen, die einem seiner Freunde gehörten. Er wurde hereingebeten, und in dem Moment, als Alejandro ihm den Rücken zuwandte, um etwas Geschirr im Spülbecken zu spülen, erinnerte er sich an Claudias Angebot [858]. Er beschloss, ihn auf der Stelle zu töten, griff sich eine Eisenstange, die er in der Nähe liegen sah, und begann, Alejandro wiederholt auf den Kopf zu schlagen, sodass dieser schwer verletzt wurde. Später warf er die Eisenstange auf eine Mülldeponie, wo sie später von den Behörden gefunden wurde. Als Alejandro von Graevenitz gefunden wurde, atmete er noch, starb jedoch kurz nach seinem Transport ins Pan de Azúcar Hospital. Einige Tage nach dem Mord übergab Claudia García Cejas die versprochene Summe und stellte ihn als Mitarbeiter bei Los Picaflores ein [858].

Am 12. Juni 2015 erhielt die Polizei von Maldonado einen Anruf von Marianella González, die mitteilte, dass ihre Tochter, die 19-jährige Prostituierte Koni Silva, mit der sie regelmäßig Kontakt hatte, seit mehr als einer Woche vermisst wurde. Später am selben Tag rief der Besitzer eines Hüttenkomplexes in Punta del Diablo die Polizei an und teilte mit, dass aus einer der Hütten ein übler Geruch drang. Als die Behörden die Hütte betraten, fanden sie die verwesende, nackte Leiche von Silva, die notdürftig mit einigen weißen Laken bedeckt war. Eine Autopsie bestätigte, dass die Todesursache zwei Schläge auf den Kopf waren, die mit einem Stein aus dem Kamin ausgeführt wurden, wahrscheinlich eine Woche zuvor.

Untersuchungen ergaben, dass sie zuletzt mit García Cejas gesehen wurde, der sie wiederholt besucht hatte, um ihre Dienste in Anspruch zu nehmen, und sie sogar eingeladen hatte, in Los Picaflores zu bleiben, wo sie gemeinsam Marihuana rauchten. Laut García Cejas' späterem Geständnis hatte er ihr von dem Mord an Von Graevenitz erzählt, woraufhin Silva drohte, die Behörden zu informieren, wenn er ihr kein Geld geben würde [858]. Aus Angst, selbst ins Gefängnis zu kommen, nahm García Cejas einen Stein aus dem Kamin und schlug ihr damit zweimal auf den Kopf, wodurch sie sofort starb. Nachdem er die Leiche zugedeckt hatte, nahm er Silvas Handy und ihren gemieteten Chevrolet Meriva und warf die Schlüssel der Hütte in einen Müllcontainer. In der darauffolgenden Woche erfand er immer neue Ausreden, warum er die Schlüssel nicht zurückgeben konnte, bevor er am 11. Juni 2015 zum Hüttenkomplex zurückkehrte und behauptete, er habe die Originalschlüssel verloren und benötige Kopien. Der Angestellte Guillermo Martínez bestätigte später gegenüber den Behörden, dass García Cejas tatsächlich der Mann war, der zuletzt mit Silva gesehen wurde, der endgültig abreiste, nachdem er seine Habseligkeiten eingesammelt hatte, die er in der Hütte zurückgelassen hatte [858].

Nachdem García Cejas als Verdächtiger im Mordfall Silva identifiziert worden war, wurde er in seinem Lastwagen auf den Straßen von Maldonado gesichtet. Es kam zu einer Verfolgungsjagd mit hoher Geschwindigkeit, bei der die Polizei Schüsse auf das Fahrzeug abfeuerte, wodurch er in Los Ceibos einen Unfall verursachte [858]. Trotzdem gelang es García Cejas, in die Berge zu fliehen und sich der Festnahme zu entziehen. Nachdem er mehrere Kilometer zu Fuß zurückgelegt hatte, erreichte er ein Vertriebsunternehmen und bat den Wachmann, ein Taxi zu rufen, da er angeblich ausgeraubt worden war. Nachdem er dem Taxifahrer seine Telefonnummer gegeben hatte, damit er ihm das Geld am nächsten Tag geben konnte, wurde er zurück nach Los Picaflores gefahren, wo er ein Bad nahm und etwas aß. Am nächsten Tag kam Claudia von Graevenitz im Chalet an, und nachdem sie erfahren hatte, dass ein Möbelstück ohne ihre Erlaubnis verkauft worden war, begann sie mit García Cejas zu streiten. Während ihres Streits schlug sie ihm ins Gesicht, was ihn dazu veranlasste, nach oben in eines der Schlafzimmer zu gehen und ein Messer zu holen. Während Von Graevenitz versuchte, sich zu wehren, indem sie ihn mit einer Lampe schlug, stach García mehrmals auf sie ein und tötete sie. Danach verriegelte er alle Türen, stieg in einen alten weißen Nissan und wollte nach Chihuahua fahren, wo seine Eltern lebten.

Am 15. Juni 2015 führte die Polizei eine Durchsuchung in Los Picaflores durch und stellte fest, dass das gesamte Haus verschlossen war. Nachdem Von Graevenitz auf keine Anrufe reagiert hatte, drangen die Behörden gewaltsam ein und fanden ihre leblose Leiche in einem der Schlafzimmer. Da sofort klar war, dass es sich bei dem Täter wahrscheinlich um García Cejas handelte, wurde die Suche noch weiter intensiviert, was zu seiner anschließenden Verhaftung am nächsten Tag im Haus seiner Eltern führte [859].

Prozess und Inhaftierung: Nach der Verhaftung von García Cejas lösten die Morde in der Gemeinde Empörung aus, und die Medien bezeichneten den Fall als einen der folgenreichsten Kriminalfälle in der Geschichte des Departements. In einem Interview mit Noticias de Maldonado drückte Polizeichef Erode Ruíz seine Enttäuschung darüber aus, dass der Mörder nicht früher gefasst werden konnte, und sagte, dass den Beamten die notwendigen Informationen fehlten, um weitere Opfer zu verhindern [859]. Bei seinem späteren Prozess wurde García Cejas wegen aller drei Morde für schuldig befunden und zu 30 Jahren Haft verurteilt, die er im Gefängnis Libertad verbüßt [857]. Die Kriminalpsychologin Adriana Savio Corvino erstellte später in einem Interview mit Noticias de Maldonado eine psychologische Analyse des Täters [860].

Ein Jahr nach den Morden tauchte Marianella González, die Mutter von Koni Silva, erneut in den Nachrichten auf, nachdem die Versicherungsgesellschaft MAPFRE, bei der sie eine Lebensversicherung für ihre Tochter abgeschlossen hatte, sich weigerte, ihr eine Auszahlung zu leisten. Es ist nicht bekannt, ob das Problem später gelöst wurde [861].

<u>Pablo Goncálvez Gallareta</u>

Portrait: Pablo Goncálvez Gallareta (geboren am 6. März 1970 in Bilbao, Spanien) ist ein uruguayischer Serienmörder, der erste in der Geschichte des Landes [862]. Er wurde wegen dreier Morde aus dem Jahr 1992 angeklagt und zu dreißig Jahren Gefängnis verurteilt. Seit 2016 ist er auf freiem Fuß.

Geschichte: Der Sohn des Diplomaten Hamlet Goncálvez (gestorben am 16. Juli 1992), der Uruguay in Spanien vertrat. Mit neun Jahren ließ sich Pablo in Uruguay im Stadtteil Carrasco nieder. Dort besuchte er die Grundschule am Stella Maris College und schloss seine Ausbildung an einer öffentlichen Highschool ab. Als Mitglied der High Society von Montevideo schrieb er sich als Student der Ökonomie an der Fakultät für Wirtschaftswissenschaften der Universität der Republik ein.

Verbrechen: Das erste Mordopfer war Ana Luisa Miller Sichero, die in den frühen Morgenstunden des 1. Januar 1992 ermordet wurde. Das Opfer war 26 Jahre alt, hatte einen Abschluss in Geschichte und war Lehrerin. Sie war die Schwester der bekannten Tennisspielerin Patricia Miller. Die Autopsie ergab, dass die junge Frau erstickt und ihre Leiche dann um 8 Uhr morgens an diesem Tag am Strand von Solymar abgelegt wurde. Zum Zeitpunkt ihres Todes unterhielt sie eine Beziehung mit dem Ingenieur Hugo Sapelli, der der erste Verdächtige war, aber den Lügendetektortest ohne Zwischenfälle bestand und den Behörden keine Beweise lieferte, die ihn hätten belasten könnten [863].

Das zweite Mordopfer war die 15-jährige Andrea Castro, die am 20. September 1992 ebenfalls erstickt wurde, nachdem sie die Disco England in Montevideo verlassen hatte. Dieses Verbrechen wurde durch manuelles Ersticken begangen und die Besonderheit bestand darin, dass der Täter als eine Art Unterschrift eine Krawatte an den Hals der Verstorbenen band, die an seinen Habseligkeiten befestigt war. Als eine Reihe ähnlicher Krawatten in den Händen von Goncálvez gefunden wurde, zählte die Staatsanwaltschaft dies zu den belastendsten Beweisstücken [864].

Das dritte Opfer, María Victoria Williams (22), starb in Goncálvez Gallaretas Haus, ebenfalls durch Ersticken. In diesem Fall brachte der Mörder sein Opfer, das seine Nachbarin war, dazu, zu glauben, dass Goncálvez Gallaretas ältere Großmutter, mit der er zusammenlebte, einen Herzinfarkt erlitten hatte und er allein nicht in der Lage war, sie wiederzubeleben. Auf dem Bauernhof angekommen, erwürgte Goncálvez Gallareta Williams und um sicherzugehen, dass sie tot war, stülpte er ihr eine Nylontüte über den Kopf, wobei er die Qualen des Opfers genoss.

Anschließend reiste er ins brasilianische Porto Alegre, wo seine beiden Halbbrüder lebten [865]. Goncálvez Gallareta wurde in Brasilien gefasst und in die Polizeizentrale in Montevideo gebracht. In der Justizzentrale wurde er zu 30 Jahren Gefängnis verurteilt, da er als alleiniger Täter der Morde galt, obwohl er sich nicht für alle Anklagepunkte schuldig bekannte.

Am 6. März 1999 wurde er von zwei Mithäftlingen angegriffen und erlitt 26 Stichwunden. Am 19. März verließ er jedoch das Maciel Hospital und wurde in das Zentralgefängnis verlegt [866]. Vor der Schließung des Zentralgefängnisses verlegte man ihn ins Campanero-Gefängnis im Departamento Lavalleja [867].

Am 7. Juli 2005 heiratete er eine Frau namens Alejandra, und die Zeremonie fand in den Räumlichkeiten des Zentralgefängnisses statt, das sich im Polizeipräsidium von Montevideo befindet. Das Paar ließ sich jedoch 2015 scheiden [868][869].

Im Jahr 2012 beantragte die Verteidigung eine vorzeitige Entlassung, die gerichtlich abgelehnt wurde. Er verbüßte seine Strafe weiterhin hinter Gittern in einem Gefängnis mit nicht sehr hoher Sicherheitsstufe in der Nähe der Stadt Minas, und genoss sogar vorübergehende Hafturlaube [870].

Experten zufolge folgte der Mörder bei allen drei Morden -Miller, Williams und Castro- der gleichen Vorgehensweise. Zu bedenken ist auch, dass der Angeklagte trotz der zahlreichen Beweise in diesem Fall seine Schuld vor verschiedenen Medien nachdrücklich bestritten hat [871].

Freiheit: Goncálvez Gallareta wurde am Donnerstag, dem 23. Juni 2016, im Alter von 46 Jahren freigelassen, nachdem er seine Strafe für die drei Morde vollständig verbüßt hatte [872]. Der Tag seiner Freilassung und die Tage davor waren von einer großen Medienberichterstattung auf nationaler Ebene geprägt, was das große Interesse der Öffentlichkeit an den Morden und an dem offenbar ersten verurteilten und identifizierten Serienmörder in Uruguay zeigt. Die Medieninformationen umfassten sowohl kurze Berichte aus dem Campanero-Gefängnis in Lavalleja (Goncálvez Gallaretas letzter Haftort) als auch ausführliche Interviews mit Kriminologen, Psychiatern, Strafrechtlern usw. [873]. 2017 wurde er in Paraguay verhaftet und sitzt derzeit wegen des Besitzes einer nicht registrierten Waffe und einer größeren Menge Kokain in Haft [874][875][876].

10. Literatur

(1) Clarín (9 September 2012) El largo prontuario de Marcelo Antelo [Die lange Aufzeichnung von Marcelo Antelo].
(2) Clarín (8. August 2012) La Saga de San la Muerte [Die Saga des Heiligen Todes].
(3) Clarín (8. September 2012) El Cierre de un Caso Espeluznante: Mató a cuatro personas: Perpetua para el asesino que invocaba a San La Muerte [Die Schließung eines schrecklichen Falles: Er tötete vier Menschen: Lebenslänglich für den Mörder, der San La Muerte anrief].
(4) Clarín (1. September 2012) Una Saga de Robos Y Homicidios [Eine Saga von Diebstahl und Mord]
(5) Clarín (8. September 2012) El Cierre de un Caso Espeluznante: Los delitos por los que lo condenaron [Die Schließung eines entsetzlichen Falls: Die Verbrechen, für die er verurteilt wurde]
(6) Clarín (9. September 2012) Horacio Ezcurra: Um Padre Enfrentado a um Criminal Serial [Horacio Ezcurra: Ein Vater steht einem Serientäter gegenüber].
(7) Ferrari G (2014) Yo, Carmona - Testimonio periodistico que ofrece la voz del interior en su edición del domingo [Ich, Carmona - Journalistisches Zeugnis der Stimme des Inneren in seiner Ausgabe vom Sonntag]. GonioFerrari.org
(8) Netife.com (14. Dezember 2022) Quién es Roberto Carmona, el peligroso asesino que intentó fugarse de Córdoba [Wer ist Roberto Carmona, der gefährliche Mörder, der aus Córdoba fliehen wollte].
(9) CanalZ.tv. (2016) Carmona: El famoso asesino de las cárceles argentinas [Carmona: Der berühmteMörder der argentinischen Gefangenen]
(10) Origlia G (2017) Preparan el traslado de „la hiena humana" de Córdoba, para una reunión familiar [Vorbereitungen für die Verlegung der „menschlichen Hyäne" aus Córdoba, für eine Familienzusammenführung]. La Nación
(11) cba24.com.ar (13. Dezember 2022) Gabriela Ceppi, el crimen que conmovió a Córdoba [Gabriela Ceppi, das Verbrechen, das Córdoba bewegte].

(12) Infobae.com (13. Dezember 2022) Un temible asesino se fugó durante el partido de Argentina con Croacia: mató, robó, chocó y fue recapturado [Ein furchterregender Mörder entkam während des Spiels Argentiniens gegen Kroatien: er tötete, raubte, stürzte ab und wurde wieder eingefangen]

(13) Profil (14. Dezember 2022) Córdobas furchterregendster Mörder entkam aus dem Gefängnis, stieß mit einem gestohlenen Taxi zusammen und tötete den Fahrer (auf Spanisch)

(14) Leguizamón D (13. Dezember 2022) Roberto José Carmona, un asesino que volvió a ser noticia [Roberto José Carmona, ein Mörder, der wieder Schlagzeilen machte] [Roberto José Carmona, ein Mörder, der wieder Schlagzeilen machte].

(15) Diario Tag (6. Oktober 2021) ¿Quién es José Carmona y por qué se cosió la boca? El asesino cordobés detenido en Sáenz Peña [Wer ist José Carmona und warum hat er sich den Mund zugenäht? Der Mörder von Córdoban in Sáenz Peña verhaftet].

(16) Infobae.com (5. Juli 2014) Uno de los asesinos presos más peligrosos del país recibió el beneficio de las salidas transitorias [Einer der gefährlichsten inhaftierten Mörder des Landes kam in den Genuss vorübergehender Entlassungen].

(17) La voz del Interior (15. Dezember 2022) El día que Roberto José Carmona se cosió la boca durante una protesta en la cárcel [Der Tag, an dem Roberto José Carmona sich bei einem Gefängnisprotest den Mund zugenäht hat]

(18) Federico J (14. Dezember 2022) Paso a paso a paso, cómo fue la criminal fuga de Carmona [Schritt für Schritt, wie der Verbrecher aus Córdoba entkam]. Cadena 3

(19) La Voz del Interior (15. Dezember 2022) Antes de caer, Carmona hirió a otra chica en una mano cuando salía de un centro médico junto a su madre [Vor seiner Festnahme verletzte Carmona ein anderes Mädchen an der Hand, als sie mit ihrer Mutter ein medizinisches Zentrum verließ].

(20) Copparoni M (17. Dezember 2022) Roberto José Carmona ya ingresó al penal de Cruz del Eje [Roberto José Carmona hat bereits das Gefängnis von Cruz del Eje betreten]. La Voz del Interior

(21) Infobae.com (17. Mai 2024) Condenaron a cadena perpetua a „La Hiena Humana", el asesino múltiple de Córdoba [Die menschliche Hyäne, der mehrfache Mörder von Cordoba] .

(22) Infobae.com (14. Dezember 2022) Seis agentes del Servicio Penitenciario de Chaco fueron detenidos tras la fuga de un temible asesino en Córdoba [Sechs Mitarbeiter des Strafvollzugsdienstes des Chaco wurden nach der Flucht eines furchterregenden Mörders in Córdoba festgenommen]

(23) López R (5. Juni 2016) El sangriento histórico del „matapresos" del barrio Tropero Sosa. Los Andes Newspaper

(24) Badaloni R (27. Juni 2016) „El Matapresos", der Mann, mit dem niemand eine Zelle teilen will. Clarín

(25) Marote G (13. Februar 2022) Diego Casanova: vom „Gordo Picurú" zum „Matapresos" in den Gefängnissen von Mendoza - NA". noticiasargentinas.com

(26) Diario El Ciudadano (27. August 2021) Ein Häftling ermordet einen anderen Häftling in Almafuerte (auf Spanisch)

(27) La Nación (25. April 2010) Ein Häftling wurde bei einem Aufstand in Mendoza getötet (auf Spanisch)

(28) Vox Populi (22. März 2012) Lebenslange Haft für die Mörder eines Häftlings bei einem Aufstand (auf Spanisch)

(29) Exequiel F (30. Mai 2016) Die „Matapresos" töteten seinen Partner mit einer Barreta. El Sol Mendoza Zeitung (auf Spanisch)

(30) Metayer M (25. Oktober 2010) Las sangrientas andanzas de Catalino Domínguez, asesino por despecho y desesperación [Die blutigen Abenteuer von Catalino Domínguez, einem Mörder aus Bosheit und Verzweiflung]. La Opinión

(31) La Capital (25. Dezember 2020) Catalino Domínguez, el múltiple criminal de los campos bonaerenses [Catalino Domínguez, der mehrfach e Verbrecher vom Lande in Buenos Aires]. La Capital

(32) La Capital de Mar del Plata. Catalino Domínguez, der mehrfache Verbrecher auf dem Lande von Buenos Aires (auf Spanisch)

(33) Ortiz H (6. Juli 2002) Sangre y pasión en las pampas [Blut und Leidenschaft in der Pampa]. La Nación

(34) Del Rio F (25. Dezember 2020) El triple homicidio que fue la tumba del más despiadado asesino de la región [Der Dreifachmord, der das Grab des skrupellosesten Mörders der Region war]. La Capital

(35) Crónica (Abgerufen am 18. Juni 2021) Der „Vampir von Tucumán": Florencio Fernández, der keine Spuren hinterließ (auf Spanisch)

(36) Anguita E (22. März 2021) La increíble historia del „Vampiro de la Ventana", el asesino serial tucumano que nunca mató a nadie. Infobae.de

(37) Rodríguez G (10. November 2019). Der Vampir von Monteros: War er ein Serienmörder oder eine urbane Legende? lagaceta.com.ar (auf Spanisch)

(38) La Nación (17. März 2019) Crónicas del crimen. Fernández, el vampiro de Tucumán

(39) Cabezas López C (16. September 2007). Cayetano Santos Godino, die Geschichte von Petiso Orejudo. Offener Fall (auf Spanisch)

(40) Pombo G (2010) Historias de asesinos. Editorial Jurídica Carlos Álvarez, Montevideo, S. 61. ISBN 978-9974-611-38-2

(41) Foro cuando calienta el sol (2. November 2010) (auf Spanisch)

(42) Crónica (2012) Er vergewaltigte seine Stieftöchter und tötete alle fünf Babys: Cayetano Domingo Grossi, der erste argentinische Serienmörder

(43) Acción TV (12. November 2015) Die Erschießung von Cayetano Grossi (1900) (auf Spanisch)

(44) First Edition (9. Januar 2022) Polizeiakten: „Der Tütenmann", der seine Kinder tötete (auf Spanisch)

(45) Arnetta C (3. August 2015) Auch in Argentinien gab es Serienmörder. 2001.com.ve (auf Spanisch)

(47) Perfil (23. September 2018) Die beiden „Cayetano": Geschichte der ersten Serienmörder Argentiniens (auf Spanisch)

(48) Historias y Biografías (1. Oktober 2014) Anwendung der Todesstrafe in Buenos Aires (auf Spanisch)

(49) Palacios R (15. November 2010) Francisco Antonio Laureana:el asesino puntual [Francisco Antonio Laureana: der pünktliche Mörder]. identikit.ar

(50) Palacios R (9. Mai 2007). El „Caníbal", al que se lo comió la tierra [Der „Kannibale", der das Land fraß]. El Perfil

(51) Ungaro M (8. September 2014). El caso del predador de San Isidro [Der Fall des San Isidro-Raubtiers]. Gaceta Mercantil

(52) Kablan P (2. Februar 2014). Francisco Laureana, el serial killer de San Isidro [Francisco Laureana, der Serienmörder von San Isidor]. Periódico Popular

(53) Paranormal Argentina (1. September 2010) El asesino serial asesino serial que la historia argentina se empeñó en ocultar [Der Serienmörder, den die argentinische Geschichte unbedingt verstecken wollte].

(54) Cain Online (23. August 2009) Asesino Serial Argentino, Francisco Laureana [Argentinischer Serienmörder, Francisco Laureana]

(55) Armando R (1. Juli 2013) El asesino que la historia se encargó de ocultar [Der Mörder, den die Geschichte zu verbergen hatte]. La Opinión

(56) Jara F (12. September 2015) Die Geschichte von Yiya Murano, der Frau, die ihre Darlehensgeber vergiftete. Infobae.com (auf Spanisch)

(57) Farrell M (2018) Kriminologie der Serienvergifter. ISBN 978-3-030-01138-3. Springer Intl Publishing, Cham, Switzerland.

(58) emujer.com (23. Juni 2007) Vergiftende Frau: Yiya Murano (auf Spanisch)

(59) Clarín (28. Juni 2005) Vor zwanzig Jahren verurteilten sie die „Giftmörderin von Monserrat" (auf Spanisch)

(60) Infobae.com (17. Mai 2019) Dritte lebenslange Haftstrafe für einen Mann, der innerhalb von acht Monaten fünf Menschen tötete, indem er sie von hinten mit einem Schalldämpfer erschoss (auf Spanisch)
(61) Perfil (16. Mai 2019) Serienmörder, der 5 Menschen getötet hat, zu lebenslanger Haft verurteilt (auf Spanisch)
(62) El Esquí (8. Mai 2019) Argentinischer Serienmörder, in den Händen der Justiz (auf Spanisch)
(63) Palacios R (11. Januar 2020) Robledo Puch, el asesino que lleva más tiempo preso en la Argentina: con sus 48 años tras las rejas superó hasta a Charles Manson [Robledo Puch, der Mörder, der die längste Haftstrafe Argentiniens verbüßt hat: mit 48 Jahren hinter Gittern hat er sogar Charles Manson übertroffen]. Infobae.com
(64) Csipka J P (1. August 2022) Carlos Robledo Puch, el criminal de 20 años que estremeció a la Argentina [Carlos Robledo Puch, der 20-jährige Mörder, der Argentinien erschütterte], S. 12
(65) Abós A (5. März 2006) Robledo Puch: el ángel negro [Robledo Puch: der schwarze Engel]. La Nación
(66) Grande S (11. Februar 2021) Häftling bittet um tödliche Injektion - sie wird ihm verweigert. medium.com (auf Spanisch)
(67) Palacios R (1. Februar 2023) Robledo Puch cumple 67 años: soledad, charlas con un pastor y el día que le regalaron una camiseta de River [Robledo Puch wird 67: Einsamkeit, Gespräche mit einem Pfarrer und der Tag, an dem er ein Hemd von River geschenkt bekam]. Infobae.de
(68) Palacios R (31. Januar 2023) Robledo Puch íntimo: el amor enfermizo por su amigo cómplice y el día que amenazó de muerte a su padre [Robledo Puch intim: die toxische Liebe für seinen Komplizen und der Tag, an dem er seinem Vater den Tod androhte]. Infobae.com
(69) Diario Anticipos (22. Juni 2022) Robledo Puch: La verdad sobre el asesino serial [Robledo Puch: Die wahre Geschichte des Serienmörders].
(70) Palacios R (19. Januar 2022) Apretar el gatillo era su máximo placer: los estremecedores detalles de los 11 asesinatos de Robledo Puch [Den Abzug zu betätigen war sein größtes Vergnügen: die erschreckenden Details der 11 Morde von Robledo Puch]. Infobae.com
(71) Ámbito (16. Oktober 2022) 11 asesinatos por los que Robledo Puch está en prisión hace 50 años [11 Morde, für die Robledo Puch seit 50 Jahren im Gefängnis sitzt]
(72) Infobae.com (29. Juli 2017) Los escalofriantes detalles de los once crímenes de Robledo Puch [Die erschreckenden Details der elf Verbrechen von Robledo Puch]
(73) Todo Noticias (20. Februar 2023) El día que cayó Carlos Robledo Puch, el Ángel de la Muerte que ya cumplió 50 años en prisión [Der Tag, an dem Carlos Robledo Puch fiel, der Todesengel war bereits 50 Jahre im Gefängnis]
(74) Infobae.com (9. August 2018) Robledo Puch, el asesino más siniestro de la historia argentina: las imágenes de su detención y su vida en la cárcel [Robledo Puch, der finsterste Mörder der argentinischen Geschichte: die Bilder seiner Festnahme und seines Lebens im Gefängnis]
(75) Todo Noticias (4. Februar 2012) El veredicto que encerró definitivamente a Puch [Das Urteil, das Puch endgültig einsperrte]
(76) El Litoral (4. August 2013) El mayor criminal de la historia argentina comenzaba a ser juzgado 33 años atrás Der schlimmste Verbrecher der argentinischen Geschichte wurde vor 33 Jahren verurteilt]
(77) Raffo O (26. November 1980) Robledo Puch: „Esto es un circo!" [Robledo Puch: „Das ist ein Zirkus!"]
(78) La Nación (6. Februar 2022) La fuga del „Ángel de la muerte": cómo fueron las 68 horas de 1973 en las que Robledo Puch revolucionó al país [Die Flucht des „Engels des Todes": Wie waren die 68 Stunden im Jahr 1973, in denen Robledo Puch das Land erschütterte]
(79) Clarín (25. Juni 2004) Robledo Puch: el asesino que no quiere quedar libre [Robledo Puch: der Mörder, der nicht frei sein will]
(80) Clarín (23. Mai 2019) Internaron a Robledo Puch en el hospital municipal de Olavarría: podría estar intoxicado [Robledo Puch im Städtischen Krankenhaus von Olavarría behandelt: könnte sich selbst vergiftet haben]
(81) La Nación (5. Juni 2008) Le niegan la libertad condicional a Robledo Puch [Robledo Puch wird Bewährung verweigert]
(82) Todo Noticias (14. November 2013) Robledo Puch pidió la excarcelación o la pena de muerte [Robledo Puch bat um Freilassung oder die Todesstrafe]
(83) Télam (27. März 2015) La Corte Suprema ratificó que Robledo Puch debe seguir preso [Der Oberste Gerichtshof hat bestätigt, dass Robledo Puch im Gefängnis bleiben muss]
(84) América24 (21. März 2023) Robledo Puch sprach aus dem Gefängnis: "Quiero morir porque estoy sufriendo constantemente" [Robledo Puch sprach aus dem Gefängnis: „Ich möchte sterben, weil ich ständig leide"]
(85) Clarín (15. November 2013) Robledo Puch pide que le dan pena de muerte si no lo liberan [Robledo Puch fordert die Todesstrafe, wenn er nicht freigelassen wird].
(86) Profil (14. Juni 2023) Robledo Puch wird im Gefängnis bleiben: Freiheit verweigert wegen „widersprüchlicher Gefühle" (auf Spanisch)
(87) Kollmann R (15. Juni 2023) Robledo Puch wird nicht aus dem Gefängnis entlassen werden können. Página/12 (auf Spanisch)
(88) Palacios R (2010) El ángel negro: Vida de Carlos Robledo Puch, asesino serial. Aguilar Editoria, Buenos Aires. ISBN978-9-87041-506-0
(89) Palacios R (2. August 2020) Makabre Riten, rote Zonen und das Rätsel um den „Loco de la ruta": Serienmörder oder Polizeimafia? Infobae.com (auf Spanisch)
(90) Clarín (1. Februar 1998) Seguidilla trágica [Tragische Spur].
(91) Alonso OE (22. August 2020) La bala que dobló en la esquina: el caso de „El loco de la ruta" que tocó a Tres Arroyos [Die Kugel, die um die Ecke bog: der Fall des „Verrückten der Route", der Tres Arroyos erreichte]. lu24.com
(92) Clarín (4. August 1997) Keine Spur von zwei vermissten Frauen gefunden (auf Spanisch)
(93) Clarín (27. Oktober 1998) Una recompensa de 30 000 pesos [Eine Belohnung von 30.000 Pesos].
(94) El Día (2. April 1999) „El loco de la ruta", un asesino serial cercado por las pesquisas [„Der Verrückte der Straße", ein Serienmörder, der von Ermittlungen umzingelt ist]
(95) Clarín (7. November 1998) La recompensa es ahora de US$ 300 000 [Die Belohnung beträgt jetzt 300.000 Dollar]
(96) Clarín (9. August 1997) Suspenden la búsqueda de una mujer desaparecida [Die Suche nach einer vermissten Frau wurde eingestellt].
(97) Clarín (19. Januar 1998) Un nuevo caso de una mujer desaparecida en Mar del Plata [Ein neuer Fall einer vermissten Frau in Mar de Plata]
(98) Noticias y Protagonistas (24. Juli 2016) El loco de la fiscalía [Der verrückte Staatsanwalt]
(99) La Nación (6. Oktober 2001) Vinculan a policías con el asesinato de una prostituta [Polizei in Verbindung mit dem Mord an einer Prostituierten]
(100) Clarín (11. August 2002) Nueve policías presos por tres desapariciones [Neun Polizisten für drei Verschwundene verhaftet]
(101) La Capital (31. Mai 2003) Acusado por la desaparición de tres prostitutas [Angeklagt wegen des Verschwindens von drei Prostituierten].
(102) Página 12 (10. August 2002) Línea roja con prostitutas [Rote Linie mit Prostituierten]

(103) Clarín (18. August 2002) El juez Hooft me acusa porque quiere evitar que yo lo investigue [Richter Hooft beschuldigt mich, weil er mich daran hindern will, gegen ihn zu ermitteln].

(104) Carabajal G (11. August 2022) Cómo la banda extorsionaba a prostitutas [Wie die Bande Prostituierte erpresste]. La Nación

(105) Big Bang! News (27. September 2017) El mito del „Loco de la Ruta", el asesino serial invento por la Policía [Der Mythos vom 'Verrückten der Route', dem von der Polizei erfundenen Serienmörder].

(106) Del Rio F (28. April 2020) Un doble asesino de mujeres en su casa y un sistema que intenta no ser injusto [Ein Doppelmörder von Frauen zu Hause und ein System, das versucht, nicht ungerecht zu sein]. La Capital

(107) Diario C (8. Juli 2003) Ein Mann, der des Mordes an seiner Frau beschuldigt wird, wird für nicht schuldig befunden (auf Spanisch)

(108) Palacios R (18. Oktober 2020) Pepita la Pistolera: Cabarete en Mar de Plata, el hampa y el día que tomó cocaína en la mesa de Mirtha Legrand [Pepita la Pistolera: Kabarett in Mar del Plata, die Unterwelt und der Tag, an dem sie an Mirtha Legrands Tisch Kokain nahm]. Infobae.de

(109) Howard A, Smith M (2004) River of Blood: Serienmörder und ihre Opfer. Universal Publishers, Irvine CA. S. 27. ISBN 9781581125184

(110) Schechter H (2003) The Serial Killer Files: Das Wer, Was, Wo, Wie und Warum der schrecklichsten Mörder der Welt. Random House Publishing Group, New York NY. S. 105-106. ISBN0345472004

(111) Murakami P, Murakami J (2001) Lexikon der Serienmörder, Fallstudien einer pathologischen Tötungsart. 7. Auflage. Ullstein Taschenbuch, München. ISBN 3-548-35935-3

(112) Molina F (4. Februar 2022) Un asesino liberado por unjuez en Bolivia mata al menos a dos mujeres y comite decenas de violaciones [Ein von einem Richter in Bolivien freigelassener Mörder tötet mindestens zwei Frauen und begeht Dutzende von Vergewaltigungen]

(113) Agencia de Noticias Fides (26. Januar 2022) Vecinos indignados queman queman casa del violador serial de 77 mujeres y femicida de Iris y Lucy [Empörte Nachbarn brennen das Haus des Serienvergewaltigers von 77 Frauen und des Femizids von Iris und Lucy nieder]

(114) Chacón EE (28. Januar 2022) Una mujer en Cochabamba relata cómo se salvó de ser abusada por el violador serial [Eine Frau in Cochabamba erzählt, wie sie vor dem Missbrauch durch den Serienvergewaltiger gerettet wurde]. La Opinión

(115) Bolivia.com (27. Januar 2022) Richard Choque Flores: el perfil del desalmado asesino serial de Bolivia [Richard Choque Flores: das Profil des sexuellen Psychopathen und herzlosen Serienmörders aus Bolivien]

(116) Unitel.bo (26. Juli 2022) Richard Choque, el falso policía y militar hombre que por más de una década asesinó y violó a varias víctimas [Richard Choque, der falsche Polizei- und Militärmann, der mehr als ein Jahrzehnt lang mehrere Opfer ermordet und vergewaltigt hat]

(117) Perfil (7. Februar 2022) El macabro caso del femicida Richard Choque, que violó a 77 mujeres, impacta a Bolivia [Der makabre Fall des Mörders Richard Choque, der 77 Frauen vergewaltigte, hat Auswirkungen auf Bolivien]

(118) Opinion (6. Februar 2022) Richard Choque: el escalofriante historial del asesino y violador serial [Richard Choque: die abschreckende Geschichte des Mörders und Serienvergewaltigers]

(119) Cortez Bece E (25. Januar 2022) Vecinos intentaron quemar la casa de hombre que asesinó a dos jóvenes en El Alto [Nachbarn versuchten, das Haus des Mannes niederzubrennen, der zwei Jugendliche in El Alto ermordete]. El Deber

(120) Página Siete (27. Januar 2022) El drama de las madres que buscan pistas de sus hijas desaparecidas en la casa del violador serial [Das Drama der Mütter, die im Haus des Serienvergewaltigers nach Hinweisen auf ihre verschwundenen Töchter suchen].

(121) Unitel.bo (25. Juli 2022) Denuncia de la desaparición de Fidel Lecón, primo y víctima del feminicida serial fue rechazada hace 11 años [Die Klage über das Verschwinden von Fidel Lecón, Cousin und Opfer des Serienfrauenmordes wurde vor 11 Jahren abgewiesen].

(122) Innovapress (21. September 2022) Der Serienmörder Richard Choque wurde für den Mord an seiner Cousine zu 30 Jahren Haft verurteilt (auf Spanisch)

(123) Castro, N (21. September 2022) 30 Jahre Gefängnis für Richard Choque, diesmal für den Mord an seiner Cousine. eju.tv (auf Spanisch)

(124) Corz C (2. März 2022) Condenan a Richard Choque a 30 años de cárcel por uno de los dos feminicidios cometidos en libertad [Richard Choque verurteilt zu 30 Jahren Gefängnis für einen der beiden in Freiheit begangenen Frauenmorde]. La Razón

(125) Quispe J (3. März 2022) Choque es sentenciado a 30 años por el asesinato de Lucy [Choque wird für den Mord an Lucy zu 30 Jahren verurteilt]. Página Siete

(126) Cazas A (26. Januar 2022) Hallan cuerpos de Iris y Lucy, asesinadas por un violador serial con 77 víctimas [Man fand die Leichen von Iris und Lucy, ermordet von einem Serienvergewaltiger mit 77 Opfern]. Plurinational

(127) Vega Muñoz J (26. Januar 2022) Asesino serial que mató a 2 adolescentes y las enterró en su casa captaba a sus víctimas con perfil falso y las extorsionaba [Serienmörder, der 2 Jugendliche tötete und sie in seinem Haus verscharrte, fing seine Opfer mit einem falschen Profil ein und erpresste sie]. El Deber

(128) La Patria (26. Juli 2022) Psicópata serial" devela la debilidad del sistema judicial en Bolivia [,Serienpsychopath' offenbart die Schwäche des Justizsystems in Bolivien]

(129) Opinión (2. März 2022) Tribunal da 30 años de cárcel para Richard Choque por el asesinato de Lucy [Gericht verurteilt Richard Choque zu 30 Jahren Haft für den Mord an Lucy]

(130) Agencias de Noticias Fides (31. Januar 2022) Marchas en La Paz, Potosí y Santa Cruz contra los feminicidas y la impunidad judicial [Demonstrationen in La Paz, Potosí und Santa Cruz gegen Femizide und die Straflosigkeit der Justiz]

(131) swissinfo.com (31. Januar 2022) Marcha de mujeres expresa fed up con violencia y la justicia de Bolivia [Frauenmarsch drückt Genugtuung über die Gewalt und die bolivianische Justiz aus]

(132) Reyna Q (5. März 2022) Las aymaras frente al machismo, la corrupción judicial y la invisibilización [Die Aymara gegen Machismo, Justizkorruption und Unsichtbarkeit]. Muy Waso

(133) Erbol (9. Februar, 2021) Feminicidios: „Marcho contra una justicia de mierda que te dejó partir" [Femizide: „Ich demonstriere gegen eine Scheißjustiz, die dich gehen ließ"].

(134) Bolivianisches Justizministerium (1. März 2022) Ministro de Gobierno se compromete a identificar y revisar casos de jueces que favorecieron a feminicidas y violadores [Justizminister verpflichtet sich, Fälle von Richtern zu identifizieren und zu überprüfen, die Mörder und Vergewaltiger begünstigt haben]

(135) Aliaga J (24. Februar 2022) Feminicidios en Bolivia: la Justicia al banquillo [Femizide in Bolivien: Gerechtigkeit auf der Richterbank]. Frankreich 24

(136) Alanoca J (8. Februar 2022) Galindo prangert an, dass Femizide das Gefängnis von San Pedro kontrollieren; ihr Programm leidet unter einem Stromausfall. El Deber (auf Spanisch)

(137) Opinión (11. Februar 2022) Denuncia de Galindo sobre „mafia" en San Pedro deriva en destitución de gobernador de cárcel [Galindos Beschwerde über die „Mafia" in San Pedro driftet in die Entlassung des Gefängnisdirektors ab]
(138) ATB Digital (26. Juli 2022) Tras delitos cometidos por el „psicópata sexual", piden debatir la castración química y cadena la perpetua [Nach den Verbrechen des „sexuellen Psychopathen" bitten sie um eine Diskussion über chemische Kastration und lebenslange Haft]
(139) Erbol (7. Februar 2022) Diputado Héctor Arce pide pena de muerte y hacer ejecuciones cada 6 de agosto [Der Abgeordnete Héctor Arce fordert die Todesstrafe und Hinrichtungen an jedem 6. August]
(140) Opinion (15. Februar 2022) Castración química y trabajos forzados, propuesta contra violadores y feminicidas [Chemische Kastration und Zwangsarbeit, Vorschlag gegen Vergewaltiger und Mörder]
(141) Bonilla Carlos GP (22. Juli 2023) Un monstruo absoluto: Armando Normand y la sublimidad del mal [Ein absolutes Monster: Armando Normand und die Erhabenheit des Bösen]. Universidad Externado de Colombia - Bogotá
(142) Casement R (2000) Das Amazonas-Journal von Roger Casement. Peru / Kolumbien: Anaconda Editions/Random House, New York NY. pp. 373, 423, 424. ISBN1901990001
(143) N. N. (1913) Putumayo. Parlamentarische Papiere, Band 68. Großbritannien, Parlament, House of Commons. S. 36.
(144) Paternoster S. (1913) The Lords of the Devil's Paradise. Paul & Company. S. 93.
(145) N. N. (1916) Das Jahresregister. Longmans, Green und Co., London. 1916. p. 352
(146) MacQueen P (1913) A Criminal's Life Story: Der Werdegang von Armando Normand. Das Nat-Magazin 38:942
(147) Goodman J (2009) Der Teufel und Mr. Casement: One Man's Battle for Human Rights in South America's Heart of Darkness. Farrar, Straus und Giroux, New York NY. ISBN978-1-84467-334-6
(148) Casement R (1997). Das Amazonas-Tagebuch von Roger Casement. Anaconda Editions. ISBN1901990052
(149) MacQueen P (1913) A Criminal's Life Story: Der Werdegang von Armando Normand. Das Nationale Magazin 38:943-944
(150) Valcárcel C (2004) El proceso del Putumayo y sus secretos inauditos [Die Internationale Arbeitsgruppe für Indigene Angelegenheiten]
(151) Mitchell A (2003) Sir Roger Casement's Heart of Darkness: Die Dokumente von 1911. Irische Kommission für Manuskripte. ISBN9781874280989
(152) Goodman J (2023) Mr Casement goes to Washington: The Politics of the Putumayo Photographs. Zeitschriften
(153) Casement R (2009) Das Amazonas-Tagebuch von Roger Casement. Anaconda Editions. S. 263 / 293. ISBN9781901990058
(154) MacQueen P (1913) A Criminal's Life Story: Die Karriere von Armando Normand. Das Nat-Magazin 38:946
(155) Fotoalbum: Reise der Konsularischen Kommission zum Putumayo-Fluss und seinen Zuflüssen. Internationale Arbeitsgruppe für indigene Angelegenheiten. 2013. p. 22.
(156) Paternoster S (1913) The Lords of the Devil's Paradise. S. Paul & Company. S. 108
(157) Casement R (2000) The Amazon Journal of Roger Casement. Peru / Kolumbien: Anaconda Editions, New York NY. S. 424. ISBN1901990001
(158) Paternoster S (1913) Die Herren vom Paradies des Teufels. S. Paul & Company. S. 97
(159) Taussig M (1991) Shamanism, Colonialism, and the Wild Man. University of Chicago Press, Chicago MI. S. 47. ISBN 0226790134
(160) Paternoster S (1913) The Lords of the Devil's Paradise. S. Paul & Company. S. 96
(161) Paternoster, S. (1913) Die Herren des Teufelsparadieses (The Lords of the Devil's Paradise). S. Paul & Company. S. 111
(162) Alva Orlandini J (2020) El Hábeas Corpus en el Perú. Rev Facult Facult Derecho y Cien Polit Universidad Alas Peruanas. 5(4):31-90. https://www.doi:10.21503/lex.v5i4.1969
(163) MacQueen P (1913) A Criminal's Life Story: Der Werdegang von Armando Normand. The Nat Magaz. 38:946
(164) Vavasour Noel J (1913) Peru To-day: A Monthly Illustrated Account of Peru's Development. Vol. 5-6. Universität von Chicago
(165) Stewart F (1973) The Mannings. Arbor House, New York NY. S. 162. ISBN978-0-87795-053-0
(166) Chirif A (2017) Depues del Caucho. Internationale Arbeitsgruppe für indigene Angelegenheiten (auf Spanisch)
(167) Hardenburg W (1912) The Putumayo, the Devil's Paradise; Travels in the Peruvian Amazon Region and an Account of the Atrocities Committed Upon the Indians Therein. Fisher Unwin, London. ISBN1372293019
(168) Olarte Camacho V (1911) Las crueldades en el Putumayo y en el Caquetá. Imprenta Eléctrica
(169) Revista Veja, Nr. 1223 (26. Februar 1992). Editora Abril, São Paulo
(170) Tortamano C (28. September 2020) O Vampiro de Niterói: o serial killer brasileiro mais aterrorizante da década de 90. Aventuras na História, Grupo Perfil Brasil
(171) Bernardo A (29. Juni 2021) 'Irmãos Necrófilos', os serial killers brasileiros que escaparam de cerco da polícia por um ano ['Die nekrophilen Brüder', die brasilianischen Serienmörder, die ein Jahr lang der polizeilichen Belagerung entkamen]. BBC
(172) Declercq M (14. Januar 2018) Os irmãos necrófilos de Nova Friburgo [Die nekrophilen Brüder von Nova Friburgo]. VICE
(173) Torres S (26. November 1995) Irmãos antwerten auf 11 Anfragen. Folha de São Paulo (auf Portugiesisch)
(174) César Castro P (18. Dezember 1995) Polícia mata um dos irmãos necrófilos [Die Polizei tötet einen der nekrophilen Brüder]. Folha de São Paulo
(175) Lima R (19. Juni 1996) Irmão acusado de necrofilia se entrega [Der der Nekrophilie beschuldigte Bruder stellt sich]. Folha de São Paulo
(176) Folha de São Paulo (9.Januar 2000) Lavrador acusado de necrofilia é condenado no Rio [Der der Nekrophilie beschuldigte Landwirt wird in Rio verurteilt]
(177) Alt G (28. Dezember 2019) A VOZ DA SERRA ouve testemunhas sobre a era de horror dos Irmãos Necrófilos [A VOZ DE SERRA hört Zeugenaussagen über die Ära des Grauens der nekrophilen Brüder]
(178) Calixto B (28. Juli 2020) 'Macabro', de Marcos Prado, retrata crimes de necrofilia que aterrorizaram região serrana do Rio nos anos 1990 ['Macabro', von Marcos Prado, schildert Verbrechen der Nekrophilie, die in den 1990er Jahren die Bergregion von Rio terrorisierten]. O Globo
(179) G1 (15. Januar 2013) Justiça ouve testemunhas do caso 'serial killer' de Itaquaquecetuba, SP [Gericht hört Zeugen im Fall des „Serienmörders" in Itaquaquecetuba, SP]
(180) Previdelli F (2. März 2020) Assassino sobre duas rodas: Os crimes do serial killer de Itaquaquecetuba [Killer auf zwei Rädern: Die Verbrechen des Serienmörders von Itaquaquecetuba]. Aventuras na História
(181) Arcoverde L (8. Dezember 2011) Feirante foi a protesto contra mortes em Itaquaquecetuba [Marktteilnehmer ging zum Protest gegen die Todesfälle in Itaquaquecetuba]. Agora São Paulo
(182) CM Jornal (11. Dezember 2011) Assassino em série matou 8 pessoas [Serienmörder tötete 8 Menschen].
(183) G1 (25. Februar 2015) Júri popular de 'serial killer' de Itaquaquecetuba é adiado [Gerichtsverhandlung über den Mörder von Itaquaquecetuba 'serial killer' wird verschoben].
(184) Diário da Noite (30. April 1952) Matou três mulheres [Er ermordete drei Frauen].

(185) Madruga Duarte N (Januar 1953) Pedro Palhaço, o estrangulador de mulheres [Pedro der Clown, der Würger der Frauen]. A Cigarra, S. 5
(186) A Noite (30. August 1922) Estrangulamento, no Rio Grande do Sul [Erwürgen, in Rio Grande do Sul].
(187) Madruga Duarte N (Januar 1953) Pedro Palhaço, o estrangulador de mulheres [Pedro der Clown, der Frauenstrangulierer]. A Cigarra, S. 34
(188) Madruga Duarte N (Januar 1953) Pedro Palhaço, o estrangulador de mulheres [Pedro der Clown, der Frauenstrangulierer]. A Cigarra, S. 72
(189) Diário da Noite (30. April 1952) Matou três mulheres [Er tötete drei Frauen]. Diário da Noite
(190) Madruga Duarte N (Januar 1953) Pedro Palhaço, o estrangulador de mulheres [Pedro der Clown, der Würger der Frauen]. A Cigarra, S. 80
(191) Madruga Duarte N (Januar 1953) Pedro Palhaço, o estrangulador de mulheres [Pedro der Clown, der Frauenstrangulierer]. A Cigarra, S. 29
(192) A Noite (30. April 1952) Identificada a vítima do estrangulador e necrófilo [Opfer des Würgers und Nekrophilen identifiziert].
(193) Madruga Duarte N (Januar 1953) Pedro Palhaço, o estrangulador de mulheres [Pedro der Clown, der Frauenwürger]. A Cigarra, S. 90
(194) A Noite (30. April 1957) Matou três mulheres. Amputaram-lhe, agora, uma perna [Er tötete drei Frauen. Sein Bein wurde jetzt amputiert]
(195) Correio (3. Dezember 2010) Anão executado por traficantes em Coutos era acusado de mais de 20 mortes [Tötete drei Frauen, ist angeklagt für mehr als 20 Morde]
(196) YouTube (2017) Anão do mal - Pigmeu assassino - Se liga bocao
(197) Extra Globo (3. Dezember 2010) Anão bandido morto na Bahia
(198) Alagoas 24 Horas (4. Dezember 2010) Tráfico executa anão que matou 20
(199) BNews (29. Dezember 2011) Polícia prende traficante que volta ao local do crime
(200) Rodrigues LG, Mendes R (9. Dezember 2015) Serial killer que afogou pelo menos oito crianças é preso no litoral de SP [Serienmörder, der mindestens acht Kinder ertränkt hat, wird an der Küste von SP festgenommen]. G1
(201) Velozo Fuccia E (21. Februar 2020) „Größter Serienmörder" von Baixada Santista erhält 30 Jahre Haftstrafe, bestätigt durch TJ. A Tribuna (auf Portugiesisch)
(202) Mendes R (9. Dezember 2015) Serienmörder, der acht Kinder ertränkt hat, hatte nicht damit gerechnet, verhaftet zu werden, sagt die Polizei. G1 (auf Portugiesisch)
(203) Folha de São Paulo (18. März 2004) Polícia Civil aponta caminhoneiro como autor do assassinato de oito crianças [Zivilpolizei beschuldigt Lkw-Fahrer als Mörder von acht Kindern]
(204) R7 (10. August 2017) Angeklagter wegen Mordes an acht Kindern zu 30 Jahren Haft verurteilt (auf Portugiesisch)
(205) Da Rocha HJ (2007) Das „Monster von Erechim": eine Fallstudie über die Imagination von Angst. Dissertation, Universidade de Passo Fundo (auf Portugiesisch)
(206) G1 (abgerufen am 30. Oktober 2020) Erechim 100 anos: história de um dos maiores assassinos do RS vira lenda na região norte [100 Jahre in Erechim: Geschichte eines der größten Mörder in RS wird zur Legende in der nördlichen Region]
(207) Strafgerichtshof des Distrikts Erechim (1985) Auszug aus dem Strafverfahren Nr. 1456/43, beigefügt dem Strafverfahren Nr. 5497, S. 59-61 (auf Portugiesisch)
(208) ClicRBS (9. März 1975) Zero Hora Cover (in Portugiesisch)
(209) Sassi G (2014) A imputabilidade de indivíduos com transtorno de personalidade antissocial: uma análise da pena e das medidas de segurança. Universidade de Passo Fundo
(210) Atmosfera Online (abgerufen am 26. Oktober 2020) Luiz Baú - 100 Jahre in Erechim
(211) Fabris N (9. Februar 2015) Ein weiteres brutales Verbrechen in Alto Uru (auf Portugiesisch). O Nacional
(212) A Voz da Serra (22. Februar 1980) Fahndung endet um 13 Uhr, BPM-Kaserne mit der Festnahme des Psychopathen Luiz Baú (auf Portugiesisch)
(213) Correio do Povo (22. Februar 1980)
(214) Zero Hora (22. Februar 1980)
(215) A Voz da Serra (23. Februar 1980)
(216) Correio do Povo (23. Februar 1980)
(217) Correio do Povo (1. Juli 1980)
(218) Casoy I (2014) Serienmörder – Made in Brazil (auf Portugiesisch). Darkside. ISBN 978-8566636291
(219) Athayde E (23. November 2001) Estrangulador do Morumbi é libertado após passar 30 anos na cadeia [Morumbi-Würger wird nach 30 Jahren Haft freigelassen]. Folha de São Paulo
(220) Declercq M (1. April 2018) Os homens que não amavam as mulheres: dois assassinos e estupradores em série de São Paulo [Die Männer, die Frauen nicht mochten: zwei Serienmörder und Vergewaltiger aus São Paulo]
(221) Tortamano C (1. März 2020) José Paz Bezerra: O sádico monstro do Morumbi [José Paz Bezerra: Das sadistische Monster von Morumbi]. Aventuras de Historia
(222) Del Corso F (15. August 1970) Assim ela escapou [So entkam sie] Manchete.
(223) Criscuolo O (1. September 1970) Ein Würger treibt in São Paulo sein Unwesen [A strangler prowls São Paulo]. O Cruzeiro
(224) A Luta Democrática (20. Oktober 1970) Das Monster wurde in vier Bundesstaaten gejagt (auf Portugiesisch)
(225) A Luta Democrática (4. November 1970) Mörder von Frauen hat Nordosten verlassen (auf Portugiesisch)
(226) Jornal do Brasil (12. November 1971) Verhaftung des Würgers wird gefordert (auf Portugiesisch)
(227) Jornal do Brasil (16. November 1971) Polícia de Belém acaba dúvida sobre identidade do estrangulador [Polizei von Belém beendet Zweifel an der Identität des Würgers]
(228) Do Vale A (4. Dezember 1971) As confissões do Monstro do Morumbi [Geständnisse des Morumbi-Würgers] Manchete – via Biblioteca Nacional-Hemeroteca Digital Brasileira
(229) Nogueira A (2. September 2020) Gigolo und Killer: Trianon Maniac, der ungewöhnliche Serienmörder aus São Paulo. Aventuras na História (auf Portugiesisch)
(230) De Barros Mott LR (1996) Epidemie des Hasses: Menschenrechtsverletzungen an Schwulen, Lesben und Transvestiten in Brasilien. Internationale Kommission für die Rechte von Schwulen und Lesben. S. 74. ISBN 978-1-884955-04-4
(231) Maeda F (Dezember 2011) Keine Gnade, keine Reue, keine Zurückhaltung. Revista Babel (auf Portugiesisch)
(232) O Aprendiz Verde (19. Juli 2015) Retro-Bericht: Der Trianon-Wahnsinnige – Polizei verhaftet Mörder homosexueller Führungskräfte (auf Portugiesisch)
(233) O Estado de São Paulo (14. September 2001) Buch untersucht eine Reihe von Verbrechen gegen Homosexuelle (auf Portugiesisch)
(234) Arruda R (1. Januar 2001) Tage des Zorns: Eine wahre Geschichte über genehmigte Morde. Editora Globo, São Paulo. ISBN

(235) Domingos de Oliveira JM (7. September 2009). Verlangen, Vorurteil und Tod (auf Portugiesisch). Clube de Autores
(236) Lusvarghi L (2019) Kriminalität als Genre in der lateinamerikanischen audiovisuellen Fiktion (auf Portugiesisch). Appris Editora e Livraria Eireli. ISBN 978-8547324179
(237) Carrilho H (1930) Bericht über die medizinisch-psychologische Untersuchung des Angeklagten Febronio Í. aus Brasilien (auf Portugiesisch). Archiv des Justizasyls von Rio de Janeiro, 1(1): 77-101
(238) Anmerkung (1955) 1954 wurde diese Einrichtung zu Ehren ihres ersten Direktors, der im selben Jahr verstorben war, in „Heitor Carrilho Judicial Asylum" umbenannt
(239) Biscaia Filho P (Archiviert am 6. April 2010) DCVXVI - SEIN SOHN DES LICHTS. Curitiba: Totenstarre.
(240) Splayne M (1927) Die Verbrechen des Monsters Febrônio (auf Portugiesisch). Liv. J. von Rio de Janeiro
(241) Cendrars B (1938) Fébronio (magic sexualis). La vie dangereuse. Éditions Bernard Grasset, Paris
(242) De Alcântara Machado A (1978) Miss Corisco. In: Romane aus São Paulo (auf Portugiesisch). José Olympio, Rio de Janeiro. S. 193
(243) Machado H (1976) Tati, das Mädchen. In: Der Tod des Fahnenträgers und Tati, das Mädchen und andere Geschichten (auf Portugiesisch). José Olympio, Rio de Janeiro
(244) Nava P (1983) Die perfekte Kerze (auf Portugiesisch). New Frontier, Rio de Janeiro. S. 364–368
(245) Fonseca RA (1990) Companhia das Letras, São Paulo. S. 203–204
(246) Castro R (1992) Der pornografische Engel: das Leben von Nelson Rodrigues (auf Portugiesisch). Companhia das Letras, São Paulo. S. 81-82
(247) Casoy I (2004) Febrônio Índio do Brasil. In: Serial killers: made in Brazil, 2. Aufl. Arx, São Paulo. S. 40-75
(248) Machado Calil CA (2001) The book of Febrônio. Unbekannter Verlag, São Paulo
(249) Sette J (1981) Febrônio, Indianer Brasiliens. Spielfilm. Rio de Janeiro
(250) Da-Rin S (1984) Der Feuerprinz. Rio de Janeiro: Lumiar Produções Audiovisuais, Rio de Janeiro. Dokumentarfilm (11 Min.), schwarz-weiß
(251) Fry P (1985) Positives Recht versus klassisches Recht: Psychologisierung von Verbrechen in Brasilien im Denken von Heitor Carrilho (auf Portugiesisch). In: Figueira AS, Kultur der Psychoanalyse. Brasiliense, São Paulo
(252) Wunderlich A (2000) Die Fälle von Piérre Rivière und Febrônio Índio do Brasil als Beispiele für institutionalisierte Gewalt. Jus Navigandi 4(43). 2000.
(253) Focault MI (1991) Piérre Rivière, der meine Mutter, meine Schwester und meinen Bruder verschluckte, 5. Aufl. (auf Portugiesisch). Graal, Rio de Janeiro
(254) Carrilho H (1930) Die Zusammenarbeit der Psychiater bei den Mitleidsfällen (auf Portugiesisch). Archiv der Justizvollzugsanstalt von Rio de Janeiro 1(1):43-54
(255) Carrara S (1998) Verbrechen und Wahnsinn: das Aufkommen der Justizpsychiatrie um die Jahrhundertwende (auf Portugiesisch). Eduerj / Edusp, Rio de Janeiro / São Paulo
(256) Garcia War M (2008) Der Fall Febrônio Índio do Brasil: Anmerkungen zur Geschichte des kriminologischen Denkens in Brasilien (auf Portugiesisch). Kriminologiekongress, Florianópolis
(257) Jacó-Vilela AM et al (2005) Rechtsmedizin in den Thesen der medizinischen Fakultät der Universität von Rio de Janeiro (1830-1930): die Begegnung zwischen Medizin und Recht, eine der Notfallbedingungen der Rechtspsychologie (auf Portugiesisch). Interaktionen 10(19)
(258) Soares Bastos G (1994) How to write Febrónio. Dissertation, Staatliche Universität Campinas
(259) Teixeira Portugal F (2006) The historical production of subjectivity: the case of Febrônio Índio do Brasil. Round table. Clio-Psyché Encounter 7:23
(260) De Carvalho Castro A et al (2010) History of combustion psychology: a Bakhtinian critique of historiographical appropriations in Brazil. Memorandum 18:95-106. http://www.fafich.ufmg.br/~memorandum/a18/casporjaco01.pdf
(261) Gutman G (2010) Febronio, Blaise & Hector: Pathos, Gewalt und Macht (auf Portugiesisch). Revista Latinoam de Psicopatol Fundam 13(2):175-189. https:/www.doi.10.1590/S1415-47142010000200002
(262) Fry P (1982) Febrônio Índio do Brasil: where they cross Psychiatry, prophecy, homosexuality and the law. In: Eulálio A. Cross paths: Language, Anthropology and Natural Sciences. Brasiliense, São Paulo
(263) Ribeiro L (1927) Der Fall Febrônio: einige Überlegungen zum Sadismus (auf Portugiesisch). Archiv der Gesellschaft für Rechtsmedizin und Kriminologie von São Paulo 2(1):3-22
(264) Ribeiro L (1932) Ein Fall von großem Sadismus (auf Portugiesisch). Archiv des medizinisch-rechtlichen Instituts und des Identifizierungsbüros, Rio de Janeiro
(265) De Marins Moraes T (25. November 2004) Febrón, der Sohn des Lichts (auf Portugiesisch). A Justiça, Rio de Janeiro
(266) Wayback Machine (Archiviert am 19. Juni 2008) Ex-Krankenschwester, die Kinder in einem Krankenhaus in Rio getötet hat, wird zu 110 Jahren Haft verurteilt (auf Portugiesisch)
(267) Sanchez I (11. März 2019) Richterin sagt, dass das Gefängnis immer noch der beste Ort für den „Kreuz-Verrückten" ist (auf Portugiesisch). Campo Grande News
(268) Moreira M (27. Juli 2022) Der Fall des „Maníaco da Cruz" stellt seit 9 Jahren die Strafvollzugsgesetze in Frage (auf Portugiesisch). Correio do Estado
(269) Oliveira R (10. Juli 2022) Hat TCC nicht abgegeben, ist brav und bekommt Besuch: Erfahren Sie, wie das Leben des „Maníaco da Cruz" im Strafvollzug seit 9 Jahren aussieht (auf Portugiesisch). Caçula FM 96.9
(270) Cidade FM (Archiviert am 31. August 2022) Der Ausbruch von Maníaco da Cruz unterstreicht die Notwendigkeit der Verlegung (auf Portugiesisch)
(271) Frias S (3. Februar 2021) Ohne Haftentlassung in Untersuchungshaft, Maníaco da Cruz legt Berufung gegen 15-tägige Verurteilung ein (auf Portugiesisch). Campo Grande News
(272) Ministério Público do Estado do Maranhão (abgerufen am 11. Februar 2020) Francisco das Chagas é condenado a mais 26 anos de prisão
(273) Ministério Público do Estado do Maranhão (abgerufen am 11. Februar 2020) MPMA realiza Jornada de enfrentamento à violência sexual contra crianças e adolescentes
(274) band.com. br (abgerufen am 11. Februar 2020) Ärzte wegen Verbrechen eines anderen inhaftiert (auf Portugiesisch)
(275) Câmara dos Deputados (abgerufen am 11. Februar 2020) Parlamentarier fordern Überprüfung der Inhaftierungen wegen des Todes von Kindern im Bundesstaat Pará (auf Portugiesisch)
(276) Portal Terra (abgerufen am 19. April 2020) Verstehen Sie den Fall des Angeklagten, der 42 Kinder getötet haben soll (auf Portugiesisch)
(277) Casoy I (abgerufen am 15. April 2020) Kriminalistik und Kriminologie bei der Untersuchung von Serienverbrechen (auf Portugiesisch). Instituto Brasileiro de Ciências Criminais
(278) Revista Epoca (abgerufen am 15.04.2017) 42 histórias de horror
(279) Folha de São Paulo (abgerufen am 11.02.2020) Mecânico confessa 17 assassinatos de crianças no Maranhão
(280) noticias.uol.com. br (abgerufen am 11. Februar 2017) Mörder der „entmannten Jungen" muss weitere 108 Jahre ins Gefängnis (auf Portugiesisch)

(281) Folha de São Paulo (15. September 2009) Mechaniker wird wegen Mordes und Verstümmelung von Jungen in Maranhão zu 59 Jahren Haft verurteilt (auf Portugiesisch)
(282) Teixeira J (abgerufen am 26. Februar 2012) Er tötete, mordete, verstümmelte (auf Portugiesisch). Revista Veja
(283) Jornal do Brasil (24. April 1904), Homem-Fera – Louco ou alucinado. S. 5
(284) A Noite (4. Oktober 1911) Os loucos andam armados no hospicio? S. 3
(285) A Noite (27. März 1912) O crime do Pedro Rosa. S. 1
(286) Correio da Manhã (26. Februar 1919) Ein Mord, der an eine der brutalsten Tragödien erinnert, die von unserer Polizei registriert wurden (auf Portugiesisch)
(287) A Imprensa (4. Oktober 1911) Im Nationalen Krankenhaus (auf Portugiesisch). S. 5
(288) Diário Carioca (30. Juni 1953) É pai de três crianças o tarado de São Paulo [São Paulo-Perverser ist Vater von 3]
(289) A Tribuna (22. Juni 1984) Com 66 anos estuprou e assassinou crianças [66-Jähriger vergewaltigte und ermordete Kinder]
(290) Diário da Noite (25. Juli 1961) Tarado estuprou e matou duas meninas e um menino [Perverser vergewaltigte und tötete zwei Mädchen und einen Jungen].
(291) A Tribuna (31. Oktober 1984) Monstro de Rio Claro' vai hoje a julgamento [Monster von Rio Claro kommt heute vor Gericht]
(292) Ferreira D (1984) Preso o vampiro de Rio Claro [Der Vampir von Rio Claro]. Manchete
(293) Alcântara F (18. Dezember 1997) Mães reconhecem ossadas de crianças [Mütter erkennen Kinderknochen]. Folha de São Paulo
(294) YouTube (2019) Pedrinho EX Matador – 2P Entretenimento
(295) Folha de São Paulo (10. Dezember 2018) Der größte Serienmörder Brasiliens wird zum Kommentator von Verbrechen und hat Erfolg auf YouTube (auf Portugiesisch)
(296) Adhi A (10. August 2021) Der ehemalige Serienmörder wird zum beliebten Youtuber in Brasilien (auf Spanisch). Beritakaltim.co
(297) Robinson, ES (8. Februar 2021) Dieser brasilianische Dexter liebt es, Mörder zu töten (auf Portugiesisch). OZY
(298) True Crime Podcast (12. Oktober 2019) Fall 127: Killer Petey (auf Portugiesisch)
(299) ndmais.com.br (15. September 2011) Polizei von Santa Catarina verhaftet „Pedrinho Matador", er gesteht, mehr als 100 Menschen getötet zu haben (auf Portugiesisch)
(300) revistaepoca. globo.com (abgerufen am 4. März 2022) Época – O monstro do sistema
(301) planalto.gov.br (abgerufen am 2. Dezember 2020) Código Penal
(302) Jounal of Commerce (abgerufen am 7. April 2010) „Pedrinho Matador" ist frei. Der Arzt glaubt nicht an Rehabilitation (auf Portugiesisch)
(303) Kataoka J (13. Dezember 2017) 67 Kuriositäten über brasilianische Serienmörder (auf Portugiesisch). BuzzFeed
(304) Daily Catarinese (16. September 2011) Polizei hält geheim, wo Pedrinho Matador inhaftiert ist (auf Portugiesisch)
(305) G1 (5. März 2023) Der als „Pedrinho Matador" bekannte Mann wird in der Region Grande SP ermordet, sagt PM (auf Portugiesisch)
(306) Tron G (29. Oktober 2021) Während die neue Staffel von „Dexter" näher rückt, wer sind die echten Mörder, die die Show inspiriert haben (oder von denen die Show inspiriert wurde)? (auf Portugiesisch). Yahoo.com
(307) Williams J (7. Juli 2022) Dexter: New Blood – The Runaway Killer's True Story Inspiration. Screen Rant
(308) Casoy I (abgerufen am 19. Dezember 2017) Serienmörder – Made in Brazil (auf Portugiesisch). Editora Darkside Books
(309) Norte e Noroeste (28. Juli 2015) Polícia Civil investiga ligação entre mortes de oito mulheres em Maringá
(310) Norte e Noroeste (31. Juli 2015) „Ich hasste Prostituierte", sagt der Verdächtige, der Frauen in PR getötet haben soll (auf Portugiesisch)
(311) Maringá Post (28. November 2017) Der Wahnsinnige von Torre wird wegen eines Verbrechens aus dem Jahr 2010 vor ein Volksgericht gestellt. Edinalva José da Paz wäre eines der ersten Opfer gewesen (auf Portugiesisch)
(312) Norte e Noroeste (31. Juli 2015) Sicherheitsverwahrer gesteht Mord an fünf Frauen, sagt Polizei (auf Portugiesisch)
(313) Maringá Post (8. August 2018) Der größte Serienmörder von Maringá, Maníaco da Torre, wird wegen des Todes von Mara, seinem letzten Opfer, vor ein Geschworenengericht gestellt. Denúncia traz agravante de feminicídio (auf Portugiesisch)
(314) Maringá Post (8. August 2018) O maior serial killer de Maringá, Maníaco da Torre vai a júri popular pela morte de Mara, sua última vítima. Anklage wegen verschärfenden Tatbestands bei Frauenmord
(315) Norte e Noroeste (31. Juli 2015) „Ich hasste Prostituierte", sagt der Verdächtige, der im Bundesstaat Paraná Frauen getötet haben soll, der Polizei (auf Portugiesisch)
(316) tribunadecianorte.com.br (-) Maníaco da Torre wird zu 21 Jahren und 4 Monaten Haft verurteilt (auf Portugiesisch)
(317) Maringá Post (28. November 2017) Maníaco da Torre wird wegen eines Verbrechens aus dem Jahr 2010 vor ein Geschworenengericht gestellt. Edinalva José da Paz wäre eines der ersten Opfer gewesen (auf Portugiesisch)
(318) Maringá Post (8. August 2018) Der größte Serienmörder von Maringá, Maníaco da Torre, wird wegen des Todes von Mara, seinem letzten Opfer, vor ein Geschworenengericht gestellt. Anklage wegen verschärfenden Tatbestands des Frauenmordes (auf Portugiesisch)
(319) tribunadecianorte.com.br (-) Maníaco da Torre wird zu 21 Jahren und 4 Monaten Haft verurteilt (auf Portugiesisch)
(320) cbnmaringa.com. br (-) „Maníaco da Torre" hat in den nächsten zwei Monaten Gerichtstermine (auf Portugiesisch)
(321) G1 (-) „Maníaco da Torre" wird zu 21 Jahren und 4 Monaten Haft verurteilt (auf Portugiesisch)
(322) Ferrari W (5. Februar 2022) „Maníaco da Corrente", der dafür bekannt ist, in den 90er Jahren Prostituierte getötet zu haben, wird tot aufgefunden (auf Portugiesisch) Abenteuer in der Geschichte
(323) O Tempo (5. Februar 2022) Serienmörder, bekannt als „Maníaco da Corrente", wird tot in ES aufgefunden (auf Portugiesisch)
(324) Folha de São Paulo (20. August, 1994) „Maníaco da corrente" wird zu 18 Jahren Haft verurteilt (auf Portugiesisch)
(325) A Gazeta (18. Juni 2021) Erinnern Sie sich an die Verbrechens- und Verhaftungsserie von Serienmördern im ES? (auf Portugiesisch)
(326) G1 (11. Februar 2022) „Maníaco da Corrente": Nach einer Woche weiß die Polizei immer noch nicht, woran der Serienmörder gestorben ist (auf Portugiesisch)
(327) G1 (4. Dezember 2014) Erinnern Sie sich an 9 Mörder, die das Land mit ihren Verbrechen schockierten (auf Portugiesisch)
(328) Bol/Uol (30. Juli 2015) Erinnern Sie sich an 22 Verbrechen, die Brasilien schockierten (auf Portugiesisch)
(329) Redação Super (20. März 2015) 5 Verbrechen, die Brasilien in den 1990er Jahren erschütterten (auf Portugiesisch)
(330) G1 (Abgerufen am 20. November 2020) Vor 20 Jahren in São Paulo verhaftet, soll der Verrückte aus dem Park 2020 freigelassen werden (auf Portugiesisch)
(331) Zanetti E (17. August 1998) Tante bestreitet Version und leugnet, den Verrückten aus dem Park belästigt zu haben (auf Portugiesisch). Folha de São Paulo

(332) Navarrete G (8. August 1998) Nur ein Motorradfahrer kann RG gespielt haben, sagt der Chef (auf Portugiesisch). Folha de São Paulo
(333) Cabral DC (4. Juli 2018) Francisco de Assis Pereira, der Verrückte aus dem Park (auf Portugiesisch). Superinteressante
(334) Folha de São Paulo (28. Juli 1998) Mãe diz que motoboy precisa de tratamento
(335) Serpone F (2. Juni 2011) Motoboy Francisco de Assis Pereira cometeu série de estupros e assassinatos em São Paulo. [Er sitzt im Gefängnis von Taubaté]. Internet Group
(336) Folha de São Paulo (8. August 1998) Nunca houve namoro, diz pai de Isadora
(337) Folha de São Paulo (5. August 1998) Suspeito de ser o 'maníaco do parque' já está em SP
(338) Navarrete G (7. August 1998) Suposta vítima relata agressão no parque. Folha de São Paulo
(339) Pontifícia Universidade Católica do Rio de Janeiro (Dezember 2016) Os serial killers brasileiros e a história de terror da vida real
(340) Soares Foglia I (abgerufen am 4. November 2019) Análise da psicopatia sob o prisma do direito penal. Faculdades Integradas Antônio Eufrásio de Toledo
(341) Godody M (25. Juli 1998) Polizei nimmt Verdächtigen im Zusammenhang mit Todesfällen im Park fest (auf Portugiesisch). Folha de São Paulo
(342) Alves, C (5. August 1998) Verhafteter wird des Wahnsinns im Park beschuldigt (auf Portugiesisch). Folha de São Paulo
(343) Ramos, CH (13. Dezember 2010) As maníacas das cartas. Época
(344) Folha de São Paulo (22. Februar 2002) Verurteilt zu 147 Jahren Haft, Maníaco do Parque wird heiraten (auf Portugiesisch)
(345) UOL (25. September 2018) Maníaco do Parque wird möglicherweise nicht vor 2028 freigelassen (auf Portugiesisch)
(346) Kleber T (23. September 2018) MP fordert erneute Überprüfung der Zurechnungsfähigkeit, damit Maníaco do Parque nicht vor 2028 freigelassen wird (auf Portugiesisch). G1
(347) Matos Coelho Alves MC (6. Dezember 2018) Überlegungen zum perversen Handeln und zur Vorgehensweise: O caso „Maníaco do Parque" (auf Portugiesisch). Universidade Federal de Uberlândia
(348) Folha de São Paulo (1. August, 1998) Polícia identifica terceira vítima do maníaco
(349) Godoy M (9. Juli, 1998) Mulheres achadas mortas no parque já são 6. Folha de São Paulo
(350) Folha de São Paulo. (6. August, 1998) Vítima do maníaco é enterrada em SP
(351) Ramos, CH (3. November, 2010) As maníacas das cartas. Época
(352) Bresser D (30. November 2014) Loucas de amor explica a atração por criminosos. R7
(353) Folha de Londrina (18. Dezember 2000) Maníaco do Parque morre durante rebelião em Taubaté
(354) Folha de São Paulo (17. Dezember 2000) Erramos: Maníaco do parque não foi morto em rebelião em 2000
(355) O Globo (2. August 2018) Nachdem er in São Paulo elf Frauen getötet hatte, wurde der Maníaco do Parque 1998 verhaftet (auf Portugiesisch)
(356) Kleber T (26. August 2018) Vor 20 Jahren in São Paulo verhaftet, soll der Park-Irre 2028 freigelassen werden (auf Portugiesisch). G1
(357) Nanci L (10. Mai 2004) Brasilianer erinnern sich mehr an den Verrückten aus dem Park als an die Anakonda (auf Portugiesisch). ConJur
(358) Tribunal de Justiça do Estado de Pernambuco (22. November 2023) Condenatória dos Canibais de Garanhuns [Urteil gegen die Kannibalen von Garanhuns]
(359) Martins Sobral JÁ (13. August 2021) Verbrechen, die Pernambuco erschütterten [Verbrechen, die Pernambuco erschütterten]. Diário de Pernambuco
(360) G1 (5. Juni 2012) Kannibalen-Trio wegen dritten Todesfalles in PE angeklagt (auf Portugiesisch)
(361) G1 (13. April 2014) In PE verkauften Verdächtige von Todesfällen gesalzenes Menschenfleisch, sagt die Polizei (auf Portugiesisch)
(362) RecordsTV7 (6. Mai 2016) Kannibalen aus Garanhuns antworten, ob sie mit Menschenfleisch gesalzene Pasteten gemacht haben (auf Portugiesisch)
(363) Tavares V (17. April 2014) Einwohner von Garanhuns sagen, sie hätten Empada mit Menschenfleisch gegessen (auf Portugiesisch). G1
(364) G1 (11. April 2012) In Garanhuns, PE, werden die Leichen von zwei Frauen vergraben aufgefunden (auf Portugiesisch)
(365) G1 (12. April 2012) In PE wird das Haus von Verdächtigen, die Frauen getötet und begraben haben, in Brand gesetzt (auf Portugiesisch)
(366) G1 (14. November 2014) Trio de canibais é condenado em júri popular no Fórum de Olinda, PE [Kannibalen-Trio wird in einem Schwurgerichtsverfahren im Forum von Olinda, PE, verurteilt]
(367) G1 (15. Dezember 2018) Kannibalen werden wegen zweier Morde in Pernambuco verurteilt [Cannibals are convicted of two murders committed in Pernambuco]
(368) G1 (17. Juli 2019) Trio, bekannt als „Canibais de Garanhuns", erhält vom Gericht eine höhere Strafe (auf Portugiesisch)
(369) BBC News (16. Oktober 2014) Brasilianer „gesteht 39 Morde" (auf Englisch)
(370) The Daily Mirror (21. Oktober 2014) Gefangenes brasilianisches Monster, Serienmörder, fragt Polizei, ob er andere Gefangene ermorden darf (auf Englisch)
(371) The Daily Mirror (16. Oktober 2014) Sicherheitsmann, der nach dem „Geständnis, 39 Menschen ermordet zu haben", als einer der schlimmsten Serienmörder der Welt gilt (auf Englisch)
(372) The Independent (17. Oktober 2014) Der 26-jährige brasilianische Serienmörder Thiago Henrique Gomes da Rocha „gesteht 39 Morde" (auf Englisch)
(373) Wagner M (21. Oktober 2014) „Ich bin hier auch ein Opfer": Bekennender brasilianischer Serienmörder sagt, dass sexueller Missbrauch in der Kindheit und die Ablehnung von Frauen ihn dazu trieben, 39 Menschen zu ermorden (auf Englisch). New York Daily News
(374) Globo (18. Mai 2016) Veja as condenações do vigilante apontado como serial killer, em Goiás
(375) Abril (abgerufen am 12. Juni 2016) Serial killer de Goiânia é condenado a 25 anos de prisão em oitavo júri popular
(376) diariodegoias (abgerufen von der Originalseite am 12. Juni 2018) Tiago Henrique verurteilt zu 25 Jahren Haft in 8. Mordprozess (auf Portugiesisch)
(377) Field J (2007) Caring to Death: a discursive analysis of nurses who murder patients. Dissertation, University of Adelaide, Australia. S. 44-45
(378) Associated Press (Archived July 9th, 2006) Brazilian police: Nurse may have killed up to 132 patients in the past four months
(379) Howard A, Smith M (2004) River of Blood: Serial Killers and Their Victims. Universal-Publishers, Boca Raton, FL. S. 171
(380) Diário do Grande ABC (30. April 1999) Polizei identifiziert Praia do Cassino-Wahnsinnigen Cassino (auf Portugiesisch)
(381) Gerchmann L (1. Mai 1999) Verdächtiger gesteht, 7 Menschen in RS getötet zu haben (auf Portugiesisch). Folha de São Paulo
(382) Agência Brasil (28. Februar 2002) Fischer aus Rio Grande do Sul wegen 14 Verbrechen verurteilt (auf Portugiesisch)

(383) Milano P (2005) Der „Titica"-Fall (auf Portugiesisch). Revista PJ:BR. ISSN 1806-2776
(384) Natalina M (2010) Untersuchung und Medien: Eine Fallstudie (auf Portugiesisch). Fundação João Pinheiro
(385) Ministério Público do Rio Grande do Sul (17. September 2007) Mörder folgt gesammelten Hinweisen zu PASC (auf Portugiesisch)
(386) Vasconcellos H, Mendes L (27. April 2018) Wer sind die Gefangenen mit den höchsten Verurteilungen in RS (auf Portugiesisch). Pioneiro
(387) Diário do Grande ABC. 5. Mai 1999) „Cassino Maniac" gesteht zwei weitere Morde (auf Portugiesisch)
(388) Costa E (13. Februar 2020) Überlebender der Angriffe des „Praia do Cassino Maniac" legte heute Berufung ein (auf Portugiesisch)
(389) Jornal Hoje (26. Februar 2002) „The Cassino Maniac" (auf Portugiesisch)
(390) Ely ME (8. September 2022) Serienmörder, der Kinder in der Region Norte do RS tötete, wird nach 20 Jahren freigesprochen (auf Portugiesisch). G1
(391) Tribuna da Imprensa (8. Januar 2004) Matei as crianças por puro prazer [Ich habe die Kinder aus reinem Vergnügen getötet]
(392) Jornal do Brasil (7. Januar 2004) Preso assassino de crianças gaúchas [Verhaftet wegen Mordes an Kindern aus dem Bundesstaat Rio Grande do Sul]
(393) Jornal do Brasil (13. Januar 2004) Exame incrimina suspeito [Untersuchung belastet Verdächtigen]
(394) Martins C (8. September 2022) Die Leiche des ersten Opfers des Serienmörders, der neun Jungen im Norden von Rio Grande do Sul getötet hat, wurde vor 20 Jahren gefunden [Body of first victim of serial killer who killed nine boys in northern RS was found 20 years ago]. gauchazh.clicrbs.com.br
(395) Online Folha (6. April 2005) Handwerker sagt, er habe drei weitere Frauen auf Geheiß des Teufels getötet (auf Portugiesisch)
(396) Badauê Online (15. Dezember 2011) „Corumbá" bezeichnet den Tatort in Lençóis in Bahia (auf Portugiesisch)
(397) Jornal Pequeno (4. Juni 2008) „Corumbá" zu 23 Jahren Haft für Mord an Studentin verurteilt (auf Portugiesisch)
(398) ELO (abgerufen am 25. Januar 2011) Anordnung der Sicherungsverwahrung für den „Beach Maniac" (auf Portugiesisch)
(399) Diário da Noite (8. September 1952) Não pretende fugir e nem suicidar-se [Beabsichtigt nicht zu fliehen oder Selbstmord zu begehen]
(400) Criscuolo O (5. September 1952) Não trabalhava em dia de crime, andarilho e sem profissão certa [Ich arbeitete nicht an einem Tag, an dem ein Verbrechen begangen wurde, war ohne festen Wohnsitz und ohne einen Beruf]. Diário da Noite
(401) Diário da Noite (8. September 1952) Não pretende fugir e nem suicidar-se [Er hat nicht vor zu fliehen oder Selbstmord zu begehen]
(402) Diário da Noite (15. September 1954) Benedito deve permanecer no Manicômio Judiciário [Benedito muss in der Justizvollzugsanstalt bleiben]
(403) Correio Paulistano (3. September 1937) Tribunal do Jury [Jury Tribunal]
(404) Correio Paulistano (7. September 1951) Der Flüchtige aus dem Gefängnis von Mogi das Cruzes verfolgte Minderjährige auf der Straße von Itaquera (auf Portugiesisch)
(405) Declercq M (1. April 2018) Os homens que não amavam as mulheres: dois assassinos e estupradores em série de São Paulo [Die Männer, die Frauen nicht mochten: zwei Serienmörder und Vergewaltiger aus São Paulo]. Vice
(406) Lucca D Jr. (4. Oktober 1952) Trezentos e trinta anos de prisão [Dreihundertdreißig Jahre im Gefängnis]. Revista da Semana, S. 10
(407) Lucca Jr. D (4. Oktober 1952) Trezentos e trinta anos de prisão [Dreihundertdreißig Jahre im Gefängnis]. Revista da Semana
(408) Ferreira LC (25. März 2015) Cabo Bruno tötet 50 Menschen und stirbt mit 20 Schüssen (auf Portugiesisch). F5
(409) G1 (30. Mai 2007) Cabo Bruno wird gefangen genommen (auf Portugiesisch)
(410) Petillo A (15. Mai 2009) Cabo Bruno muss zum Semiaberto gehen, Jornal da Tarde, S. 8A (auf Portugiesisch)
(411) Fernandes A (31. Mai 1998) Mehr als tausend sind in den Händen von Bürgerwehr gestorben (auf Portugiesisch). Jornal do Commercio
(412) Paes Manso B, De Carvalho J (19. Mai 2013) Cabo Bruno und seine Engel und Teufel sahen das Filmthema (auf Portugiesisch). O Estado de São Paulo
(413) Pagnan R (19. Oktober 2012) Nur ich kannte den Capo Bruno (auf Portugiesisch). Folha de São Paulo / Folha de Manhã
(414) Godoy M (18. Februar 2008) Beamte schlagen Task Forces vor, um korrupte Bande zu zerschlagen (auf Portugiesisch). Notícias Hi Brazil
(415) Jornal da Tarde (15. August 2009) In den 80er Jahren versetzte Opal die südliche Zone in Angst und Schrecken. S. 8A (in Portugiesisch)
(416) Caco Barcellos (1992) Route 66 (auf Portugiesisch), Editora Record, Rio de Janeiro. S. 133
(417) Folha de São Paulo (abgerufen am 1. Mai 2008) Pflasterung ist nur ein Versprechen vor sieben Jahren (auf Portugiesisch)
(418) Saison (21. September 1998) Inspiration, die im Xylindro entspringt (auf Portugiesisch)
(419) Pagnan R (19. Oktober 2012) Er trug seinen Führerschein und seine Wunschliste in der Tasche (auf Portugiesisch). Folha de São Paulo / Company Folha da Manhã
(420) Cortes P, Azevedo S (2004) Von Männern des Gesetzes getötet (auf Portugiesisch). Época
(421) Jornal da Tarde (24. September 1983) Der Premierminister berichtet über Verbrechen, die von einigen seiner Männer begangen wurden (auf Portugiesisch)
(422) Jornal da Tarde (26. September 1983) Polizei: die neuen Entscheidungen von Reale Junior. S. 7 (auf Portugiesisch)
(423) Season (29. November 1999) Change of address (auf Englisch)
(424) Jornal da Tarde (21. August 2009) Cabo Bruno will go to the semi-open regime. p. 5A (auf Portugiesisch)
(425) Editora Ultimato (abgerufen 1. Mai 2008) Special - letters from Brazilian Onesimos (auf Portugiesisch)
(426) Jornal da Tarde (19. Juli 2008) Cabo Bruno House in Prison. S. 6A (auf Portugiesisch)
(427) Jornal da Tarde (9. Oktober 2009) Cabo Bruno wird vorübergehend die Ausreise verweigert. S. 9A (auf Portugiesisch)
(428) Leiming L (23. August 2012) Justiz gewährt Cabo Bruno nach 27 Jahren Haft die Freiheit (auf Portugiesisch). G1
(429) News Band (27. September 2012) Cabo Bruno wird im Landesinneren von São Paulo ermordet (auf Portugiesisch)
(430) Look (27. September 2012) Einen Monat nach seiner Entlassung aus dem Gefängnis wird Cabo Bruno ermordet (auf Portugiesisch)
(431) N.N. (1957) O monstro de Bragança. Revista O Cruzeiro, 6:28-33 (auf Portugiesisch)
(432) N.N. (1975) Präventivhaft für den Mörder von 4 Kindern (auf Portugiesisch)
. Folha de São Paulo 54(16750):8
(433) N.N. (2012) Verbrechen und Strafe im Inneren von São Paulo: das Monster von Bragança und die Aktion der Justiz in den 1970er Jahren (auf Portugiesisch). Anais do XXI Encontro Estadual de História-Associação Nacional de História-Seção São Paulo

(434) Diário da Noite (SP) (1959) Entflohener aus der Irrenanstalt entführt das Kind. Band 34(10564):7 (auf Portugiesisch)
(435) N.N. (1959) Von ihrem geisteskranken Vater am Zoll von Mogi-Mirim ausgesetzt. Diário da Noite (SP) 34(10565):2 (auf Portugiesisch)
(436) N.N. (1975) Die Kinder sind schon wieder auf der Straße (auf Portugiesisch). Folha de São Paulo 34(16751):8
(437) N.N. (1975) Der Wahnsinnige tötete die Kinder in Bragança (auf Portugiesisch). Folha de São Paulo 34(16748):8
(438) N.N. (1975) Selbst die Gefangenen wollten den Mörder lynchen (auf Portugiesisch). Folha de São Paulo 34(16749):16
(439) journalismofaat.wordpress.com/2016/11/21/population-go-the-municipal-cemetery-and-pay-honestyles/
(440) Domingos R (27. September 2007) Veja o perfil do acusado de matar adolescentes [Sehen Sie das Profil des Angeklagten, der Jugendliche getötet hat]. G1
(441) Churchill P (18. April 2020) Die wahnsinnigen Verbrechen des Maníaco da Cantareira (auf Englisch). Abenteuer in der Geschichte
(442) Russo G (6. Oktober 2007) Mutmaßlicher Komplize des Verrückten ist HIV-positiv [Alleged partner of maniac is HIV positive]. Extra Globo
(443) Mora M (27. September 2007) Der Verrückte, der seine Brüder getötet hat, hat weitere 11 Jugendliche angegriffen, sagt die Polizei [Maniac who killed brothers attacked 11 other teenagers, police say]. G1
(444) G1 (25. September 2007) PM acha corpos de irmãos desaparecidos na mata [PM findet Leichen vermisster Brüder im Wald]
(445) Novaes M (13. März 2012) Promotor: Maníaco da Cantareira planejou ataques e não é doente [Promotor: Cantareira Maniac plante Angriffe und ist nicht krank]. Terra.com
(446) Bonadio L (26. September 2007) Polizei behauptet, Verdächtigen für die Ermordung von Brüdern in Cantareira identifiziert zu haben [Police claim to have identified suspect in killing of brothers in Cantareira]. G1
(447) Bonadio L (13. März 2012) Angeklagter, der seine Brüder in der Serra da Cantareira getötet haben soll, sagt, er wollte „eine Affäre" (auf Portugiesisch). G1
(448) Novaes M (13. März 2012) „Maníaco da Cantareira" zu 57 Jahren Haft verurteilt, weil er zwei Brüder vergewaltigt und getötet hat (auf Portugiesisch). Terra.com
(449) O Globo (16. Januar 2013) Verurteilt wegen Mordes an 10 Kindern, „Fahrrad-Wahnsinniger" stirbt im Gefängnis (auf Portugiesisch)
(450) Istoé (2. Februar 2000) Andarilho da morte [Todesläufer]
(451) Nunomura E, Loyola L (2. Februar, 2000) Já são dez crianças [Es gibt bereits zehn Kinder]. Veja
(452) Cunha F (1. Februar, 2019) Série que aborda crimes tem episódio sobre Orpinelli [Serie, die Verbrechen thematisiert, hat eine Folge über Orpinelli]. Jornal Cidade
(453) Díario de Rio Claro (26. Januar 2021) Verlorene Kindheit [Infância perdida]. Folha de São Paulo
(454) Kleber T (24. April 2015) „Guarulhos Maniac" wird wegen Mordes an vier Frauen zu 111 Jahren Haft verurteilt (auf Portugiesisch). G1
(455) RecordTV7 (25. März 2016) „Guarulhos Maniac": Treffen Sie den Mann, der Frauen hasst und seine Opfer tötete und anschließend vergewaltigte (auf Portugiesisch)
(456) Oliveira D (3. September 2008) Polizei untersucht 17 Morde des „Guarulhos Maniac" (auf Portugiesisch). Folha de São Paulo
(457) Folha de São Paulo (24. September 2012) „Guarulhos-Wahnsinniger" wird für den Tod eines fünften jungen Mädchens angeklagt (auf Portugiesisch)
(458) Folha de São Paulo (21. November 2008) Trio, das für den Tod einer jungen Frau in Guarulhos (SP) verurteilt wurde, soll diesen Freitag an die CDP gehen (auf Portugiesisch)
(459) Folha de São Paulo (2. Oktober 2008) Jugendliche, die wegen eines Verbrechens verhaftet wurden, das dem Verrückten von Guarulhos (SP) zugeschrieben wird, werden im November vor Gericht gestellt (auf Portugiesisch)
(460) Caramante A (3. September 2008) „Guarulhos Maniac" (SP) gesteht Verbrechen, für das drei Personen seit zwei Jahren inhaftiert sind (auf Portugiesisch). Folha de São Paulo
(461) Folha de São Paulo (21. Mai 2012) Justiz entscheidet, dass der „Guarulhos Maniac" vor ein Geschworenengericht gestellt wird (auf Portugiesisch)
(462) Folha de São Paulo (29. Juni 2013) „Guarulhos Maniac" wird erneut verurteilt; Strafe beträgt 25 Jahre (auf Portugiesisch)
(463) Jornal do Brasil (3. November 2019) Brasilianische Serie erzählt die Geschichte von Menschen, die zu Unrecht inhaftiert wurden (auf Portugiesisch)
(464) N.N. (Archiviert am 14. April 2017) Die Geschichte des „Monsters von Capinópolis" gewinnt Buch (auf Portugiesisch). Wayback Machine
(465) Popó P (2012) O monstro de Capinópolis: a história de Orlando Sabino. Uberlândia: Hebrom Editora e Artes Gráficas Ltda (auf Portugiesisch)
(466) Borges J (1979) Operation Anti-Guerilla. Uberlândia: Editora Juruna (auf Portugiesisch).
(467) Machado M et al (2015) Orlando Sabino: Analyst für Psychiatrie, Politik, Justiz und Medien in den 1970er Jahren (auf Portugiesisch). Revista Tempos Gerais 4(2)
(468) Tribunal de Justiça do Estado do Pará (abgerufen am 11. Februar 2017) Kammern gewähren Hausarrest für ältere Menschen (auf Portugiesisch)
(469) O Estadão (abgerufen am 11. Februar 2017) Arzt lehnt Kastration von Jungen in Altamira ab (auf Portugiesisch)
(470) O Estadão (abgerufen am 11. Februar 2017) Arzt wegen Mordes an 13 Kindern verhaftet (auf Portugiesisch)
(471) Staatsanwaltschaft von Pará (abgerufen am 5. Januar 2010) Der Fall der Kastrationen von Altamira: Verurteilte, die an den Verbrechen beteiligt waren, wurden ausfindig gemacht (auf Portugiesisch)
(472) O Estadão (abgerufen am 12. April 2015) Die Justiz hätte einen der größten Fehler ihrer Geschichte korrigieren können. Aber der Richter ist nicht vor Gericht gegangen. Er war bereits verpflichtet (auf Portugiesisch)
(473) Folha de São Paulo (abgerufen am 5. Januar 2010) Angeklagte kommen in PA vor Gericht (auf Portugiesisch)
(474) Tribunal de Justiça do Estado do Pará (abgerufen am 11. Februar 2017) Gericht in Pará vertagt Überprüfung (auf Portugiesisch)
(475) G1 (abgerufen am 5. Januar 2010) Ärzte bleiben im Gefängnis, nachdem Serienmörder die Schuld auf sich nimmt (auf Portugiesisch)
(476) Globominas.globo.com (1. März 2010) Titel nicht bekannt
(477) Parreiras M (2. Februar 2010) Titel nicht bekannt
(478) Senado.gov.br (26. April 2012) Beitrag der Brasilianischen Frauenunion – UBM/MG (auf Portugiesisch). Gemischte Untersuchungskommission zur Untersuchung von Fällen von Gewalt gegen Frauen in Brasilien
(479) N. N. (11. Juli 1957) Auf Bewährung entlassener Mörder ermordet fünf Menschen. Idaho State Journal, S. 9
(480) Diario Futruno (8. Juli 2021) El Chacal de Pupunahue: 64 años de los brutales homicidios de Máfil
(481) Foncea MS (23. Juli 2011) Chacal de Pupunahue massakrierte eine Frau und fünf ihrer Kinder im Schlaf (auf Spanisch). La Cuarta

(482) N. N. (11. Juli 1957) Chilenischer Bergarbeiter erschlägt Frau und fünf Kinder (auf Englisch). Simpson's Leader-Times. S. 17.
(483) N. N. (12. Juli 1957) Auf Bewährung entlassener Mörder gibt zu, sechs Menschen zu Tode gehackt zu haben (auf Englisch). The Odessa American. S. 10.
(484) N. N. (1954) Certificado de Nacimiento. Vol. 94. Máfil: Zivilstands- und Identifizierungsdienst von Chile
(485) N. N. (11. Juli 1957) Frau, fünf Kinder von Mann getötet (auf Englisch). Brownsville Herald. S. 7.
(486) N. N. (12. Juli 1957) Mörder von Frau und fünf Kindern hat gestanden, wird behauptet (auf Englisch). The Daily Courier, Connellsville PA. S. 10
(487) Meneses FJ (20. Mai 2013) 1982, a la caza del psicópata. El Archivo-N
(488) sicopatasdevina.cl (30. Juni 2013) El Caso Completo
(489) Sicópatas de Viña, Brutales Asesinos (15. Januar 2023) Chronologie der Sicópatas de Viña
(490) lun.com (27. November 2013) Der Carabinero, der Sagredo und Topp Collins fand, spricht (auf Spanisch)
(491) sicopatasdevina.cl (13. März 1982) Die beiden ehemaligen Carabineros wurden zu Häftlingen erklärt (auf Spanisch)
(492) Expediente del Caso (14. Dezember 1982) Außergerichtliche Geständnisse von Sagredo Pizarro und Topp Collins (auf Spanisch)
(493) Expediente del Caso (14. Dezember 1982) Gerichtliche Geständnisse von Sagredo Pizarro und Topp Collins (auf Spanisch)
(494) La Tercera (27. November 2013) Gruselige Geständnisse von Sagredo (auf Spanisch)
(495) Los Angeles Times (29. Januar 1985) 2 chilenische Polizisten hingerichtet trotz „Crime Club"-Behauptung (auf Englisch)
(496) AP News (3. August 2022) Erschießungskommando richtet 2 Polizisten für 10 Morde hin (auf Englisch)
(497) lun.com (26. November 2013) So war die Hinrichtung (auf Spanisch)
(498) Revístanos (24. Mai 2010) Erasmo Moena Pinto wuchs in Tomé auf: In katholischen Schulen kritzelte der Psychopath von Placilla seine ersten Buchstaben (auf Spanisch)
(499) El Tipógrafo (5. Januar 2020) JC Rodríguez überraschte mit der Enthüllung, wie er den „Psychopathen von Placilla" kennengelernt hat [JC Rodríguez surprised by revealing how he met the 'Psychopath of Placilla']
(500) Astudillo D (25. Mai 2011) Verurteilt den Psychopathen von Placilla zu lebenslanger Haft ohne Vergünstigungen (auf Spanisch) La Tercera
(501) La Cuarta (26. Mai 2021) „Wir werden es verbrennen und in den Fluss werfen": Das schreckliche Verbrechen (ohne Verurteilung) des Psychopathen von Placilla (auf Spanisch)
(502) Soy Valparaíso (25. Mai 2016) „Psicópata de Placilla": „No creo en el arrepentimiento" [„Psychopath von Placilla": „Ich glaube nicht an Reue"]
(503) Radio Cooperativa (11. April 2010) Verwandte, Freunde und Nachbarn verabschiedeten sich von Opfer des mutmaßlichen „Psychopathen von Placilla" (auf Spanisch)
(504) Radio Cooperativa (9. April 2010) Die Leichen der Opfer des Mörders von Placilla wurden ihren Familien übergeben (auf Spanisch)
(505) Leiva Cortés C (19. Mai 2011) Der Psychopath von Placilla bewahrte Slips und BHs als „Trophäen" auf [Placilla Psychopath kept panties and bras as „trophies"]. La Nación
(506) El Correo Gallego (9. April 2010) Festnahme eines Psychopathen in Chile, der zwei Frauen ermordet hat, nachdem er aus dem Gefängnis entlassen wurde (auf Spanisch)
(507) El Mostrador (10. April 2010) Formell wegen Vergewaltigung und Mordes angeklagt: der mutmaßliche Würger Erasmo Moena (auf Spanisch)
(508) Radio Cooperativa (10. April 2010) Hinzpeter sicherte zu, dass er die Ermittlungen zur Freilassung des mutmaßlichen „Psychopathen von Placilla" leiten wird (auf Spanisch)
(509) El Mercurio (5. April 2011) Justicia absuelve al sicópata de Placilla por violaciones en Mulchén [Die Justiz spricht den Psychopathen von Placilla wegen Vergewaltigung in Mulchén frei]
(510) González A (25. Mai 2011) „Placillas Psychopath" wird in Viña del Mar zu mehr als 60 Jahren Haft verurteilt (auf Spanisch). Bio Bio Chile
(511) Ruiz Arias J (12. Oktober 2018) Condenado a muerte: El chacal de Queilen [Zum Tode verurteilt: Der Schakal von Queilen]. La Cuarta
(512) D. R. (24. September 2021) El primer crimen del „Chacal de Queilen": las mentiras y engaños de un asesino en serie [Das erste Verbrechen des „Chacal de Queilen": die Lügen und Täuschungen eines Serienmörders]. La Cuarta
(513) La Opinión de Chiloé (6. Juni 2018) „Serienmörder von Queilen ist frei! Gericht gewährt ‚El Rubencito' bedingte Freiheit (auf Spanisch)
(514) Alarcón A (6. Juni 2018) Bruder des Opfers des Chacal de Queilen: Zum Glück bin ich nicht wie er, sonst würde ich ihn fangen und töten (auf Spanisch). BioBioChile
(515) queilen.cl (6. Juni 2018) Aufruhr in Queilen nach bedingter Haftentlassung von „Rubencito" (auf Spanisch)
(516) El Observatodo (25. Mai 2016) Film „Joselito" wird in La Serena gezeigt (auf Spanisch)
(517) Burlé OD (4. März 2014) Piden reabrir caso del sicópata de Alto Hospicio [Sie fordern die Wiederaufnahme des Falls des Psychopathen von Alto Hospicio] www.lacuarta.com
(518) ipsnews.net (13. Oktober 2001) Polizeifehlverhalten bei Serienmorden an armen Jugendlichen (auf Spanisch)
(519) Locker M (21. September 2016) Südamerikas 8 gruseligste Serienmörder (auf Spanisch). Rolling Stone
(520) Montes C (10. November 2020) Von der Quintrala bis zum Psychopathen von Alto Hospicio: Die schlimmsten und gefährlichsten Serienmörder des Landes (auf Spanisch). La Tercera
(521) La Tercera (27. Februar 2014) Burgos beschreibt „legitime" Kundgebungen von Angehörigen der Opfer des Psychopathen von Alto Hospicio gegen seine Ernennung (auf Spanisch)
(522) cooperativa.cl (27. Februar 2004) „Sicópata de Alto Hospicio" wurde zu lebenslanger Haft ohne Bewährung verurteilt (auf Spanisch)
(523) Pérez Guerra A (26. Februar 2002) Chile: El secreto de Alto Hospicio (II). www.lainsignia.org
(524) Canal 13 (22. März 2023) María del Pilar Pérez „La Quintrala" bricht das Schweigen und kämpft für ihre Freiheit (auf Spanisch)
(525) Ramírez P (4. Januar 2011) Die intime Geschichte der konfliktreichen Familie von Pilar Pérez (auf Spanisch). CIPER Chile
(526) Vieyra O L (11. November 2010) Bis heute habe ich Angst, ich lebe nicht ruhig (auf Spanisch). La Cuarta
(527) Chilenisches Standesamt und Identifikationsdienst, Heiratsurkunde. Universidad de Providencia, 1976, Nr. 185
(528) Arévalo M (12. Mai 2019) Das „verfluchte" Haus der Quintrala in Providencia (auf Spanisch). La Cuarta
(529) Drittes Strafgericht in Santiago (19. Januar 2011) Veredicto contra Pilar Pérez y Mario Ruz. Santiago de Chile
(530) Amaya L (19. Januar 2011) ¿Culpable o inocente? Die Beweise gegen und für María del Pilar Pérez. Emol
(531) Pinto D (2. März 2023) La Quintrala: ¿Quién es María del Pilar Pérez y por qué pide que se anule su condena?. On Court

(532) Radio Cooperativa (24. September 2010) Zeuge im Fall María del Pilar Pérez: Der Mörder von Diego sitzt in diesem Saal (auf Spanisch)

(533) Radio Cooperativa (26. Februar 2011) María del Pilar Pérez wurde zu lebenslanger Haft verurteilt (auf Spanisch)

(534) El Mostrador (19. Januar 2011) María del Pilar Pérez, schuldig an drei Morden (auf Spanisch)

(535) Matus J (21. Oktober 2018) María del Pilar Pérez, 10 Jahre später (auf Spanisch). La Tercera

(536) BioBioChile (16. März 2023) La triple ofensiva judicial de „La Quintrala": dispara contra el Estado, el exfiscal Gajardo y TVN

(537) Página 7 (19. November 2022) Otras 20 muertes podrían ser atribuidas al „psicópata de Meiggs", según investigación de la Fiscalía

(538) Cabeza P (7. Dezember 2020) Otras 20 muertes podrían ser atribuidas al „psicópata de Meiggs", según investigación de la Fiscalía

(539) Molina Sanhueza J (12. April 2021) En la mente de un asesino serial: Die Untersuchung des Mörders vom Estación Central zeigt, dass er zurechnungsfähig ist (auf Spanisch). BioBioChile

(540) elespectador.com (11. November 2020) So griff der mutmaßliche kolumbianische Serienmörder in Chile seine Opfer an (auf Spanisch)

(541) infobae.com (2. März 2022) Profil von Diego Alexander Ruiz, kolumbianischer Serienmörder und Schrecken der Straßenbewohner in Chile (auf Spanisch)

(542) Ayala L, Labrín S (15. November 2020) Messer in der Hand: Die Geschichte des Serienmörders (auf Spanisch). PressReader

(543) Vergara 240 - Escuela de Periodismo UDP (29. Januar 2021) Sie sind: die Geschichten der Opfer des Serienmörders von Estación Central (auf Spanisch)

(544) Vergara 240 - Escuela de Periodismo UDP (19. November 2022) Portrait meines Vaters, Víctor Allende 8auf Spanisch).

(545) Vergara 240 - Escuela de Periodismo UDP (19. November 2022) Carlos Rivas, el ritmo se lleva en la sangre

(546) Vergara 240 - Escuela de Periodismo UDP (19. November 2022) Luis Romero Jeria, vivir y morir en la calle

(547) Vergara 240 - Escuela de Periodismo UDP (19. November 2022) 2022) Los fantasmas que acechaban a Marcia Tapia Loncón

(548) Vergara 240 - Escuela de Periodismo UDP (19. November 2022) Leonidas Panez Fierro, el alcoholismo no perdona

(549) Vergara 240 - Escuela de Periodismo UDP (19. November 2022) Che Manino: vamos a brillar, mi amor

(550) Vergara 240 - Escuela de Periodismo UDP (19. November 2022) Pedro Bustamante, der unsichtbare Überlebende, gefangen auf der Straße (auf Spanisch)

(551) Pino M P (19. November 2022) Vor 22 Tagen, in den frühen Morgenstunden, wurde er mit fünf Stichen in den Hals und einem in den Rücken getötet. Ein ungewöhnlicher Kriminalfall, zu dem die Mordkommission der PDI keine Neuigkeiten hat (auf Spanisch). segreader.emol.cl

(552) elpais.com. co (3. Januar 2021) Serienmörder in Chile: Diego Alexander Ruiz Restrepo, der wegen Mordes angeklagte Chilene, wurde inhaftiert (auf Spanisch)

(553) El Tiempo (13. November 2020) A 15 aumentarían las víctimas de asesino serial colombiano en Chile

(554) Noticias Chile (29. August 2023) 40 años de cárcel para colombiano que asesinó a 7 personas en situación de calle mientras dormían

(555) Duván Álvarez D (11. November 2020) Die kranke kriminelle Psyche des kolumbianischen Serienmörders in Chile (auf Spanisch). El Tiempo

(556) Infobae (9. April 2023) Wer ist „Lucho Plátano", der Mörder eines chilenischen Polizisten mit einer langen kriminellen Vorgeschichte? (auf Spanisch)

(557) Batarce C, Durán I (21. Februar 2023) „Ciudad de Dios"? Die Geschichte, wie „Lucho Plátano" Minderjährige rekrutierte, denen er Waffen für Morde zur Verfügung stellte (auf Spanisch). La Tercera

(558) Meganoticias (24. Januar 2023) ¿Quién es „Lucho Plátano"?: Er wird beschuldigt, einen Kommissar der PDI und drei weitere Personen getötet zu haben, und ist weiterhin flüchtig- (auf Spanisch)

(559) 24horas.cl (9. April, 2023) Jetzt wird „Lucho Plátano" mit dem Verbrechen an vier Jugendlichen in Verbindung gebracht: Er war das Ziel, versichert die Anwältin (auf Spanisch)

(560) Meganoticias (22. Februar, 2023) Neue Erkenntnisse im Fall „Lucho Plátano": Zeugenaussagen von Personen aus dem Umfeld des Täters (auf Spanisch)

(561) 24horas. cl (9. April 2023) „Lucho Plátano" versuchte, die Waffe des Kommissars zu verkaufen: die Gründe der Staatsanwaltschaft für die Behauptung eines versuchten Raubüberfalls (auf Spanisch)

(562) Batarce C (9. Februar 2023) Verhaftung von „Lucho Plátano", mutmaßlicher Täter des Mordes an Kommissar Daniel Valdés in La Cisterna (auf Spanisch). La Tercera

(563) BioBioChile (21. Februar 2023) „Los perros": Sie versichern, dass „Lucho Plátano" von Jugendlichen umgeben war, denen er beibrachte, wie man kriminell wird (auf Spanisch)

(564) CNN Chile (9. April 2023) Sie bestreiten, dass „Lucho Plátano" im Gefängnis von Rancagua misshandelt wurde (auf Spanisch)

(565) N.N. (12. April 2019) Eine Mörderin und vergiftete Ammen: 55 Jahre nach einem Polizeifall, der Chile erschütterte und bis heute aktuell ist (auf Englisch). The Clinic

(566) Moya MA, Martínez Fernández P (1980) Tres Historias de Locura y Crimen: Retazos y Fragmentos de Concepción 1970-1979

(567) Murray Quiroz O (29. Januar 1970) Triple asesino a los 18 años. Vea

(568) Varela L (1. September 2023) Cuál es el actual paradero del „Chacal de Alcohuaz" y el „Psicópata de Coquimbo". Diarioeldia.cl

(569) Foncea MS (11. Oktober 2006) Eine Lobotomie würde ihn in ein sanftmütiges Schäfchen verwandeln, aber „La Fiera" hat sein fünftes Opfer getötet (auf Spanisch). La Cuarta

(570) Cooperativa.cl (12. September 2019) Wurde der zweite Flüchtige des Massakers von Puente Alto festgenommen? (auf Spanisch)

(571) Putaendo Informa (11. Mai 2020) 73 Jahre nach einem der perversesten Verbrechen, die man kennt (auf Spanisch)

(572) Cooperativa.cl (24. Juli 2008) Oberster Gerichtshof bestätigt Urteil gegen Paar, das sieben Kinder getötet hat (auf Spanisch)

(573) ITV Patagonia (16. Januar 2023) Wer ist Adalio Mansilla, der Zerstückler von Punta Arenas? (auf Spanisch)

(574) BioBioChile, 9. August 2020) Der Todeskollektivierer: So handelte der „Psychopath von Copiapó" (auf Spanisch)

(575) Publimetro Chile, 6. Mai 2021) Die makabere Geschichte des Anwalts, der eine Frau in Quilpué vergiftet hat: wurde wegen drei weiterer ähnlicher Verbrechen untersucht (auf Spanisch)

(576) BioBioChile (25. Mai 2023) Verurteilen Ricardo González Latorre, bekannt als der „Anwalt des Methanols", zu 24 Jahren Gefängnis (auf Spanisch)

(577) Cabello L (22. August 2012) Der Bruder des Opfers kritisierte die Justiz dafür, dass sie dem Serienmörder von Curicó Vorteile gewährt habe (auf Spanisch). BioBioChile

(578) Friz G (7. Juni 2024) Die Leichen anderer von Hugo Bustamante ermordeter Personen würden sich nur 5 Meter von der Stelle entfernt befinden, an der Ámbar Cornejo begraben wurde (auf Spanisch). BioBioChile

(579) Hoy Quito (8. November 2006) Gilberto Chamba alias „Monster von Machala": Eine wahre Geschichte von Alfred Hitchcock (auf Spanisch)

(580) elmundo.es (abgerufen am 25. Juni 2021) Suplemento Crónica 478 - La mala suerte del monstruo

(581) explored. com Quito (23. Oktober 2006) Der Schmerz, den das „Monster von Machala" verursachte, ist nie passiert (auf Spanisch)

(582) El Comercio Quito (10. November 2006) Das „Monster von Machala" wurde zu 45 Jahren Gefängnis verurteilt (auf Spanisch)

(583) Puertas M (1. November 2002) Der schwule Würger (auf Spanisch). Explore.com.

(584) El Universo (26. Oktober 2002) Kolumbianer wegen fünf Sexualverbrechen hingerichtet (auf Spanisch)

(585) El Universo (25. Oktober 2002) Kolumbianer gibt Schuld an fünf Todesfällen zu (auf Spanisch)

(586) El Telégrafo (13. Juni 2014) El 'Niño del terror' mataba a balazos (Video)

(587) Plan V (7. März 2016) El proceso para esclarecer la muerte de Amada Suárez

(588) Diario Hoy (28. Februar 1996) Juan Fernando Hermosa muere en Sacha

(589) La Hora (18. November 2011) Esta es una historia para reflexionar

(590) Correa Ramírez JD (6. Mai 2013) Pescadito El Colombiano

(591) El Tiempo (27. Mai 2019) La captura de alias 'Pescadito', el asesino múltiple de 19 años

(592) Ortiz MP (4. Juni 2013) El rastro de un asesino adolescente. El Tiempo

(593) El Espectador (27. Mai 2019) 19-Jähriger gesteht, in Bogotá mehr als 30 Menschen getötet zu haben (auf Spanisch)

(594) El Tiempo (27. Mai 2019) Mit nur 19 Jahren gesteht der „Pescadito", 35 Menschen getötet zu haben (auf Spanisch)

(595) Blu Radio (27. Dezember 2022) Alias „Pescadito" wurde gefasst und gilt als der jüngste Serienmörder des Landes: war Mitglied von Los Camilo II (auf Spanisch)

(596) El Tiempo (27. Mai 2019) Junger Mörder von 35 Personen könnte laut Experten nicht resozialisiert werden (auf Spanisch)

(597) news. com.au (28. April 2013) Der kolumbianische Teenager-Killer Andres Leonardo Achipiz gesteht 33 Morde (auf Spanisch)

(598) Ramírez Herrera WB, Jiménez Perafan MC (29. Januar 2019) Marquetalia, Gewalt in der Provinz (auf Spanisch). Pressestelle des Departements Valle del Cauca, Santiago de Cali. Ausgabe Nr. 54, Girardot

(599) Motoa Franco F (17. November 2013) Gedenken an die 39 Opfer, die Desquito im Dorf La Italia (Victoría) getötet hat (auf Spanisch). La Patria

(600) N.N. (1964) Colombian National Police Magazine 51(104). Bogotá

(601) Giraldo LA (4. August 2013) 50 Jahre nach dem Albtraum in La Italia (auf Spanisch). La Patria

(602) Valencia Llano A (26. August 2013) William Ángel Aranguren, „Capitán Desquite". Eje21

(603) Delgado M J (14. August 2013) 50 Jahre nach dem Massaker von Marquetalia (auf Spanisch). El Espectador

(604) The Library of Congress (101 Independence Ave, SE Washington, DC 20540) (5. November 2021) Camargo Barbosa, Daniel - LC Linked Data Service: Authorities and Vocabularies | Library of Congress (loc.gov). id.loc.gov

(605) Research, OCLC (5. November 2021) FAST Linked Data. id.worldcat. org

(606) Hoy Ecuador (15.11.1994) La Infancia y La Virginidad: Dos Vertientes Del Crimen [Kinder und Jungfräulichkeit: Zwei Arten von Verbrechen]

(607) Hoy Ecuador (15.11.1994) Cronologia de los Asesinatos de Camargo Barbosa [Zeitachse der Morde an Barbosa Camargo]

(608) Comas J (2.2.1988) El sádico del Chanquito [Der Chanquito-Sadist]. El País Ecuador

(609) El Tiempo Ecuador (15. November 1994) Terminó Historia de Terror en Ecuador (auf Spanisch)

(610) Revista KienyKe (20. Juli 2013) La historia de cinco asesinos en serie de Colombia

(611) Revista Kienyke (28. Mai 2019) Lo llamaban „Desalmado" antes de asesinar a los niños de Caquetá

(612) Caquetá Semana (28. Mai 2019) Condenan a „Desalmado" a 40 años de prisión por masacre de niños en Caquetá Semana.

(613) CambioIn - Nachrichtenportal (28. Mai 2019) Der Mörder der vier Kinder von Caqueta begann seine kriminelle Karriere in Ibagué (auf Spanisch)

(614) Noticias RCN (28. Mai 2019) Ein weiteres Verbrechen von „El Desalmado" kommt ans Licht (auf Spanisch)

(615) El Universal (28. Mai 2019) So war das Verbrechen an den Kindern Vanegas Grimaldo (auf Spanisch)

(616) El Espectador (28. Mai 2019 2019) Alias 'El Desalmado' erzählt ausführlich, wie er aus dem Gefängnis entkommen konnte (auf Spanisch)

(617) Caracol Televisión (28. Mai 2019) Es werden 50 Millionen Dollar Belohnung für den alias 'el Desalmado' ausgesetzt (auf Spanisch)

(618) Caquetá El Universal (28. Mai 2019 2019) Recapturan al „Desalmado" en Curillo, Caquetá

(619) W Radio (28. Mai 2019) Trasladan a „El desalmado" a la cárcel de máxima seguridad de Combita en Boyacá

(620) Pujadas E (5. Mai 2013). Die Hexenmörderin (auf Spanisch). Diario La Voz

(621) Noticias al Día y a la Hora (29. Mai 2019) ¡De Terror! Frau, die sich als „Hexe" ausgab, um zu töten (auf Spanisch)

(622) El Tiempo (29. Mai 2019) Verurteilte Hexe María Concepción (auf Spanisch)

(623) Contreras Fajardo L (7. Februar 2011). Instinto asesino de dos colombianos es explorado por Discovery. El Espectador

(624) Escobar JC (1. November 1998) Verbrechen einer Hexe (auf Spanisch). El Tiempo

(625) Letra Roja (29. Mai 2019) María Concepción, „La Bruja Asesina", die ihre Opfer vergiftete (auf Spanisch)

(626) Ortega M (24. Mai 2018) Garavito oder „La Bestia": der Vergewaltiger und Mörder von fast 200 Kindern in Kolumbien, der die Möglichkeit hätte, aus der Haft entlassen zu werden (auf Spanisch)

(627) Caracol Radio (3. November 2001) Verurteilt den größten Serienmörder Kolumbiens zu 1853 Jahren Gefängnis (auf Spanisch)

(628) El País (26. Mai 2000) Verurteilt den Mörder von 189 Kindern in Kolumbien zu 8. 350 Jahren Haft verurteilt: Mörder von 189 Kindern in Kolumbien [Murderer of 189 Children in Colombia Sentenced to 8,350 Years in Prison]

(629) eltiempo.com (27. Juli 2007) Vergewaltiger Luis Alfredo Garavito wurde in Ecuador zu 22 Jahren Haft verurteilt [Rapist Luis Alfredo Garavito Sentenced to 22 Years in Prison in Ecuador]

(630) McQueen V (2015) The World's Worst Serial Killers: Monsters Whose Crimes Shocked the World. Arcturus Publishing, London. ISBN 9781784281489

(631) Morris R, Darling J (30. Oktober 1999) Kolumbianer wegen Tod von 140 Kindern inhaftiert (auf Englisch). Los Angeles Times

(632) Clarín (27. Mai 2000) Un asesino condenado a 835 años de cárcel [Mörder zu 835 Jahren Gefängnis verurteilt]. clarin.com

(633) Caracol Radio (3. November 2001) Condenan a 1853 años de cárcel al mayor asesino en serie de Colombia

(634) Baron Chilito I et al (14. Oktober 2007) Estructura de la Personalidad de Luis Alfredo Garavito [Persönlichkeitsstruktur von Luis Alfredo Garavito]. Psicologia Juridica y Forense [Rechts- und forensische Psychologie]. via psicologiajuridica.org.

(635) infobae.com (2. November 2021) Die Kindheit, Schande und das kriminelle Profil von Luis Alfredo Garavito, der „Bestie" Kolumbiens, die zum größten Kindermörder der Geschichte wurde [The childhood, infamy and criminal profile of Luis Alfredo Garavito, the Colombian 'Beast' who became the greatest child murderer in history]

(636) universia. net.co (7. Juni 2006) Pirry entrevista a Luis Alfredo Garavito [Pirry interviewt Luis Alfredo Garavito]

(637) rcnradio. com (12. März 2020) El prontuario de Garavito, 'La Bestia' que partió la historia de Colombia en dos con su sevicia

(638) El Tiempo (2. Oktober 2004) Las Atrocidades de Luis Alfredo Garavito [Die Gräueltaten von Luis Alfredo Garavito]

(639) Semana (28. November 1999) La Bestia

(640) tuamc. tv (3. März 2017) Luis Garavito

(641) medium. com (31. Mai 2021) The Beast - Luis Garavito

(642) El País (30. Oktober 1999) El asesino de 140 niños en Colombia confiesa que actuó por venganza [Mörder von 140 Kindern in Kolumbien gesteht, dass er aus Rache gehandelt hat]

(643) Semana (5. Mai 2002) 2002) Portrait eines Serienmörders (auf Spanisch)

(644) Youtube Discovery Channel (1. September 2016) Dokumentarfilm über Serienmörder Luis Alfredo Garavito- (auf Spanisch)

(645) El Tiempo (31. Oktober 1999) Ja, ich habe sie getötet, ich bitte um Verzeihung (auf Spanisch)

(646) Benecke M et al (2005) Zwei homosexuelle, pädophile, sadistische Serienmörder: Jürgen Bartsch (Deutschland, 1946–1976) und Luis Alfredo Garavito Cubillos (Kolumbien, 1957) Minerva Medicolegale 125(3). Benecke.com

(647) El Tiempo (7. November 1999) En mi casa tuve al peor criminal

(648) Cañas JJ, Tapias Á (2012) En los laberintos mentales de Garavito. El Libro Total. S. 169-170. ISBN 978-958-708-627-0

(649) Morgans J, Rodriguez Castro L (21. August, 2020) 3 der tödlichsten Serienmörder der Welt kommen aus demselben Ort: Warum? (auf Spanisch). Vice

(650) Cañas JJ, Tapias Á (2012) En los laberintos mentales de Garavito. El Libro Total. S. 140. ISBN 978-958-708-627-0

(651) Aranguren M (22. Juni 2020) Reise in den mörderischen Geist von „La Bestia", mein Treffen mit Luis Alfred Garavito (auf Spanisch)

(652) Cañas JJ, Tapias Á (2012) En los laberintos mentales de Garavito. El Libro Total. S. 170. ISBN 978-958-708-627-0

(653) Avila C (November 2nd, 2021) Alfredo Garavito asesinó a mi hijo; así descubrí su doloroso crimen [Alfredo Garavito ermordete meinen Sohn; so entdeckte ich sein schmerzhaftes Verbrechen]. eltiempo.com

(654) Rohter L (November 1st, 1999) Hinter einem grausamen Geständnis, das zerrissene Leben kolumbianischer Kinder (auf Englisch). The New York Times

(655) Cañas JJ, Tapias Á (2012) En los laberintos mentales de Garavito. El Libro Total. S. 141. ISBN 978-958-708-627-0

(656) Cañas JJ, Tapias Á (2012) En los laberintos mentales de Garavito. El Libro Total. S. 188. ISBN 978-958-708-627-0

(657) semana.com (12.12.1999) La Confesion [Das Geständnis]

(658) Solarte Rodríguez R (12.11.2018) Garavito y los crímenes imperdonables: ¿un espejo en que no queremos mirarnos? razonpublica.com

(659) emol. com (13. August 2003) Serienmörder aus Kolumbien gibt zu, 28 weitere Personen getötet zu haben (auf Spanisch)

(660) El Comercio (27. Mai 2011) Garavito wird in Ecuador verurteilt (auf Spanisch)

(661) Gonzalez M (20. Januar 2020) Überlebender von Luis Alfredo Garavito berichtet von dieser schrecklichen Erfahrung (auf Spanisch). rcnradio.com

(662) Cañas JJ, Tapias Á (2012) In den mentalen Labyrinthen von Garavito (auf Spanisch). El Libro Total. S. 44. ISBN 978-958-708-627-0

(663) BBC News (30. Oktober 1999) World: Americas: Colombian child killer confesses. BBC Online Network

(664) Dr. Mark Benecke International Forensic Research and Consulting (24. August 2020) Interview mit dem forensischen Biologen Dr. Mark Benecke über den Serienmörder Luis Alfredo Garavito Cubillos

(665) Marcus (29. Juni 2022) Luis Garavito Kolumbianischer Serienmörder (auf Spanisch). Tunlog

(666) Álvarez MG (6. November 2020) Garavito, la 'Bestia', y su agenda negra del horror: 'Aquí enterré todos los cadáveres' [Garavito, die 'Bestie', und seine schwarze Agenda des Schreckens: 'Hier habe ich alle Leichen begraben']. La Vanguardia

(667) Benecke M et al (2005) Zwei homosexuelle, pädophile, sadistische Serienmörder: Jürgen Bartsch (Deutschland, 1946–1976) und Luis Alfredo Garavito Cubillos (Kolumbien, 1957) Minerva Medicolegale 125(3):161-162. Benecke.com

(668) The New York Times (30. Oktober 1999) Kolumbianer gibt zu, über 5 Jahre hinweg 140 Kinder getötet zu haben (auf Englisch)

(669) El País (22. Juli 2003) Sí, es el 'monstruo de los cañaduzales'" [Ja, es ist das ‚Monster der Zuckerrohrfelder']. historico.elpais.com

(670) Cañas JJ, Tapias Á (2012) En los laberintos mentales de Garavito. El Libro Total. S. 127. ISBN 978-958-708-627-0

(671) Cañas JJ, Tapias Á (2012) En los laberintos mentales de Garavito. El Libro Total. S. 44-45. ISBN 978-958-708-627-0

(672) El Tiempo (3. November 1999) Así Fue Capturado Autor de 140 Muertes [Wie der Mörder von 140 Personen gefangen genommen wurde]

(673) The Guardian (31. Oktober 1999) Geständnis des „schlimmsten Mörders der Geschichte" (auf Englisch)

(674) Benecke M et al (2005) Zwei homosexuelle, pädophile, sadistische Serienmörder: Jürgen Bartsch (Deutschland, 1946–1976) und Luis Alfredo Garavito Cubillos (Kolumbien, 1957) Minerva Medicolegale 125(3):162. Benecke. com

(675) Caracol Radio (3. November 2001) Condenan a 1853 años de cárcel al mayor asesino en serie de Colombia [Kolumbiens größter Serienmörder zu 1853 Jahren Gefängnis verurteilt]

(676) Benecke M et al (2005) Zwei homosexuelle, pädophile, sadistische Serienmörder: Jürgen Bartsch (Deutschland, 1946–1976) und Luis Alfredo Garavito Cubillos (Kolumbien, 1957) Minerva Medicolegale

(677) El Espectador (25. Oktober 2018) Ermittlungen gegen Luis Alfredo Garavito, um zu verhindern, dass er aus der Haft entlassen wird (auf Spanisch)

(678) Los Angeles Times (1. November 2021) 2021) Kolumbianische Empörung über vorzeitiges Entlassungsgesuch für Serienmörder (auf Englisch)

(679) Caracol Radio (25. März 2005) Der Mehrfachmörder Luis Garavito würde Pfingstpastor [Serial Killer Luis Garavito Would Become a Pentecostal Pastor]

(680) Hernández Mora S (27. April 2023) Garavito, Vergewaltiger und Mörder von 132 Kindern, leidet an Krebs im Endstadium- (auf Spanisch). El Mundo

(681) psicologiajuridica. org (1. Oktober 2018) Profil von Luis Alfredo Garavito und zugehörige Profile (auf Spanisch)

(682) Noticias RCN (13. Oktober 2023) Luis Alfredo Garavito, der größte Vergewaltiger und Kindermörder Kolumbiens, ist gestorben (auf Spanisch)

(683) Associated Press News (12. Oktober 2023 2023) Kolumbianischer Serienmörder, der den Mord an mehr als 190 Kindern gestanden hat, stirbt im Krankenhaus (auf Spanisch)
(684) Caracol Radio (22. März 2006) Rebajan la condena del asesino en serie Luis Alfredo Garavito [Urteil gegen Serienmörder Luis Alfredo Garavito wird gemildert]
(685) Newton M (2021) Extreme Killers: Geschichten über die produktivsten Serienmörder der Welt (auf Englisch). Union Square & Co., New York NY. S. 226-227. ISBN 9781454939443
(686) Caracol Radio (12. September 2011) Die Bande der „Schwarzen Witwen" wurde in Antioquia gefangen genommen (auf Spanisch)
(687) Andrés Santa AP (25. Juli 2017). Ehrgeiz machte sie zu „Schwarzen Witwen" (auf Spanisch). Diario Q'hubo
(688) biography.com (31. Januar 2018) Pedro Alonzo Lopez Biografie.
(689) El Tiempo (13. November 2018) Pedro Alonso López „El Monstruo de los Andes"
(690) Noticias COPE (22. Juni 2022) El monstruo de los Andes: violación y asesinato de 300 niñas, enterrado vivo y en paradero desconocido
(691) La Vanguardia (21. August 2020) El 'monstruo de los Andes' que se excitaba matando niñas a plena luz del día: „Es mi misión"
(692) Infobae. com (14. November 2018) Das mysteriöse Verschwinden des „Monsters der Anden", des größten Serienmörders von Mädchen in Kolumbien (auf Spanisch)
(693) El Tiempo (13. November 2018) So wurde der schlimmste Serienmörder der Welt in Kolumbien freigelassen (auf Spanisch)
(694) Infobae. com (28. Juni 2022) El Monstruo de los Andes, der Serienmörder, der mehr als 300 Mädchen in Ecuador, Kolumbien und Peru getötet hat und von der Landkarte verschwand (auf Spanisch)
(695) Infobae. com (27. Juni 2022) Pedro Alonso López, das „Monster der Anden", das mehr als 300 Mädchen ermordet hat und vor 23 Jahren spurlos verschwunden ist (auf Spanisch)
(696) Buenamente.com (28. Juni 2021) Erfahren Sie die erschreckende Geschichte von „El Monstruo de los Andes" (auf Spanisch)
(697) Medium (18. Dezember 2020) Das Monster der Anden (auf Spanisch)
(698) 9News (5. Dezember 2018) Pedro López: Der zweitschlimmste Serienmörder der Welt, der aus dem Gefängnis entlassen wurde (auf Spanisch)
(699) A Little Bit Human (7. März 2022) Die schreckliche Geschichte von Pedro López: Südamerikas vermisster Serienmörder (auf Spanisch)
(700) El Tiempo (12. März 1994) Quedaría libre el monstruo de los Andes
(701) BBC News (30. Oktober 1999) Die schlimmsten Mörder der Welt (auf Englisch)
(702) El Tiempo (6. September 1994) Pedro Alonso López wurde gestern nach El Espinal verlegt (auf Spanisch)
(703) El Tiempo (17. September 2021) Rätsel um den unbekannten Aufenthaltsort eines der schlimmsten Serienmörder (auf Spanisch)
(704) Ramon C et al (2004) Das Monster der Anden (auf Englisch/Spanisch). A&E Television Networks
(705) Minuto30.com (17. November 2018) VIDEO: Vorsicht, „Das Monster der Anden" könnte dein Nachbar sein! (auf Spanisch)
(706) Criminal.vocal.media (21. November 2019) Warum haben sie Pedro López, das Monster der Anden, freigelassen? (auf Spanisch)
(707) KienyKe (16. November 2012) Wer hat Andrea Marcela García Buitrago getötet? (auf Spanisch)
(708) Semana.com (24. August 2015) Los rostros de los presuntos asesinos de la niña Andrea García
(709) Regier WG (2007) In Praise of Flattery. University of Nebraska Press, Omaha NE. S. 161. ISBN978-0803239692
(710) Cablenoticias (abgerufen am 25. Juli 2019) Das sind die Serienmörder, die Kolumbien in Angst und Schrecken versetzen (auf Spanisch)
(711) Radio Santa Fé (Abgerufen am 25. Juli 2019) Sie fordern eine Verurteilung eines Mannes, der 5 Mädchen aus Suba missbraucht und getötet hat
(712) Rincón G, López P (Abgerufen am 25. Juli 2019) In den Köpfen der grausamsten Mörder und Missbraucher Kolumbiens (auf Spanisch). Publiometro
(713) Chica A (abgerufenam 25. Juli 2019) Die grausamen Folterszenen, denen Kinder in der Geschichte Kolumbiens ausgesetzt waren (auf Spanisch). Infobae.com
(714) El Tiempo (6. Februar 2002) Mörder der Suba-Mädchen gefasst (auf Spanisch).
(715) Semana.com (10. April 2014) Verurteilung des mutmaßlichen Mörders der Suba-Mädchen gefordert (auf Spanisch)
(716) RCN News (14. August 2014) Absolut einziger Verdächtiger im Fall des Verschwindens von fünf Mädchen (auf Spanisch)
(717) Infobae.com (Abgerufen am 27. April 2019) Die makabren Details des kolumbianischen Serienmörders, der dem Teufel Tribut zollte (auf Spanisch)
(718) Durán King JL (2. März 2019) Ein Killer mit dem Spitznamen „El Satánico" (auf Spanisch). Millennium
(719) El Comercio (abgerufen am 6. Mai 2019) 'El Satánico', el detenido involucrado en 10 feminicidios en Colombia. El Comercio
(720) El Espectador (abgerufen am14. Mai 2019) Brenda Pájaro: Das Verbrechen der Hausfrau, das durch Sicherheitskameras aufgeklärt werden konnte (auf Spanisch)
(721) Lacasa A (15. Februar 2019) „Satanischer Serienmörder" benutzte „Finger von sieben Mordopfern, um Teufelssymbol zu machen" (auf Englisch). Daily Mirror
(722) Doku K (14. Februar 2019) Tomás Maldonados düsteres Dossier ruht in der Staatsanwaltschaft (auf Spanisch). El Heraldo
(723) El Tiempo (abgerufen am 14. Mai 2019) Die anderen Todesfälle, für die sich „El Satánico" verantworten musste (auf Spanisch)
(724) RCN Radio (abgerufen am 18. Mai 2019) Condenan a 42 años de prisión al llamado „asesino en serie" de Guarne
(725) El Tiempo (abgerufen am 18. Mai 2019) Serienmörder in Guarne bewahrt Kleidung seiner Opfer auf (auf Spanisch)
(726) Cosoy N (20. Juni 2016) Jaime Iván Martínez Betancur, der Kolumbianer, der gestanden hat, ein Serienmörder zu sein und mindestens 20 Menschen umgebracht zu haben (auf Englisch). BBC
(727) Radio Santa Fé (abgerufen am 18. Mai 2019) Exhumierte Leichen von zwei minderjährigen Opfern von Jaime Martínez, dem Mörder von Guarne (auf Spanisch)
(728) El Tiempo (abgerufen am 18. Mai 2019) Capturan en Antioquia a asesino en serie que mató a 20 personas
(729) El Nuevo Siglo (abgerufen am18. Mai 2019) Serían 25 las víctimas del asesino de Guarne
(730) El Espectador (abgerufen am 18. Mai 2019) El asesino de Guarne pagará 42 años de prisión
(731) El Heraldo (abgerufen am 18. Mai 2019) KTI hat Jaime Martinez, den Serienmörder der Gemeinde Guarne, Antioquia, gefasst (auf Spanisch)
(732) Diario Extra (abgerufen am 2. April 2020) Vergewaltiger und Serienmörder in Ibagué gefasst (auf Spanisch)
(733) El Nuevo Día (abgerufen am 2. April 2020) Die Todesfälle, die die Sicherheit in Ibagué beeinträchtigen (auf Spanisch)

(734) El Tiempo (abgerufen am 2. April 2020) Der Verantwortliche für den Mord an einem Mädchen in Ibagué wird zu 60 Jahren Haft verurteilt (auf Spanisch)
(735) Andrés García A (17. März 2019) Elver Melchor gilt als zweiter „Garavito": Er missbraucht und ermordet gerne kolumbianische Jugendliche (auf Spanisch)
(736) Pulzo Noticias de Colombia (abgerufen am 2. April 2020) Man fand die Leiche einer Minderjährigen, die nach dem Verlassen der Schule verschwand, mit Anzeichen einer Vergewaltigung (auf Spanisch)
(737) Pulzo Noticias de Colombia (abgerufen am 2. April 2020) Höchststrafe für einen Häftling, der eine Minderjährige auf Bewährung vergewaltigt und getötet hat (auf Spanisch)
(738) Caracol Radio (abgerufen am 6. Mai 2019) Sicópata de 20 años tenía aterrorizados a los habitantes de Kennedy y Fontibon
(739) Arias J (28. Februar 1998) Das Ende eines Serienmörders (auf Spanisch). El Tiempo
(740) El Tiempo (abgerufen am 6. Mai 2019) La entraña de Johnny El Leproso (Die Eingeweide von Johnny dem Aussätzigen)
(741) Publimetro (abgerufen am 6. Mai 2019) Die gefährlichsten Serienmörder in Bogotá (auf Spanisch)
(742) Revista Don Juan (abgerufen am 6. Mai 2019) Kolumbianische Psychopathen: die sieben schlimmsten Serienmörder (auf Spanisch)
(743) Vanguardia Liberal (abgerufen am 6. Mai 2019) Ich spreche zu dir aus dem Gefängnis (auf Spanisch)
(744) Diario de Huila (abgerufen am 18. Februar 2019) Yadira: die Serienmörderin (auf Spanisch)
(745) Lozano DC (13. Januar 2013) Das Dossier gegen „la Burundanguera" (auf Spanisch). ElLider.com.co
(746) La Nación (abgerufen am 18. Februar 2019) „Ich bin nicht die Königin des Skopolamins" (auf Spanisch)
(747) HSB Noticias (abgerufen am 18. Februar 2019) Die Saga des Serienmörders von Caquetá (auf Spanisch)
(748) Caracol Radio (abgerufen am 18. Februar 2019) In Neiva gefangene Scopolamin-Königin vor Gericht (auf Spanisch)
(749) Caracol Radio (21. Februar 2000) Paramilitaries dieron muerte a reo que secuestró avión colombiano [Paramilitärs töteten Häftling, der kolumbianisches Flugzeug entführt hatte]
(750) El Tiempo (21. Februar 2000) Paras habrían matado al ángel de la muerte [Die Paras haben den Todesengel getötet]
(751) Folha de São Paulo (21. Februar 2000) Colombiano sequestra avião e é assassinado por esquadrão da morte [Kolumbianer entführt Flugzeug und wird von Todesschwadron ermordet]
(752) El Tiempo (21. Februar 2000) Dudas en fuga del ángel de la muerte [Zweifel am Flug des Todesengels]
(753) Reyes Le Paliscot E (14. Juni 2009) Emergencia en la torre de control [Notfall im Kontrollturm]. Vanguard
(754) Del Pilar Sepúlveda E (13. Dezember 2012) Mutmaßlicher Serienmörder von Barrancabermeja akzeptiert Mordanklage (auf Spanisch). vanguardia.com
(755) Espinos Rojas J (16. April 2013) Die makabre Route des „Monsters von Teneriffa" (auf Spanisch). El Tiempo
(756) El Espectador (abgerufen am 5. September 2014) Hombre aceptó responsabilidad en la tortura y homicidio de mototaxista.
(757) elmeridianodecordoba.com (abgerufen am 5. September 2014) Motorradtaxi-Mörder verurteilt (auf Spanisch)
(758) Cruz E (2014) Los monstruos en Colombia si existen. Grijalbo, Mexiko-Stadt. ISBN9789588789408
(759) Wallace A (20. Februar 2013) Wie der gefürchtete „Teneriffa-Killer" in Kolumbien fiel (auf Englisch). BBC
(760) Radio Santa Fé (abgerufen am 9. Mai 2019) Die „schwarze Witwe" fiel in Antioquia: Sie tötete 3 Ehemänner, um eine Versicherung zu kassieren (auf Spanisch)
(761) El Diario La Prensa (abgerufen am 9. Mai 2019) „La Depredadora" tötete drei Ehemänner in Kolumbien (auf Spanisch)
(762) RCN Radio (abgerufen am 9. Mai 2019) Gefangene Frau beschuldigt, Ehemänner ermordet zu haben, um Lebensversicherungen in Millionenhöhe zu kassieren (auf Spanisch)
(763) Moran L (31. Januar 2013) Kolumbianische Frau, genannt „The Predator", tötete drei Ehemänner wegen des Geldes ihrer Lebensversicherung: Polizei (auf Englisch). New York Daily News
(764) Semana (abgerufen am 9. Mai 2019) Wie die mörderische Witwe von Antioquia fiel (auf Spanisch)
(765) El Mundo (abgerufen am 9. Mai 2019) Gefangene Frau, die drei ihrer Liebespartner ermordet hat (auf Spanisch)
(766) El Colombiano (abgerufen am 9. Mai 2019) Frau tötete ihre drei Ehemänner, um eine Lebensversicherung zu kassieren (auf Spanisch)
(767) El Pereirano (15. Mai 2023) Impactamente feminicidio en cárcel de máxima seguridad [Schockierender Femizid in Hochsicherheitsgefängnis].
(768) El Nuevo Día (15. Mai 2023) Feminicida en serie asesinó a otra mujer en la cárcel: Merly era su pareja y la mató en la visita conyugal [Serienmörder ermordete eine weitere Frau im Gefängnis: Merly war seine Partnerin, und er tötete sie bei einem ehelichen Besuch].
(769) El País (16. Mai 2023) „Él tenía ya dos feminicidios, el de mi hermana era el tercero": familia de la caleña asesinada en cárcel de Cómbita habla del dramático hecho [„Er hatte bereits zwei Frauenmorde, der meiner Schwester war der dritte": Familie der im Gefängnis von Cómbita ermordeten Frau aus Cali spricht über das dramatische Ereignis].
(770) Agencia de Periodismo Investigativo (17. Mai 2023) Feminicidio en prisión: la historia de Efraín Sarmiento Cuero y sus tres mujeres víctimas [Femizid im Gefängnis: die Geschichte von Efraín Sarmiento Cuero und seinen drei weiblichen Opfern].
(771) Bueno OJ (16. Mai 2023) Fiscalía imputa por feminicidio a recluso que asesinó a su pareja en la cárcel de Cómbita [Staatsanwaltschaft erhebt Anklage wegen Femizid gegen einen Häftling, der seine Partnerin im Gefängnis von Cómbita ermordet hat]. RCN Radio
(772) López JF (15. Mai 2023) ¡Qué Horror! Sujeto que está preso por matar a otras dos mujeres asesinó a su pareja durante la visita conyugal [Wie schrecklich! Der wegen Mordes an zwei anderen Frauen inhaftierte Mann hat seine Partnerin während eines gemeinsamen Besuchs ermordet]. Medienagentur Hoy News
(773) RCN Radio (abgerufen am 9. Mai 2019) La historia del 'Monstruo de Monserrate', asesino en serie de mujeres
(774) El Tiempo (abgerufen am 9. Mai 2019) Serienmörder - Fredy Valencia (auf Spanisch)
(775) Chicago Tribune (abgerufen am 9. Mai 2019) Kolumbien: Es könnte bis zu 16 Opfer eines Mehrfachmörders geben (auf Spanisch)
(776) Semana (abgerufen am 7. Mai 2019) 'Monster von Monserrate' war sich seiner Verbrechen bewusst (auf Spanisch) Medicina Legal
(777) El Espectador (abgerufen am 9. Mai 2019) Von 9 auf 18 Jahre Gefängnis erhöhen Strafmaß für 'Monserrate-Mörder' (auf Spanisch)
(778) El Heraldo (abgerufen am 9. Mai 2019) El 'Monstruo de Monserrate' wird zu 36 Jahren Gefängnis verurteilt (auf Spanisch)
(779) Pulzo Noticias (abgerufen am 9. Mai 2019) 36 Jahre Gefängnis sind die zweite Strafe für das „Monster von Monserrate" (auf Spanisch)
(780) Infobae.com (abgerufen am 9. Mai 2019) Das „Monster von Monserrate", der Frauenmörder, der die Hügel von Bogota terrorisierte (auf Spanisch)
(781) BBC (abgerufen am 9. Mai 2019) „Das Monster von Monserrate": Kolumbien fassungslos über das Geständnis eines Serienmörders von Frauen (auf Spanisch)

(782) Starmedia (abgerufen am 9. Mai 2019) Monster Monserrate, Kolumbiens produktivster Serienmörder (auf Spanisch)
(783) Somos Fan News (11. Dezember 2023) Identität des Serienmörders von Risaralda, der 11 Senioren tötete, enthüllt (auf Spanisch)
(784) Caracol Radio (11. Dezember 2023) Juan Carlos Villa, der Serienmörder von Risaralda, der für mindestens 11 Morde verantwortlich ist (auf Spanisch)
(785) Sepúlveda L (12. Dezember 2023) Die makabre Geschichte des Serienmörders, der in Risaralda Senioren tötete (auf Spanisch). El Tiempo
(786) El Universo (15. Dezember 2023) Die makabre Geschichte des Serienmörders alias „Juancho", der in Risaralda, Kolumbien, ältere Menschen tötete (auf Spanisch)
(787) Villachica C (13. Dezember 2023) Serienmörder, der 10 Senioren und ein Kind tötete, wird gefasst (auf Spanisch)
(788) Semana (16. Dezember 2023) So fiel der „Terror" von Risaralda: Ein Paar Stiefel und ein Manuskript verrieten den mutmaßlichen Serienmörder von Großeltern (auf Spanisch)
(789) Vanguardia (abgerufen am 5. Januar 2024) Hermanos engaaban a adultos mayores para robarlos y asesinarlos
(790) Montoya E (12. Dezember 2023) „El Enano", der Serienmörder von Senioren in Risaralda (auf Spanisch). párrafo.co
(791) Medina G (12. Dezember 2023) Der schreckliche Serienmörder, der in Kolumbien 11 Menschenleben forderte (auf Spanisch). Analítica
(792) Q'hubo (Abgerufen am 25. Januar 2024) Juan Carlos und José Alfredo Villa Cardona wurden wegen weiterer Verbrechen angeklagt (auf Spanisch)
(793) Daza Díaz L (12. Dezember 2023) Der beeindruckende Fall eines Kolumbianers, der in Risaralda ältere Menschen ermordet hat (auf Spanisch)
(794) Línea (25. Januar 2024) Alias „El Enano" gab sich als Taubstummer aus, um drei ältere Menschen zu ermorden (auf Spanisch)
(795) Correa M, Alberto R (8. Dezember 2023) Zwei Brüder werden als Serienmörder älterer Menschen in Kolumbien entdeckt. RCN Radio
(796) Agenciapi.co (20. März 2023) Condenan a alias 'el enano' asesino en serie a 45 años de prisión
(797) Caracol Televisión (abgerufen am 8. Mai 2019) El monstruo de Caños Negros: violador y asesino en serie de mujeres [Das Monster von Caños Negros: Vergewaltiger und Serienmörder von Frauen]
(798) Semana (abgerufen am 8. Mai 2019) Der mutmaßliche Mörder von 11 Frauen in Villavicencio fällt (auf Spanisch)
(799) Correa O (1. Juni 2017) Mann, der der Vergewaltigung und Ermordung von mindestens 11 Frauen beschuldigt wird, ist in Villavicencio gefasst worden (auf Spanisch). El diario del llano
(800) Pulzo Noticias (abgerufen am 8. Mai 2019) Cárcel a hombre acusado de violar y matar a 9 mujeres, incluso a una abuelita
(801) RCN Radio (abgerufen am 8. Mai 2019) 'Caños Negros Monster' kommt in Villavicencio ins Gefängnis (auf Spanisch)
(802) Diario del Sur (abgerufen am 8. Mai 2019) Frauenmörder und Serienvergewaltiger, der Villavicencio terrorisierte, wurde ins Gefängnis geschickt (auf Spanisch)
(803) HSBNoticias.com (abgerufen am 8. Mai 2019) 'Monster von Caños Negros' im Gefängnis (auf Spanisch). Meta
(804) Revista Dominical (abgerufen am 9. August 2020) Die Bestie (auf Spanisch)
(805) Cruz Niño E (2013) Los mostruos en Colombia sí existen. Penguin Random House. S. 47, ISBN9789588789422
(806) López B, Del Pilar O (2005) Gelb und Rot: Ästhetik der Boulevardpresse (auf Spanisch). Universidad Eafit. S. 152, ISBN9789588173887
(807) Puerta Domínguez S (2015). Kino und Nation: Verhandlung, Konstruktion und Identitätsdarstellung in Kolumbien (auf Spanisch). Fondo Editorial FCSH. S. 242, ISBN9789588890869
(808) Parra Sandoval R (1996) Tarzan und die nackten Philosophen (auf Spanisch). Arango. S. 113, ISBN9789582700065
(809) Jarrín B et al (2019) Glimpses Volume II: Encounters with the author and his work (in Spanisch). Programa Editorial Universidad Autónoma de Occidente. S. 206, ISBN9789588994918
(810) Peña Córdoba G (24. September 2019) „Das Monster der Mangones" in den 1960er Jahren. Semanario digital Sevilla Valle del Cauca
(811) Arbeláez J (1. Juli 2019) Das Monster der Mangones (auf Spanisch). El País
(812) Caicedo Estela A (2002) Angelitos empantanados, o, Historias para jovencitos. Editorial Norma, Barcelona. S. 11, ISBN9789580469087
(813) Delgado M J (3. Mai 2014) Die Ungeheuer der Mangones, ein halbes Jahrhundert nach einem ungelösten Geheimnis (auf Spanisch). Occidente Newspaper
(814) Revista Semana (abgerufen am 10. August 2020) Eine Lieferung, die endet (auf Spanisch)
(815) Eljaiek-Rodríguez G (2017) Ghost Forest: The Gothic in Latin American Literature and Cinema (auf Spanisch). Pontificia Universidad Javeriana. ISBN9789587810882
(816) ABC-TV (28. Mai 2018) Uno de los criminales más sanguinarios del Paraguay [Einer der blutigsten Verbrecher Paraguays]
(817) La Nación (23. Mai 2018) Soldado israelí", sospechoso de triple asesinato [‚Israelischer Soldat' des dreifachen Mordes verdächtigt]
(818) ABC-TV (10. Juli 2022) „Soldado israelí", el fantasioso e insaciable asesino y pirómano ['Israelischer Soldat', der fantasievolle und unersättliche Mörder und Pyromane]
(819) Hoy (23. Mai 2018) Mörder des Anwalts, der mit dem AMIA-Anschlag in Verbindung gebracht wird (85 Tote) und „von der hiesigen Justiz verdorben" (auf Spanisch)
(820) Oviedo C (24. Mai 2009) En la estancia de Cabello encuentran restos calcinados [Verkohlte Überreste auf der Cabello-Ranch gefunden]. Última Hora
(821) Ramírez E (22. September 2009) Exhuman restos de ganadero y peones [Exhumierte Überreste von Viehzüchtern und Arbeitern]. ABC-TV
(822) Última Hora (24. Mai 2018) Salió libre con hábeas corpus y lo vinculan con otro muerto y quemado [Er wurde mit habeas corpus freigelassen und wird nun mit einem weiteren Todesfall und einer Beerdigung in Verbindung gebracht].
(823) Ramírez E (24. Mai 2018) Secuestran, fusilan, incineran y entierran a un abogado en Yaguarón [Ein Anwalt wird entführt, erschossen, verbrannt und in Yaguarón begraben]. ABC-TV
(824) Resumen de Noticias (27. Mai 2018) El ‚Soldado israelí', sospechoso en al menos seis crímenes [Der ‚israelische Soldat', verdächtigt in mindestens sechs Verbrechen].
(825) Ramirez E (25. Mai 2018) „Israeli Soldier" Goes To Prison Once Again, Accused Of Killing And Burning People [„Israelischer Soldat" geht erneut ins Gefängnis, beschuldigt, Menschen zu töten und zu verbrennen]. ABC-TV
(826) News Brief (23. Mai 2018) Detaillierte Angaben des Häftlings zum Verbrechen des Anwalts" (auf Spanisch)
(827) ABC-TV (May 23rd, 2018) Hallan cuerpo que sería de abogado desaparecido [Leiche des vermissten Anwalts gefunden]
(828) ABC-TV (2018) Fahrlässigkeit der Staatsanwaltschaft [Negligencia de la fiscalía]

(829) Última Hora (30. September 2019) Presumed serial killer pide cierre de su caso y dice he es inocente] [Presumed serial killer pide cierre de su caso y dice he es inocente]
(830) Última Hora (30. September 2019) Titel nicht bekannt
(830) Última Hora (9. Oktober 2019) Der mutmaßliche Serienmörder fordert das Gericht heraus und der Prozess wird ausgesetzt (auf Spanisch)
(831) Última Hora (6. Juli 2022) Tribunal condena a 40 años de cárcel a „Soldado Israelí" por homicidio doloso [Gericht verurteilt „israelischen Soldaten" zu 40 Jahren Gefängnis wegen vorsätzlicher Tötung]
(832) El Nacional (7. Juli 2022) Condenan a 40 años de cárcel a 'Soldado Israelí' ['Israelischer Soldat' zu 40 Jahren Gefängnis verurteilt] [Gericht verurteilt 'Israelischen Soldaten' zu 40 Jahren Gefängnis wegen vorsätzlicher Tötung]
(833) abc.com.py (18. Mai 2024) „Israelischer Soldat": bekannter Mörder starb heute Morgen in Tacumbú (auf Spanisch)
(834) rcctacna.com (28. Juni 2020) Poder judicial dicta 35 años de prisión en contra de mujer por homicidios en serie en el año 2018 [Justizgewalt verurteilt Frau zu 35 Jahren Haft für Serienmorde 2018].
(835) Radio Programas del Perú (28. Dezember 2018) Capturan a pareja acusada de asesinar y robar cuentas bancarias a cinco hombres en Tacna [Ehepaar, das des Mordes und des Diebstahls von Bankkonten von fünf Männern beschuldigt wird, in Tacna festgenommen]
(836) Diario Correo (2. November 2018) Matan y queman a exfutbolista dentro de su vivienda [Ehemaliger Fußballspieler ermordet und verbrannt in seinem Haus]
(837) Perú.21 (1. November 2018) De terror! Torturan y prenden fuego a ex futbolista en su casa en Tacna [Horror! Ehemaliger Fußballspieler gefoltert und in seinem Haus in Tacna in Brand gesetzt]
(838) Diario Correo (18. November 2018) Encontan muerto en hospedaje a ingeniero desaparecido [Vermisster Ingenieur tot in Unterkunft aufgefunden]
(839) Radio Uno (30. November 2018) Catedrático hallado muerto habría sido estrangulado [Tot aufgefundener Professor wäre erwürgt worden]
(840) Radio Uno (6. Dezember 2018) Trabajador del INPE es hallado muerto en su habitación [INPE-Arbeiter wird tot in seinem Zimmer gefunden]
(841) Radio Uno (17. Dezember 2018) Necropsia revela que trabajador de Zofratacna fue asesinado [Die Nekropsie ergab, dass der Arbeiter von Zofratacna ermordet wurde]
(842) Diario Correo (28. Dezember 2018) Capturan a pareja implicada en asesinato de 5 varones en los 2 últimos meses [Ehepaar, das in den Mord an 5 Männern in den letzten zwei Monaten verwickelt war, wurde verhaftet]
(843) El Comercio (13. Mai 2020) Condenan a 35 años de cárcel a asesino en serie en Tacna [Serienmörder von Tacna zu 35 Jahren Gefängnis verurteilt]
(844) La República (28. Juni 2020)Tacna: Mujer acusada de homicidios en serie fue sentenciada a 35 años de prisión] Tacna: Frau wegen Serienmordes zu 35 Jahren Gefängnis verurteilt
(845) Claros F (30. Oktober 2022) El 'Degollador de Oxapampa': cuál es la historia del temido asesino serial de la selva central del Perú [Der 'Halsabschneider von Oxapampa': Was ist die Geschichte des gefürchteten Serienmörders aus dem zentralen Dschungel von Peru?] Die Republik
(846) Huanca J (16. August 2022) Historias de criminales: Quién es Mail Malpartida Achón, el 'Cutthroat of Oxapampa' [Geschichten von Kriminellen: Wer ist Mail Malpartida Achón, der 'Halsabschneider von Oxapampa'?] TROME.com
(847) Infobae.com (26. Oktober 2022) El degollador de Oxapampa: capturaba a sus víctimas, reclamaba un pago para dejarlas libres, pero terminaba asesinándolas de forma brutal [Der Halsabschneider von Oxapampa: er nahm seine Opfer gefangen, verlangte eine Bezahlung, um sie freizulassen, ermordete sie aber schließlich brutal].
(848) El Popular (23. Januar 2008) Degüellan a mami agricultora [Der Mutter des Bauern wurde die Kehle durchgeschnitten].
(849) Andina (24. Januar 2009) Policía captura a avezado delincuente que fugó de penal de Oxapampa [Die Polizei verhaftet einen erfahrenen Kriminellen, der aus dem Gefängnis von Oxapampa geflohen ist
(850) América Televisión (20. September 2015) Japan: Dem Peruaner Vayron Nakada droht die Todesstrafe (auf Spanisch)
(851) Noticias en Huaral (Archiviertam 24. Oktober 2013) Pedro Pablo Nakada Ludeña „El Angel de la Muerte" [Pedro Pablo Nakada Ludeña „Der Todesengel"].
(852) asesinos-en-serie.com (23. Oktober 2013) Pedro Nakada - El Apóstol de la Muerte (Der Todesengel)
(853) nikkan-gendai.com (18. September 2015) Bruder von Kumagai sechs tötet Peruaner. Verdächtiger tötete 17 Menschen, „Apostel des Todes" (auf Japanisch)
(854) zakzak.co (18. September 2015) Peruanische Verdächtige Kumagai sechs Morde, Bruder des fünfundzwanzigfachen „Mörders" (auf Spanisch)
(855) Harrold A (18. September 2015) Bruder des Serienmörders „Apostel des Todes" wegen sechs Morden in Japan verhaftet (auf Englisch). independent.co.uk
(856) scmp.com (18. September 2015) Blutsbrüder: Verdächtiger der japanischen Morde ist Bruder des peruanischen Serienmörders „Apostel des Todes" (auf Spanisch)
(857) FMGente (17. Juni 2015) Pablo García wegen dreier schwerer Tötungsdelikte angeklagt (auf Spanisch)
(858) Diario Correa de Punta del Este (21. Juni 2015) PG erzählte, wie er seine Opfer tötete: Koni Silva und die beiden von Graevenitz-Geschwister (auf Spanisch)
(859) Noticias de Maldonado (16. Juni 2015) Pablo García war todessüchtig und dachte daran, seine Ex-Freundin zu töten, wenn er nicht gefasst würde (auf Spanisch)
(860) Maldonado News (19. Juni 2015) In Pablo Garcías Vergangenheit könnte man verstehen, warum er drei Menschen kaltblütig tötete (auf Spanisch)
(861) Diario Correa de Punta del Este (16. Oktober 2016) Unternehmen weigert sich, die Lebensversicherung der ermordeten jungen Frau zu zahlen (auf Spanisch)
(862) Subrayado (11. Juni 2012) Pablo Goncálvez wird um vorzeitige Entlassung bitten (auf Spanisch)
(863) Pombo G (2010) Historias de asesinos, en Google libros, Montevideo, 2010. Pp. 237-239. ISBN 978-9974-611-38-2
(864) Henciclopedia Uruguay (23. Dezember 2016) Pablo Goncálvez und die Verbrechen von Carrasco (auf Spanisch)
(865) La Prensa (15. Juni 2012) Die Geschichte des Serienmörders, der den jungen Salta tötete (auf Spanisch)
(866) LR21 Uruguay (8. Juli 2015) Die Vergangenheit von Pablo Goncálvez (auf Spanisch)
(867) El País (23. Dezember 2016) Pablo Goncálvez wird für die Schließung des Zentralgefängnisses verlegt (auf Spanisch)
(868) LR21 (8. Juli 2005) Das Zentralgefängnis wurde für die Hochzeit eines Serienmörders herausgeputzt (auf Spanisch)
(869) Channel 10 (12. Juni 2016) Mehrfachmörder Pablo Goncálvez vor der Freilassung (auf Spanisch)
(870) LR21 (8. Juli 2005) Das Zentralgefängnis war in voller Montur (auf Spanisch)
(871) LR21 (18. August 2000) Vom Gefängnis aus erklärt er sich für unschuldig an den drei Todesfällen: Pablo Goncálvez bricht das Schweigen (auf Spanisch)
(872) Canal 12 (15. Juni 2016) Freiheit für Pablo Goncálvez (auf Spanisch)
(873) Canal 12 (24. Juni 2016) Pablo Goncálvez in Freiheit: Er verließ Campanero am Donnerstag um 23:57 Uhr (auf Spanisch)

(874) El País (27. Juni 2017) Paraguay analysiert die Ausweisung von Goncálvez (auf Spanisch)
(875) El Observador (26. Juni 2017) Bonomi: Paraguay bat um Informationen „über Pablo Goncálvez" (auf Spanisch)
(876) Canal 10 (25. Juni 2017) Die Geschichte von Pablo Goncálvez, der jetzt in Paraguay inhaftiert ist (auf Spanisch)

© 2024 Dr. Hermann Sicius
Verlag: BoD · Books on Demand GmbH, In de Tarpen 42,
22848 Norderstedt
Druck: Libri Plureos GmbH, Friedensallee 273, 22763 Hamburg
ISBN: 978-3-7693-2122-7